中国社会科学院
老年科研基金资助

中国社会科学院老学者文库

域外古文作家创作研究

谭家健　著

中国社会科学出版社

图书在版编目（CIP）数据

域外古文作家创作研究/谭家健著.—北京：中国
社会科学出版社，2023.7

（中国社会科学院老学者文库）

ISBN 978－7－5227－1849－1

Ⅰ.①域⋯ Ⅱ.①谭⋯ Ⅲ.①作家—人物研究—
世界 Ⅳ.①K815.6

中国国家版本馆 CIP 数据核字（2023）第 076166 号

出 版 人　赵剑英
责任编辑　慈明亮
责任校对　杨　林
责任印制　戴　宽

出　　　版　中国社会科学出版社
社　　　址　北京鼓楼西大街甲 158 号
邮　　　编　100720
网　　　址　http://www.csspw.cn
发 行 部　010－84083685
门 市 部　010－84029450
经　　　销　新华书店及其他书店

印　　　刷　北京君升印刷有限公司
装　　　订　廊坊市广阳区广增装订厂
版　　　次　2023 年 7 月第 1 版
印　　　次　2023 年 7 月第 1 次印刷

开　　　本　710×1000　1/16
印　　　张　24
字　　　数　313 千字
定　　　价　138.00 元

前　言

　　本书的性质属于作家论，笔者另一本著作《域外古典散文选注评析》属于作品选，两书互相补充，互不重复。

　　本书之"域外"包括高丽朝鲜（十篇）、日本琉球（四篇）、安南越南（四篇）、新加坡马来西亚（四篇）；附录近代中国三篇，全书共 25 篇。另缀录域外古文选读四篇，以便读者参考。

　　本书所论"古文"，都是各国作家用汉字书写的作品，不包括白话文和骈文（笔者已出版《中华古今骈文通史》，其中有二十多万字介绍域外骈文）。海外古文家多数学习唐宋古文，也有一些人采用类似近代报刊体之浅近文言文。有三篇以骈文为主，是《中华古今骈文通史》所未提及者。

　　本书专论各家的古文创作，不涉及其诗词歌赋小说以及生平、政治、哲学、社会等思想观点的全面评论，仅简单介绍，点到为止。

　　域外各国古文作家的创作成就，是中华文化与周边各国文化长期交流、融合的结晶，既属于该国人民，也是全人类的共同财富。

　　域外各国学习和使用汉字、接受汉文化的历史悠久。

　　至迟战国末期秦汉之际，汉字和汉文典籍已经传入朝鲜半岛，当时该地区尚无文字，居民以汉文为学习文化的教材和写作样板，读音不同而字义相同。至 15 世纪初，朝鲜世宗发布《训民正音》，从此才有朝鲜文字，时称谚文，义为俗文，今称韩文或朝鲜文，使用至 20 世纪初才普及。

汉字进入日本，至迟在东汉初。汉籍传入扶桑，据记载是由居住在朝鲜半岛的王仁将《论语》等书带到尚无文字的日本。王仁先教授贵族子弟，然后逐渐普及其他人，会其意而不用其音。8 世纪中叶，日本开始出现"万叶假名"，9 世纪陆续完善，称为和文，即日本本国文字，但推行不广。到了约相当元代的镰仓时期，汉文渐衰而和文渐盛。明治以后，汉字日益边缘化，但仍有一部分人以汉字古文写作，至今日文中仍保留一定汉字，无法废替。

琉球无本国文字，从明初起，成为中国之藩国，学习汉文化，使用汉字，直至清末被日本吞并为止。

从秦始皇、汉武帝起，至北宋初，今越南之北部及中部为中国之郡县，称"交趾"或"安南"。该地区居民与中原人士一样学习中原文化，参加察举、科举，到中原各地求学，做官，经商，游历。今越南史家称这一千年为"北属"时期。968 年，安南人丁部顶趁中原混乱而建国称帝，名曰"大越瞿国"，从此由中国之郡县改变为藩国，但仍继承汉文化，以汉字为唯一的文字。从 13 世纪下半叶起，安南有了"喃字"，是仿汉字偏旁、部首而创制的方块字，安南人称"国语"。直到 18 世纪，使用尚不普遍，汉字仍为主流。18 世纪初，中国清嘉庆帝应安南国王之请，改其国号为越南。18 世纪后半叶喃字使用渐广泛。1885 年中法战争以后，越南成为法国"保护国"，推行拉丁化越南文。到了 20 世纪 30 年代，它取代汉字和喃字，成为越南唯一的书写工具，此后能使用汉字者少而又少。

本书所论古文作家均已作古。其中高丽朝鲜作家活动期大致相当于从元代到清中期；日本作家相当于从唐末到近代；琉球作家相当于清初至清末；越南作家大致属于近代。新加坡、马来西亚两国作家属于近现代，——都是中国南下的侨民，而不是各该国的原住民。

本书的资料收集工作始于 2014 年。高丽朝鲜资料多来自韩国《东文选》等书，日本资料多来自日本原版重印古书，越南资料多来自《越南汉文小说集成》，上海古籍出版社 2002 年版，该书包括笔记小说，其实是笔记散文。新加坡、马来西亚资料来自两地地古文家已出版的原版个人文集。

2018 年拙著《中华古今骈文通史》出版，2021 年拙编《域外古典散文选注评析》出版。两书稿完成前后，即陆续撰写海外古文作家创作的专题论文，多数在国内外学术刊物及学术会议上先后发表过。

本书所引用的各国古文中有少数该国的方言、俗语、他国译语、借代字、手写字、碑拓字。笔者才疏学浅，无法确解，只好一仍其旧，以待方家。

本书仅论及六国 20 余人，还有许多作家的创作成就甚高，我曾想做些研究、介绍而无足够学识和精力。朋友和医生劝说，86 岁老翁了，就此打住罢。因陋就简，灾祸枣梨，实在惭愧。

在本书撰写过程中，许多中外朋友提供了各方面的帮助。已在拙著《中华古今骈文通史》《域外古典散文选注评析》两书后记中列出数十位的姓名、单位，以示鸣谢。其中很多人也是本书的助力者。为避免重复，只得从略，务乞鉴谅。

现在集合成书，实属挂一漏万，抛砖引玉，希望有更多的同道人士共同参与开垦海外这块广袤的古文创作荒地。

目　　录

第 一 章

高丽朝鲜古文作家创作研究

一 高丽李奎报的"记"体文

李奎报（1169—1241），高丽时期文学家、政治家，号白云居士，出身两班，自幼聪慧，9 岁能诗，21 岁中状元，早年仕途不顺，遭打击，被流放。复出后任地方州一级的属官司录、书记。后曾供职翰林院，作书劝阻蒙古大汗勿侵伐高丽。晚年屡获迁升，任尚书、太尉，参知政事，72 岁辞世。李奎报是高丽时期三大诗人之一，有《东国李相国集》，现存诗两千多首，被誉为"东国李太白"，文章七百多篇，其中"记"体文 22 篇，《外集》收 3 篇。《东文选》卷 66 选录其"记"体古文 21 篇，依内容可分四类。

第一类 山水风物旅行游记

以《南行日月记》最有名。这是一篇巡视日记，作于 1200 年 12 月至 1201 年 3 月，他复出后第一次奉命外出视察，沿途有人陪同，地方官吏迎送接待。一路上登高山，入深谷，望沧海，迎海潮，涉溪流，访古迹，谒寺庙，听传说，会见高僧，观民风民情，与朋友不时饮酒作诗，随手记录见闻和感想，内容十分丰富，有些片断相当精彩。如观海潮海景一段：

"正月壬辰，初入边山，层峰复岫，昂伏屈展，其首尾所措，跟肘所极，不知几许里也。旁俯大海，海中有群山岛、猬岛、鸠岛，皆朝夕所可至。海人云：得便风，直若激箭，则其去中国亦不远也。……方潮汐之来，虽平路，忽漫然为江海，故候潮之进退以为行期。予始行也，潮方来，尚去人五十许步，于是促鞭驰马，欲先焉。从者愕然急止之，予不听，犹驰之。俄而崩奔蹴踏而至，其势若万军倍道趋来，穷然甚可畏也。予悚然急走登山，而后仅得免焉，然亦能追及而荡马腹也。其或苍波翠巘，隐见出没，阴晴昏旦，每各异状，云霞绘翠，浮动乎其上，缥缈如万叠画屏。举目眺赏，恨不与二三子之能诗者齐辔而同吟也。"

这段文字，有张有弛。怒潮追人，险些被淹，惊心动魄。令人不禁联想起《水经注》所记秦始皇观沧海，海神发怒追赶而及马腹情景。

《南行日月记》记录了一些神奇的传说。如"飞来方丈"："距州理一千步，有景福寺，寺有飞来方丈，予自昔闻之，以事丛务剧，不得一访。一日因休暇，遂往观焉。所谓飞来方丈者，昔普德大士自盘龙山飞来之堂也。普德字智法，尝居高勾丽盘龙山延福寺，一日忽谓弟子曰，勾丽唯尊道教，不崇佛法，此国必不久矣，安身避难，有何处所？弟子明德曰：全州高达山，是安住不动之地。乾封二年丁卯三月三日，弟子开户出，见则（这）堂已移于高达山，距盘龙一千余里也。明德曰：此山虽奇绝，泉水枯涸，我若知师移来，必并移旧山之泉矣。崔致远作传备详，故于此略之。"

"方丈"有二义，一指寺庙住持，一指住持之居室，此指后者。"州理"，即州治，唐人避高宗李治名讳，改"治"为理，宋人因之，此指高丽全罗北道（文中称全州）①之治所。"高勾丽"，中国史作"高句丽"。高句丽是朝鲜半岛三国时期之一国，其领地

---

① 本书括号内注文字皆为笔者所加，以下不再一一说明。

在半岛北部，全州原属百济国（亦三国之一），相距一千余里，因为高僧普德法师一个念头就把整座房子移过来了。如此神奇，有点像中国杭州灵隐寺前飞来峰的传说。乾封是唐高宗年号，其二年相当于公元 667 年，朝鲜半岛自新罗统一三国后，历唐宋元明清，一直使用中国年号纪年。崔致远是新罗末高丽初期著名文学家，在中国留学和任职十多年。其著作集《桂苑笔耕集》，未收此传说，李奎报所记当另有所本。

"不思议方丈"更是有想象力。

"所谓不思议方丈者，求观之。其高险万倍于晓公方丈，有木梯，高可百尺，直倚绝壁，三面皆不测之壑，回身计级而下，乃得至于方丈，一失足则更无可奈何矣。予平日登一台一楼，高不过寻丈者，以头病，故犹眩眩然不得俯临。至是益悚然股抖，未入而头已旋矣。然自昔饱闻胜迹，今幸特来，若不入见其方丈，又不得礼真表大士之像，则后必悔矣。于是盘桓蒲伏而下，足犹在级，而若将已堕者，遂入焉。敲石取火焚香，礼律师真容。律师者，名真表，碧骨郡大井村人也，年十二，来栖贤戒山不思议岩。贤戒山者，即此山是已。冥心宴坐，欲见慈氏地藏，踰日不见，乃投身绝壑。有二青衣童子以手奉之曰：师法力微小，故二圣不见也。于是努力益勤。至三七日，岩前树上有慈氏地藏现身授戒，慈氏亲授《占察经》二卷，并与一百九十九炷（香）以为导往之具。其方丈以铁索钉严，故不欹，俗传海龙所为也。"

所谓"不思议方丈"，即方丈位置之高不可思议，而真表律师求法之诚亦不可思议。方丈筑于百尺绝壁之上，三面皆不测之山谷。李奎报平日患恐高症，此番为瞻仰胜迹，不惜盘桓蒲伏而行。终于进入方丈，见到在此修行已故大师之真容（即画像），下文他介绍大师故事。大师名真表，12 岁来到贤戒山之不思议岩。冥心安坐，欲见慈氏地藏。——地藏本是汉传佛教四大菩萨之一（另三位是观音、文殊、普贤），相传新罗太子金乔觉（696—794）

是地藏菩萨的化身，来华求法，以中国安徽九华山为道场，后世因为他是王子，故称地藏王菩萨。1988 年笔者参观九华山，曾见其肉身犹在柜中保存，未知是真是假。慈氏，即弥勒菩萨，又称弥勒佛。不过他尚未成佛，属于未来佛。真表大师见不到二圣（弥勒和地藏），就投身绝壁以殉道，竟然被二青衣童子以手捧接住，并告诉他：小师父您法力尚微，故二圣不见。于是真表更加勤奋努力修炼，三七二十一日之后，二圣在树上现身，为之授戒，弥勒亲授佛教经典《占察经》以及 199 炷香为导往之具，真表终于得道。其居住的方丈被传说中的海龙王用铁索钉在绝壁之上，所以掉不下来。这个故事十分神奇，不过，宗教徒在绝壁山洞中修炼者是确实有的。2002 年笔者在马来西亚怡保市南天洞亲眼看见，大洞之旁绝壁之上有一小洞，距地面百尺，有石级可攀登。小洞仅容一人。20 世纪初从中国南来的道士普德法师在洞中修炼多年，50 年代无疾羽化而去。法师的侄孙龚道明硕士，是怡保某华文中学校长，与笔者是朋友，陪我参观，讲述许多关于伯祖父故事。笔者的《马来西亚的洞穴文化》一文（收入拙著《中外散文随笔》中）有所介绍。所以我相信韩国的"不思议方丈"是存在的，以跳下绝壁方式求二圣传法，那显然是后世的夸张。

　　下面一段文字，记述奇特的现象和一位奇特的人物。李奎报在扶宁县令李君及其他客人陪同下攀登参观元晓房。该房不是寺庙也不是庵堂，而是高僧的住处，地处高山之巅，登木梯数十级乃得至。元晓法师（617—686）入住后，有名蛇包者来侍，晓公病，欲试茶进，无泉水，思念之际，水从岩罅涌出，因尝点茶也，其甘如乳，堪称奇迹。元晓辞世后，现在房子由一老僧居住，长眉破衣，面貌高古。他把房子隔成内外两间，内室供奉佛像和元晓大师遗像，外室是自己的生活起居室，一瓶双屦茶碗书几而已。没有炊具，每日到山下苏来寺赶一顿斋饭。陪同李奎报的小吏小声说，这位师父曾住全州，凭其勇力施行横暴，人们都讨厌他，后来不知跑到什么地方去学佛。今天我们所见就是他，在这里苦修呢。李奎报为此发出一番赞叹，并列举有一猎人首领遇禅宗牛头大师改过修善而成大德名僧，还有明德大师也是好猎驯鹰之人，后来成为普德大师高足。如今这位全州法师，能折节改过，卓然独立异行，殊不为怪。这种见解，实为禅宗"放下屠刀立地成佛"之例证。

李奎报此行是衔命巡察，故日记中于全州风土人情亦多留意。如说：

"全州者，或称完山，古百济国也，人物繁浩，屋相楩比，有故国之风。其民不稚朴，吏皆若衣冠士人，进止详审可观。"所言为全州州治情形。

"十一月己巳，始历行属郡，则马灵镇安，山谷间古县也。其民质野，面如猕猴，杯盘饮食腥膻，有蛮貊风，有所诃诘，状若骇鹿然，似将奔遁也。"这里的山民，怕见上司官员，唤问之即奔跑。

"明日入伊城，居户凋耗，篱落（村落）萧条，客馆亦草覆之。吏之来（迎）者，累累四五人而已，见之恻然可伤。"这是个贫穷的小县城。

"十二月丁未，又承朝旨，监诸郡冤狱。先诣进礼县……日过午始入郡舍，（县）令（县）尉皆不在。夜二更许，令尉各自八千步许皆奔喘而来，以马缚悬于门柱，诚人不给刍粟。凡马之极于驰者，不如是，恐毙也。予阳睡而闻之，知二君（指县令县尉）顾老夫颇诚，故不得已听置酒，有妓弹琵琶颇可听。予于他郡不饮，至是稍痛饮之，又听弦声，岂以路远境绝，如入异邦，而触物易感之然耶。"这段文字反映出当地官员尽职而且细心，得知上级派员视察，连夜骑马奔跑来迎接，并叮嘱随员，不能立即给马喂草料，否则会因为骤饱而撑死。他们的谈话被李奎报偷听见了，乃有"颇诚"的评价，意即令尉的服务比较真诚。

李奎报此行，凡奇山异水风物佳境皆有诗纪胜，兴致甚佳，心情很好。《南巡日月记》文字不算长，经过的景点很多，常用三五句点染。长篇的文字不多。从文体看，与陆游的《入蜀记》相近，陆游入蜀经历三个月，共六卷。李奎报巡行三个月，日记仅及陆记三分之一。陆记的考据古迹，辩驳谬误，描绘山水的文字更多，更具体些。

第二类　形制奇特的楼阁屋宇记

如《崔承制十字阁记》。崔承制即崔忠献，从 1196 年起，崔家四代掌控高丽政权达六十年。曾任"尚书"，相当于今之正部级。加"承制"衔，即负责遵照国君旨意起草诏制，地位十分重要。其所建十字阁如下：

"承制尚书崔公立阁于甲第之西，奇哉异乎，实人间所未尝见也。大抵作屋之制，不过横其梁，纵其栋，窔而棁之，椽而楣之，如是而已耳。今此阁也，楞四角如十字，而其中则方如井焉，类世所谓帐庐者，故以十字名之。方井之内，悉以明镜填之，光明照耀，洞彻表里，凡人物之洪纤巨细，一变一态，皆泻于其中，仰之可骇也。有若飞甍曲枅，层栌叠栱，皆夭矫横出，权枒斜据，或若螭腾，或类凤翥，殊行诡制，每各异观，虽隶首算之，茫乎惘乎，弃其筹而莫数也。其髹彤漆绿雕緑之饰，则赫艳璀璨，霞驳云蔚，或如明月之流光，或若繁星之布彩，虽离娄见之，眩眩眈眈，夺其睛而莫敢仰视也。未知《木经》尚有如此制度否？且古亦有豪门巨阀，富贵之熏天者，非长材异木之独产于今，而不产于古也？良工巧匠之若正尔般倕者，亦无代无之，何旷古未曾闻，台榭观游之若此其奇，而乃今日始见之耶？此岂公之眼匠心筹，复出于古人之所未到欤？虽世之公侯卿相欲效而营之也，略不得仿佛矣。假如能营，其保之也愈难矣。何则？功未积于王室，泽未洽于生民，一旦遽有观游之泰过其分，则适为身之累耳，安得而保之哉？今崔公生积善之门，拥倾朝之望，定策安邦之烈，炳炳与日月争明，阴施显德之浃人之肌肤也滋深，则天地神明亦相之矣，庸有累于身而又焉往而不保哉？"

这座特殊建筑，在崔氏住宅之西，外形像帐篷，其出众之处在于中间有方形天井，用明镜镶填，屋内因反光照彻通明，人物器具巨细动静，皆在目击之中。这样的结构人间罕见。作者认为，即使让古代最优秀的数学家隶首也无法设计出来。而其五光十色，布彩鲜艳，即使让春秋时视力最佳的离娄也无法施其眼目之巧。紧接着作者发议论：假如今天的公侯卿相也想仿造，恐怕也不得其仿佛，即使造出来，也难于保存。"功未积于王室，泽未洽于生民，一旦遽有观游之泰（奢侈）过其分，则适为自身之累耳，安得而保之哉？"下面转而赞扬："崔公生积善之门，拥倾朝之望，定策安邦之烈（功烈），炳炳与日月争阴明，施显德之浃人之肌肤也滋深，则天地神明亦相（助）之矣，庸有累于身而又焉往而不保哉？"这番话既是美化也有所期望，只有积功泽民，方能长保奢华富贵。文章如果到此结束，已经意满气足。下面作者又写了一大段讲崔公如何享受夏之日、冬之日的观赏之乐。最后作者用补充议论，与其求乐于外物，不如求乐于内心。这样未免画蛇添足了。

崔公并不以镜阁为止境，又修建了一座特大会场和马球场，李奎报又作《又大楼记》：

"今承制崔公之所以作大楼于居室之南偏者也，上可以坐客千人，下可以方车百乘，高则横绝鸟道，大则蔽亏日月。碧瑶莹柱，玉舄承趹，阳马负阿，矫首轩翚，飞禽走兽，因木生姿，自栋宇已来未之有也。按仙经，神仙有玉楼十二，然世无眼睹者，不知其制度何如，而其中有何等奇观，尝以此为恨。及观是楼，虽天之玉楼，想不能侈兹也。其东偏安佛龛，有营佛事，则邀桑门衲子，多至数百人，恢恢有余地。直楼之南辟球场，无虑四百许步，平坦如砥，缭以周墙，连亘数里。公尝以暇日，召宾客，开琼筵，命玉觞，及于目倦乎姿色之靡曼，耳厌乎丝竹之激越，则顾可以壮其观，畅其气者，莫若击球走马之戏也。于是乎命善驭如王良造父之辈，乘十影之足，跨千里之蹄，翕忽挥霍，星奔电掣，将东复西，欲走反驻。人相丛手，马相攒蹄，争球于跳转灭没之中，譬若群龙扬鬣奋爪，争一个真珠于大海之里，吁可骇也。"

这座大楼分为两层，"上可以坐客千人，下可以方车百乘，高则横绝鸟道，大则蔽亏日月"。如此庞大，即使在今天也不多见。而其装饰雕刻之美，前所未有，可比神仙之玉楼。楼之东是佛寺，可以容纳僧人数百。其大楼之南是球场，广四百步，约合今制200米，周以围墙，相连数里。里面可以观看马球比赛，骑士们"翕忽挥霍，星奔电掣，将东复西，欲走（跑）反驻。人相丛手，马相攒蹄，争球于跳转灭没之中，譬若群龙扬鬣奋爪，争一个真珠于大海之里"。这些文字简直是一幅生动的打马球图。

前一篇《崔承制十字阁记》把议论文字放在篇末，这一篇《又大楼记》则把议论放篇首。李奎报写道："楼台观榭之大小繁简，亦沿人之势而各有当焉。虽于位同贵均者，顾人所属望则异矣。人心所不当大而大之，则人不以为可，而皆谓之过矣。至如功丰德巨，望压万人，处一国奔走瞻望之地者，虽极其大也，人不以为侈，而犹所为隘也。"这番话的宗旨是为崔氏建如此奢华的会场球场开脱，认为他"功丰德巨，望压万人"，举国瞻望，"人不以为侈，而犹所为隘"。吹嘘令人肉麻。崔忠献在高丽历史上是著名权臣，他用阴谋手段从武臣李义皎手中夺得国家大权，立即废明宗，立神宗，神宗死后立熙宗，不久又废之而立康宗、高宗，20年间废立国君如儿戏。崔忠献于1219年死后，子孙继续执政40年，至1258年，其曾孙被杀，崔氏终于垮台，崔忠献的两座特大型建筑即其奢华生活之一斑。崔氏对李奎报有知遇和提携之恩，所以他写下这两篇楼阁记，极力美化。后世及当代的韩国古代文学史家对李氏与崔氏的关系，有人批评他"奉承权贵"，也有人辩解，处在当时不得不如此。必须承认，上述二文在韩国古代建筑史上具有一定的史料价值。

李奎报介绍这座大型建筑的文章，很可能是受请托而作。他另有几篇小型建筑物的文章，多与自己有关，是自娱自慰之作，如《桂阳自娱堂记》：

"贞祐七年孟夏，予自左司谏知制诰谪守桂阳。州之人以深山之侧，崔苇之间，一颓然如蜗之破壳者，为太守之居。观其制度则抛梁架栋强名屋耳，仰不足以抬头，俯不足以横膝，当暑处之，如入深甑中而遭蒸灼也，妻儿臧获曒之，皆不欲就居。予独喜焉，洒扫而处之，因榜其堂曰自娱。"

贞祐是金宣宗的年号，其七年相当公元1219年。桂阳州与中国湖南的桂阳州异地而同名。李奎报从中央朝廷的左司谏贬官为偏僻之地桂阳太守，给他安排的官邸像蜗牛壳，"仰不足以抬头，俯不足以横膝"。夏天如入蒸饭的木甑，妻儿和仆人都不愿意去住。而李本人却很高兴地接受了，并名其堂曰"自娱"。下面他假设客友诘问：太守相当于古之邦伯，登堂求见者"皆官曹之后秀，释道之魁奇"，先生何示人以不广之堂欤？

李氏答曰："客安有是言哉？方仆之为省郎也，出则黄裾喝道，入则方丈满前。当是之时，在膏粱之子则虽若不足，于仆则大过矣。然诗人命薄，自古而然，忽一旦被有司所诬枉，而落此幽荒卑湿之地者，殆天也，非人也。若屋宇宏杰，居处华靡不痛自贬损，则非天所以处我之意，只益招祸耳。然则兹陋也独予之所自娱，而众人之所深曒也。岂可以己之所偏嗜而欲强人以同之哉？如或有笾豆之设，声色之欢，则予亦何心独享其乐而忍不与宾客共之耶？然居是州，处是堂，其无此乐也审矣，又何疑哉？"

"客惭而退，因以志之。"他承认自己被有司所诬而落此幽荒之地，乃天意，非人为。如果不痛自贬损，只能违背天意，更加招祸，惹是生非。我自以为娱，别人不认同，我不能强人同己。这番话讲得委宛恳切，是符官场实际的。

过了一年，李奎报调回京城，仍任知制诰，由礼部员外郎迁升礼部郎中（由副司级升为正司级），临行之前，作《桂阳草亭记》，前面一大段写一座小亭子，虽小而凉爽优美："桂阳僻在蓬艾之间，无一林泉胜境可以游践者，唯南山之侧有一亭焉。父老相传云，故相国许公洪才，尝典是州，初相其地，筑石而台之。故太守李讳实忠，疏水作沼，跨亭于其上也。一间十椽，覆之以茅，示俭也。纵广不过八尺，坐不过八人，杀（减）其度也。水出岩罅，极寒冽如冰，虽盛夏入浴，毛发立竖，不可耐久，加以盘松茂树，布险产凉，清风自来，畏景不逼，最惬于避暑。故有额曰涤暑，然州人犹以草亭呼之。"后来此亭荒废了，"予见而伤之，召州吏谓曰：亭是李太守所创，庸害汝州而乃敢毁耶？古人有思其人不剪甘棠者，敢毁亭耶？吏默然而退，寻拾旧材，咄嗟更构，明日以毕事来告，予与寮友置酒落（成）之。噫！予以去岁孟炎，自补阙出守是州，至今年六月，除拜礼部郎中、起居注知制诰，将诣天阙。寮友诸君曰：此亭太守所重开也，不留志无以使后者知之。予然之，因书大概，嘱后来者之无轻废毁，且为李太守存不朽之迹耳。时庚辰七月日老守礼部员外郎李某记"。

这篇文章记桂阳八尺小亭，原来很美后来荒芜，乃命州吏"寻拾旧材，复其旧观"，并置酒庆其落成。其原因在于李氏升迁，又回到京城了。文章说修复此亭是为了纪念两位前太守许公和李公。明眼人不难看出，同时也包括他自己的功劳在内。两篇小型建筑之文，鲜明地反映李氏于失意和得意时的不同心态。

李奎报的《四轮亭记》，是一座可以活动的小亭子，摘要如下：

"夫四轮亭者，陇西子（李氏别号）画其谋而未就者也。夏之日，与客席园中，或卧而睡，或坐而酌，围台弹琴，惟意所适，穷日而罢，是闲者之乐也。然避景就阴，屡易其座，故琴书枕簟，酒壶棋局，随人转徙，或有失其手而误堕者。于是始设其计，欲立四轮亭，使童仆曳之，趁阴而就。则人与棋局酒壶枕席，总逐一亭而东西，何惮于转徙哉？今虽未就，后必为之，故先悉其状。四其轮，作亭于其上，亭方六尺，二梁四柱，以竹为椽，以簟盖其上，取其轻也。东西各一栏，南北亦如之。亭方六尺，则总计其间凡三十有六尺也。请图以试之，则纵而计之，横而计之，皆六尺。其方如棋之局者，亭也。于局之内又周回而量各尺，尺而方，如棋之方罫（读卦，方格）。罫各方一尺，则三十六罫，乃三十有六尺。以此而处六人，则二人坐于东，人坐四罫各方焉。纵二尺，横二尺，总计二人凡八尺也。余四罫之方者，判而为二，各纵二尺，以二尺置琴一事，病其促短，则跨南栏而半竖。弹则加于膝者半焉。以二尺置樽壶盘皿之具，东总十有二尺，二人坐于西亦如之。余四罫之方者虚焉，欲使往来小选者，必由此路。西总十有二尺，一人坐于北四罫之方者，主人坐于南亦如之。中四罫之方者，置棋一局，南北中总十二尺；西之一人小进，而与东之一人对棋。主人执酌，酌以一杯，轮相饮也。凡肴果之案，各于坐隙随宜置焉。所谓六人者谁？琴者一人，歌者一人，僧之能诗者一人，棋者二人，并主人而六也。限人而坐，示同志也。其曳之也，童仆有倦色，则主人自下袒肩而曳之。主人疲，则客递下而助之。及其酒酣也，随所欲之而曳之，不必以阴。如是侵暮，暮则罢，明日亦如之。或曰：已言亭方六尺，则其所以计之之意，非有难晓者，何至详计曲算，以棋罫为喻而期人之浅耶？曰：天圆地方，人所皆知，然说阴阳者，以盖舆为喻。至于纵横步尺无不总举者，欲论万物之入于方圆，皆应形器也。今以是亭，计人而坐，至于陬隙中边，无使遗漏，皆入于用。则非详计曲算而何耶？其以棋罫为喻者，方图画之初，私自为标，已备不惑耳。非款款指人也。曰：作亭而轮其下，有古乎？曰：取适而已，何必古哉？”

此文是一份尚未实施的小亭设计图。作者的构思是，给一座六尺见方的亭子装上四个轮子，可以自由移动。亭为竹木结构，四柱二梁，竹为椽，草为盖，东西南北四面有围栏，亭中空间三十六平方尺，分为三十六格，每格一平方尺。可坐六人：琴者一人，歌者一人，诗僧一人，棋者二人，主者一人。童仆曳动倦了，主人推拉。主人疲倦了，客人轮流下去助推。若是酒醉了，高兴了，想到哪里就搬到哪里。有人问，何必如此详细擘画算计？作者回答：讲阴阳风水的人，总是以车舆为喻，纵多少丈尺，横多少里。我这座小亭，计人而建，中间、四边、角落、缝隙，充分利用，以备施工时心中有数不糊涂，并不是每一处都给匠人作指令。文章下半段发挥哲理，六象征什么，四象征什么，二象征什么，索然无味，故删。

第三类　记事写景而兼说理之杂记

《接果记》

讲他父亲在家时，有一位善于嫁接技术改良果树品质的能工巧手，把李家两棵恶梨锯断，再找到出名的佳梨，砍下几节树枝与恶梨之断株相接，以膏泥封包之。时人以为不可能成活，但是后来竟枝繁叶茂，秋天结果，品味极好。这种果树嫁接技术，今天已经很普遍，而在几百年前，人们无不感到惊奇。作者最后发感慨：父亲已故去九年，每年食梨攀树，都会想起父亲当年的大胆试验。作为子孙后辈，应当"革非迁善"，即痛改不良品行，培植高尚道德。这篇小品文，既记录了改良果树的新成就，又具有培植人品的教育意义。

《草堂自理小园记》

李家有上下二园，上园纵横三十步，下园十余步。每夏五六月，茂草长及人腰。家中有童仆八人，以钝锄锄草，在上园锄了几步就停下来，十天之后再锄下园，这时上园锄过的草又长高了，再去剪锄，下园又长起来了，总是不能清理干净。李氏认为，其原因是自己督役不紧，而奴仆用力怠倦所致。于是亲自动手，先整理小园，除草之后又平整土地，种竹置石，坐卧其中。"林影散地，清风自来，儿牵我衣，我抚儿顶，熙熙怡怡，足以遣儿，亦闲居者之一场乐地也。"接下去发议论，"有三十步之园不能胜理，移于十步之地，然后仅能理焉，是岂拙者之效与？推是移之朝廷，顾复秒其务而不理耶？"意谓管理朝廷大事先要治理好身边的事务。李氏的用意是好的，但从此文的描述情况看，二园之草不能尽除，纯然由于奴仆的懒惰。八个男人除四十步园之草，有何难哉！

《通斋记》

"众允通人杨生应才者，卜筑于城北，善接养花木，其园林之胜，颇有闻于京都，予遂往观焉。环堵萧然而已，初若无奇观胜致，殊不类所闻者。及主人赞，至其园，然后环视周瞩，求胜之所从有，而得有闻者。则园方可四十步许，有珍木名果，植植争立，昵不相侵，离不至迂，是皆生之均疏，数而序植者也。别为坞以居众花，花各数十种，皆世所罕见，或方开，或已落，映林绣地，交错纠纷，日蕚红张丽华之娇醉也，露葩湿杨贵妃之始浴也，风枝举赵飞燕之体轻也，落者如慎夫人之却座，覆者如李夫人之掩被。以花之谕乎目如此，爱之不能移去，藉草良久而后起。自花坞而少北，有石台平如局，又洁净，可不席而坐。蒲桃之绿树下垂者，如璎珞然可爱。下有石井，味极清甘，洩而为小泓，有稚苇戢戢始生。予日更少高其廉，益以渟潃，则可池而放凫鸭也，还至石台，酒数巡，主人目予曰：仆之有是斋，莫有标榜，若将有待于先生者，请一溷可乎？予于是名之曰通斋。……"

这篇文章应朋友之请而作。所引为上半段之写景部分，堪称精彩。主人善接养花木，所栽的花，均疏有数，依序而植。数十种罕见名花，以历代美女张丽华、杨贵妃、赵飞燕、慎夫人、李夫人作比喻。花坞之外，有石台如棋局，可席而坐，有石井极清甜可饮，又引水为地，有嫩苇，放凫鸭，还有美酒宴客……尤为可贵的是，"秾花芳草，非产于地也，受于杨生之手也；碧井清泉，非受于天也，受于杨生之心也"。原来如此美丽的园中一切，都是杨生自己设计，种植，安排的，称得上是优秀的园林艺术家了。

后半段说理，作者名园为通斋，乃大谈天地通塞之道，阴阳否泰之变，境应为通境而无所碍，人应为通人而无所塞。"今是境已通而通人导之，是以高人才子比肩而至焉。"这些话和花木泉石完全扯不上关系，显然有些离题。文章最后说："杨生颇尚侠，喜趋人之急，不可不与之好者。"这大概是称之为"通人"的理由吧。

《赫上人凌波亭记》

"三岳山人宗赫者，本曹溪韵士也，尝放浪方外，浮云其迹者久矣。越贞祐某年，偶得古院于寿春（与中国安徽寿春同名）郡之坤维（西南方）号德兴者，以其山水可爱，故因驻锡焉。其栋宇之欹仄者悉更之，垣墙之颓圮者亦新之，乃至恢拓旧制，以广其群髡（众僧徒）栖集之地。然后意以为有宾客之经由，吾不可不供其位废应接之礼矣。虽然，于佛宇中亦不可废其放情肆体、游赏宴喜之所矣。于是选寺之傍地，有水之泓碧涟漪者，遂植础波底，跨亭于其上，以茅覆之，远而望之，若轻舟画舫，浮在沧浪然也。有游谦其上，则凡坐宾之俯仰屈伸，一颦一笑之态，与夫杯盘几席，樽壶棋局之影，泻在波面，若从明镜中，见人物什器之罗列映澈者。至如春水漫渌，日光涵明，有鱼可数百尾，游泳族戏，俯鉴之了了然可数。或凉秋八九月时，木叶半脱，霜落水清，丹枫夹岸，倒映波上，烂然若濯锦江中，此皆水亭所以为胜也。虽大略如此，至绝异处，又不可得而名言矣。……"

文章记述宗赫和尚在佛寺经营方面的作为，一是修葺旧寺，拓广旧制，只用几笔带过；二是在寺旁新建园林，以为游宴宾客之所，这一大段是中心，描绘相当具体。核心是建芳亭于水上，若轻舟画舫，宾客的各种活动表现，几席什器之罗列，皆于水中映现若明镜，春天可观鱼戏，秋天可赏落叶，亭虽小而美不胜收，是文章最核心的部分。作者把议论文字放在开头和结尾。开头说有人认为，权贵之人喜欢亭榭之乐，世犹以为非；佛徒应该讲求清净无尘，怎能追求浮夸奢侈呢？作者回答说，最重要的是心要清净，不为浊恶热恼之所乘。虽在人间尘世之中，苟得清净之地，可以汰其心虑，那就是诸佛仙境了，有何不可？这是冒头，说明佛徒追求园林胜景之美不碍于道。中间叙事之后，末段又再加以补充。"以此饷客，其谁谓浮屠不宜有亭榭游观之乐乎？自皇华星节至于行旅之东西者，莫不游践。方其逍遥盘礴也，意若控青鸾跨白鹤，出八极之表矣，何白玉仙台之足道哉？游者尚尔，如吾禅老之常宴坐饱情景者，想已与青莲佛界为邻矣，何谓戾于道哉？"

佛教最初传入中国时，寺庙多在城中，由官府赐第或贵族舍宅为寺。南北朝以后，佛教向各地区普及，尤多在江南发展，遂有"南朝四百八十寺，多少楼台烟雨中"，"天下名山僧占多"之说。寺庙多数修建在风景秀丽之地。大的佛寺中还建有小花园，名为清净无尘以利修心养性，实际上也是欣赏园林泉石之美，甚至成为高人雅士集会之所。李奎报是信佛的，所以他多次撰写专文为佛寺园林作宣传。

《泰斋记》

此文的写法也是把说理议论放在开头和结尾，中间一大段风景。一上来就讲：人之情喜欢山水之胜，然而，求诸远则易，求清近则难。求城中未得则求之郊外，郊外未得无可如何矣。所以既要享受城中富贵之乐，又要爱慕郊野山水之胜，二者兼得者鲜矣。这是概论。中间一大段讲奏事官于某公，其花园建在城中，富贵与山水之美俱得："遂卜于帝阙之傍，是昔郑员外所居也。当时茂苑残庄而已，公得之，寻泉脉之攸出，筑石而甃之，凡饮吸、盥漱、煎茶、点药之用，皆仰此井。因泉之泛滥者，潴作大池，被以菱芡，放鹅鸭其中。至于风轩水榭，花坞竹阁，无不侈其制。使三十六洞之景，尽入于朱门华屋之内矣，又何必肥遁远游，然后享山水之乐耶？公指崇丘之亚然者曰：此予之望阙台也。……此真古所谓心罔不在王室者也。又指岌然高者曰：望月台也。翼然如飞者曰：快心亭也。因谓予曰：予之标榜也如是，予所未名者，子为我名之也。予谨名其园曰芳华，井曰喷玉，池曰涵碧，竹轩曰种玉。皆言其状也，总而名其斋曰泰。"最后一段论天地交泰的哲理，并对奏事于公极力赞美。"《易泰卦》有之曰：天地交而万物通，上下交而其志同。今公当君子道长之时，佐王同志，财成辅相，使万物大通而天地交泰，然后体逸心泰，得此优游之乐，则吾以泰名斋，不中的欤？"

　　这篇文章结构与《赫上人凌波亭记》相同。但是写景之中处处扣紧于公的身份。宋金时设奏奉官，是国君的耳目和喉舌，职掌承宣圣旨，可随时奏事，拟旨下达。"朝夕弥迩颜龙，其心常在王室。"所以于公名其阙曰望阙台，在高处筑望月台，筑亭曰快心亭。这些名称表明园主人时时刻刻、处处事事都心系国君。而作者总名其斋为泰，亦能得其环中，"天地交而万物通，上下交而其志同"。历代圣帝名王都担心受蒙蔽，下情不能上达。而历代昏庸之君，都不问政事，为小人或权臣所包围甚至愚弄。明清二代专设通政使（正三品），可议参大政，其权位重要。故李奎报在文章中希望于公"佐王同志，财（同裁）成辅相"，"然后体逸心泰"。可见此文政治意味是很浓的。

　　《晋康侯茅亭记》

　　这篇文章是纯粹写景，没有议论。晋康侯即崔忠献，是对李奎报有知遇之恩的权贵。崔氏的园林不在野外而在城中，名为

"茅亭"，实际上最为豪华。

"负鹄岭，腋龙首，扼四方之会，据神京之中，葱葱有佳气可掬者，男山也。丽其麓而家焉者，门千户万，若鳞错栉比，而特控引形势，螭起凤舞者，相国晋康侯之甲第也。其燕息游观之所，则有茅亭在焉。锐其颠，圆其体，望之若羽盖，而轩翥于半空者是已。夫澄神汰虑，莫若青山白云，然所寄遐阻，恒苦其不可跬步到也。岂蝉首龟腰者之所常履也。兹亭也，不出城市，超然有云山之趣。令人心地自然澄汰，俯仰几席，坐抚四方，长桥相望，九逵互凑，乘轩者，跨马者，行者，走者，担者，挈者，千态万状，无一毫敢逃。凡遐眺远览，莫兹亭若也。虽使公输督墨，般匠挥斥，其制度宏丽，或可仿佛。至于洞朗豁眼，飘飘若登蓬莱，望四海，则非禀公之目授颐指，曷若是耶？噫！自始剖判，固有斯境，旷世伏匿，一朝发朗，岂天作地藏，有待于公耶？罗幕高褰，珠翠森列，笙歌箫笛之声，随风嘹亮，或文楸玉子，丁丁然响落竹外，想壶天洞府，殆无以过也。有莲塘鸭沼，每夏六月，荷花盛开，红衣锦羽之禽，随波容与，差不减江湖中所见者。或奇葩异卉，佳木珍果，其经冬不凋，则天不能信其时。后夏乃发，则春不得一其令。或安于盆盎中，虽隔绝地脉，犹得繁秀，或柱立亭上，罅屋而上出者，至若便江南，产中夏，而忘客于他土者。与夫盘松之轮囷磊砢，回万牛而不可移者，一入公之园囿，一被公之顾眄，则猗猗晔晔，莫不畅茂，意者草木之情，犹有知于荣遇耶？将天公地媪，有所相耶？且物生于天地，而公能变化移易，与造物者相为表里，故物之役于公，而为公之用者众矣。非独物也，其陶冶生人，亦可谓周矣。孰有不愿为公之用者耶？予以凡骨，误尘清境，目骇毛竖，不得久留，方局然告退。公遽以记命之，退弥日不得构思，惧负公命，获逋慢之罪。敢濡翰而文之，意尚有慊，仍系以颂。其词曰：亭翼然，凤将骞，谁其营？我侯贤。侯式宴，酒如泉，奉觞酬，客指千，何以酢，寿万年。山可转，亭不迁。"

这篇文章描写城中的花园，相府茅亭，富丽堂皇。先写亭之高，出于半空，俯仰几席，坐抚四方，可以望见城市乘轩、跨马、行走、担挈之人，无一毫敢逃于其目，俨然一人之下万人之上的宰相姿态。下面又写这个亭子的设计都是相公目授颐指，而所有的自然美，旷世伏匿，一朝发朗，天作地藏，待相公而发现。下面再罗列树木、池塘、花鸟、珍果，反季节而生，移异地而产，皆集于此园。有的生于盆中，有的长于石缝，巨大的盘松长木，万牛不可移，一入公之园，都长得茂畅，难道是天公地母相助吗？作者还极力赞扬，相公不但能变化移易万物为之役用，还能陶冶生民，让每个人都愿为公所用，这里面就包括李奎报自己在内。所以他在参观花园时，公命作记，他诚惶诚恐，弥日"不得构思，惧负公命，获逋慢之罪"。这些恭维文字，即使是奉圣旨也不过如此吧。这是一篇极尽阿谀奉承之能事的文章。虽然没有歌功颂德，崔相爷的崇高地位和威望，已经处处隐藏在字里行间了。最后的三言一句的颂，竟然祝相公"寿万年"。古代只有对皇帝才能呼"万岁"。作者此时已经目无国君了。实际上，崔忠献掌权时的几代国君，都是傀儡而已。

这篇文章思想倾向确有奉承之嫌，在文字上却是巧为组织的妙文。与中国文学史上颜延之的《三月三日曲水诗序》等文属同类之作。

第四类　佛寺灵验与梦验传说及其他

《王轮寺丈六金像灵验收拾记》

此文记述了六次佛寺金像显灵的传说，不能全文抄录，撮其大要如下：

都城之北王轮寺，有丈六佛像一躯，有二比丘，一名巨贫，一名皎光，同时发愿，欲铸成金像，化缘集资。巨贫谓皎光曰：

吾老矣，必不能卒事，当自焚化，汝可拾吾舍利以劝募，则无有不乐布施者。巨贫果然自焚，皎光依其言，收巨贫骨，担负至京城。自搢绅至士庶纷纷施舍财物。有一寡妇，家有宝镜，人借去未还。乃告寺庙僧，待铸造金像之日，可取去。及至铸造日，主事者忘记取此镜，已将佛像铸成，全身皆端严完好，唯胸前有圆形亏缺。寺内僧人拟议再铸圆镜补足，宝镜主人某寡妇者闻之，将其镜送至佛寺，纳于佛胸之亏缺处，竟吻合相衔。过一日，竟无痕迹，如一体铸造而成者。此事传遍都城观者如堵，此灵验一也。

佛像从铸工坊铸成后，车载入寺，安放于大殿，殿门太低，无法进入。拟削去门之上梁。及明日，殿门未及改造，而佛像已端然自动入座矣。此灵验二也。

有一权贵，尊敬佛像，每过寺门，必下马礼拜再离开。凡得新鲜果品必先供佛前然后敢自尝。一日梦佛像告曰：汝事我有诚心，然而不如寺南之老兵。权贵寻得老兵而问之，答曰：老仆中风七年，坐不能起，但晨夕闻寺之钟声，则合掌致敬，如此而矣。权贵叹曰：汝事佛心诚，胜吾多矣。故能感动佛祖，此灵验三也。

某达官之家，有缁衣僧来乞食，赐以一斗饭一次食尽无遗。又赐一斛米，命苍头负而送之。缁衣僧云，汝归去，我能自负，忽然不见踪影。达官大异，乃亲自追寻，人告适才见一僧人负米入王轮寺矣。达官寻至大殿，见丈六金身之案上有一斛米在。达官始悟缁衣僧乃佛像之化身，此灵验之四也。

以车载金像入寺之时，沿途助推者成百上千，填塞道路，有一养猪兼屠户者，亦随大众助推。众力甚巨，而车无故不前行。寺僧疑前有碍物，登高而望，见大群肥猪夹车阻路。寺僧大悟，佛以杀生为罪孽，乃禁屠户不得参与推轮，佛像之车遂复前进，此灵验之五也。

举国多人传言，如王轮寺丈六金像出汗，则我国家必有灾变。

不仅金像如此，凡泥塑、石刻以及《华严经》有"如来世尊"字样处皆沾湿，余字则否。人们以为，此为佛祖护我国家，先为之警告，此灵验六也。

在这篇文章中，作者多次强调，这些灵验皆为传闻，过去文书曾有记录十余条，后遭火灾化为灰烬。时下一些传闻，言人人殊，互有差异，详略不一，而且有的记录用方言俚语。文末还说：相国崔公（崔忠献）于佛事用力最勤，乃命予作为文章以传之。"小子敢再拜稽首而为之记。"因此，这是一篇集王轮寺金像民间传说而成的作品，而非李奎报编造，可见高丽以佛教为国教的状况。其文体与中国六朝志怪中刘义庆《宣验记》、王琰《冥祥记》等属于同类。

《梦验记》

前述金像灵验记是民间传闻，而《梦验记》乃本人体验，是一个完整的神奇故事。

这个梦发生在作者任全州掌书记时。他平时不曾到城隍庙，一日梦至其祠，拜见城隍王爷，王爷以礼接待，闻州官新印十二国史，望能赐一套给孩子们读。李氏答应了。城隍又说，您的属吏某甲是可靠之人，请护持之。李氏又答应了，并询自己未来前程祸福。王爷指着一辆车奔而折轴者说：先生就像此车一样，不出今年，将离开此州。临别王持皮带二条，说：先生将来必大富贵，请以此为赠。李氏醒来，只觉满身流汗。这时，州牧奉按使之命新印十二国史。属官中果有某甲表现不佳，拟斥退之，因城隍爷有嘱托，乃命某甲送十二国史到庙中献给城隍，因而免其罪过。这一年，李氏因同僚诬告而罢官，方悟出城隍车折之喻应验了。此后闲居七年未得一官，怀疑城隍必贵之说不可信。后来官职逐渐迁升，已至三品，仍然不太信相信。如今"进拜相位，然后乃信大富贵之言。若符（节）合不违也"。

这篇梦验之言，实质上是一个富贵显达之人的自我夸耀，说明他的好运早已注定。然而，无稽之谈，又有谁能考证其真伪呢？只能当作《聊斋志异》般的小说来读。

《同年宰相出名记》是一篇实录，颇具文化教育史价值。李奎报于大定三十年（1190）登进士第，同科及第者共三十人。四十七年之后，他撰写此文为同年中进士的同学仕途作统计，竟然有五人官至宰相，他们是：赵冲、俞升旦、韩光衍、陈湜和李氏自己。三、四品者十一人，七、八、九品者六人。"凡以文鸣于世者多出于我同年。"这样的盛事，历代少见。故特意记录之。

李氏另有多篇记人记事之文并不以"记"命名，如《白云居士传》，乃自传，仿陶渊明《五柳先生传》。《曲先生传》，以拟人手法写酒的产生、发展和影响，学韩愈《毛颖传》。《舟赂说》是刺世小品，学唐末皮日休、罗隐。

《东文选》所选李氏记体古文中，有好几篇虽以"记"为题，然而并不记事，也不写景，纯粹说理。如《止止轩记》，联系《周易》，大谈"君子时止则止"的人生态度。《天开洞记》，此洞原名"塞"，后来居其附近者皆得升迁，乃改名"天开"，证明否极则泰，塞久则通的自然法则。《四可斋记》讲他父亲曾置一别业于郊外，如今他"有田可耕而食，有桑可蚕而衣，有泉可饮，有木可薪"，回顾平生，"百无一可"，有这"四可"，也就满足了，这实际上是不得其志，而以正言若反的方式表达。

《空空上人兔角庵记》是专讲佛教哲理之文。这位上人名景照，字空空，工于诗，题其所居曰"兔角庵"，请李奎报作"记"。李氏表示为难，说"未知所以名之之意"，只好以意揣度之。下面紧扣空空、兔角、景照几个字做文章："岂以子之字空空而以空无兔角对之而名之耶？然则空空、兔角，其义虽一，兔角又深于空空，而以空空归于兔角，是则顽空执空之类，非子之所宗唯心唯识入圆成实者也。予复思之，是意不然。名之景照而字曰空空，则如《楞严（经）》所谓'净极光通达，寂照含虚空'

者是也。由是观之，以兔角空空丽之于景照，是岂顽空哉！必以此而名之也。"这些文字对于不太了解佛教哲学的读者来说，实在莫名其妙。所谓"空空"属于佛家"空宗"的基本观念，与"有宗"相对立。所谓"唯心唯识""圆成实性"是"有宗"内部"相宗"的重要观点。最早的"空空"出自《论语·子罕》篇的"空空如也"。东汉以后又见于佛教经典，《大智度论·初品》："空空者，以空破内空、外空、内外空。破是三空，故名为三空。"所谓"兔角"比喻必无之事，兔子本无角，出自《楞严经》。在中国思想史上，专门讨论哲学概念及其关系的文章历代多有，魏晋时王弼的《周易略例》论言不尽意，东晋末年僧肇的《般若无知论》论知与无知，唐代刘禹锡的《天论》论空与无，都很有名，比起李奎报这篇专谈"空空"的文章要好懂些。本书摘录李氏此文，聊备奇文共欣赏，疑义相与析而已。

说明：本文所引《东文选》系根据日本东京学习院，东洋文化研究所 1970 年影印本。

(本文原载《长安学术》第 15 辑，2021 年 1 月刊出)

二 高丽李穀的"记"体文

李穀（1298—1351），高丽末期文人，元朝时曾多次出使或留学中国，1333 年在元大都参加制科考试及第，任职元朝翰林院。回国后历任中央及地方各种官职，参加编写忠烈王、忠宣王、忠肃王三朝实录和《编年书目》，善于写作汉诗汉文，有《稼亭集》。

朝鲜初期学者徐居正所编《东文选》选录李穀的记体古文共十九篇（见该书卷 70、卷 71）其中代表性作品依内容大致可分为四类：

第一类　山水风物游览日记。

最著名的是《东游记》。李榖于公元 1349 年秋天，到朝鲜半岛东部金刚山旅游，历时一个多月，逐日记下所经县城、馆驿，历述沿途奇峰、怪石、湖泊、关隘、寺庙、传说、佛像等，描绘简洁生动，笔下时露赞赏之情。他认为，此山胜过中国的峨眉山、普陀山，"虽画师之巧，诗人之能，不可得其形容之仿佛也"。今天的金刚山仍然是朝鲜半岛最负盛名的风景区。文中的《圣留窟》一段如下：

"二十一日早，发蔚珍县，南十里有圣留寺，寺在石崖下，长川上。崖石壁立千尺，壁有小窦，谓之圣留窟。窟深不可测，又幽暗，非烛不可入，使寺僧执炬导之，又使州人之惯出入者先后之。窦口狭，膝行四五步，稍阔，起，行又数步，则有断崖可三丈。梯而下之，渐平易，高阔。行数十步，有平地可数亩，左右石状殊异。又行十许步，有窦，比窦口益隘，蒲伏而行。其下泥水铺席，以防沾湿。行七八步，稍开阔，左右石益殊异。或若幢幡，或若浮图（塔），又行十数步，其石益奇怪，其状益多不可识。其若幢幡、浮图者，益长广高大。又行四五步，有若佛像者，有若高僧者。又有池水清甚，阔可数亩，中有二石，一似车毂，一似净瓶。其上及旁所垂幡，皆五色灿烂。始意石乳所凝，未甚坚硬，以杖叩之，各有声，随其长短而有清浊，若编磬者。人言若沿池而入，则益奇怪。余以为此非世俗所可亵玩者，趣以出。其两旁多穴，人有误入则不可出。问其人，窟深几何？对以无人穷其源者。或云可达平海郡海滨，盖距此二十余里也。初虑其熏且污，借僮仆衣巾以入。既出，易服洗盥，若梦游华胥（《列子》中的仙境）遽然而觉者。尝试思之：造物之妙，多不可测。余于国岛及是窟益见之。其自然而成耶？抑故为之耶？以为自然，则何其机变之巧如是之极耶？以为故为之，则虽鬼工神刀，穷千万世而亦何以至此极耶?"

此文记录一条地下洞穴曲折、宽狭、高低的情状,千奇百怪的钟乳石,如幢、如塔、如佛、如车轮、如净瓶,五色斑斓,叩之有声如编钟,最能引人入胜。

作者认为,此次东游所见,唯此窟和国岛妙不可测,故记录最为详细、具体。

"国岛"在和州鹤浦口外海中,"其上山围若玦(半圆形玉),势不甚高,蔓草覆之,又无树木,视之一土坡也。舟而小。西崖岸稍异。其崖石则皆方直,栉比而壁立,其岸石则皆平圆排列,一面可坐一人,然不整齐也。行数百步,其崖高可数百尺,其石白色,方直长短若一。每一条,其顶各戴一小石,若华表柱头者。仰面而视,可辣可愕。有一小窟,撑舟而入,渐窄,不能容舟。视其窟,深不可测。其左右束立之石如外面,更整齐。其上石脚下垂者,皆平正如覆棋局,若一柱而断之者。以此观之,则非惟外面如此,尽一岛乃一束方石条也。其窟崭岩,使人魂悸,不可久留。回舟而北,又有一面如围屏者,舍舟而下,徘徊攀缘,大概石与窟无异,而崖不甚高。其下稍平易,其圆石排列者,可坐千人,游观者必憩息于此。有人留饮,虑其风作,且非烟火食者所住。傍崖而东南,又行数百步,崖石稍异。作方铁网,盛水磨小圆石。长五六十尺一条,若一条一面皆是,人谓铁网石。此其国岛之大概者也"。

此岛的特色在于其崖石皆方而直,栉比而立,有的长短若一。每一条石顶端各戴一小石若华表柱头。洞窟中的石皆平正如棋子,若断柱。非唯一面如此,"尽一岛乃一束方石条"组成。如果说,圣留窟中的各种各样的钟乳石在中国许多洞穴中也可以见到,而这种全岛皆由方直石条围成,实在是罕见的奇观。中国浙江宁波象山县有一小岛。三面都有由四方柱形石条排成石壁,紧密排列,每条数丈或十几丈高;福建漳州也有类似石柱墙,不过截面多六角形，与朝鲜国岛略似（2020 年 6 月 25 日中央电视台科教版有具体介绍）。

文章记述的关隘与史迹多处，如铁岭关：

"二十六日，逾铁岭关，宿福灵县。铁岭，国东之要害，所谓一夫当关，万夫莫开者也。故岭以东江陵诸州谓之关东。至元庚寅（1290），叛王乃颜之党哈丹等贼，奔北而东，自开元诸郡闯入关东。国家遣万户（军官职位）罗裕等领其军防护铁关。贼劫掠和（州）登（州）以西诸州人民，至登州，使人觇之。罗公闻贼来，弃关而西走，故贼如蹈无人之境，一国汹汹，人被其害，登山城，入海岛，以避其锋。至乞师天朝（指中国元朝），然后乃能歼之。今余所见，铁关之险，诚使一夫当之，虽千万人仰而攻之，不可以岁月得入也。罗公真胆小哉！"

这段文字很有史鉴意义，说明关隘地理位置之险夷固然重要，但根本问题在于守将之勇怯。中国古人早有"在德不在险"的箴言。这位罗万户的职业道德实在太差，竟然闻贼弃关而逃，置守土之责而不顾。作者详记其事，并加以谴责。

关于观音窟的见闻写得十分逼真："金兰县故城北隅有石窟，人言金兰窟，观音菩萨居住之处。明日乘舟并岸而入，望见之，微若菩萨形象立于窟中。以其窟深且狭，故不可入。操舟者曰：……'曾操小舠木（独木舟）独入窟中，穷而后止，以手扪之，一面藓石耳。既出而回视之，则又仿佛其形象焉。噫！余之诚有未至欤？'窟东有石池，人言观音浴处。又有岩石簇簇，方寸其大，多至数庙，皆欹侧（歪斜），人谓痛足岩。盖观音足踏而痛，岩为之欹侧也。"李榖是不信佛的，他记述观音窟亦真亦幻，含蓄地表明洞中观音形象和洞外观音遗迹，实乃人们想象附会之词。类似的以山形石状比拟神仙佛像，在中国各地皆有。明眼人看来属于审美联想，愚昧者往往信以为真，甚至筑室建庙进行膜拜，李文的有关记述是客观的，看不出宗教信仰的成分。

李毂的《东游记》，描写自然景观相当丰富，记述人文景观则较李奎报《日月南行记》简略。李毂经过十四州县，各用一两句或几句话而已，其中一些地名如江陵、登州与中国异地同名。文中于县域城池民情官吏全无具体记载，似乎美中不足。

另一篇《舟行记》。水陆兼记，而以记述史实和传说为主，其中一段如下：

"至扶余城落花岩下。昔唐遣苏将军伐前百济，扶余实其故都也。时被围甚急，君臣弃宫娥而走，义不污于兵，群至此岩，堕水而死。故以名之。……日已午，解缆而小西，则有矶石穹然，其下渊澄，深不可测。唐兵既至，隔江而阵，欲渡则云雾晦冥，不知所指。使舰之，云有龙穴其下，卫护本国故也。唐人用术者（方士）计，饵而取之。龙初拒而不上，竟力致之，石为之剖。今有深广尺余，长仅一丈，自水际达于石顶，若斯而为之者，谓之钓龙台。自台而西五里许，江之南岸有僧舍曰虎岩。岩石壁立，寺负岩，岩有虎迹，宛然若挐（攀缘）而上者。岩之西有断崖千尺，崖头曰天政台。盖百济时得与天通，每当用人，书其名置台上。君臣具袍笏，列伏于北岸沙渚以候。候天点其名，然后取而用之，土人相传如此。自虎岩步至其台，台无遗址，惟石耸于半空耳。此所谓扶余之四咏，一方之胜境，而好事之人不远千里而至者也。"

古扶余人是中国东北地区一支少数民族，曾组成部族政权，前后达 800 余年，后来分裂数支。都城在吉林长春市境内，五世纪末为高句丽所灭，余部迁徙各地，唐玄宗时归并入渤海国，治所在今吉林四平市。此文所记唐遣苏将军伐百济，围扶余故城，当在唐玄宗时。所记龙穴中有龙护卫其本国，唐军以饵诱龙，留下一条宽尺余长一丈的石缝，因谓其岩为钓龙台。江南有虎岩，有虎攀岩之迹，当因龙岩求对称故命名。又有天政台，是百济时君臣与天沟通之处。所谓"用人"，乃杀人以祭天，《左传》多有记录。作者认为这些乃土人传说，无史书与碑记可考，不知可信否。据史籍记载，真实的扶余国并不在朝鲜境内，而作者舟行所至之落花岩、龙岩、虎岩，距其故乡不过六十里，连他自己都不相信，可见只是转录传说之怪异而已。文末委婉地请读者谅解，勿当真。

第二类　亭院馆舍和私家菜园记

《清风亭记》

清风亭在高丽之广州（非中国之广州）官舍之北，实一州之胜。小亭简陋，四柱而已。州牧李君修葺广大之，请李毂为之记，文中写道：

"广之为州，三面皆高山，北虽旷远，地势夷下，公廨民居，如在井底。宾客之来宁病于卑陋，而不知跬步之间有此爽垲。"此次他来广州，"时方酷热，气息如缕。乃登所谓清风亭。倚柱而披襟，精神清爽，毛发萧飒，如蝉蜕涸浊而出于尘埃之外。李君置酒，从容言曰：四柱之制，简则简矣，朝夕阳晖，东西两脚，坐客病焉。余翼其两旁，而作南荣（房屋的南檐，两头如翼）各五尺，北亦如之，稍广且深，既圬（涂抹墙壁）而将丹碧之"。于是，请李毂书其岁月以志之。文章盛赞李君此举，"起废同于创新"，给卑陋炙热之地带来清爽，是为政廉勤的表现。

《韩州重营客舍记》，主题与上文大致相同。韩州"地不产材，寻尺之木，于它山百里之外取之"。"邑涂荆棘，宾客无所归依。"郡守李君莅政，命州吏分曹部役，航海取材，率钱而助，将馆宇依次修葺，"不高不卑，以称面势；不侈不陋，以适时宜"。"数年之间利兴害除，事集民和。"李君待人以诚，接宾客无惰容。"至于供需之物，床褥什器之微，皆致完洁。然其取足于公帑，无一毫敛于民，故其声誉蔼然冠于一方。"上述两篇文章重点都不在写景状物，而在于记录官员营建馆舍的功绩。

《禁内厅事重兴记》。记皇宫之内，政府几处办公室、翰林院、国史馆日趋颓坏，未能修葺。翰林院修撰安君主动承担重兴事务。"出公廨钱若干缗，不足则借钱人家，出市材瓦，请夫（伕）于官，不得，则私雇工匠，各役家僮，自食之而自督之"，五十天就完工了。这件事有点奇怪，修葺禁中公用厅室，本应宫廷出工出钱出力，怎么能让官员自掏腰包，自雇工匠和家僮呢？

《小圃记》。从自家一处小菜园的丰歉，联想到执政者在国家大旱时如何救济灾民。

"京师福田坊所赁屋有隙地，理为小圃，袤二丈有半，广三之一，横纵八九畦，蔬菜若干味。时其先后，而迭种之，足以补盐韭之阙。一之年雨旸以时，朝甲（破土而出）而暮芽，叶泽而根腴，旦旦采之，而不尽，分其余邻人焉。二之年春夏稍旱，瓮汲以灌之，如沃焦，然种不苗，苗不叶，叶不舒，虫食且尽，敢望其下体乎。已而霪雨，至秋晚乃霁，没溷浊，冒泥沙，负墙之地皆为颓压。视去年所食，仅半之。三之年早旱晚水皆甚，所食又半于去年半。"

"予尝以小揆大，以近测远，谓天下之利当耗其大半也。秋果不熟，冬阙食，河南北民多流徙，盗贼窃发，出兵捕诛不能止。及春，饥民云集京师，都城内外呼号，丐乞僵仆不起者相枕藉。庙堂忧劳，有司奔走，其所以设施救活，无所不至。至发廪以赈之，作粥以食之，然死者已过半矣。由是物价踊贵，米斗八九千。今又自春末至夏至不雨，视所种菜如去年，未知从今得雨否？侧闻宰相亲诣寺观祷雨，想必得之。然（拟）于予小圃，亦已晚矣。不出户庭知天下，斯言信不诬。时至正乙酉五月十七日也。"

作家以小见大，从自家一块小菜地说起，第一年丰收，菜吃不完；第二年天旱，收成减半；第三年淫雨，减收又过半。由此联想到国家，春秋歉收，流民盗贼四起，死亡枕藉，政府赈救，无济于事，今年春末至夏又不下雨，宰相求雨，未知能得否？文章虽没有提出解决问题的办法，然而深切关心灾民之情充溢全篇。

此文作于 1345 年。从文中提到"京师""河南北"等地名推测，可能作于元大都。

第三类　兴学重教之文

《金海府乡校水轩记》

"……李君权守是府。既视事，谒先圣于文庙，退谓诸生曰：凡事君事亲，修己治人，皆于学得之，学若农夫然，苟怠其事，失其时，悔不及矣。诸生勉旃，且兹学舍隘陋，当为广之。旧有跨溪小亭，在学舍东，每夏课时，宾客来之，坐诸生其下，刻烛赋诗，或值暑雨，人皆病之。李君询其故，即属州吏，乃役农隙，丰其材，壮其址，扩而新之。昔之容膝者，今则函丈。宾客之位，师生之次，恢恢有余焉。方其夏月，坐倚北山，俯瞰南江，水流席下，风生檐间，弦诵之暇，操笔赋诗，情致超然，有不知其然而然者矣。工甫毕，余行适至，李君率诸生具其事，求余记。余惟圣元文治大洽，今诏天下，作新学校，余猥厕天朝搢绅之列，得奉是诏，来布东方，历观诸乡，庙学颓坏，生徒惰业，往往皆是，熟知圣元崇儒美意乎？今是府独得贤宰，以振文风。余虽无学，敢不志其实以示诸后。"

这篇文章赞扬梁州代理太守李君扩建乡校校舍、改善教学环境的善举。原来的学舍隘陋，有跨溪小亭，即题中之水轩，师生常在亭中讲学赋诗，面积很小，若遇夏日暴雨，就严重影响学习。李君了解情况后，命州吏"扩而新之"，"丰其材，壮其址"。"昔之容膝者，今则函丈。宾客之位，师生之次，恢恢有余焉。方其夏月，坐倚北山，俯瞰南江，水流席下，风生檐间，弦诵之暇，操笔赋诗，情致超然"，这段描写，颇有沂水春风之乐。文章的末段，盛赞元朝"文治大洽"。作者虽然是高丽人，却在元大都担任官职，这次回到故国，是奉中央朝廷之诏令，来到东方的藩国高丽视察文教，宣传元朝振新学校的旨意。看到别的地方"庙学颓坏，生徒惰业，往往皆是"，唯独梁州得贤宰李君，而此地文风以振。于是他十分高兴地写下这篇记文。从此文可以窥见李毅是一身而二任的，也可以看出元朝对传播中原文化于藩属之国相当关切，藩国对学习中原文化也相当重视。地方官员尽可能改善办学的物质条件。

《宁海府新作小学记》

"礼州小学，掌书记李天年之所作也。李君既佐府（任太守之辅佐官），见诸生曰：本国乡校之制，庙学同宫，几乎亵矣，而又引诸童子，使之群眑于大成之庭（孔庙之大成殿），其为亵益甚矣。乃与诸生谋于父老，卜地于府之东北，役以农隙，不日而成。当中而殿，以垂鲁司寇（指孔子）之像；左右为庑，以为击蒙（即启蒙）之所。乃廊乃垣，既轮既奂。于是择诸生之稍长者为之教诲。君日一至，考其勤慢，而劝惩之。虽极寒暑雨，不敢或怠。由是凡民有子，口可离乳者，莫不就学焉。居一年，君捧笺贺丁亥正旦，既至京，教官有阙，权补成均学谕……一日余涂遇宁海诸生之应举赴京者，曰：府之小学其规已成矣，但其屋宇苟非时葺，则易至于颓坏，子宜托好文者，录其始末，而示诸后，使无坠成功，诸生遂来求余记。余惟本国文风之不振也久矣。盖以功利为急务，教化为余事。自王宫国都以及州县，凡国教基，鲜不废坠。李君乃能留意于斯，可谓知所先务矣。独不知小学之规，当读何书，当肄何事，若曰习句读斯可矣，何必问洒扫应对进退之节；工篇翰则足矣，何必学礼乐射御书数之文。此乃乡风村学耳，予为诸生耻之，诸生勉旃。其屋宇之废兴，当有任其责者，兹不论。至正七年五月既望记。"

此文记述宁海府书记官李天年为该府新建小学校舍，使学校与孔庙分设，并为之选择教师，建立规制，督察学生勤怠，分别给以奖惩，此举受到学生家长的欢迎。李书记后来调到京城成均馆（大学）任教职。宁海府的学生赴京应科举遇到李毂，请求为学校作篇记文。李毂在前面一大段文字中，叙述新建学校和整顿教学的经过，后面一段批评本国各州县不重视文教，"以功利为急务，教化为余事"，"文风之不振也久矣"，"李君乃能留意于斯，可谓知所先务矣"。

但又指出，"乡风村学"，"不知小学之规"，不应该把庙与学分开。不能停留在"习句读""工篇翰"，而不知"洒扫应对进退之节"，"礼乐射御书数之文"，而这些正是在孔庙中的必修学问。所以他鼓励诸生继续努力。而在中国，在越南、琉球，孔庙与儒学往往是合一的。所谓"小学"，按照中国古代学制，郡国之学皆称"小学"，不等于今之"小学"。朝廷之国学，称为"大学"（参见《礼记·学记》）。古代没有"中学"这个概念。

第四类　佛寺兴造记。

《东文选》选录李毂此类文六篇，比较有代表性的是《京师金孙弥陀寺记》：

佛氏之教布于中国，化诱于人者久矣，而其因果罪福之说，能有以动人之心，故自王公至于士庶莫不奔走奉事焉。中奉大夫中尚卿伯颜察金公谓其室浦海郡夫人孙氏曰：吾自大德初入侍宫闱，一家蒙恩，迄今余三十年，爵已高，衣食已足，虽夙夜畏慎，以竭其力，顾乏才能思所以报列圣之私者，其道无由，宜莫如归崇佛教也。抑人之能致富贵者，盖以宿因，今乘可为之时，而不修善，其如后世何？乃以至顺二年正月，创佛宇于宛平县之池水村，以弘其教，曰金孙弥陀寺。盖取两姓及所求乎佛者名之也。其年八月，夫人殁。葬之寺北。以资冥福，其墓茔外地四十余亩，悉与之寺，以给僧食。因舍家僮剃度为僧，主其香火，曰戒洪、曰戒明。

自是公且感且悲，奉佛弥笃。今年秋得疾，谋于继室尹氏，出楮镪五千，益其寺廪，使其子奉议大夫囊八都总管朵儿赤，请记于余曰："吾今老且病，恐不能从于斯世，愿具本末而载之石，俾后之居是寺者，无忘吾志。"余不读佛氏之书，不知所谓因果罪福之说，然其无内外彼此之别者，心也。公之幼能孝亲，壮能忠君，老乃事佛，图报君亲于无穷，其心可尚也已。是为记，至元二年十月日。

此文作于至元二年（1336），李榖住在元大都，受蒙古贵族伯颜察金之托。伯颜氏为答谢皇恩及佛祖赐予的富贵生活，创建佛寺于京师宛平县（今属北京市丰台区），寺名为金孙弥陀寺，金字取自伯颜察金之末字，孙字取自其夫人孙氏之姓氏。捐地四十亩，以供僧食，选两名家僮剃度为僧，负责香火。后来其继室尹氏夫人捐银五千，补充寺内费用。伯颜晚年命其子请李榖撰文记录其事，而勒之石。李榖坦诚地说，自己不信佛，不读佛书，不信因果罪福之说。"然其无内外彼此之别者，心也。"（指佛教主张慈悲为本，普度众生）而伯颜公"幼能孝亲，壮能忠君，老乃事佛，图报君亲于无穷，其心可尚也已"。故为之记。

这篇文章写法不同于金元时期许多佛教徒所作寺庙之文。李榖不像他人那样极力颂扬佛法无边，建筑如何辉煌壮丽，募捐化缘建寺的和尚如何不懈努力，地方官员如何大力支持，等等。他以教外人的身份，客观地叙述建寺原委，平铺直叙实实在在地说明经过情形。文字朴素无华，比那些夸张华美的文章更具可信度，具有史学和文学双重价值。

《大都榖积山新作罗汉室记》

"至正甲申冬，大府太监朱完者帖木儿游西山，访石室。其二窦，东西相对，间可五丈，其北崖壁立。君谓居僧妙宏曰：自有宇宙，便有此窦，所谓天作地藏，以遗其人者也，如作石佛像，居之北崖，以朝二室之僧，且与室相称攸久，足为不朽之功矣。即募巧匠，采白石而为之。释迦世尊，左右辅处，南面居中。而十六大阿罗汉，以次分列焉。明年春，监随路总管府金鼎往见之曰：岂有其徒室处而其师露居者乎。又谋作宏，凿其崖而室之，其制方丈，厝其像于中。又接屋其前，以待风雨，焕丹碧以严饰，勤香火以瞻礼，恍若瞿昙和尚（指如来）复生于耆阇崛山也。既而二君请予纪。尝观造像设者，多范金铁，饰之珠玉，守者或怠，辄为人窃去销毁。力苟不足，乃用土木，其泥塑木刻，易至圮坏，几于亵慢。岂如石像坚重简质，且无后虑者哉。予又闻之佛者曰：世界有成坏谓之劫，夫自天地开辟，几千万年，而释氏生。释氏没，今且数千年，而世界自若也，不知又经几千万年，而世界之至于坏乎？予知夫此像此室当与此山相终始，而此山又与此世界同成坏，则二君之功，其可谓不朽欤。姑叙其事，以纪岁月云。"

此文的写作态度与前文一样，是客观的平实的，直述其事而不加夸饰。太监朱完者游京师西山探寻石洞，有二洞东西相对，相距五丈。朱太监对当地和尚说，如果在其北崖造佛像，让二洞之僧朝拜，且与其居室相配，足为不朽之功。于是采石招工开凿，有释迦及左右胁侍，佛南面居中，十六罗汉依次分列左右。第二年，总管府金鼎见之说，哪能让佛徒处于室中而佛祖反而露天居外呢（佛像是依山而凿），于是计划扩大，拓宽山麓，建筑佛寺，石室大至一丈见方，佛像居中，窟前接屋，以遮风雨。涂以丹碧各色，更显庄严，命僧人勤于香火礼，使得石窟之佛像俨然是如来佛复生于西山了，所谓"耆阇（dū）崛山"，是梵语，华语名灵鹫山，是释迦牟尼说法之地。造像之朱君金君请李穀为之记。他首先肯定凿石造像比起金铁土木更坚重简质，不易毁坏，但笔锋一转，指出：佛教主张，世界有成有毁，几千万年一劫，劫而复生，在劫难逃。他对此提出怀疑，自释迦之生而殁，至今数千年矣，世界还是那个样，并没有坏呀。不知经过几千万年后世界才会坏呢？这显然是在挑战。不过他相信，此像此室当与此山相始终，而此山又与世界同成毁，故二君造像之功，可谓不朽，这是从理论上推测。若从历史实际考察，是经不起事实检验的。北京西山今日还在，而山间之历代石室石像和寺庙屋舍，历经一千余年，有成有毁，毁者多而存者少。縠积山罗汉堂早已无可寻考，许多著名寺庙难觅踪迹。世界万物都在变化，新陈代谢乃自然规律，只是有的时间长，有的时间短罢了。

在佛寺记中，《京师报恩兴教寺记》值得注意。此寺由高丽国王留居中国时，买地于彰义门（即今崇文门）外创建，香火延续多年，住持换了多位。"所谓福田者其基益坚，其利益广。……寺为地五十亩有奇，附东偏者三亩，为屋百余楹。置田良乡，为亩者三千二十，在苏州者三十顷，果园在房山县百二十亩，凡为费楮布五十万缗"，可见当时佛教寺院经济力量之雄厚。李縠另有《大都天台法王寺记》，寺是一位高丽人太医院使赵芬创建，后来历经许多人捐资扩建，文章详记其数额。某年庙产为权力者夺为马厩，经历多次诉讼，几经周折终于得直。文章对于每次扩建之增广修建殿阁开销，叙述极其琐细，颇有点儿像记流水账，有一定史料价值。

《东文选》选录李縠的《义财记》，是纯粹的说理文，虽题为"记"，完全没有记事成分，且文不对题。另一篇《虚静堂记》，专谈心性修养，追求虚静境界，平淡无味。与李縠同时的元代作家揭奚斯（1274—1344），写过一篇《静虚解》，是哲学小品。无论阐释虚静之深意，选词造句之整齐，都比《虚静堂记》高出一筹。

（原载《职大学报》2019 年第 2 期）

三　高丽李穑所记各地善政举隅

李穑（1328—1396），高丽末期文学家、思想家、政治活动家。14岁随父亲李穀赴元大都读书，曾参加中国的科举考试，高中进士，入翰林院供职，回高丽后任教职，长期主管最高学府成均馆，研究学问，是高丽朱子学派主要代表人物，累官至宰相，多次与明太祖交涉外交事务。李成桂夺取高丽政权后，李穑隐居不仕，夜行失足溺水死，享年68岁，著作有《牧隐集》55卷。

《东文选》辑录李穑"记"体文73篇，大多是寺院庵堂、亭台楼阁等建筑物题记，记事简略，议论纵横，内容广泛。其中有些关于各地善政之文，具备不同特点和社会历史意义。下面略举数例，简介评述如次：

《中宁山皇甫城记》

中宁府岸临大海，"草木多冬青（树名），古称乐土"。"民淳事简，名贤才大夫静理无外慕者多为之"（很多贤士愿来此为官）。有年以来，由郡（府一级）升牧（道一级），用以旌表（提高中宁的级别，以资表彰）。"至正庚寅以来，日本岛夷窃发作乱，夜至，天明辍奔。国家（朝廷）轻之，不以为虑，日增月炽，白昼深入，弥月横行自得，滨海民居于是荡然矣。朝廷每遣大将驱逐，稍定。然势穷事迫，移民之令出焉，长兴流寓。"由于人口稀少，原中宁府建制被取消了，并入宝城郡。中宁之士大夫及有志之民，愤愤不满，认为："吾府银帑以上官所，治而寄于支县，知官如首顾下，如悬疣附赘，岂非可耻之甚。"这段话是说，中宁府由于倭寇侵扰，民众流亡，朝廷遂将该府降为支县，隶属于宝城郡。中宁府民不满，觉得十分可耻。

"今年春二月，府使（郡守）皇甫公下车（莅任），父老陈其故。皇甫公曰：是也。具告按廉使（按察廉访使，即道尹）李原，李公亦曰是也。"于是通告附近各郡，派出壮工三百五十名，筑中宁新城。"十七日起役，九月二十七讫功"，城高十五尺，厚六尺，周回一千五百尺。东西两门，锁钥坚固，守城者刁斗声不绝于夜，昼则打开城门，方便牧樵出入耕息，"民无所惧，怡然享妻子之养，北走之害绝矣。士大夫吏民之望于是乎不缺矣。固封守，供赋役，又有余裕"。报告节度使金公，金公认为中宁只有役夫、没有军队和兵器不行，便派二十名官吏，来加强管理，又拨稻米二十石，置于义仓，存本取息，永不失坠，以供使者和宾客。

中宁筑城成功，保境安民，造福永久。主其事者主要是皇甫公，故名中宁城为皇甫城。李穑应皇甫公之请而为之记。这篇文章，赞扬巩固海防，安定民生，无疑具有积极的意义。

《南原府新置济用财记》

文章通过朋友杨君的转述，介绍南原府尹李君的主要政绩：置"济用财"，相当于现代地方政府的财政储备金。

南原府的赋税既重且急，上司派来的征税使者常来催促。南原府及下属支县不能如期完成，只好借贷交税，百姓多破产。李君到任后得知情况后，叹道："虐民有尚此哉！"意谓这是最坏的虐民之政。于是采取各种措施，充实地方财政储备，以供朝廷不时之需。

严收"逋税"。即追查逃税、漏税、避税，得布若干，报上司按察廉访使获嘉许，乃以此项收入备用赋税。

收奴婢之诉讼费。高丽司法制度，奴婢有不平事，投诉于官府，获胜诉者，须缴纳一定的诉讼金。李君善于裁断，故此类收入颇丰，总得布六百五十尺，乃择乡校及三班各一人管理。各支县之民受征税逼迫，如有四人以上联名诉于官府，可从六百五十尺布中借贷予之，不取利息。政府官吏不得挪用上诉金作他用，这一条成为"永式"，即长期法规。

"置济用财"。南原府之宾客来往不绝，需要接待费，以往的税务官乃以"委积"名义加征。"委积"是中国古代救灾济困的储备制度，可以是实物（如粮、豆）也可以是货币，由政府统筹，带有强制性。在南原府实际上成了附加税，百姓负担加重，被认为是苛政。李君知道此事后，又叹曰："虐民复尚此哉！"决心在府的财政开支中"置济用财"，把诉讼费所得布换成米，置于专用粮仓，以备急需，而不另立税项。

整顿屯田。府辖区内旧有屯田，后来管理不善，官吏"恣意为奸"。李君亲自到屯区视察耕作、收获、劳动情况，使管理者不得贪赃枉法。屯田收获米二百石，豆一百五十石。把这些米豆放贷，"存本取息"。又新垦屯田，岁得米七十二石，将屯田收入和诉讼收入合而名之曰"济用财"。"于是编氓无横敛，支县守常赋，利兴害祛，民乐其生。"

李穑说："李侯以仁厚培其本，刚明济其用，化一邑。宜其不下（不差于）颍川、蜀郡。其可书者不止此，然此一事，亦足以见李侯用心之勤也。""颍川"指西汉颍川贤太守黄霸，"蜀郡"指西汉蜀郡太守文翁，二人都有教化一邑的贡献。结尾时告诉杨君，南原民众回报李侯的最佳办法是："无坏其法焉，无坠其志焉，斯可矣。""其法"就是"置济用财"之法，"其志"就是开源节流，减轻百姓的赋税负担。

《清州牧济用财记》

此文记同学李慕之，主政清州之善政。"清州为倭所蹂躏，间巷赤立不自持（闾巷之民贫穷，赤身露体，弱不自持）。慕之受命莅之，咨访规画，恤之、抚之，再期（两周年）而泽洽民亲，吏法政声闻于朝廷。"

李君采取厉行节约的办法，裁减政府开支。

"慕之摶节之（《康熙字典》：摶，裁抑也），绥（稳定），得米白者二十石，糙七十石，小米八十石，荞麦三十石，布一千尺。"李君认为："米布用之则竭，不若立本取息，为可继也。则又念之曰：吾去（离职）而代吾者，人人如吾心，则本也存；或不然，则息将安出？是不出数年，吾法废矣。呜呼！伤哉！则又念曰：口以授，笔以传，非不尽其道，然非其人，则人或亵之。如得当世喜为文词者记其事，其传必广矣。清人（清州人）虽火吾板（刻书之版），不得竟灭之（不可能都烧光）。后之为使者（担任清州长官），携此记以来问之，曰记如此，今其米其布安在？则其人无辞矣。于是致书于韩山子（李穑号）求记。……予太史也（官于翰林院者，泛称太史）闻善必书，故书为记。"

这篇文章肯定节约政府开支，用心是好的，但是，如何节约开支，不够具体。开头一大段有些离题太远，最后一段请人作记的理由写得太啰唆。

作者的写法用他人转述口吻，即代言法。其中心是节约政府开支，以备救灾济困之用。正文中没有提到"济用财"字样，可是题目中已经有了，而且其"存本取息"的做法与前述南原牧李君相同。但没有像前文那样把筹措米布的来源交代清楚。

《安东药院记》

洪柏亭任安东府长官，郑秉由任该府判官。二人到任后，受州吏迎谒之礼。"毕州之人，父老相庆得人（得到两位好官），令无不行矣。"明年春二月，二公发布政令：要建药院。

其言曰："天气发扬，生物始矣。［质］诸《月令》，人事为重，所以备其折夭（夭折而死），宣流荣卫，以保太和。医药有功焉，汤浴有助焉，盖先诸？乃相隙（空）地，未得其所。法曹卫（负责司法和治安的部门）久废，而遗其基焉，乃立屋而名之曰药院。""东庑三间，所以供汤浴也。西庑三间，所以供药饵也。中高堂以压之，所以待王人（朝廷来人）之至也。宾客之东西行者，亦得以备其急，而《肘后方》不足珍矣（东晋葛洪所著，是中国古代常备药方）。矧（况且）其地最远，其民最淳，和济澡雪之不尽知也（百姓不懂得制药及讲卫生），沴气（邪气）之所触而不幸焉，盖其常也。"

以上是转述洪、郑二公的话，介绍药院建立的地点，乃因法卫曹之旧基，东有三间汤浴，西有三间药房，还有高大的房间以接待高贵求医者，对其他四方来宾也有所准备。这是一所具有相当规模的公共医院。

下面是李穑的话："柏亭公倡之于上，郑判官和之于下。事半功倍，安东永有赖焉，是不可无记也。语有之：不作良相，当为良医。医之道其亦重哉！今柏亭用其心当国矣（现在洪柏亭已升任宰执，用心于国政），郑君骎骎（急忙状）问于汤药之效，当不止于安东矣。呜呼！其霈（恩泽如雨露）及于远也，谁可量哉，丁巳十一月记。"

这篇《安东药院记》不是受人请托而作，是作者主动撰写的，可见他对此事的重视。如果各地长官都能效法，建公立医院，则善莫大焉。

《风咏亭记》

李穑写过许多亭台楼阁记，几乎都是私家园宅，只有这篇《风咏亭记》性质类似城市公园。造亭者为尚州牧金公，亭成之后，金公请李穑为亭题名并作记。李氏之记前三分之二没有写到亭，后三之一专门写该亭有四个特点。

尚州是"新罗之大府，而无亭榭游观"之所。金公"自今岁孟夏视事，即欲修葺馆宇之颓圮者，见暴风大作，大木斯拔，良材山积，此其一也"。修建园亭的木材竟借大风所得，可节省公帑。

"部分郡吏，身自督役，不烦一民，众工效力，既修公馆，而及亭榭，此其二也。""部分"是动词，即组织安排。"群吏"，衙门官吏。"不烦一民"，这是夸大，是指很少征用民工。"众工效力"众工指工匠。"公馆"指公用馆舍，不是后世所谓"张公馆""李公馆"指达官司贵人私宅。暗示这是一所城市公园。

"初度风咏，葬粪垠，审面势，既仞（高）即阓，宛然旧址。

盖其指画深契昔人，而制作之妙则又过之，此其三也。"这个公园由金公亲自设计、规画，而且他还参加拉车运土劳动，既利用前人的旧址，现在修建、制造之妙又超过他人。金公显然是造园的内行。

"莅政以还，恩威并著，事辑民和，声绩异等，功役之征，亦有次序，此其四也。"从"功役之征"可证是征用了民工的。所谓"亦有次序"，就是孟子所说的"使民以时"，"不违农时"。用民工于农闲，不影响生产。

修建公园有此四大特点，确实很难得。至于园景如何美观，作者故意从略。在文末说："至于绕垣为囿（可见公园很大，是围绕着城墙的），引水为池，以种以树，顾敝瞻豁，众峰拱卫，斯亭之羽翼也，略之可也。"从这简单几句话里可以看出，这绝不是私家花园所能具有的境界。

作者之所以略于自然景色的描绘，其目的在于突出文章的题目"风咏"，其语原出于《论语》曾点之言。文章在上述四特点之前有大段议论和引述。"顺天时，放吾志者，其唯风咏乎！风乎舞雩，咏而归（这是曾点的话），胸次悠然，无一点缀。得如春服即成之际（'春服既成'是《论语》中的话），和气洋溢，尚民其幸哉（尚州之民多么幸福啊），请名以风咏。"文章最后，又重述此意："后之风于斯，咏于斯，以得乎吾与点也之大意者（'吾与点也'是孔子的话），其何以报吾公哉？并以告之。"

这篇文章的结构不同寻常，作者似乎故意绕来绕去，躲躲闪闪，宗旨在于提倡儒家的生活理想。至于说他写的是城市公园，乃是笔者的分析，李穑本人并没有这个意思。

据《续东文选》卷 14 金宗直（1431—1492）《风咏楼重营记》介绍，此亭历来受到多位名臣和地方官员重视。始建者为尚州牧金永昫，时在元泰定丁卯（1327）。明洪武庚戌（1370），牧使金南得于馆东辟地作新亭，以风咏名亭且记之者牧隐（李穑）

也。庚申（1380）年毁于兵灾，易亭为楼者牧使宋公也，而记之者阳村（权近）也。此次重营此楼主事者为薛公，时在丁未（1427）。上述文字，可见此亭的历史地位和影响。

四　高丽李穑所记桧严寺建筑布局述评

李穑的《天宝山桧严寺修造记》，是根据该寺建筑布局图而作，记录其殿堂厅舍位置、间数，极其详备，而于寺外山水环境，寺内佛像装饰，竟一字未提，在高丽和朝鲜众多寺庙修造记中，其写法十分罕见。全文分三大部分。

第一部分记桧严寺住持绝碉和尚请李穑撰文记该寺修造始末，李穑答应了但未动笔，过些日子，寺僧觉田来告：绝碉老师已去世，门徒四散，将来的人不知此寺历史悠久，实为福地，故持寺图请李公笔之为文。

第二部分是文章的主体，摘录如下，许多句子之后以括号加解释评说。

"余（李穑自称）案：普光殿五间（普光殿是全寺的中心，相当于后世禅宗寺庙的大雄宝殿。五间：指大殿开间有五个单间那么宽，中国古代建筑术语，凡殿堂之横向跨度皆以间计算，并非把一座殿堂分割为五个小间），面南［门窗朝南。面是动词，面向之意。中国佛寺大殿多朝向南，只有偏殿（或称配殿）朝东或朝西］。殿之后，说法殿五间（说法殿，又称讲经殿、说法堂、法堂），又其后舍利殿一间（舍利，佛祖或高僧火化后之结晶体），又其后正厅三间。厅之东、西方丈二所，各三楹（方丈，禅宗寺庙中住持和尚居住之处，在寺庙中轴线之外，是独立的庭院。此处言其阔为三楹，也就是三根柱子，相当于两间跨度）。东方丈之东，罗汉殿三间（罗汉殿内塑十六罗汉，门朝西）。西方丈之西，大藏殿三间（大藏殿，佛寺图书馆，禅寺称藏经阁，往往在寺庙中轴线最北端。李穑所记位置属于西配殿，门朝东）。入室寮（一间小型会客室）在东方丈之前，面西。侍者寮（侍者是方丈的生活秘书）在西方丈之前，面东。说法殿之西曰祖师殿（在禅寺中供奉禅宗初祖达摩和六祖慧能，属于配殿）。又其西曰首座寮（首座是住持的大弟子，有时可代住持主持法事，首座寮是他的办公室）。说法殿之东曰影堂（置放历代高僧的画像），又其东曰书记寮（书记是寺院的秘书主任，负责保管文件，起草信函），皆面南。影堂之南，面西曰香火寮（管理香火者的办公室），祖师殿之南面曰知藏寮（图书馆管理员的办公室）。"

"普光殿之东少南（稍南）旃檀林（檀香树林），东云集（云集，未得其解）面西，西云集面东。东云集之东曰东把针（把针，未得其解），面西；西云集之西曰西把针，面东。穿廊三间（有屋顶的走廊），接西僧堂（僧人的住宿处）。"

"直（正对）普光殿正门三间（相当于禅寺之山门殿），门之东廊六间，接东客室（接待俗家来访者的住处）之南。门之西悦众寮七间（接待游方僧人），曰东寮。正门之东，面西五间，曰东客室。其西，面东五间曰西客室。悦众寮之南曰观音殿。"

"副寺寮之东曰弥陀殿〔供奉阿弥陀佛，平民百姓常念'南无（读那莫）阿弥陀佛'可获菩萨保佑〕，其西，面东五间曰浴室。都寺寮五间面南（都寺，即监院，是寺院总管，副寺是其副职）。其东曰库楼；其南曰心廊（是僧人打坐修心养性之处）七间，接弥陀殿；其北曰酱库十四间（可见该寺食客众多，用酱甚多）。库楼之东十一间。库有门。从楼而东四间，又转折而北六间，又折而西二间。缺其西。"

"直正门少东曰钟楼，三间。楼之南五间曰沙门（按禅宗寺庙规矩，与钟楼位置相对有鼓楼，而此处曰'沙门'。'沙门'通常指和尚，不指建筑物）。楼之西，面东曰接客厅（主要接待俗家宾客）。楼之东北向知宾寮（知客僧相当于接待处主任，知宾寮是其办公室）接客厅之南，面东曰养老房（赡养老年僧人）。知宾寮之东，面西曰典客寮（典客负责僧俗来宾伙食，相当于膳食科长），折而东七间曰香积殿（唐诗中多称香积厨，僧侣内部食堂），殿之东、库楼之南曰园头寮（园头是掌管寺院菜园的负责人，《水浒传》中鲁智深在汴京大相国寺曾任此职），三间面西。殿之南四间为马厩。"

"凡（凡，动词，总计）为屋二百六十二间。凡佛躯十五尺者七，观音十尺，觉田所化也（观音塑像是觉田和尚化缘而造的）。宏壮美丽，甲于东国（高丽、朝鲜自称东国）。游览江湖，行遍皆曰，虽中国未之多也，非夸言也。"这段话是对该寺建筑的小结。

下面是第三部分，作者追溯历史，发表感想。

这段的开头明确地说："予素不喜释氏。"然而，对桧严寺的创始人普济法师是"敬慕"的，曾"奉旨撰铭，获详师之平生，尤知其非常人也"。至于造佛像，建高塔，这些事情对于普济大师的功德，影响并不大，"非所论也"，不是这篇文章所要论述的。"绝碉之请，觉田之勤，不可以虚辱（这是客套话）。故问其功役始终（指普济建寺经过），则以某年某月对。予曰：能哉（真能干呀）！何其成之易也。非师（普济）之道能有以动人之心，而师之弟子，又有干事之才，曷至此哉！虽然，创业垂统为可继者，君子也（这是源于孟子的话，见《梁惠王下》）。"下面突然笔锋一转，倘若有人"不顾其后，不量其器，纵吾之欲以（笔）极其修，君子鄙之（这实际上是回答这篇修造记为何如此简单，而不愿极言寺之奢华的原因所在）。虽然，师既有前知之明，普济之愿，安知道场当益兴而不少替乎？予是以乐为之记。"这几句话是假设普济之前知，代替作者的预测。普济是国师，道行高明，怎么不知此寺庙盛极而衰败以致废替呢。从历史上看任何建筑物都会有兴有衰，桧严寺的前景普济是了然于心的。"予是以乐为之记"。

第三部分文字不多，主旨就是为自己文章的特殊写法作开脱和解释。

从文学史来看，此文艺术性一般，颇似韩愈《画记》，客观罗列而已，尽管毫厘不差，却寡淡无味，像佛寺房产清单。如果后世发生产权纠纷是可拿它对簿公堂的。

从高丽佛教史来看，此文学术价值很高，其他同类寺庙碑记无可替代。

文章把桧严寺的房舍之名称、大小、朝向、用途（通过名称得知）以及相互的关联，具细无遗作了记录，详于室外而略于室内。从这张图可以看出，当时高丽佛教之盛，僧俗信众之多，生活设施完备，内外服务周到，进门有人接待，有人安排住宿、吃饭、洗浴、读经、听讲，年老还有人照养……即使现代佛寺，能达到这种程度的，恐怕也不会太多。

从中国佛寺建筑史来看，此寺是高丽所特有的结构，与中国现存的大多数禅宗寺庙结构是有差别的。南北朝时期，贵族多舍宅为寺，隋唐高僧多依名山胜水建寺。宋元之后禅宗势力庞大，几乎成为佛教的代名词，大多数佛寺都是禅寺。禅宗为了统一建筑规格，提出《伽蓝七堂》，主要有山门、佛殿、讲堂、方丈、食堂、浴室、东司（便所）。至于修行的僧堂、打坐的宿舍，不在话下。中国各地禅寺大小不一，大者不止上述七项，小的只有前两三项。

李穑此文作于元末，禅宗关于佛寺建筑的规格，似乎还没有被高丽所接受。如果把此文与现存中国某些大禅寺比较，许多地方不完全靠谱。有寺而无塔，有钟而无鼓，方丈太小，主殿普光殿远不如后世大雄宝殿之巍峨高大。……文章说十七尺高的佛祖像有七躯，没有交代放置在哪个殿堂。当然，这些都是不必苛求于李氏的。

李氏此文只写室外不写室内还有个重要原因是，他只看过觉田给他的那张图。由于他"不喜释氏",也许根本没有到桧严寺去过,凭什么写室内情形呢,只好一概从略,用"宏壮美丽"四个字虚晃一笔而过。中国文学史上,凭一张图而写文章者不乏其人,如东晋孙绰的《游天台山赋》,既写山水又谈玄理。北宋欧阳修《真州东园记》,尽情描述朋友们游览东园的快乐。二文都出自想象,然而都是古文名作。

李文没有一句赞扬佛法的话,是否说明他排佛呢,也不见得。《东文选》选李穑"记"体文 73 篇,有 20 篇是应佛教朋友而作的,其中不乏无关宏旨的好话,绝大多数是借题发挥自己观点。李穑是高丽的朱子学派主要代表,崇儒是其主导思想。他对佛教的态度有褒有贬,韩国当代学者认为,李氏属于调和派,主张儒佛同源。1377 年曾奉父命参与编纂高丽再刻《大藏经》,此举对高丽和朝鲜佛教的发展是有贡献的。

李穑是高丽重要思想家,分析评价其复杂的思想体系和内在矛盾,不是本文的任务,姑且就文论文而已。

五　朝鲜李詹的"记"体文

李詹(1345—1405),高丽末期朝鲜初期的文学家、外交家、政治家。1368 年文科及第,入仕,因弹劾权臣,流放十年。后来又因为牵连政治斗争,两度流放。朝鲜李朝太宗李芳远掌权后,起用李詹,1400 年、1402 年,两次派他出使中国南京,祝贺建文皇帝登极,并请求册封朝鲜。1392 年,高丽大将军李成桂夺得政权后,明太祖并未承认,只允许他"权知国事"而已。李詹两次到南京交涉、请求之后,建文帝乃改高丽国号为朝鲜国,册封李成桂之子李芳远为朝鲜国王,后来还特许朝鲜官员用明朝衣冠(一直延续到清末)。李詹在中国的努力为李氏朝鲜取得了历史性的外交成就,对中朝友好关系作出了重要贡献。

李詹在太宗手下迭任要职，包括知议政府事、同知中枢院学士、大司宪等，最高官品为从一品，不幸仅五年而病逝，享年61岁，诗文辑为《双梅堂集》。

《东文选》选李詹"记"体文13篇，多为高丽时所作。从内容看，有三大特点。

第一，关注国防工程建设

元明清时期，日本的倭寇不断侵扰、掠夺中国东南沿海和朝鲜半岛。朝鲜距离日本很近，受灾尤为严重。沿海军民多方设法加强防御，在《东文选》中不少文章有所反映。李詹的《东莱城记》，即专记筑城防倭之事。文章说："自庚寅以来，倭寇扰边，为患日甚。主上轸虑，宰臣献计，而其为策，不务坚壁，特出清野以待之，沿边以戍之。则其所谋，适所以引寇深入，而使我众反无所据耳。"这番话是对当局消极的御倭政策的批评。"不务坚壁"意即不努力加固边防工程设施，让郊野之民迁出来，沿边只设几个戍点而已（"沿边以戍之"）。这就使得倭寇容易深入内陆，而郊民无所倚靠进行抵抗，这样一来，造成沿海防倭能力十分薄弱。

文章接着说，今元帅朴公当年曾任金海防御使，他开始筑望山城，其守城方法得当，器械完备，士卒容易掌握。倭贼"鼠辈且死且走（跑）"而孤城"截然不可犯"。献捷于朝廷，皇上认为，"城堡之置，弱可以制强，寡可以敌众，逸可以待劳"。"遂下诏诸道，沿海郡县，各置城堡以守之。使贼顾后虑前，不得肆其恶。然后边警稍息，升平以至今日。"

上面是写筑望山城收到良好效果。下面接着写，朴公巡视下属东莱县，见田野荒芜，人烟稀少，可见该县官吏没有尽到责任，乃指示东莱县筑城于金州、蔚州之间，三城鼎峙，互相照应。派水陆士兵巡逻城外，使贼不敢来。这项工程得到东莱官民广泛支持，很快完成。于是朴公命李詹为之作"记"，题目是《东莱城记》，其实并不仅仅记东莱一地之事。

《合浦营城记》

李詹曾经流放于合浦，故关于此地筑城之法写得相当细致具体。题目中的"营"指兵营，"城"指县城或大的城堡，其规模大于兵营。该地早期的兵营为火灾所焚，士卒居于田野。副元帅裴公任该地区长官，首先修葺兵营，接着构建新的合浦城。调集民伕，修理器具，计远近，授方略。考虑到土城易崩溃，砖城费工巨，而石城可就地取材，坚且省。于是以石为城基，趁年岁大熟，乃征发劳役，计事用功。城高一丈有二尺，广丈有七尺，城周五百九十四步。城上每二尺置陴，陴率盾一、戟一，树旗帜，备矢石，"陴者昼夜申警。望之屹然，即之巍然，截然而不可犯"。城外环以水濠，置钓桥。该城位置"包络山川，规模宏远。东门曰元仁，南曰会礼，西曰怀义，北曰勇智"。"城中置义满仓，会盈库，以贮粮饷。前此皆自远输之，再昼夜，然后达于营中，人畜困顿。"如今，"沿海数县之民，亦于城中置窖，贼至，携妻子入城；贼退，出城，肆情种作，不废其业，筹画精密矣。假使有警，坐而应之，计出万全也。"合浦筑城的成功经验，得到皇上的嘉奖。李詹引用《孟子》的话赞美说："天时不如地利，地利不如人和。今龙见（夏历九月）而戒（备）事，日至（冬至）而毕，可谓得天时矣；平地设险，如据崤函，可谓得地利矣；三月而集，不愆于素（不超出平素规格），可谓得人和矣。三者备矣，人皆歌舞公赐，永世不忘也。"此文把城高几丈几尺，宽几丈几尺，都准确记录，在朝鲜同类题材文章中十分罕见，似乎借鉴了墨子《备城门》等篇的笔法。裴公筑城之前，有两位地方官曾谋划此事，其一人因职务调动而未成，另一位因赶上连年歉收而推迟。这样的前奏也可以省略不记，但他们两位用心良苦，功不可没，文章不专美于裴公一人，足见李詹处事的公道。

《永州城门楼记》

此文比前述二文要简单一些。"壬戌春，李侯止中出知永州，阅月，倭入寇，是后相继凡三十六次；永民皆渡江而西，糊口以居，无东意。及闻李侯之城是城也，相率而来，敏于趋赴。城成甫尔，适有警。李侯粗备守具，命众入城，按兵以待。人心已固，贼亦无奈我何。役起于季秋，告成于仲冬，诚得其时矣。使民以道，民忘其劳，勿亟而疾，义固在矣。三里之城，不过百雉，亦不可谓非制矣。""是城也，出于李侯一时指画，拨地，始得古器物，必其旧址也。""城在州治之西，清通驿之上，三面峻绝，惟南可上也。"文章的主旨在地方官及早筑城以防备倭寇，得到民众的支持，收到了很好的功效。

以上三篇文章提到的地名，在中国也有同名者。东莱在山东，合浦在广东，永州在湖南。中朝及中越地名相同者不胜枚举。

第二，赞扬"仁民""乐民"精神

"仁民"语出《孟子·尽心》，"乐民"语出《孟子·梁惠王》。原本是说诸侯国君要爱民，与民同忧乐。李詹的文章强调官吏与百姓休戚相共，角度略有差异，而精神是相通的。

《弘仁院记》

弘仁院是朋友裴君退休后的一所庭院，建于金州之酒村，有亭池梅竹之属，裴君常在院子里，"焚香静坐，对梅谈《易》，游心于四德之元，玩味于四端之一，可谓志仁矣。琴瑟在侧，或歌或啸，乐以忘忧，不知老之将至"。这种生活是儒家士大夫退职隐居之后的常态。上文中有些是孔子的话，有的是孟子的概念。

文章又说："具甘旨以奉高堂；履霜露、取时物以供祭祀；勤稼穑、殖畜产以养家口，所施可谓有本矣。"这几句包含了养父母，育妻子，祭祖先，这些就是儒家提倡"亲亲"的举措。

下面一段颇不寻常："采掘乡药，专心剂合，乡里有患病者，辄命理之。务于生财，积而能散，年或饥歉，即发赈之。穷民困于徭役无所控告者，立言于官以救之。仁之所及，可谓周矣。"这位裴先生颇有些侠士风度，能采药制剂给百姓治病；能生财聚货，又能散财放账救灾；还能帮助百姓向官府请求免徭役。如此一系列行为，体现其"仁民"，这是普通退休官员很难做到的。

下面又说："家畜以时宰之，花药以时栽之，竹木以时伐之。仁之所施，可谓弘矣。仁之所施，自亲亲而仁民而爱物，故君子不出家而成教于国。"前三句是说明"爱物"，接着几句兜住："仁之所施，自亲亲而仁民而爱物。"这就是院子命名为"弘仁"的由来。文章层层递进，条贯清楚，首尾呼应。"仁民"诸行事，尤为精华所在。

文章开头说，裴君"自前朝戊申以后病而不仕"，可见他是不愿与李氏王朝合作的人。当时同类的隐者还有多位名士。如李穑与郑梦周、吉再合称"丽末三隐"。李穑是李詹的老师，郑梦周是李詹早期的朋友。这篇文章可能是李詹被太宗李芳远招安以后所作，故称高丽为"前朝"。

《乐民亭记》

此文应陕草郡守李仕实之请而作。陕草为交通要道，众水相会之处。宾客、行旅往来甚多，然而入境无迎候之亭台。李侯为郡于斯邑，政平讼理，弊祛考成，岁又大稔，乃谋于众，借民力而营客亭。命附近原有的陶匠制砖瓦，派无业者经始营始，民惠而不费，亭速成。阔三间，下面的房间可以借寄宿，上面的轩榭可以资观览。江山之美可以慰劳者之足。而为郡宰者，送迎登临于斯，北望诸山，西转大川，东抱断崖。"潭烟沙月，汀草岸花，四时之风景变态，而郡守之乐无穷也。迨乎农者讴，渔者笛，行者歌，可喜可乐者，不离乎檐楹之下矣。李侯于是乐山乐水，乐民之乐，晨往而夕归也。"这一段是全文主旨所在，突出描写当地的农民、渔民、贩夫、走卒也可以有一处休息娱乐的场所，相当于今天的市郊公园了。

下面一段强调指出，亭西数里有道路狭窄，出于绝壁之下，过往行人提心吊胆，扪壁慢步通过，脱险之后，"东西行者，必于斯亭休息焉，其为乐何如哉！"不仅为本地人着想，也为外地行旅之人提供方便。

下面引孟子的话："乐民之乐者，民亦乐其乐。""李侯乐于斯亭，与民共之，民亦乐李侯之为乐也。……李侯仕足爱人、智足务民、乐与民同，故名之曰乐民。"此文不长，"乐"字出现频繁，而且或明或暗都与"民"相关。最末一句说："故乐为之记。"连作者自己也乐在其中了。

第三，阐发"养气"的哲理之文

"气"是中国哲学史乃至中医史、文学史的重要范畴。在先秦典籍中，不少人谈到"气"。《管子》提出"精气"说，是物质性概念，为后世唯物论哲学家所推重。孟子提出"养气"说，是一种个体精神状态。尤其"浩然正气"，是集道义所生者，为后世政治伦理学家所推崇。中医讲"气血""气质"，接近《管子》一派。兵家讲"夫战，勇气也；一鼓作气，再而衰，三而竭"，属于集体精神状态。至于"文以气为主"，"语气""气派"等，在汉语中经常使用，很难确切下定义。

李詹有好几篇文章大谈"养气"，《养浩堂记》不少文句是孟子的原话或原意的发挥。如："浩然之气，难言也。""至大至刚，塞于天地，万物并育其中。""孟子，善养气者也"。"夫浩然，盛大流行之貌，气则天地之正气，而吾身之充者也。人能涵养本原，而施省察之功，则道义油然而生。""养气者，能内省不疚，则不假水之浩然，吾之气已浩然矣。"孟子讲："其为气也，配义与道，无是馁也。是集义所生者，非义袭而取之也。"主张集道义而生浩然之气。李詹认为，正气乃人身所自足，道义由之而生，似乎略有差别。但孟子主张性本善，发扬善性之四端，然后有仁义礼智之"四德"，所以"养气"也就是"养性"。李詹主张："夫志，将帅也；气，卒徒也。帅得其人，军令伸；不得其人，令不行，君子要以志帅气耳。"这是对孟子类似观点的发挥。

李詹的《独谷散步图记》，使用"元气"概念，类乎《管子》的"精气"。李文说，"盖以元气有融结，亦有合散之机。天地在大虚之中，冲漠无朕，而阴阳流行。其为风、为雨、为霜雪、为雷电者，天之散也。其为江、为淮、为河、为汉者，地之散也。天泽施而岁功成，水道通而民生厚。则散者，能通变化之谓，非指不检束之意也。且乎土与石，气类也。石则碌碌然耳。至于土，其性极散，故可以稼穑，可以成器，可以取用。是知天地之气，散而生物，物之生亦不能无赖乎散之也。人之心亦然，心悦则乐，乐则发散于外。推是心以施于民，则和气所感，可以致天位物育之化矣"。

这一大段话中心是赞扬"散"，认为土性散而其用多于石。退休后的官员应该成为"散人"："幅巾梨杖，散步以出，或陟于山，或降于河，或寻梅，或采菊……逍遥婆娑，惟意所适……敛前日散之于民而使之乐者以自乐焉。""惟其所乐不假于人，随处充满，无让于前修。"

前一段是谈世界观，世界万物皆气之聚散，可惜他只讲散而不讲聚，带有片面性。后一段是讲人生观，推重《论语》所记曾点雩风沂浴之乐，得吟风弄月之趣，"心志形神，任其自便"。不赞成"放浪自肆，不拘礼法"的道家出世观。《独谷散步图记》是为退休首相而作，这位隐者，显然不同于《弘仁院记》中裴君的乡间侠士风度，反映了李詹"养气"说的另一面。

《钓龙台记》，宣扬"养气"可以改变人的气质，使人更加健康。李詹的朋友闵子，数年不见，来访，"其容貌辞气，清远简淡，俨然神仙"。简直认不出来了。李君问闵子："君读圣贤书欤？

道德之士与之游欤？抑居家为善以为乐乎？何子之举止与前日殊乎？"闵子回答："余无所用心者也。"我居住的地方，有大江、高山，其间有钓台，"野阔前开，俯视而谨临高之诫，仰观而兴弥高之叹。……余往来其间，投竿得鱼，引刀斫缕，挹清流而洒酒，既醉饱以自娱，余之日用只此而已。"即使河水泛滥，耕种无收，巢居而粒饭，"不敢舍兹地他适者，为乐乎钓台之为乐也"。

闵子这番话，说明他是长期的自然山水爱好者，所以身体气质发生变化，越来越好。李詹感慨说："信乎！所居之位足以移气。故王公大人，则气得志满；山林之士，则气苦心清。人各素位，气亦变焉。闵子之变，钓台为之尔。"客观环境优美，主观心态以自然为乐，故不肯舍此而移居他处，久而久之，气质发生了可喜的变化。这样的事例并非夸张，在古代和现代社会中不乏其人。

《怡颜斋记》所记吴先生也是这一类人。吴先生是一位学官，"心地宽广，器宇宏远"，"达性命之理，明进退之义，得失付天，行藏安遇"。退休后养老于合浦南镇，若干年后访问李詹，吴先生"心广体胖，神安气舒，仁义生色，粹面盎背"。故名其斋曰怡颜斋。李詹为之作记，大发议论："和顺积中，英华外发，故心气和平，然后颜色怡矣。""夫循理为乐，乐则喜，心之发也喜，心感则颜色怡矣。"文章举"夫子燕居，申申如也，夭夭如也"，以陶渊明"眄庭柯以怡颜"为例，说明"古之圣贤……其中和之气见于燕居者如此"。这篇文章没有写自然环境之美，主要强调主观心态，"心气和平"，"神安气舒"，"其中和之气见于燕居"。这也是一种养气功夫。

孟子的"养气"说主要强调主观道德修养，但他也重视客观环境对人的气质的影响。《孟子·尽心上》记，孟子望见齐王之子，那种特殊的气质，使他"喟然叹曰：养移气，居移体，大哉居乎！"这个"大哉居"不是指住大房子，而是指大的生活环境。

"养移气，居移体"，一直为后世儒家之徒所信从。

李詹的"记"体之文，皆以说理为主，记事为辅，或作为议论之由头。有借书箱而谈教育的，有从天象而论人生处世的，还有深探潮汐原因的自然科学论文。十三篇中，许多是为朋友庭院厅堂而作，没有一篇是为佛寺道观而作，可见他不喜欢佛道。在高丽—朝鲜文坛，有不少文人，不喜欢佛道，尤其是三世轮回，清静无为之类理论，但是他们并不拒绝为和尚、道士们修建佛寺、道观作"记"体之文。作者并不赞美佛祖和神仙，只是肯定和尚道士们为修建寺庙宫观几代师徒数十年不懈努力的精神。这样的碑记之文，在朝鲜的《东文选》中常可见到，在越南也不乏其例（李詹的《双梅堂集》在北京找不到，其中是否有与僧道交往之文，待查）。

六　朝鲜权近的"记"体文

权近（1352—1409），字可运，号阳村，高丽王朝末期朝鲜王朝初期著名学者、文臣。他少年早熟，17岁中成均馆试；18岁殿试丙科第二名；19岁中学科乡试第三名，是著名学者李穑的学生。在高丽末期，历任艺文应教、成均馆大司成、礼义判书等官职。李氏朝鲜建立后，他继续担任成均馆大司成以及中枢院使、知议政府事，参与机要。两次出使明朝，受到明太祖接见，陪同游观，赐宴，赋诗，对于改善两国关系收到良好效果。权近在政治上是温和的改革派，对巩固李氏王朝政权和维护中朝关系起了积极作用。在哲学思想上推崇程朱理学，不信佛教，但态度宽容。他的文学成就主要体现在诗文集《阳村集》中，有诗900余首，"记"45篇，序66篇，说、传、铭、赞、祭文、表、笺、启、疏、碑志及各种杂体应用文多卷。还有专著《东国史略论》《东贤事略》（人物传记），另有哲学著作多种及出使中国外交日记《奉使录》，本文所论"记"体之文，以 15 世纪学者徐居正编选《东文选》所收 34 篇为限，不包括其他著作。

权近的"记"体古文，没有游记、传记，没有以自我为中心的抒写情志。记述事物之文绝大多数受人请托而作，或借他人之居室，以他人之口吻而发议论。究其原因，游览题材主要见其《奉使录》，传记和笺启、序说等自我表达之文多见《阳村集》，所以徐居正在"记"体类中没有收录。现就《东文选》所收者论，分为下面四类。

第一类　写景、抒情、述志之文。

《渔村记》

渔村，吾友孔伯共自号也。伯共与余生年同，月日后，故余弟之。风神疏朗，可爱而亲，捷大科，跻腦仕，飘缨纡组，珥笔尚玺，人固以远大期。而萧然有江湖之趣，往往兴酣，歌渔父词，其声清亮，能满天地，仿佛闻曾参之歌商颂，使人胸次悠然，如在江湖。是其心无私累，超出物表。故其发于声者如此夫。尝一日语余曰：予之志在于渔，予知渔之乐也夫？太公圣也，吾不敢必其遇；子陵贤也，吾不敢冀其洁。携童冠，侣鸥鹭，或持竹竿，或棹孤舟，随潮上下，任其所之，沙晴系缆，山好中流，炮肥脍鲜，举酒相酬。至若日落月出，风微浪恬，倚舷长啸，击楫高歌，扬素波而凌清光，浩浩乎如乘星槎而上霄汉也。若夫江烟漠漠，阴雾霏霏，扬蓑笠，举纲罟，金鳞玉尾，纵横跳踢，足以快目而娱心也。及夜向深，云昏天晦，四顾茫茫，渔灯耿耿，雨鸣编蓬，疏密间作，飕飕瑟瑟，声寒响哀。息偃舟中，神游寥廓，怀苍梧而吊湘累，固有感时而遐想者矣。花明两岸，身在画中，潦尽寒潭，舟行镜里，畏日流炎，柳矶风细，朔天飞雪，寒江独钓，四时代谢而乐无不在焉。彼达而仕者，苟冒于荣，吾则安于所遇；穷而渔者，苟营于利，吾则乐于自适。升沉信命，舒卷惟时，视富贵如浮云，弃功名犹脱屣，以自放浪于形骸之外。岂若趋时钓名，干没于宦海，轻生取利，自蹈于重渊者乎？此予所以身簪绂而志江湖，每托之于歌也，子以为如何？予闻而乐之，因为记以归，且以自观焉。洪武乙丑秋七月有日。（《东文选》卷78）

这篇文章立意高远而写法巧妙。通篇记朋友口中之言，述朋友胸中之志，绘朋友浮想之景，赞朋友无限的乐趣。好像是客观地转达他人的追求，其实也包含作者本人的仰慕。人与我、情与景，合而为一。朋友孔伯共，并不居住在渔村，渔村只是其自号而已。伯共已经登大科，有功名，居显位，可是他的心却常在江湖，所向往的是渔者之乐。文章中间一大段最精彩的部分从"予知渔之乐也夫"到"四时代谢而乐无不在焉"，写得如诗如画，句子整齐对称，自由押韵。如："携童冠（此句浓缩《论语》：'冠者五六人，童子六七人'），侣鸥鹭，或持竹竿，或棹孤舟，随潮上下，任其所之，沙晴系缆，山好中流，炰肥脍鲜，举杯相酬。"其中"舟""流""酬"，押韵。"扬素波而凌清光"与"乘星槎而上霄汉"对称。写完白天钓鱼、烹鱼之乐，又写夜晚，顾景生情。"息偃舟中，神游寥廓，怀苍梧而吊湘累"，感时而遐想。然后又写春景"花明两岸"，秋景"潦尽寒潭"（《滕王阁序》），夏景"畏日流炎"，冬景"寒江独钓"（柳宗元诗），用一句"四时代谢而乐无不在焉"兜住。然后马上转入议论，与达而仕者、穷而渔者相比，不求荣，不营利。"安于所遇"，"乐于自适"，"升沉信命，舒卷惟时，视富贵如浮云（孔子语），弃功名犹脱屣"，"身簪绂而志江湖"。全文到此圆满结束。显然，这位孔伯共以及作者权近，都是"大隐隐于朝"者。此文作于洪武乙丑年，公元

1385 年，这时高丽王朝内部明争暗斗，分崩离析，身居朝廷的权近难免有急流勇退之感。于是乎乃有上述渔隐之乐的向往。七年之后的 1392 年，朝鲜李氏王朝建立，他继续为新朝服务，即使还想退隐，已不可能了。

此文写作极具匠心，构思严谨有序。开头一小段把同学好友鲜明的个性刻画得不同凡响。点出他往往歌《渔父词》以寄兴，读者或以为是楚辞中的《渔父》篇，其实不然。读完文章中段时才说明："此予所以身簪绂而志江湖，每托之于歌也"，与前文呼应，并点明主旨。先写白天，后写夜间，此为正常次序。下面先春而继秋，再夏而继冬，故意交错言之。其选词注意颜色，造句讲究节奏，骈句与散句相间，读来自然飘逸，不拘程式，堪称是精雕细刻的艺术精品。

《月波亭记》

善州之东五里许，有津曰余次，自尚之洛水而南流者也，宾旅之由尚而之南州者，亦至是岵（有草的小山）焉，实要衢也。津之东有小山临峙者，金人李君文挺为宰，始构亭，号月波，岁久已废矣。建文元年（1399）春，今国舅骊兴伯闵公（指闵霁，1339—1408），奉使过此，惜其废久而无能新之者也。既还，大宁崔君关，适宰是邑。公命新构，崔君乐从之。下车数月，政修人和，更相地于旧址之北，后崖之上，爽垲奇秀，尤得其胜。不欲烦民，乃募僧徒，八月始事，十月告讫。其梓人（木匠）即营汉城新宫都料匠（总工程师）也，故其制度颇极巧丽，且为燠室（温暖房间）以待宾旅之宿。越三年秋，崔君以司水监召还于朝，骊兴公又陪御胎〔据韩国学者函告，此"御胎"指朝鲜太宗李芳远（1367—1422）为王子时〕往安于星山，将再过此，征记于予，欲归以揭（公布）之。予询其迹于崔君。崔之言曰：亭之上下，

稚松郁然，后崖崭然，长江经带乎其前，大野纡余于其外，
间阎扑地（居室遍地），烟火相望，善之邑也。耕牧渔樵，歌
讴相答，伛偻络绎于其野者，善之民也。西南天割，川陆渺
漫，云烟变态，气象千万。至若江清月朗，人影相涵，静如
沉璧，动如跃金，横如素练，直如卧塔，冲融晃朗，天水一
色，此月波之所以得名，而尤此亭之一奇也。北望有山，郁
乎苍苍，是昔王氏太祖（高丽王朝始建者王建）徂征新罗，
驻跸（帝王临时居留）所也。雄风壮气，至今凛凛，直与高
山流水而无穷。登此亭者，亦不能不为之遐想者也。若夫骊
兴公以国舅之尊，冢相之贵，再来于此，登览啸咏，以寓高
尚之趣。斯亭之幸，为如何哉。予闻之，书以为记。辛巳
（1400）冬十月有日记。（《东文选》卷 79）

　　这篇文章前半段记事，后半段写景。首述善州月波亭建亭的
经过，说明善州地理环境，再记发起建亭的三位官员，继述月波
亭的设计结构。后段以浓墨重彩描写登亭所见之气象风物，末段
又从高丽太祖征战的历史足迹，联想到今天国舅闵公倡议的高情
美意。条贯清晰，层次分明，结构宏大，点面结合，详略得体。
尤可贵者，作者并未亲临月波亭，于事于景于情，皆从当地官员
崔君口中得来，显然学习、借鉴欧阳修仅凭一张地图而写作《真
州东园记》的成功经验。而其中不少语词，来自《滕王阁序》
（间阎扑地）、《岳阳楼记》（静影沉璧）、《前赤壁赋》（天水相
涵、郁乎苍苍）。追忆王建征新罗的史迹，显然得意于苏东坡《前
赤壁赋》联想曹孟德之诗句。

　　《农隐记》

　　这篇文章记述作者的同年金君，清廉自居，不遇于时，乃退
耕于野，自号农隐。李氏王朝建立后，受聘为州道儒学教授。他
起而应命，"以诗书礼乐之教，孝弟忠信之道，训励后进，孜孜无

倦"。工作六年，戊寅（1398），他以年衰为由，辞去教职，"还于畎亩，课农桑，训儿孙，以尽吾余年"。自愿永远当农民，自述其志是：

"自媒于仕宦，非所贵也；自污于工商，非所屑也；去而自陷于异端之流，非所安也。春而耕，秋而获，上以供征输，下以给妻孥，或山而采，或水而渔，或携笭以独往，或挈榼以相邀，无辱以当贵，乐志以忘忧，不知轩冕珪组为何物，此吾村中之乐也，子能记之否欤？予闻之，高其节，慕其风，邈乎不可攀矣。君之少也，尝掌书记，有能声，又为书状，不辱命，有用之材，殆可展也。卷而怀之，勤力以食其守，如此不苟慕伊（尹）葛（天氏）之遇，不苟为（长）沮（桀）溺之洁者也。若予也，窃位苟禄，无补于世而不知止，宁不为之赧然欤？安得挂冠而往，赋良耜之颂，歌击壤之谣，以与君相从于宽闲之野乎？"

最后表示向金君学习，有一天也要挂冠还乡，与君相伴。

前述《渔村记》与这篇《农隐记》两位主人公都是作者的同年，前者是同年出生，身居高位而有志于江湖；后者或是同庚或同年中科举，辞教职而耕于草野，作者都给予肯定。州道儒学教官品级不高，不到退休年龄，就辞职务农，可能内心还是暗藏着大材小用不遇于时的不平。权近指出金君为"有用之材，殆可展也"。或另有深意焉。此文用笔清淡，没有描绘农隐之乐如何如何，远不如写"渔村"之浓墨重彩。可见权近最羡慕的还是"渔村"，而不是"农隐"。

《林亭记》

文章赞扬一位张姓高官退休之后，以回乡造林植树为乐。此人与权近同年中科举，而实际年龄比权近大。张先生曾任成均馆大司成（国立大学校长），权近任其副手。"其风度飘然，其襟怀洒然，脱尘俗气，虽在簪组，而有山林之态。""其讲说经旨，议论详切，精粗本末，指陈无遗，森然有法度。年逾六旬，而其刚志挺然不久衰。"这样一位学问好，讲课好，身体也好的大学校长，竟然要退休。对权近说："吾家世之居，有壖而庐，有田而耕，松栗梨枣桑柘之木，绕屋扶疏，荟蔚成林，下开方沼，植以荷花。吾将挂冠为志于兹，以送余龄于茂林清樾之下，故以'林亭'自匾。"

权近深知张君以种树造林为乐，于是用大段文字把造林与塑造人格联系起来。"夫地道之于树，植其根而生其萌，则其发荣滋长不疾而速，苟无牛羊之牧，斧斤之寻，则其条畅蕃茂，日增月加，不数年间，郁然深秀而成林，风霜屡变，岁月既遚，千章老干，茂密参天。虽阅千岁而不仆，是有本者如是也。人之种德亦犹是也，操存以立其本，涵养以达其支，积之深厚，持之悠久，则其英华之发现于面背，余庆流于子孙，立言垂于不朽，若其发诸政事，亦足以庇当世而裕后昆。……种木者求用于十年之后，其不求近功如此。先生所以自匾者，其亦此意也欤？"

此文以木喻人，比拟贴切，说理明白，行文流畅，把一位退休朋友的志向升华到新的高度。而对于张君如何造林则略而不论。是哲理家之文，不是园艺家之文。

第二类　赞扬各级官员热心公益事业之文。

1. 兴办教育，培养人才者

《延安府乡校记》（节录）

"高丽氏之衰，教化陵夷，延安府学校岁远倾圮，又因倭患，辍讲亦久矣。辛未夏，吾同年郑君达蒙，为是府教授官，始至无所于寓，假浮屠宫，聚童蒙以教，未几而罢。明年壬申，我朝鲜受命而兴龙，重文治，复命郑君以教授之任，假馆如初，讲劝益力，慨然有营黉舍之志。越三年，甲戌春，郑中训易为宰而来，君告其意，郑侯悦从，偕相旧基，经始其役，乃建东庑三楹。适丁母忧，李通政晟代之。君又言曰：教化有国之先务，今国家草创之始，定都营宫，庶务虽殷，敦尚文教，以兴惟新之治，府学之建，亦不可缓。前使君既已始之，我使君宜继而终之。李侯曰诺。每以衙日，点阅州吏及里长于乡校，就役其人，鸠材庀工，竖明伦堂，修东西庑，新作南廊，有厨有库，有房有门，复聚诸生，以揖让讲读于其中。又施二十石稻，存本取息，以供读书油资。唯先圣之庙，将建八尺方屋，斫材埴瓦，郑重而未及营，李侯亦见代。郑教授来京师语予曰：延安府学，郑使君谋之于始，李使君成之于终，而其为政皆有遗爱，是不可不记。若其登览之美，吾子已尝寓目矣，还而见之，则断峰岧然，有松数十本，罗植其上，蔚然而深邃。闲有石台，夷旷清爽，可坐以涤热。南临大池曰卧龙，北倚高山曰飞凤，青草之湖萦其前，金莲之浦绕其左。村墟垅野，隐约微茫，如弈局然。凡一邑之奇观胜概，举集于轩窗几席之下，讲论切磋之余，顾眄吟啸之际，心广神怡，宠辱皆忘，胸次悠然，物我无间，可以想吾与点也之气像。远而望之，则东南无际，巨浸稽天，纤余弥漫，一月千里，乾端坤倪，渺不知其所极，胸襟恢廓，与天同广，可以想登泰山而小天下之意。此其于息焉游焉之道，希圣希天之学，助与之功为不小矣，盍并记。"

摘录的是文章中段，先介绍郑达蒙教授、郑中训太守、李晟通政前后三位地方官员，相继谋划营建校舍的过程。于李君所建的房屋、廊庙以及设基金以生息，记叙尤详。然后记郑教授向权近介绍校学的环境清爽和景色宜人，有《论语》所记曾晳与学生游乎沂水引起孔子的赞叹和孔子登泰山而小天下的气象。前述三君筹建之劳动是记事，以下记建成后的良好效果是写景。权近在中段之前，还有大段议论，说明教育的重要。中段之后评说李君"夸矣"，意即过于夸耀环境之美。他认为应该着重于礼义廉耻，孝悌忠信的人伦道德及洒扫应对之仪节。其理学气味太浓，且累赘。中段是其精彩部分，已经圆满具足。

《永兴府学校记》（节录）

"岁戊寅春，枢相孙公，以东北面都巡问使兼尹永兴府，既下车，适值上丁躬行释奠，观其庙学，隘陋颓腐，泫然出悌，欲更营之。且其地势卑湫，不足改为。退而咨于父老曰：生民以来，未有盛于孔子，天下古今，靡不祠之。而府庙学湫隘若此，宁不愧欤？况治人之道，莫先于学。北界邻狄，旧尚武而不崇文，顽犷之俗，今犹未革。而（是）府最钜，为诸郡所视效。盍新营构，兴儒讲道，以为之倡乎？众口金同，议以克合。乃相少尹，旧庐之基，厥土爽垲，厥势环拱，乃治其位，乃兴其工，星夜往来，躬自劝督。少尹李公云实，亦乐助之。邑人前判事李用和，实干其役。圣庙黉舍，咸中厥位。楼其南而门其下，不数月而告成。聚诸生金濂等六十余人，教育惟勤。前成均乐正金公稠适，以教授官至。孙公喜之，劝讲益力，渐磨经术，学有日进。越明年，己卯之科生员赵叙、金濂、李阳敷等，皆自是学褒然而起，擢中科第，盖自是府置学以来所未有。实赖孙公劝课之功，金公教诲之力也。永乐纪元之夏，金公复为司艺，阳敷亦为博士，偕仕成均。予以不才，忝知馆事。二子具言孙公尽心兴学之事，请记颠末，以示永从。予惟三代之学，皆所以名人伦六籍之书，亦所以明斯道，居是学，而读是书者，当思有以求其道，亦思有以厚其伦。为臣尽忠，为子尽孝，以至长幼朋友，随所往而各尽其职，此乃儒者之实学也。徒泥章句，不治身心，华其文辞，以徼利达而已者，非吾孙公兴学之意也。孙公开国元勋，笃信好善，君子也。予固重之，今闻二子之言，益知公之为政，急于先务，以是施之，优于一国矣，故并及之。永乐癸未秋八月日。"（《东文选》卷80）

这篇《永兴府学校记》讲述永兴府学校校舍重建经过和效果。府尹（知府）孙公见校舍隘陋颓腐，乃与少尹（同知）相商重建，由邑人李君主其事，不数月而成。由前成均馆教师金公出任教授，他努力劝学授课，次年即有三名学生科举中试。数年后，金公回到成均馆任职，其学生李阳敷成为成均馆博士，为永兴府历来所未有的盛事。于是作者受命此记，赞扬孙公、金公兴教之功，及其大力弘扬儒学的贡献。此文作于永乐癸未年（1403）担任成均馆大司成之时。文末反对"徒泥章句，不治身心，华其文辞，以徼利达"，体现权近一贯的教育理念。

《义兴三军府舍人所厅壁记》

这篇文章肯定军队为其子弟办学。朝鲜李氏王朝开国君主李成桂是武人出身，靠军队起家，故在其建国第五年，即下令三军府办子弟学校，称为"舍人所"，凡三军大小官员之子、弟、侄、孙、女婿，皆具名保举。由"舍人所"管辖习文武之艺，成材者各随其高下擢用之。第六年，又置六学，分科隶业，"经学曰明体适用之堂，兵学曰先计制胜之堂，律学曰钦恤之堂，算学曰详明之堂，医（学）曰济生，射（学）曰观德"。这样的分科设教，始于唐代，宋代因之，并增广画学、书学等。元明时期，合并于国子监，以经学为主，而专科学校被淡化，兵学归属五军都督府，医学归属太医院。在朝鲜李朝，国学有六律医算之学。另设三军府子弟之"舍人所"，有人批评是多余的"赘举"。权近引经据典，极力为舍人所辩护。认为"今三军府即古司马之职也，教之以道义，且充宿卫"，"居常则养之于礼乐教化之中"，"有变则用之于兵陈行武之间"。"内可以备宿卫之严，外可以托捍卫之因。"他同时批评"后世教法废弛，人各为其资之近者，文多迂滞，武或骄悍。求可以亲民者则多疏于捍卫；求可以御侮者则或短于保障"。他赞成文武兼备的教育体制是正确的。至于是否专门办收军府子弟，学校会不会特权化，则另当别论。

2. 筑城建楼，卫国安民者

《兴海郡新城门楼记》

这篇文章是应兴海郡几位退休官员安成彦、张标、李荟等人之请而作，以纪郡守赵友良及万户白仁琯的功绩。文章记述兴海郡在东南，当时富庶，后遭倭患，杀掠殆尽，闾井为墟，荆榛蔽道。未有城池之固，郡守不敢至邑中，栖于远村。"戊辰（1388）冬，赵侯友良为宰，单骑以来，尽心于理。越明年，政修民和，乃咨于众"，谋筑城楼，报上司请徒役，未得应允。"乃合郡民老幼仅数十，以八月始载，亲操杖策，监督不怠，勤有劳之，惰者戒之，不怒不威，民皆乐趋。通洋万户（武职官员）白公仁琯以兵五十助之，至十月而毕役，由是民得完聚，营立家室，而流寓者日益至矣。"赵侯"又勇于御寇，闻其至，即上马先驰，故倭再至而不得侵"。两年后，赵侯奉调离郡，万户白公继任为宰，"盖修赵侯之所未及者，凿其池以险于外，钥其门以因其内，而后其城益以完坚"。"使吾民安堵如旧，奠枕无虞。"

权近在文章后面大加赞扬，并希望后之为守者，皆能常思为民，"民有未辑，则怀之；城有未固，则完之。无坠其前成，而益图其后效……而吾民之生生也，益可保矣"。文章写作用转述法，平实允妥（前后有些重复）提出的意见要求得民心，亦来自古训。不过全文重点在赵而不在白。赵氏是世家，其祖为辅相，而权近亦以此相期许。白氏是武将，着墨不多。其实城门楼是赵白二守先后完成的。

《克敌楼记》

克敌楼建于1363年。克敌之"敌"，指元末明初之红巾军。元末南北各地农民纷纷起义抗元，北方有一支红巾军攻入辽东，波及高丽。1361年攻陷松都，高丽北方三十余州望风而降，莫之能遏，国王逃亡外地。唯安城长官郑守弘奋起抵抗，伪降宴贼，醉而歼之，由是红巾不复南下，高丽得以保全。郑君因功升迁后，1363年，继任者昌仁道建此楼"以旌敌忾之功，升秩之荣"，名之曰"克敌楼"，请权近作文，"俾邑人世世勿忘其前烈"。红巾军在中国历史上有推翻元朝之功，但是其东西南北各部纷纷争夺地盘，互相火拼，百姓遭殃。朱元璋本是红巾之一部，后来吞并各部而发展壮大，灭元称帝后，对红巾余部，不臣属者则剿灭之。高丽朝廷称红巾军为红贼，对朱元璋剿红胜利多次表示祝贺，对红巾军攻入高丽，认为是侵略，是陷其国于水火。建克敌楼正是为了纪念保卫国家的功臣。这样的建筑物是有历史意义的。权近此文，前半段记事写景，乃转述他人之言；后半段的议论则是长篇赞颂。但是，在叙事之后插入大段写景，描绘克敌楼附近山川、树木、田园、屋舍，人民安居乐业，一派太平康泰气象，与若干年前克敌之战并无联系，是不是想说明唯有那次胜利才有今天的美好生活？有些费解。

《平壤城大同门楼记》

这篇文章应平壤尹赵温之请而作。宣讲朝鲜与中国的文化渊源关系，扣住"大同"二字，贯古通今，以赞颂刚刚称帝即位的李朝太祖李成桂的功德。前面一段是赵温叙述来由，后面大段是作者的议论："予曰：平壤即古朝鲜箕子之所都也，九畴天人之学，八条风俗之美，实基我东方数千载礼义之化，猗欤休哉。自卫满历高氏专尚武强，其俗大变。逮夫王氏之世，辽金与元境壤相邻，熏染胡俗，益以骄悍。是犹岐丰之地，周家用之以兴仁厚之化，嬴秦用之以有勇悍之气。盖其民性厚重质直，以善导之，易于从化。以猛驱之，亦足以成富强之业者也。"以上一段是讲历史文化的继承与变迁，所谓"九畴"即《尚书》中的"洪范九畴"。

"钦惟皇明帝有天下，以阐至治，而我殿下事大以诚，临下以宽，膺受帝命以复朝鲜之号。而公以仁明恺悌之资，首荷重选，来尹此都。其必能宣扬德教，以导民善，丕变旧时骄悍之习，以兴礼义之化，使其风俗复淳，以赞盛世惟新之治，实自兹始。岂特城郭之固，门楼之壮，为胜于旧哉。"这一段讲从明朝统一天下，李太祖"事大以诚"——这是朝鲜历代的基本国策，即以小邦诚心对待中原之大国，奉为宗主。"而公以仁明"之"公"指平壤尹赵温，作者认为其职责在于"宣扬德教，以导民善，丕变旧时骄悍之习，以兴礼义之化，使其风俗复淳……"

最后一段："予想夫俯瞰长江，远临旷野，朝晖夕月，千态万景，悉萃于轩楹之下，指顾之间，不必远劳车骑，以陟浮碧之楼，而尽得一方之胜概也。他日傥获登览，当先为民讲论皇极之敷言，使其民知箕子之泽，渐浸东方者甚深。虽至万世而不泯。今天子锡号之恩，殿下复旧之德，实与武王之封箕子，箕子之治朝鲜，同一揆也。又使民知秉彝之性，初无华夷古今之异，苟能勉力以遵皇极之训，则神人协从，子孙逢吉，可以称夫大同之旨矣。然后与二三同志把酒临风，顾瞻江山之美，舒畅性情之兴，亦当为公一赋诗以颂咏之矣。洪武二十七年九月日。"

从"予想夫俯瞰长江（大同江）"至"尽得一方之胜概也"是写大同门楼之风光，因为还没有修葺完成，所以用"想夫"加以预设。大同门在平壤大同江畔，原为平壤城的东门，始建于公元六世纪中期，现有建筑是1635年重修的。下面"他日傥获登览，当先为民讲论"以下，是权近向赵温提出建议，不忘箕子以来历史，感谢当今皇明之恩，殿下（李太祖）复旧之德，使民知秉彝之性，"初无华夷古今之异，苟能勉力以遵皇极之训……可以称夫大同之旨矣"。这一段话十分重要，认为华夷本是一家，"皇极之训"即最高的训条，包括"九畴天人之学，八条风俗之美"，"数千载礼义之化"等中华文化传统，这样就可以符合"大同"二字的宗旨了。"大同"出自《礼记·礼运》篇，儒家的最高理想就是世界大同，朝鲜以之作为江名和城门之名，说明中朝两国人民的理想自古以来就是相同的。权近此文作于洪武二十七年（1394），即朝鲜李朝建国（1392）的第三年。可以看成是他对新朝的政治祝词，是中朝历史文化关系的精练概括。其意义非其他楼阁厅堂园林屋舍之文可比。大同江依然在平壤日夜不停地流淌，大同门三字依然高高地悬挂平壤的城楼门之上，是中朝历史文化融合的象征。

3. 修葺馆舍，接待各方宾客者

《金郊驿楼记》

"惟我国家臣附皇明，事之甚谨，岁修职贡，罔或敢怠。朝廷亦谓四方万国，惟朝鲜最效忠顺，岁遣使命，以宣声教，冠盖络绎，先后相望，上下之际可谓洽和矣。金郊驿距王京西北仅三十里，朝使之来，及其复命而往，每宿于此。盖来则王必先遣大臣逆劳于此，诘朝率国人备仪卫郊迎，使亦以朝而入。往则王设供帐，出祖于郊，又遣大臣慰饯，使必以晚而来，故未尝有历此而过者。其厨传供亿之费，视他驿倍蓰。旧有馆宇，隘陋卑湫，炎风暑雨，□□（原文二字模糊）尤甚，而无纳凉之所，来者病之。永乐二年秋八月，吾友大宁崔君子固，以文学材干，选充丰海道察访兼八站程驿使，巡视八站，莅事既月，薪刍委积，凡所以应供费者，靡所不集。乃谓此驿最近王京，使车往来所必憩宿，堂屋固陋，无以称国家钦重皇华之意，盍撤旧而新之。即闻于国，得报。乃以九月始事，取材埴瓦，力不烦民。迨未干耜而僝工。中高其堂，翼以左右之室，直左室之前起楼三楹，宏敞轩豁，不侈不陋，下为燠室，以便寒暑……虽无江海眺望之所，冈峦环拱，野垄纡余，晴好雨霁，朝霏夕烟，变态之殊，足以供骚人吟啸之兴；清风满槛，足以涤马足之炎尘；明月入帘，足以侑宾筵之雅赏。是不可无记。"

这篇文章专门记述高丽接待明朝使臣的馆舍情形，相当具体。开头介绍说，自新罗、高丽以来，历朝国王对于中国朝廷派来的使臣，向来接待恭谨。中国的中央朝廷也认为，"四方万国，惟朝最数忠顺"，这足以证明中朝两国关系一直是良好的。下面介绍使臣来如何接待，先遣大臣逆劳，第二天备朝仪郊迎。事毕而归则设帐出祖（一种仪式）于郊，又遣大臣慰饯。处于王京西三十里的金郊驿馆，接待的费用比其他馆舍高许多倍。后来，年久月深，旧馆隘陋，炎夏苦雨。为此，永乐二年（1404），新任于海道观察使兼八站程驿使崔子固，决定拆旧翻新，得到批准，中高其堂，前起三间楼，下有温房，居住条件大大改善。权近指出，崔君"为功甚巨"，"能任（国君）委任之意"，"待行旅（指外交官）既甚谨实"，"先隆其委积，次治其寓舍，而后及登览舒忧之所以慰心。自今朝（廷）使之来，盖知我国事大之诚，为政之善，而国有人焉"。最后一句出自《左传》，原意是让晋国使臣知道秦国有贤能之人。行文得体，用典得当，为中朝外交史提供了具体翔实的史料。

《德方院记》

"院馆之设，所以待行旅，劳者有所憩，宿者有所寓，雨而得其庇，暍而得其荫。盗贼之无其患，虎豹之无其害，商旅之利，无大于此者矣。故为王政之所重，亦佛教之所善也。我国之典，特优院吏，赐田免役，俾修馆舍，往往又有慕佛为善之徒，既作院宇，又治园圃。有菜以供人客，有刍以喂牛马，其利于人大矣，为善之报亦岂少哉？神印宗都大师然公，性度慈仁，德量宏大，济人利物，孜孜无已，老而安于桑梓之乡，即鸡林也。鸡林距蔚州仅百里，凡往还者，必宿而达。鱼盐之贸易，防戍之更代，骑徒负载，前后络绎。古未有院，无所于寓，必寄宿于民庐。暑雨之蒸湿，风雪之惨慄，行者有请寓之艰，居者有侵扰之忧，人皆患之。然公欲于中路而作院，以便往来，乃相地于德方里之路北，前临大川，后有竹林，其山缭绕，其区平衍。公乃乐之，伐材埴瓦，以兴营作，始于甲戌冬，终于丁丑秋，凉燠异所，尊卑异处，炊爨之厨，马牛之厩，莫不咸备。又令其徒勤谨而好善者居而主之。夏莳蔬菜，冬积薪刍，以施人畜，永世无坠。公之德惠及物之博，此亦可见矣。不远千里请记于予，予敢不乐而书之。"

前述金郊驿楼是国宾馆，这篇德方院为普通旅社。文中称为"院馆"，乃老和尚神印宗都大师然公所建。其地在鸡林（有时指全朝鲜，此处当为小地名)，距蔚州百里，商家贸易往来，换防士兵更替，都要在此住一宿方能到达蔚州城。骑马的，走路的，负担的，络绎不绝，中途没有旅馆可以休息，人皆患之。然公大师乃于"中路作院，以便往来"。成功之后，使凉热有所，尊卑分别，设厨房、马厩，种蔬菜，积草料，以施人畜，并且选派弟子专主持其事，这当然是乐善好施利国利民的好事。

中国古代，奉命出行官员住驿站，有钱的商家和文人学者住旅店，贫苦的平民百姓往往住寺观，可得到免费食宿。寺观此举是出于慈悲心怀，为善积德。古书常有记载，小说戏剧中尤多。这种做法也传到朝鲜。作者把记事放在后段，概述放在前段，称赞然公品德放在当中，虽然不如《金郊驿楼记》记礼仪和设施具体详细，也讲得相当全面周到了。

《盈德客舍记》

"盈德在海上，最僻且远，久因倭耗，人民避匿，间井丘墟者有年。及为城而鸠集之，然后遗民稍还，粗安其业。予尝谪行经过于此，廨舍未设，而其县令之居，茅茨数椽，低小隘陋，与民庐无别。洪武辛未秋，鸡林李君仁实为令于兹，政修讼简，一邑称治，乃谋于众，欲营公馆。其明年冬，伐木于山，又明年春，既雨水生，流材于溪，不劳担载，悉至城下，乃起厅堂，左右有室，门廊厨厩，厕位咸备，又其城中旧无井，占地以凿，有泉涌出，清冽可食，举邑之人莫不相庆。夫廨舍所以待宾客，施政令，治莫大焉。井泉所以济朝夕，备急难，事莫切焉。李侯为政，汲汲于此，可谓知所先务矣。其乡人进士金积来京师，受业于予，请记其事，予闻之嘉叹云。洪武二十六年仲秋日。"

这篇文章不长，故全文抄录。盈德小县遭倭祸，间井丘墟，没有县衙，县令所居不过几间茅屋而已。不久，李仁实任县令，乃营建办公室，城中无井，"占地以凿"，"清冽可食"，解决了百姓饮水问题。权近赞美说："廨舍所以待宾客，施政令，治莫大焉。井泉所以济朝夕，备急难，事莫切焉。李侯为政，汲汲于此，可谓知所先务矣。"

以上三处馆舍建成时间不一。《德方院记》建成于 1337 年，然公之徒弟于数十年后不远千里请权近追记。《盈德客舍记》作于 1393 年，李成桂建立朝鲜王朝之次年，权近继续担任成均馆大司成，此文乃应其学生——盈德进士金积之请而作。《金郊驿舍记》作于 1406 年，这时权近地位已经很高，似乎站在国家立场说话，三文的口气、视野略有区别，文字详略不一，但其对兴办公益事业的肯定态度是一致的。

4. 建义仓、修渡亭、恢复歌咏楼

《清河县义仓廨舍记》

清河县与北京的清河镇同名，在朝鲜半岛南部海滨，遭倭寇之祸，人民流亡，鞠为榛莽，其县令闵公，来宰是邑。他首先防备倭寇入侵，"水泊战舰，陆置屯戍"，备御侮之道。又召集流亡，安其耕凿。然后设立义仓，"以惠贫穷"，"赢而收，歉而散，虽有凶荒，民无捐瘠"。"前日荆棘之薮，化为桑麻之区。""设立廨舍，以待宾客。守令之职，靡所不举。"当地李公题诗称道其宰，寄给权近。权近说，当年他曾"践历其境，目其残废，恻然之念，未尝忘于怀，今观是诗，宁不为之喜庆耶？""因书此以归（馈）闵侯。"

文章虽短，他关心民疾之情溢于言表。文末注明作于洪武三十二年，即 1399 年。明洪武只有三十一年，次年已改元建文，朝鲜偏远，消息迟到，所以有些文章采用新年号要晚一年。

《息波亭记》

息波亭在松都长江（大同江）边上，有渡口名碧澜。因为靠近国都，渡者甚众；江口近海，潮流凶猛，涉者病之。朝廷为之设官员以掌渡，有草楼为之寓。江接海天，山横野垅，极目天际，形胜之区，可是人们为争渡之故，根本无心欣赏。来往者皆茫茫然为利涉是急。壬午（1402）之秋，李公任右道观察，顾瞻情景，不胜咨嗟。"乃陟崖上，相其攸宜，芟榛棘，产砂土，乃构新亭，以'息波'扁之，盖欲压胜，以利病涉者也。"……"且次前人草楼诗韵以寓其志。亭之胜概视旧草楼，不啻十百倍矣。"权近读其诗而记其事，认为可与范仲淹《岳阳楼记》相比："范公忧乐关于天下，今公此亭，既得以与人同其乐，且推其忧于'息波'，是其忧乐之心皆在于及人，而不系于一己者可见矣。"

此文的重点不在记息波亭之环境，也不在记建息波亭之事，而在于阐发李观察解民之忧、纾民之急的良好用心。称得上"超以象外，得其环中"矣。

《尚州风咏楼记》

尚州是千年名城，山川之秀，人物之盛，为一道之最，然未尝有楼台亭榭之设。自洪武以来，历代官员始辟园亭，继后韩山牧隐、星山桃隐二位文章大手留之以诗。庚申之岁遭倭患而毁。今牧宋公、判官韩公，"协力为治，弊祛利举，风教以兴，人民宁谧，于是就亭之旧址，益辟以广，起楼其上，且书牧隐之记、桃隐之诗，皆复旧观，一州胜概为益增矣"。

以上为叙事，下面是议论，把"风咏"二字与孔门弟子各言其志相联系。曾皙之言曰："浴乎沂，风乎舞雩，咏而归。"权近认为此亭于官于民大有益处。"登览之际，洒涤尘烦，消遣世虑，执热不待擢泉而清，浩繁不待谋野而获，俯仰之中，酬酢之间，默观风咏之乐，而有得于心，以广物我同怀之理，则其化治之效，岂不大哉！"对于百姓而言，"必有少怀老安，绥来动和之妙，和气流行，民安耕凿，皞皞如在春风之中，治效直与大化同运"。

风咏亭是一处文化公园，刻有著名作家的文章和诗歌，使者往来，居民老幼，皆可登临赏玩。作者的写法与《息波亭记》相近，不着重写景记事，而强调其洗涤心境，陶冶性情的文化休闲作用。与当今中国各地城市建设城市公园和各种文化设施用意大致相同。

《五台山西台水精庵重创记》

"江原交界有大山，五峰并峙，小大均敌而环列，世号为五台山。中曰地炉，东曰满月，南曰麒麟，西曰长岭，而北为象王，遂有五类圣众常住之说，为浮图者盛称之。于吾儒为无稽，兹不复详。西台之下，有槛泉涌出，色味胜常，其重亦然，曰于筒水，西流数百里而为汉江，以入于海。汉虽受众流之聚，而于筒为中冷，色味不变。若中国之有扬子江，汉之得名以此。于筒之源有庵曰水精，昔新罗二王子尝遁于此，修禅得道，至今衲子欲修证者皆乐居之。壬申之秋，郁攸（火神）为灾，于时曹溪韵释、懒庵、游公、牧庵、永公，皆舍名缰，入于兹山，目其榱题化为煨烬，恻然悲叹，欲重营之。乃持化疏出山普劝。故侍中铁城李公琳与其室洪氏，中枢高兴柳公云与其室李氏，及诸檀家，闻而皆喜，各施钱谷。癸酉之春，方始董工，更就泉傍林木之下，相其面势，尤为奇胜。乃斲其木，乃划其土，遗础具存，宛然旧址也。观者相庆，咸与言曰：殆天使郁攸焚其陋而启其胜欤？二公再生以发其旧欤？抑道眼既具，自与古人默契欤？是必居一于此矣。乃乐趣事，以讫营构。其堂五架三楹，浴室二楹，其规制不甚异，从省便也。懒庵又与柳公新绘弥陀八大菩萨，以垂堂中，古铜香炉、净瓶、什器皆备，设庆赞会，已至于三。结志修禅者，多来住锡，庵之能事毕矣。所可虑者，自今居是庵者，有能得道，如罗王之二子者欤？常加扫溉，不至废弃，挠者扶之，腐者易之，能不坠二公之志，使与此山相无穷欤？抑无奈又惧郁攸，复为林木，以至于不可知欤？皆未可必也，是在后来者之责尔。懒庵来予征记，盖欲以是警后来也。予与懒庵，道虽不同，相知已久，故不辞而书其言以为记。懒庵世族也，弃纨绮，蒙伽梨，道誉甚高，今为两街都僧录大师云。永乐二年二月既望。"

此文中的五台山在朝鲜江原道，与中国山西的五台山同名而异地。权近这篇文章纯然记事，没有议论、写景。层次极为清晰。先记五台之五峰名称，再写汉江之源于筒水，于筒水之源有水精庵，新罗二王子曾于此修道，后毁于火灾。有五僧入山，叹其化为灰烬，乃出山化缘募捐。侍中李公夫妇、中枢柳公夫妇皆各施钱谷，很快动工，堂五架三楹，浴室二楹，循旧制，绘八大菩萨，香炉什器皆备。人们高兴之余，考虑今后如何保持，不至废弃，不发生火灾。于是众僧请权近为文，以警后来。文末用简单几句称懒庵禅师与自己是好朋友，道虽不同而相知已久，禅师出身世族，弃高官富贵而为僧侣，道誉及佛界地位很高。权近对佛教理论是不同意的，晚年尤甚。此文作于1404年，只是客观如实地记人记事，看不出反佛倾向，表现出宽容的学者风度。

第三类　专记寺庙建筑之文

权近虽不信佛教，但是也写作寺庙建筑之文，多受人请托而作，缘由不一，作者态度有别。有的是纯然记录寺庙复建经过的，如《法王寺祖师堂记》：

"法王寺之西，丈室之南，有隙地，颓阶破础，鞠为茂草久矣。及判华严砧公驻锡之明年，予往观之，则突然而堂构矣；不数月又往观之，则焕然而丹臒矣；及三往观之，则中揭毗卢、文殊、普贤，会图新绘者也；左右分挂华严诸祖遗像，修旧者也。予叹其成之速，公因谓予曰：吾以无能，滥荷上恩，领袖宗门，总五教为国一，位已极矣，祝釐图报，虑无致力。去秋八月，佛祖合飨之辰，乃见诸祖之轴，布裹而库藏之，霾侵蠹损，殆至腐烂。吾甚恻然，谋诸宗门，且抽私楮，为构是堂。自癸未夏五月而始，至冬十月讫功。又与栢栗大师修公，募缘绘成毗卢三尊，重袭祖像，以安于堂之上。灯供之需，亦且粗完，仍邀诸檀设会祝上，以庆落成。欲使观像者，皆生恭敬，而归乎无像，庶凭佛祖之力，小酬君父之恩，吾之志愿也。请子记之，以示后来，使继居者，常加修葺，期于不朽而已，岂欲托之文辞，以要人知哉？予诺而退，以辞拙不克为者累月矣。公又蹭门而请之，故不敢辞，第书其言以为记，若夫随喜者具列如左云。"

此文受法王寺住持华严砧公之请，为其修复法王寺之祖师堂作记。砧公是佛教领袖，与各宗门谋议，出私钱而构是堂，五月至十月即完工，可见规模不大。在堂内绘成佛像三尊，重塑祖像，又设会以邀施主檀越，共庆落成。请权近为之记，权近似乎不感兴趣，拖了几个月，最后记砧公之言代之。他本人的赞美和祝颂之辞完全没有，仅一句"予叹其成之速"而已。这是最简便的应付之文。

《五冠山圣灯庵重创记》

此文乃受李朝第二位君主李芳果之命而作，时为建文元年（1399），即李氏朝鲜立国第八年。一年前，开国之君李成桂传位于次子李芳果，文中提到"承太上皇命，传即宝位"指李成桂禅位之事。权近时任签书中枢院事，传旨命他作圣灯庵重修记。文章前半段讲圣灯庵兴废经过，查阅旧籍，得知"前朝太祖王氏"即高丽开国君主王建始置此庵。因为五冠山之西峰有石如载，术士进言，石载为三灾发作之所，宜竖石幢石柱，四方如屋，置长明灯以禳之。王氏世世供其灯油，李稿有文为记。今上"诞膺天命，式启朝鲜"，于戊寅（1398）孟春始新此庵。接着下半写重修后的庵内情况："重营佛宇三楹，挂以新画释迦三尊、十六罗汉、十大弟子，五百圣众都会之像，东附翼室三楹，所以寓僧也。西附三楹，所以为炊也。纳田百结，奴婢十九口，所以续圣灯而来求食也。"权近最后说，王氏始置此灯，相传子孙五百年，新朝之法事益圆且备，邦国受益将更大且久，圣寿之长，国祚之永，当与此山此灯同垂罔极而不拔矣。前面还有几句话赞扬新主李芳果："尝在潜邸（指未登基时），以贤与长（李芳果是李成桂第二子），讴歌悉归，盖崇谦德，率履不越，惟有利于国家是图是力。"

然而李芳果在位仅两年，就被其五弟李芳远逼下台，两年之内发生两次政变，家族分裂，兄弟父子成仇敌，修长明灯又有什么用处呢？权近是深知朝廷内部恩怨的，所以他不愿多说话，应付场面而已。

《水原万义寺祝上华严法华法会众月记》

此文作于 1392 年，即李成桂开国之年，受大和尚照公之请而作。前段有三段重点叙事，其一是，天台宗与禅宗为争夺万义寺田产而大打官司。该寺初创者禅宗，荒废后重建者天台宗。历年以来，天台、禅宗"互差主持"，由于"收租有田，执役有奴，嗜利之徒亦欲得焉"。禅宗"欲夺而有之，讼于法司。时议以为，两宗交争，乃因寺有田有奴"。判决将奴婢悉归水原政府，寺庙还属天台。其二是，1388 年，高丽与明朝发生战争，李成桂为统帅，照公和尚当时在李成桂之父李子春麾下，参与诸将共定大策，劝李氏率兵从鸭绿江边回师，把反明派首领赶下台，从而控制政权。因神照和尚赞襄之功，李成桂于 1390 年特赐功牌，将万义寺及奴婢永传于其法嗣，又给守田七十亩。和尚居然参与军政大策，历史上不多见。其三是，1391 年照公和尚为谢李氏恩赐，特设消灾道场法会，邀请多位大法师，开讲《华严》三昧，继讲《妙法莲华经》，历时 21 天，场面极其盛大，以求"寿君福国，济生利物"，权近父子都参睹盛事并奉李成桂之命上香。紧接着，李成桂废高丽国王，开创李氏朝鲜王朝。以上都是叙事，末段才是评论。权近写道："予惟释氏，去人伦，弃君亲，寓斯世而负斯世者，吾儒之所訾（批评）也。士大夫有志于斯世者，莫不欲树功业而报君亲，然有不得者，众人之通患也。今照公虽居释苑，尚能遇知于君相，树功于国家，如此其卓卓也。专心致力以结胜因，必报德于君父，又如此其恳恳也。是诚不负斯世，而士大夫有所不逮者也。"对于佛教"去人伦，弃君父"他坚持批评态度，但对佛教徒神照能为国家（指李朝）树功，又专设道场以报君父之恩，这是儒家士大夫也比不上的。这是以儒家道德观来肯定神照和尚的行为，同时也向新朝表忠，祝今上万年无疆。此文的内容和写法与其他寺庙之文明显不同。

《演福寺塔重创记》

"佛氏之道，以慈悲喜舍为德，以报应不差为验。其言极闳大，译传中国，覃及四海。……吾东方自新罗氏之季，奉事尤谨，城中僧庐多于民屋，其殿宇之宏壮峻特者，至于今尚存，一时崇奉之至，可想见矣。高丽王氏统合之初，率用无替，以资密佑，乃于中外多置寺社，所谓裨补是已。演福寺实据城中阛阓之侧，本号唐寺，方言唐与大相似，亦谓大寺，为屋最钜，至千余楹。内凿三池九井，其南又起五层之塔，以应风水。其说备载旧籍，兹不赘陈。王氏享国五百年，屡更丧乱，寺之兴废，殆非一次。此塔之坏，不知的在何时。至恭愍王欲营之而未就，后有狂僧长远心者，夤缘权贵，扰民伐材，卒亦罔成。恭让君赖将相之力，复祖宗之绪，即位以来，事佛益力。爰命僧天珪等，募工兴役，辛未二月始事，掘旧址，填木石，以固厥基，迄冬乃竖，纵横六楹，克壮且广。累至五层，履以扁石，将讫厥功，宪臣有言而中辍。惟时我主上殿下，位总百揆，请毕营构，未几恭让以失道自逊于外，而大命集于殿下，□（原字模糊不清）恭惟主上殿下，以神武之资，获天人之应，奄膺大宝……以佛之道慈悲爱物，可利邦国，崇扬之法，因守不废。其所以创始而树鸿规，贻谋而垂后裕者，可谓宏且备矣。于是董工益勤，功乃告成，实壬申冬十有二月也。癸酉之春，涂塈丹腹，翚飞云表，鸟翔天际，金碧炫耀，晖映半空，上安佛舍利，中储大藏，下置毗庐肖像，所以资福邦家，永利万世也。夏四月，设文殊会以落厥成，上命臣近记其始末。臣近窃闻浮屠之说，树塔所以表德，随其层数多寡，以明德之高下也。五层以上是佛塔也，其言功德报应之说，极为宏博，故自阿育王而后，历代尊信缔构之无已也。然梁达摩答武帝造寺造塔之问，以为片无功德，盖为武帝不修心而费财力发也。今则财不出编户，力不烦农民，其为功德岂易量哉。功德既胜，报应益彰，人天交庆，幽明共赖，推利泽于无穷，绵景祚于罔极，与国咸休，万世弥固，信可期也。"

此文于 1393 年奉新主李成桂之命而作。本意是崇扬佛教，仔细读来，批评之言更多。如"寺院塔庙之设，巍峨相望，弥天之下"，"城中僧庐多于民屋"。"又起五层之塔，以应风水"，寺塔之坏"殆非一次"。"后有狂僧……贪缘权贵，扰民伐材，卒亦罔成。"下面说，今主上奄膺大宝，以佛之道，悲慈爱物，可利邦国，于是修复此塔，金碧辉煌，晖映半空，又设文殊会以庆落成，命权近记其始末。权近先记佛家之说，树塔以表功德。然而，梁武帝询问达摩祖师，回答竟是"片无功德"，即造塔与功德无关。权近说，这是因为梁武帝不修心而费财力也。举此例显然扫兴，他马上改口说，我主则不同。"今则财不出编户，力不烦农民，其为功德岂易量哉？功德既胜，报应益彰，人天交庆，幽明共赖，推利泽于无穷，绵景祚于罔极，与国咸休，万世弥固。"完全不用民财民力，谁相信呢？文章到此可以结束了，他又写了长篇"献词"，把上面讲过的内容从头到尾加以浓缩，画蛇添足。

第四类　纯粹说理之文

《东文选》所选权近纯说理文，皆阐扬程朱理学之心性修养，有时与佛学比较，态度比较温和。基本上无写景叙事，借某人某斋某堂之命名大加发挥，读来颇为沉闷。

《古涧记》。神印禅师建庐于此涧之上，请权近题名。权氏乃大谈性本善，水本清，人之去恶从善如水之激浊扬清，要经过深涧、峻岭、巨石、险滩，或曲或直，或暴或怒，或隐或显，极尽变化而清自若。修道之士，宜以水性自强，清其心，复其性，则恒久于善而不失。今禅师逃空虚而入山林，栖于涧上，于性之善，淡然自足。对一位禅寺和大尚力进行儒家理学说教，至于古涧景色如何，一句话也没有。

《拙斋记》。借一位朋友的居室题名为"拙斋"，大谈拙胜于巧。"人喜于诈而为巧，我则知耻而守真为拙，拙以养德，足以浩然而自存。"明人袁宏道作《拙效传》，写四仆人，其愚而拙者结果胜于巧佞者。那是文学作品，不是哲理文章。

《准月轩记》。此文与佛教徒辩论，双方皆以水与月为例。华严宗主张，体一分殊，一月在天，而江中千月分照，天上水中，混浑无间。"水中之月，谓之假月不可也，谓之真月亦不可也。"朱熹受华严宗影响，主张"理一分殊"，也以天上之月水中之月为喻，但不谈真假。权近主张，天地之间，皆一气所分，一理所贯，其全体总会于吾心，故万物之备于我无不具，而心之全体无不尽矣。文中对佛理有些批评言词。有人认为，华严宗与朱熹及权近都是客观唯心主义。此文中，权氏既承认理气合一，又赞同孟子的主观唯心论观点，这不足为奇。

《清心堂记》。赞美一位宫中内侍姜公，数十年清心寡欲，廉洁恭俭。出宫归第，则疑神端坐，消遣万虑，于世利淡如也。权近引《孟子》："养心莫善于寡欲"，能寡欲则其心身清，其心清则众善以生。清之极方寸莹彻，人欲净而天理行，圣贤之德可致矣。所宣扬的正是宋代程朱理学家的观点。

《独乐堂记》。此文讨论独乐与天下同忧乐的关系。第一段说，有人对他讲宋司马光以"独乐名其园"，而范仲淹主张先天下之忧，后天下之乐，二者皆本孔孟。孔子以有朋自远方来为乐，孟子主张与民同乐，有何不同呢？权近回答，范公极于及物而言之，司马温公专于自得言之，二公互相发明。下面一段，记退休宰相禹公以独乐匾其堂，并形象地自述心情如何快乐，请权近为之记。权氏综合各说，夸禹相公众乐皆得："早以周程之学讲究孔颜之乐，方其贵也，以希文（范公）之志为忧乐，君实（温公）之德为事业。及释位而去也，穷抑困厄，极其惨酷，而公（禹公）处之而不动心。……自信自谦，以全吾胸中之乐，此众人所不知而属于所独得也。"这篇文章层次清楚，论析透彻，是一篇可读性强的说理文。尤妙在范公、温公、禹公都曾官居宰辅，其忧乐观非众人可比。元初名相耶律楚材有《贫乐庵记》，提倡"君子之处贫贱富贵也，忧乐相半，未尝独忧乐也"。乃是对《岳阳楼记》的补充。后世主张独乐及同乐者不乏其人，是不同时代不同身份处境的人生价值观的反映，这是一个很有意义的议题。

《雨亭记》。朋友赵公得赵子昂手书《大雨赋》，请权近跋以诗文。于是他发挥雨之功用，推及人事和哲理："乾道之所以生物者元也，人道之所以能利物者仁也。乾道之无动于气而雨泽生焉，仁之心现于事而政教行焉。故为君者必体乎元，以行其仁；为臣者必调乎元，以行其政。然后君之德可合于乾之圣人，臣之功无愧于殷之贤佐。所谓云行雨施之效，大旱霖雨之功可以亲致之矣（指殷高宗希望傅说若大旱作霖）。"他认为这是雨之大用，若夫赏雨、听雨、咏雨，"闲人逸士幽真者之所为，非可为（赵）公道之者也"。这是政治家的哲理观，而非文学家的审美观。

《信斋记》。为朋友韩公之斋以信为名而发挥其深意，是一篇人性论。人有五常之性，而有仁义礼智信之名。信非外铄，本具于性。信即诚，诚之用大矣，大而天地，幽而鬼神，微而昆虫，皆可以信感动之，何况于人乎？此论本之于《中庸》。后面越扯越远，有些离题，不太耐读了。

《南谷记》。朋友张君以南谷为自号，请为文说明之。权近乃大谈南方之大义。"阳属南，其德为明，其于人也为君子；阴属于北，其德为暗，其于人也为小人。"把北方人都骂成小人。"圣人继天，南面而治。""夫南者，方之最正，而运气之极中也。圣人之位，临莅万方，而其正位，必向于是。"这是一篇政治家的哲学论文，太牵强。

《月江记》。一位名为懒翁的和尚自号江月轩。权近批评说，今之佛者多取水、月、溪、涧、湖、海为号，今宝镜和尚又把懒翁的"江月"改为"月江"而倒称之。在权近看来，月在天有目者可睹，江在地有口者可吸，况在人乎？"其互称身分体用，曰江月则通用而源其体，曰月江则由体而达其用，体用一源，上下无间。……使吾心之体，湛然清明，应物之用，随感不差，如月之照乎江，如江之受乎月。则虽江月，吾可也；虽月江，吾亦可也。"体用问题是佛教提出的一大议题，后世阐发讨论者颇多。权近之言，可备一说。

权近在高丽时末期，不信佛也不排佛。到朝鲜初期，反对的态度坚决，多体现在其哲学专著中。其记体说理之文，只是偶尔涉及而已，尚不能反映他的全部哲学观。

（原载《斯文》第六辑，2020 年第 4 季度出版）

七　朝鲜姜希孟的训子寓言述评

姜希孟（1424—1485），朝鲜前期文臣、学者、作家，自号无为子。1447 年文科及第后入仕，历任学务官、政务官，品级甚高，学识渊博，通经史，长书画，是当时著名文章家，也是农业科学家。著作丰富，有《私淑斋集》《矜阳杂录》（杂文集）、《村谭解颐》（笑话集）等。其《农书》对朝鲜的农业生产科学技术作出方方面面的总结和概括，对该国农业生产有积极作用。

徐居正之后多人编辑的《续东文选》，录姜氏各体文章二十余篇。其中独具特色的是《训子五说》，（卷 17）前有序言，后面是寓言，宗旨都是教训儿子如何为人处世。这几篇文章都比较长，下面逐篇介绍，或摘其要点或白话简述。

《训子五说序》

文章开头说："训子说者，无为子为其子龟孙作也。曷为训子？训其所不逮也。曷不自揆而滥为之说与？其言则俚（俚俗），其意则古。何不敢直斥而微示其意与？父子之间言犹婉也（父子之间可以用委婉的方式沟通）。"这就是他作五篇寓言以训子的由来。

中间一大段引朱熹给儿子朱受之的信，以见"古昔贤父子之间劝勉之息，恳恻之情"。最后一段又回到自己的心意："夫父之于子，犹农夫之于嘉谷也。养谷不成，终罹饿馁之患；教子无成，竟致孤危之祸……而况垂老之年，支多不荣（读行，疲软无力），齿留双颗，夏日冬夜，追悼无期，稠人众会，念至涕零，居然为一怪物。为汝冀望之情。当何如耶！此吾说之所以作也。"这一段写这位老年父亲对儿子的冀望之殷勤，动人心弦。

《登山说》

山东之民有兄弟三人，甲老实而跛足，乙好奇巧而体格健全，丙性轻浮而捷勇过人。平常劳作，丙居第一，乙次之，甲辛勤服役仅得完税，然而无所怠倦。一日，乙与丙相约登泰山观日峰，甲也想参加。二弟笑曰：泰山之峰高出云表，非健脚力者莫能陟。甲曰：且随二位，虽最末到达亦万幸也。结果，丙只到达山下，乙到达山腰，甲虽走得慢，终于到达山顶。父亲问他们各自观景所得。丙说，我一路专走旁谷曲径，专探奇花石昇，天黑了才到山下，周围悲风聒耳，涧水喧哮，狐狸野兽怒号，十分惧怕，只好宿于岩洞而归。乙说，我遇高峰则快走，过侧岭则搜奇，山忽高忽峻，衣屡冷湿，往上看，更高峰还多得很，只好止于山腰，半途而废。甲说，我只走正道，不敢旁行，尽心竭力，跻攀分寸，登陟不停，终于到达绝顶。"卧未安寝，而天鸡一鸣，东方启明，殷红抹海，金涛蹴天，赤凤金蛇，搅扰其间，俄而朱轮辗转上下，而大明升于太空矣，真奇绝也。"父亲叹息道："小子识之。进德修业之序，功名成就之路，凡自卑而升高，自下而趋上者，莫不皆然。毋恃力以自画，毋怠力以自弃，庶几乎跛者之能自勉也。"

这篇寓言的宗旨，文章的后半部说得明白：凡是干事业，做学问，要走正道，不要自恃聪明才智，走邪门歪道。要认准目标，矢志不移，心无旁骛，不要左顾右盼，搜奇觅趣，分散精力。一个跛脚者终于胜过体力强壮者而登上泰山绝顶，其经验具有普遍意义。《伊索寓言》有龟兔比赛的寓言：兔子跑得快，瞧不起龟。跑到半途，睡觉休息。龟爬得慢，但一直不停。在兔子睡醒之前，龟已到达终点。与姜氏之文义相通。

《溺桶说》

大的市集，没有厕所，官府在其僻处置尿桶，以备市人急用。但不允许士大夫用，用则处罚。市集旁有一士大夫住家，其子不肖，经常偷偷地在市集尿桶小便。其父知之痛加禁罚，其子不听，经常去小便。市场管理员欲鞭之，但怕得罪其父，忍而未发。全市场的人都认为这个士子行为不当，而此人却自以为得计。其父听说儿子如此放肆，便谴责他说，市集乃是众人瞩目之所，你是士大夫家之子，不觉得惭愧吗？其子说：最初我看见别的士子在溺桶小便，也觉得可耻。有一天尿急便用该尿桶了，开始有人耻笑，过了一阵，耻笑者渐少，到如今，人们都侧目而视，并不加以指责，可见我的行为无伤事体。其父说：你现在已经为众人唾弃了。开始众人耻笑，是把你看成士人之子。如今没有人指责，是不把你当作人类。有如狗猫之溺于途中，谁管它呢？公众已视你为不齿于人类者，故唾弃不理了。只有父亲为你的行为痛心疾首，希望你能改过，我死之后，有谁会教诲帮助你呢？其子仍然不改。不久，其父去世，其子仍到溺桶小便，结果被众人用棍棒打昏倒地，其他人争相以瓦石投掷之。该士子养伤数月方愈。想起当年父亲的教诲，泣不自胜，乃痛改前非，终成善士。

此文语言通畅，平顺，说理明白，层层深入，说服力强。露天集市置尿桶以方便众人，这种办法，在20世纪40年代湖南乡间还有，我小时候见过，并没有规定什么人可用什么人不可用。

此文反映出朝鲜社会阶层之分很严，士大夫与庶民百姓之间有许多不可逾越的鸿沟。在当时，也许习已成俗，无可厚非，在今天看来，是不足取的。

《三雉说》

这篇寓言以三种雉（野鸡）如何中猎人之机，比喻三种人如何对待燕昵之朋友。宗旨是慎交友，拒诱惑。

文章说：雄雉好淫而善斗。每年春夏之交，是鸟兽繁殖的季节，雄雉听到雌鸣叫之声，必振翅而至，逼走其他雄雉而与雌雉交配。猎人安置捕鸟之机械，盖上树叶，捕捉雌雉置机中为饵，吹竹笛，作雌雉鸣声。于是雄雉必来，猎人以捕鸟之网覆之，一天能捕获数十只。作者问猎人：雄雉都这样吗？有差别吗？猎人说：大致可分三类：有一至一覆而得者，有再至再覆而得者，有一覆不得而终身免捕者。作者愿闻其详，猎人说：我埋好机械，吹笛弄饵，雄雉乃侧耳而听，延颈而望，贴地而飞，其来如掷，其止如植，吾一覆可获，此雉之最易诱惑而忘其祸者也，属第一类。我吹一次笛，摆弄一次雌雉，雄雉来而若不闻；我再吹再弄而其心稍动，来回飞翔，离地数尺，其来也若有惧，其止也若有思，然迷于欲，而逼近余，余一覆，雉有预防，故脱而飞。余次日再吹再弄更逼真，俟其怠也，然后捕得之，此雉之稍警而知有祸者也，是第二类。我用尽诱捕之术，雉乃敢近前，然其贪心微，戒心胜，乍近乍远，余乘便举网，雉见影而避，其敏如神，直冲云霄，投深林，此雉之最灵而远害者也，是第三类。

作者在文章中段写三种雉，仔细描绘其动作、心态，非常逼真。最后一大段是评论，联系人类社会也有三类，结交朋友耽情声色，不惧人言，严父不能教，益友不从劝，为非作歹，自陷囹圄，终身不悟者，一覆之雉也。知有祸机而不敢放肆，然燕昵之朋迭相引诱，渐忘其愧，终覆祸机，此再覆而获之类也。"若禀性贞坚，清修自志，远好色而不近，耻荒淫而不屑，与燕朋相处，不为所动，然彼以百计中之，一念之忽，不知所陷，几近于乱，而知悔，绝燕朋。从益友，想前非，思日新，卒为善士，名垂一时，此乃一覆不获终身免捕之类也。"最后，姜希孟对儿子说："噫！父母之情，愿（汝）为一覆而获之类也？愿为终身免捕之类也，汝当察其分也，勿忘。"

中国古代先哲重视交友之道。孔子说："友直、友谅、友多闻"是益者三友，"友便辟、友善柔、友便佞"是损者三友（见《论语·季氏》）。对于"损友"，古人多有揭露与批判。东汉朱穆有《绝交论》，蔡邕有《正交论》，钟会有《刍荛论》，南朝梁刘峻有《广绝交论》，隋卢思道有《劳生论》……都强调交友必慎。但是他们都是摆事实，讲道理。而像姜希孟这样以寓言的形式，拿捕雉比人类，新鲜活泼，语浅意深，中国文学史上少见。

《盗子说》

父子皆以盗为业，父尽其术以教子，子自负其才以为胜父远甚。每行窃，子必先入而后出，舍轻而取重，耳能听远，目能察暗，夸于其父曰：我的技术不比您差，而身体强壮好过您。以此而往，何事不济耶。父曰：未也。行吾术重城可入，秘藏可探，然一有蹉跌，祸败随之。其子犹不在意。某夜，入一富家，其子入宝藏中，一心取珍宝。其父反锁其门，挂上钥匙，故意搅动出声音，主家来视。其子在室中作鼠咬之声，主家取钥匙开门，盗子乘机钻出去，主家逐之，乃绕池而走，潜入池水中，终得脱，怨其父为何不救反而加锁。其父曰："吾所以窘此者，所以安汝也。吾所以陷汝者，乃所以拯汝也。汝不入藏穷迫，安能有鼠咬潜水之计。汝能因困成智，临变而出奇，心原一开，不复自以为是，今而后，汝当独步天下矣。"后来，其子果然成为闻名京师之大盗。

最后一段是作者发议论：士君子求功名当从盗者受益。"辞尊居卑，谢荣纵，爱淡薄，折节学，潜心性理，不为习俗所摇夺，则可以齐于人，可以取功名，用舍行藏，无所不适矣。"

这篇寓言主旨在切戒自满，在困境中激发才智，锻炼意志，方能成大器。《孟子·告子下》有一段名言："天将降大任于是人也，必先苦其心志，劳其筋骨，饿其体肤，空乏其身，行拂乱其所为，所以动心忍性，增益其所不能。"姜希孟所设计的"因困成智"的寓言，与孟子的主张是一致的，只不过寓言多一些传奇性和夸张色彩而已。

《升木说》

甲乙二樵夫住在山里，乙性情巧利，捷如猿猴，于林中行走如飞，所得薪柴甚多。甲性情懦钝，不能上树，只取枯草，仅供炊事而已。乙对甲说，你何不学缘木之术，旬月而履高若卑矣。甲笑曰：夫得厚利者积祸愈深，收急功者会很快结束性命，我不敢学你。过了不久，乙上悬崖百丈松，失手落地，昏厥几死，其父抬回家，养伤数月，两股折，一眼失明。其父请教于甲，甲说："乙之樵也，乐上而恶下，耽高而厌卑，几何而不至于伤生乎？美薪多于树梢，危高所阻也，贪其利而忘其危，不知高一分则危一分，距地远而身反卑，以此夸于人，不亦愚乎？吾樵于山也久矣，一日之樵，常不及乙之半，吾不以为恨。乙求功于至险，虽欲延其力于后日，难矣。吾虽庸人，采薪不废，老死而后已。未知孰为多孰为少，孰为高孰为卑也。"

此文批评那种只求厚利，不顾安全，登高采薪，结果几乎摔死的人，用心不算坏。但是，总有一些人练就一身登高技巧，或携带保险的工具，可以上树梢采佳果，登悬崖得奇药。无准备者登高是盲目冒险，对有把握者不宜完全否定。文章还有些话是讲哲学，高与卑，上与下，多与少是相对的，非你我所定，所以我安于下而不以为卑，所得虽少感到满足。这种观点有些像《庄子》的相对论，缺乏进取精神。

《忌蚤说》

这篇文章不能算寓言，只能算杂感。

作者说，我不怕跳蚤，夏天睡凉席，大批跳蚤咬我，不觉苦，酣睡自如。有一次外出住旅店，大批跳蚤进攻，毒如利锥，左手抓，右手捉，扫不完。叫仆人换三次床，犹不能免，只好赤裸坐褥上，直到天亮。我想，为何以前不怕跳蚤，现在却这样害怕呢？

答案是："吾少也多睡，自酉寝至寅起，入睡中，漠然与僵尸无别，叫之不醒，搅之不动，寒之而不寒，暖之而不暖，……水火当前而不知惧，惶恤蚤虫之小患与？此气专于睡而志不分也。气专故物不能害，志不分故莫知其他焉。今也内怀忧虑，神不守舍，则前日之不吾害者，纷然而嫁吾祸也。此无他，气不专而志已分也。专于睡，物犹不敢害，况吾气而专于道乎？"他主张，人生有许多分志散气之事，功名富贵、饮食男女、恩怨仇敌，都不要想，不去分其志，"自守其一"可也。一就是道，就是老子讲的"天得一以清，地得一以宁，神得一以灵"。苟能得一，则物莫害了。这篇文章的主旨就是宣扬道家的道。姜希孟博通诸子百家，以杂感为道家张目，不足为奇，不过，此文说服力勉强。睡得很死，所以不觉得跳蚤；睡不着，总是受跳蚤咬，斗不过小虫。这是常见现象，做到专志养气守道，就能战胜跳蚤吗？只要"得道""守一"就物莫能伤吗？请问姜先生，那次在旅馆里你已"气专于道"了，跳蚤还咬得疼不可忍吗？谁相信这种无法验证、玄而又玄的空话呢。

《啖（dàn）蛇说》

此文不是寓言，而是杂感。

滨州出产药材，药局每年一次派医官率其徒若干来采药，告滨州人曰：某徒弟能吃蛇。滨人皆耻笑之，不与同席连坐。有人见他捉蛇，剥皮，去骨，加盐，煮熟或烤着吃，其味特香，垂涎欲滴。第二年，吃蛇者又来，滨州人有尝试者。第三年，吃蛇者更多。第四年，滨州人吃蛇成为习俗，有人中毒而死，然食蛇竟不能改。作者感叹说，声色、酒肉、淫乐，其毒甚于蛇，然其诱人亦甚于蛇肉蛇羹，故屡禁而不止。姜氏告诫儿子，切莫为游乐之毒所浸染，一旦沾染，将无法收拾。

作者用心良苦，但也有片面性。蛇类中有毒性者，也有无毒性者，若能分辨开来，无毒蛇是可以食用的。多年以来，广东、广西、云南都有吃蛇的风俗而且上了菜谱。大者如蟒蛇，肉极肥美，极珍贵，很少听说有人中毒的事例。这类事人们有不同意见，就像吃狗肉一样，朝鲜及中国南方很多地方吃狗肉。而欧洲有些国家，养狗为宠物，爱之如小儿，他们坚决反对吃狗肉。孰是孰非，认识很难统一。

姜希孟这一组训子之文，连序共八篇，其中五篇是寓言，有一定故事情节；最后两篇是杂感，以说理为主。总题《训子五说》，当是姜氏自己命题，最后两篇可能是后人补辑的。

八　朝鲜金宗直的"记"体文

金宗直（1431—1492），朝鲜早期学者、诗人、教育家。出身贵族，文科及第后入仕，历官至汉城府尹、工曹参判（相当于中国的工部侍郎）等职，他是当时的朱子学派的代表，政治上是士林派的首领之一，著作有《佔毕斋集》等多种。他去世十三年后燕山君即位，支持勋旧派，打压士林派。金宗直因为多年前一篇文章被开棺戮尸。这一事件朝鲜史称"戊午史祸"。

《续东文选》辑录金宗直文二十余篇，其中八篇"记"体文，各具特色。

《环翠亭记》

此文是作者献给皇上的颂歌，寓规于颂，语言优美，内涵深刻。

全文可分为三大段。第一大段刻画环翠亭的位置和周围景色。

"昌庆宫之后苑，有新亭曰环翠，直通明殿之北奥，冈峦体势，旁横侧展，长松万株，环拥而立。又植密竹数千梃，以补其隙。前临大内，结构参差，鸳鳞碧镂，莎阶苔甃，相助以翠微之气。自近而远，则崇墉之外，有阛阓；阛阓之外，有郛郭；郛郭之外，有岩岫。终南之烟云，东郊之草树，攒青抹绿，争效奇于楯槛之下者，千万其状，此亭之所以得名也。"主要描亭外所见，由近而远，层层推开，用笔精练，至于亭内，则无一字涉及。

第二大段用代言法揣度皇上登楼时触景之思，兴发治国理政的深谋远虑。

"然其所以为人主燕息之所，则实在彼而不在是焉。是亭也，历九关之阴，联六寝之窦，幽静寥闲，高明爽垲。盖其地自祖宗置离宫以来，储祥畜祉，秘而不发，几至九十余年。适遇我殿下堂构之秩，而倏然而有成，岂非有所得而然耶？退朝清燕之余，往往布玉趾以登，法宫之仗，一切屏去。服夏后之衣，岸光武之帻，怡神澄虑，与道为谋。至若青阳和畅，草木敷荣，则感乾坤生物之仁，而疲癃鳏寡何以无饥？薰风南来，畏景烁空。则咏帝舜解愠之操，而满壑清阴，何以均施？黄落在候，万宝告成，则曰吾民什一之敛，不可过制也。滕六屑琼，湿气袭袭，则曰吾民皲瘃之肌，不可以更劳也。凡四时之景，一经于宸眼者，皆取以为发政施仁之资。不唯是也，记曰：张而不弛，文武不为也，然则一张一弛之具，亦所不废。如欲绅经而质疑，鸿硕之儒可以并召；如欲选射而观德，决拾之士可以耦进。于以从容顾问，于以讲习武备，何莫非君国子民之嘉猷纬范耶？此我殿下作亭之深意，而中和位育之极功，是可以驯致也。"

这段揣度之言有两层意思，首先是从自然界的冷暖凉热联想到"子民"的困苦而施以恩泽。其次是站在亭子上，可以召集文武之士共商"嘉猷纬范"。不难看出，金宗直的这种笔法，似乎与明初宋濂的《阅江楼记》有些相似。宋文也是用代言法揣度皇帝登楼时如何联想到保国家、柔四夷，安万民，实际上是对皇帝的建议。宋濂（1310—1381）比金宗直早一百多年，宋文是否为金氏所见，很难确定，但是两文不约而同之处十分明显。

第三大段引历史为佐证，进一步以作者本人直陈的语气向皇帝阐明自己的观点。

文章说从前宋孝宗建翠寒堂于禁中，与大臣议事，不是图安逸，而是为了延访贤臣，以防壅蔽。如今皇上聪明仁圣远过孝宗，而斯亭之设，异世而同符，也是为了怀保万民，心忧天下。文章最后说："诚愿殿下毋怠毋荒，永肩一心，每登眺之际，深惧玩愒之易流，而必以怀保小民为祈天永命之实。如上所云，则我朝鲜亿万世无疆之休，宁不在兹手？臣敢以是为献。"

据说，宋濂写《阅江楼记》时，该楼尚在规划之中，所以他是凭空设想，提前预计将来登楼者所见所思如何如何，因而用笔求简，没有充分展开。而金文的景物描写比宋文更为具体，是不是写作时环翠亭已经建成，故落墨时有根有据，并非完全想象呢？待考。

《映湖楼重新记》

这篇文章侧重点不在写景抒情，而在于多处联系历史，由古及今，眼界宏阔。

映湖楼是永嘉（不是中国浙江的永嘉）地区的名楼，高丽恭愍王王顺（1351—1374 年在位）避元末红巾之乱，南奔朝鲜岭南，游映湖楼，很开心，书御书楼名三大字，以赐州人。后该州通判申子展增修此楼，将御书楼名制成匾额，光辉映于栋梁间，这是岭南其他地区所没有的。从申子展至金宗直已百多年，其间地方长官，没有关心此楼之修补，他们以请客送礼逢迎巴结为急，谁愿意把钱财用于古建筑呢，映湖楼一天天颓败，就无足怪了。金氏之同年齐安金君由御史中丞升官至此郡，不数年，政通人和，连年丰收。一道之人，凡有土田诉讼，皆投牒于金侯，金侯裁决公正，"伸者负者俱满其意，由是收质之钱币（诉讼费）充溢帑藏"。金君商诸吏民，改建斯楼，地基仍旧，高广增加三分之一，其赤白金泥之饰，焕然改观，州民瞻仰，皆为叹服。"金君致信于吾，求为之记。吾执笔而叹曰，金君为政，廉平不苟，动以法度，吏民敬爱，如见龚黄（西汉循吏龚遂、黄霸，见《后汉书》）"，"古来称淳厚之俗，无如是州"。

金氏说，我在成化初年，曾经在军队中服役，两年间往来此州多次，经常登此楼。其东三十里，即青凫之境也，沙麓祥云，直与周室有邰（有邰，古国名，西周后稷之母姜嫄氏即有邰氏之女，见《诗经·大雅·生民》）之庆同其长久；其北十里，则瓶山也，逆贼甄萱，据险扼守，为高丽王氏所击败，此地为战胜之场。"西望丰岳，哀元逄之先顺后悖，不得与六太师共享功名。""南望葛郡，山苍翠撑，草木宛带。金生（指当年同学今天的金侯）学书之余，挥洒、徙倚，泛舟信棹，此楼之胜赏，左右逢源，所得者多矣。今已二十余年，尚耿耿在胸中也。"如果我有南游的机会，当与金侯"再游湖上，登楼话旧，且赋诗以续夫州民之舆颂云"。

这是一篇为旧友新楼作记而又兼具怀旧述谊寄兴之作。文字优美，抒写细致，虽多颂扬，皆出自胸臆，与阿谀逢迎之文完全是另种情调。

《密阳乡社义财记》

这篇文章主要记录作者和密阳县令朴公的谈话，讨论设立乡社义财问题。文章前三分之二是讲人生在世，能同在一国或一乡一族生活是一种幸运，应该互相帮助。后面的三分之一谈设义田义财之事的具体措施。本书前篇曾介绍高丽末期李穑关于"济用财"的论述，那是由州县政府出面，筹措专款以备接待宾客之用，是一笔特殊的储备金。金宗直此文讲的义田义财，是为本乡本社孤苦贫弱或突遇水旱灾荒扶危济困之用。本文提到的"义田"和"义财"是同一个意思。早在春秋末期越王勾践曾置义田以济贫困灾民。宋范仲淹曾在家乡杭州置义田千亩，南宋钱公辅作《义田记》称颂之。元明清以至民国，义田、义仓在全国各地皆有存在。全面抗日战争初期（1939），陕甘宁边区政府主席林伯渠曾发布通令，鼓励置义田义仓以供救灾。金宗直此文后段的叙述可以和钱公辅《义田记》相补充。摘录如下：

"其财出于谁耶？侯曰：义田义财，古有行之者。往岁吾乡之望朴相公樓为方伯，抚恤父老有加焉。逮其还朝也，遗之以营中布几匹、谷几石，于是乡社诸公，议为永久之图，遂合前日所有而立为义财。发敛以时，全其本而用其赢，岁以为恒规，此其大较也。"

可见此所谓义财不是出自义田，而是出自朴方伯营中留下的布匹和粮食，加上以前的积存，合而为乡社义财。平时放贷，用其利息而存其本金。下文还谈到，岁有丰歉，直有高下，用有烦简，可随时适度。至于什么人来管理？回答是：十室之邑，必有忠信，吾州之大，而何患无人？可见管理人员自本地选拔产生，不由政府任命，可以保证义财的推行"永久而勿替"。钱公辅《义田记》细讲如何分配救济粮，贫困程度不同的人所获救济数额不同。还讲到如果某困难户后来经济状况改善，收入增加，则退出救济户队伍。钱公辅之文是中国古代救荒史上的名文，清人曾收入《古文观止》。金宗直之文可以帮助后世了解朝鲜民间救灾济困的具体情况，具有一定史料价值。

《内班院记》

这是一篇纯议论文，奉圣旨而作。主要议论宦官，也就是太监。文章先讲历史，其设置始于周，称宫伯，汉称黄门常侍，唐称内侍给事，宋称内班殿头，其职责是掌"闺阃之禁，通内外之言，调剂膳羞，扫除门户"。"本朝自建都以来，置内侍府"于迎秋门外，辟一小屋，皇上赐名为内班院。其忠佞邪正，代各有人。文章列举中国历代著名宦者："勤心纳忠，多所裨益者，史游（西汉）也；清俭退厚，不举武猛者，良贺也；固辞茅土，慷慨直谏者，吕强也。禀性忠强，排去佞邪者，非俱文珍（唐）乎？天资端畏，不尸大劳者，非马有亮（宋）乎？累请退休，乞毁三司之券，张茂则（北宋）其人也。出入禁闼六十年，而谨谦无过，冯世宁（北宋）其人也。"下面接着讲到历代宦官种恶劣行径，没有点名，只列举现象："至若谗谄媚主，佞邪徼宠，援引党类，陷害忠良，声色技巧，辜榷财利。""假貂珰之饰，握枢机之重，放溢偃蹇，莫能禁御。睚眦之嫌，必期报复。螟蛉之族，亦皆华贵。于是黜陟刑赏之柄，潜移于下。卒已国家危乱，而身伏刀斧。自齐之竖貂，以至于汉唐宋之诸宦，皆一律也。"

最后一段讲，如今天子圣明："日月中天，中外之臣，臧否必闻。况内班之近且习者乎！居虽禁密，实十手十目所指视之地，苟一毫有怠忽之心，鲜不及矣。"

在中国古代文学史上，有不少文章专论宦者问题。范晔《后汉书·宦者传序论》是其中的名作。朝鲜金宗直此文，写得相当完备充实，从宦官的产生，历代变化，工作性质以及正面的宦官和反面的宦官，再讲到当朝的宦官应该如何如何。此文是作为座右铭刻在内班院里，警示当时的宦官们的。全文提到几位正面的宦官，其中西汉史游是文字学家，著有《急就章》。吕强，东汉灵帝宦官，封侯不受，黄巾起，他上书诛贪官污吏，整顿郡治，赦免党人。遭其他宦官反对、迫害致死。良贺，东汉宦官，长期任中常侍，忠于国事，清俭退让，终其无所举荐。唐代的俱文珍，是唐顺宗时的宦官首领，掌管兵权。顺宗立志革除弊政，重用以王叔文为首的新进派，史称"永贞革新"。触犯了宦官集团和地方军阀及保守派的利益。他们互相勾结，处处作梗，制造事端，操纵者就是俱文珍。革新进行一百多天，唐顺宗突发脑溢血，不能说话，无法执政，禅位于太子李纯即宪宗。宪宗在俱文珍协助下，把新进派全部外贬，政治军事格局回复到原状。在中国唐以后正统派史家笔下，王叔文是"奸邪""佞臣"，俱文珍是拨乱反正的功臣。这种观点到近现代才纠正过来。金宗直沿用的是宋明人的观点。

《迎日县寅宾堂记》

迎日县原名临汀，因地当旸谷之次，与朝鲜古代天文历法有关系。高丽太祖改为迎日县。

"县之东十里，有都祈野，野有日月池，至今人称（新）罗时祭天之地。"有迎鸟（日）细鸟（月）夫妇的传说。成化十三年，鱼得湖君任县邑长官于兹。"德孚而人信，海晏而岁稔，每徘徊倚云亭以寄胜概。"在亭之右构堂以迎宾客，凉房暖室皆具。致书请金宗直为之作记。金宗直说：我曾因阅兵而至迎日县，登倚云亭，乃前县君李侯所作。下面大写登亭四望：

"余纵目观之，南五里许有山曰云梯，攒屹纡郁，喷云吸雾。山中有小性居士之遗迹焉。东北七里许有大海，鲸涛接天，蜃楼成市，即日本之西涯也。山若海之间，田原广膴，川泽相重，有丘曰皮幕，有亭曰大松。沙州退白，松竹送青，篱落桑麻，映带远迩，合形补势，以效技于谯门之外。暮而宿然，明日昧爽，徙倚亭上，翘首以望东方，云水一色，乍明乍暗，须臾红光腾起数十丈，而日轮跃出升于天矣。"鲁县君请金氏为迎宾馆作记，他却大写登倚云亭迎日之美景，然后又笔锋一转：

"余骇然而叹曰，今日之环观，真符于县名矣。李侯前辈，豪杰之士也，故其所规制，能窥天之奥若此，今侯后李侯几四十年，而能补李侯之所未及而润色之。斯亭之名不可苟同于亭也。别以寅宾为匾，以配夫县名。"突出县名"迎日"符合实际，宾馆不能再用县名，所以他改为"寅宾"为匾。"寅"即"迎"。

下面大发议论："测景之所，海东滨海之地非一，而鸡林（古朝鲜名）之临汀，为朝日之地。侯虽非羲和之官，而六载之间，无一日不宾于扶桑之杲日，则吾所云不其中的矣乎？"这几句话很

妙。作者没有赞美鱼侯修迎宾馆，但对他的政绩颂扬有加。鱼侯
虽不是天文历法官员，在这里六年，每天都在倚云亭观日出，迎
接太阳。这可以说明，我上面所写到的，也达到他的目的了。也
就是说，他修迎宾馆舍，正是为了宣传迎日县之美景。作者唯恐
鱼侯不中意，最后又加上一句："苟以为可，则斯记可传。否，则
当求之当世之能文者。"你如不同意我这篇文章，可以另请高明。
这是一篇未按主人意图作"记"，而按自己的主见写作的好文章。

《观海楼记》

观海楼在铁城之南，成化十一年，尹铃平相公受命观风辰韩
之旧楼，登此楼而观海，大为赞叹，命金宗直作记。他先写历史
上此楼之遭遇大战，然后写今日此地之太平景象：

> 某少时，薄游山岩，曾登是楼而望之。其东则合浦（不
> 是中国广东的合浦），乃元之征东元帅府也，忽敦洪茶丘，狐
> 假虎威，恁陵纵□（原字不清），湖南（朝鲜地名）数千里
> 亦被推剥，造战舰，督军饷，此为征输之途，民物骚然。其
> 南则巨济也，自新罗时为重镇，逮至丽季，累经兵燹，人烟
> 一空，魍魅所宅，卷土而乔居内地者几百余年。当此之时，
> 又焉有斯楼哉？虽有之，顾登而乐之者谁与？厥今圣明重熙
> 累洽，农桑乐业，海徼尤盛，合浦辕门，貔虎如林，投石拔
> 距，人思一战。巨济旧垠，流亡复还，户口倍增，更成乐土。
> 戍海诸营，星罗棋布，黄龙五牙，樯帆匝海。其西之彰善，
> 其北之海平，牧马成群，云锦笼山。当此之时，登斯楼也，
> 把酒临风，虽欲不乐得乎？而况相公节钺所指，山岳动摇，
> 一喜则一道均蒙其庆；一怒则一道俱怵于威。春阳秋露，生
> 乎造次，乃今览物兴怀，欢愉舒畅，而海涯之草木禽鱼皆被。
> 顾盼兆锡斯楼之嘉名，而圣贤立言之微旨，隐然寓于其中。
> 古人弛张之道，君子诱导之方，斯可谓之两得也。

这篇文章层次比较分明。开头一段讲观海楼乃铁城之名楼，位于海滨。尹铃平相公于成化十一年（1475）以巡访使身份巡视朝鲜南部，登此楼而观海。文章先写海景，后写情怀，用语如诗如赋。下面是金宗直所作"记"的主体。他少时曾登此楼，故很有真实感。向东看是合浦，元初忽必烈征伐日本时，在朝鲜南部屯兵，民物受到严重伤害。向南看是巨济，新罗时重镇，后继的高丽统治末年，屡次遭到兵灾，居民跑光了，这时还有观海楼吗？还有人登楼吗？文章这两段都是对历史的回顾，意味深长。接下去歌颂"圣朝"即朝鲜李氏王朝：恢复农桑经济，修筑海防设备，户口倍增，海边兵营星罗棋布，陆上牧马成群，登斯楼而见此状者，莫不欢乐。这一段从历史回到现实，关联紧凑。再下一段，赞美尹相公。他作为道尹（即巡访使），威风凛凛，气势如虹："节钺所指，山岳动摇，一喜则一道均蒙其庆；一怒则一道俱怵于威。"海涯之草木禽鱼皆被其威泽。最后一段给此楼命名观海，又大吹捧一番。"古人弛张之道，君子诱导之方，斯可谓之两得也。"还说："观海之称，直与山海同其久长，楼之名不朽，即公之名不朽也。"不知道尹相公在当地有何功德业绩，从这篇文章看，他威风凛凛，只是登览一番，题了二十八个字，其他什么也没有干，显然虚张声势。怪不得后来的韩国学者（如许筠），把金宗直贬得一无是处。

《仁同客舍重修记》

仁同是个小县，百里之邑而已。据岭南之要冲，朝廷南来宣政的使臣，以及日本、琉球宾贡之客商，四时不绝，充厨供帐食宿之需倍于大郡，可是宾馆很少。作者于丙申之秋从中央政府贬官至此。"入其廨舍，门无关，阶无级。视其庭，则才规以寻丈；升其堂，则冠簪触于栋；倚其轩，则如在区脱中。其制角朴侧露如是，而又将倾压。某初甚骇焉，久之乃愤然。"这是他初到仁同县馆舍的印象，认为是地方官无所作为之故。于是想改变现状，询问当地父老，都很赞成，乃"缩节冗费，揆度工程"，吏民愿供材瓦者听其自便，选能干会办事的人管理工程。"于旧馆之北，别建东轩若干楹，又续建厅事于新轩之右。又修其旧馆，以为南庑。然后凡行李之至，上自宾介，下至装童、驺仆各有住处。一县之仪观，顿异于旧日矣。"邑县长官置酒请客而乐其成，感谢各界的支持，还说，工作没有做好，很惭愧。下面记录民众代表的答谢，把县令大大夸奖颂扬一番："以佚道使民，虽劳不怨。使君之为是举，非为一己也，乃佚道也。"

修缮宾馆，确实是一件好事，但此文的最后三分之一文字，实际上是故作谦虚而诱导民众赞美县官。这篇客舍重修记的题目之下有"代人作"三小字。即使代人作也不能夸张过分呀。

《风咏楼重营记》

风咏楼是尚州的名楼，李穑曾应州牧金公之请为之作记。金宗直此文实为该楼重修记，时在"今上"十八年丁未。薛公顺祖，牧于尚州，见斯楼已经颓败，欲新之，这时通判申公苊任，二人意见相合，于是很快动工，三十余日完成，"楼之宏敞华丽，无与为敌，城池闾巷，皆有德色"。薛公征记于金宗直，金氏主要记述历代修缮之主事者："元之泰定丁卯，重缮馆宇位置得宜者，牧使金永煦也。而记之者谨斋也。逮皇明洪武庚戌，辟馆之东偏作新亭于其地者，牧使金南得也。名之以风咏且记之者牧隐（李穑）也。诗之者陶隐（李崇仁）也。庚申兵燹，亭亦煨烬，未几就其旧址易亭为楼者，牧使宋因也。而记之者阳村（权近）也。今公之重新斯楼也，斯制谋程功，是以追配乎二金一朱，而嘱为记者，顾不得班于四先生之徒弟也，如之何？……然公之命不敢固辞，姑述其梗概，而复为之歌曰"，以下是十句楚辞体，文长不录。此文学唐韩愈《新修滕王阁记》，韩愈特意列出王绪《滕王阁赋》、王仲舒《修滕王阁记》，而把自己列名于二王之后，引以为荣耀。金宗直显然也有这个意思，把历代修楼者一一列出，是对历史名楼和历代参与修缮者的尊重。

此文虽不长，但是有很高的文化史价值。风咏楼奠基在元泰定丁卯（1327），作新亭于明洪武庚戌（1370），十年后因兵火重修于 1380 年，金宗直作此文于"今上十八年丁未"即 1487 年。一百六十年中竟有这么多次修复，有这么多地方官员和文化界名人支持，说明朝鲜士大夫对历史文化的高度关注和极为珍视。金宗直的八篇"记"，没有一篇是应僧侣之请而作。这并不能说明他辟佛，在他的"赠序"中，还是有送某长老的作品。

九　朝鲜朴趾源《热河日记》的散文成就

朴趾源（1737—1805）是朝鲜李氏王朝后期实学派代表人物，杰出的思想家、文学家，号燕岩，出身两班，后来家道衰落。幼年丧父，由祖父抚养长大，16 岁从师弘文馆校理李叔亮学习中国诗书文史，通百家之言。青年时期即才华出众，喜欢民间故事，20 岁开始创作小说，30 岁时声名鹊起，海内传扬。他无意科举，长期以处士身份隐居山中，读书教书著述自娱。44 岁时（1780），堂兄锦城尉朴明源为祝贺乾隆皇帝七十大寿，被委为正使，郑元始为副使，组成贺寿团赴北京。朴趾源以观光客的身份随行，从鸭绿江入境，经辽阳—沈阳—山海关，抵达北京。其时乾隆已驻跸热河行宫，使团乃转赴热河承德。寿典结束后返回北京。逗留一段时期，经原路返国。此行历时三个多月，路途五千多里，他随时撰写日记及其他专题文章，回国后集合为《热河日记》。此书体例庞杂，共分二十七个大题，包括记行程的《渡江录》《盛京杂识》《馹汛随笔》《关内程史》《漠北行程录》《还燕道中录》；与中国学者谈话论学的题目，包括《盛京杂识》中的《粟斋笔谈》《商楼笔谈》和《太学留馆录》《倾盖录》《审势篇》《忘羊录》《鹄汀笔谈》《黄教问答》；作于热河者，有《行在杂录》

《山庄杂记》《幻戏记》《避暑录》《避暑补录》《口外异闻》；作于北京者，包括《黄图纪略》《谒圣退述》《盎叶记》《铜兰涉笔》《金蓼小钞》《玉匣夜话》等。

朴氏此书以建筑物为题的单篇散文最多，集中于北京；以杂物为题的单篇杂文次之。书中《口外异闻》题内，单篇"记"体散文十余篇，日记中有的长篇片段也可以视为单篇散文。笔谈主要是谈论诗文、经史、典籍、政治、历史、宗教、文化、艺术，涉及广泛，是中朝文化交流史的珍贵资料。作者以外国人视角，怀着对中华文化崇敬和学习的心理，记录所见所闻所感。对各地社会习俗，人情世态，官场交涉乃至如何接待外国使臣的规章制度等，描述相当具体。不仅正面赞美颂扬，也如实反映某些不良现象。对于《热河日记》的价值，可以从多方面加以分析研究，文学散文是其中一部分。朴趾源辑有诗文集《燕岩集》，小说集《放琼阁外传》。关于政治经济的见解有《课农小钞》《限民名议》等，皆收集在《燕岩集》中。

朴趾源 50 岁出任小吏，五年后任安文县监九年，61 岁出任沔州郡守、襄阳府使（相当于中国的知府），任期不长，69 岁离世。《热河日记》写成之后，很快在社会上流传，影响巨大，受到"北学派"的欣赏。也有人不满意其文体和某些观点，斥为"稗官杂记"，有悖于朝鲜国王正祖提倡"文体醇正"之旨。有个时期甚至禁止刊印，只能以手抄本流行，直到 20 世纪初才正式刊布。对于朴趾源实学革新思想，近数十年来，逐渐引起韩国和中国学者的重视。

下面分四个题目介绍其散文成就。

第一，俏丽、奔腾的山水风光

朴趾源一行从鸭绿江渡江，直到热河，经过大小河流无数，时值盛夏，河水暴涨，奔腾湍急，全程极少过桥梁，只有船渡，或涉水，十分艰难。沿途不乏名山，无心游览，只能远望。故全书记水多于观山。

朴氏最著名的山水散文当数《一夜渡九河记》。此文不属于日记，而是列入《山庄杂记》九篇记文之中，可见对其重视。特引录全文如下：

> 河出两山间，触石斗狠，其惊涛骇浪，愤澜怒波，哀湍怨濑，奔冲卷倒，嘶哮号喊，常有摧破长城之势力。战车万乘、战骑万队、战炮万架、战鼓万坐，未足论其崩塌溃压之声。沙上巨石屹然离立，河堤柳树窅冥鸿蒙，如水祗河神，争出骄人，而左右蛟螭试其拿攫也。或曰此古战场，故河鸣然也。此非为其然也，河声在听之如何尔。
>
> 余家山中门前有大溪。每夏月急雨一过，溪水暴涨，常闻车骑炮鼓之声，遂为耳祟焉。余尝闭户而卧，比类而听之，深松发籁，此听雅也；裂山崩崖，此听奋也；群蛙争吹，此听骄也；万筑迭响，此听怒也；飞霆急雷，此听惊也；茶沸文武，此听趣也；琴谐宫羽，此听哀也；纸窗风鸣，此听疑也。皆听不得其正，特胸中所意设，而耳为之声焉尔。
>
> 今吾夜中一河九渡。河出塞外，穿长城，会榆河、潮河、黄花镇川诸水，经密云城下，为白河。余昨舟渡白河，乃此下流。余未入辽时，方盛夏，行烈阳中，而忽有大河当前，赤涛山立，不见涯涘，盖千里外暴雨也。渡水之际，人皆仰首视天。余意诸人者仰首默祷于天，久乃知渡水者视水洄驶凶荡，身若逆溯，目若沿流，辄致眩转堕溺。其仰首者，非祷天也，乃避水不见尔，亦奚暇默祈其须臾之命也哉？其危如此而不闻河声，皆曰辽野平广，故水不怒鸣，此非知河也。辽河未尝不鸣，特未夜渡尔。昼能视水，故目专于危，方惴惴焉，反忧其有目，复安有所听乎？今吾夜中渡河，目不视

危则危专于听，而耳方惴惴焉不胜其忧。吾乃今知夫道矣，冥心者，耳目不为之累。信耳目者，视听弥审，而弥为之病焉。今吾控夫足为马所践，则载之后车，遂纵鞍浮河，系膝聚足于鞍上。一坠则河也，以河为地，以河为衣，以河为身，以河为性情，于是心判一坠，吾耳中遂无河声，凡九渡无虞处，如坐卧起居于几席之上。

昔禹渡河，黄龙负舟，至危也，然而死生之辨先明于心，则龙与蝘蜓不足大小于前也。声与色，外物也。外物常为累于耳目，令人失其视听之正如此，而况人生涉世，其险且危有甚于河，而视与听辄为之病乎？吾且归吾之山中，复听前溪而验之，且以警巧于跻身而自信其聪明者。

首句的"河"及第三段"一河九渡，河出塞外"均指白河，源出河北省沽源县。流到密云城下，与潮河、榆河、黄花镇川诸水会合，乃称潮白河。朴文误作"乃称白河"，漏一"潮"字。《漠北行程录》八月初七日记详述当时风雨交加众骑争渡情状。并且提到进密云城之前，"凡一水九渡"，盖河流弯曲之故。今北京市郊区有"九渡河村""十渡河村"，在北京西。而密云在北京东北，两者不是一个地方。

文章第一段写渡白河时所见所闻，第二段联想到家乡一条大溪急流之声所听所感，有听雅、听奋、听骄、听怒、听惊、听趣、听哀、听疑，写水流及风雨中的不同心理反应。第三段写此次夜渡九次，有人惧怕而仰首祷上天，避水而不敢正视。在他看来，"冥心者，耳目不为之累"，"以河为地，以河为衣，以河为身，以河为性情，于是心判一坠，吾耳中遂无河声，凡九渡无虞处，如坐卧起居于几席之上"。这一段话包含精邃的人生哲理和积极的处世态度。告诉读者，不论经历怎样的艰难困苦，都应泰然处之，方能处险如夷，临难不惧。此文的特点不在写景而在于说理。

专写渡河情景的有密云渡白河记,载《漠北行程录》八月初六日记:

"行数十里,渡白河……水势悍急黄浊,大抵塞外之水皆黄河也。只有小船二只,沙边争渡者,车数百辆,人马族立……(一番多人争抢之后)方渡至中流,忽有一片乌云裹黑风,自西南飘转而来,飞沙扬尘,如烟如雾,顷刻昼晦,莫辨咫尺。既下船,仰视天色,黝碧黮黛,而层云褰摺,亭毒崩怒,电縈其间,如縢金线为千朵万叶,霆车雷鼓,旋转郁叠,疑有墨龙跳出也。望密云城,才近数里,促鞭疾驰,望城而行。风雷益急,雨脚斜掷,猛如拳捣,势不能支。"

这段文字形容疾风暴雨,雷电交加的情状,使用了许多极其形象的比喻和十分贴切的动词。如"霆车雷鼓""墨龙跳出","雨脚斜掷,猛如拳捣"……"掷"和"捣"是拟人化的动作,令人感到风雨力量之大,无法忍受。这种炼字法颇似明末清初的张岱。

朴氏也有写河水平静的散文,如《滦河泛舟记》:

"滦河出长城北开平,东南流经迁安县界,至卢龙塞,合漆河,又南至乐亭县,入于海。辽东西以河名者皆浊,独滦河至孤竹祠下渟蓄为湖,其色如镜。孤竹城在永平府南十余里。《后汉·郡国志》曰:右北平令支有孤竹城。注曰:'伯夷、叔齐本国也。'河之南岸削壁斗起,其上有清风楼,楼下河水益清。河中有小屿,屿中叠石如屏,屏前有孤竹君之祠。泛舟祠下,水明沙白,野阔树远,临河数十户皆影泻湖中。渔艇三四,方设网祠下。溯河而上,中流有五六丈石峰名砥柱,奇岩怪石环柱攒立。鸡鹒鸭鹅数十辈列坐沙中,方刷羽。同舟者顾而乐之曰:江山如画。余曰:君不知江山,亦不知画图。江山出于画图乎?画图出于江山乎?故凡言似、如、类、肖、若者,喻同之辞也。然而以似喻似者,似似而非似也。昔人称江瑶柱似荔支、西湖似西子,有愚人者复曰淡菜似龙眼、钱塘似飞燕，何如尔哉？"

滦河发源于今河北省北部丰宁县，东南流经十余县，于乐亭县入渤海。孤竹城在今河北省唐山市滦县境内孙薛营村之滦河南岸，河中心孤岛上有孤竹君唐代之遗址，附近还有夷齐庙遗址。清末薛福成《庸庵笔记》之"轶闻"篇记："古孤竹城在永平府大滦河西岸，山上有夷齐庙，庙前有台，下望滦水，晶莹如镜。"清乾隆年间，永平府包括滦州、迁安等一州六县，可见朴趾源当时所见"独滦河至孤竹祠下渟蓄为湖，其色如镜"，与薛福成在一百年后所见是一致的。20世纪80年代以后，天津市的自来水，主要供水源就是滦河之清水。

此文写景文字虽然不多，但是抓住要点，如实摹写，给人印象深刻。文末同游者夸奖说"江山如画"，朴氏与之辩论，认为："以似喻似者，似似而非似也。"这是一个美学问题，图画是对实物的模拟，再反过来，以实物比为画，所以说"似似而非似也"。这是有道理的，人们常说，某山某石似卧牛、似伏虎，是可以的。但如果是某山某石像某著名大画家笔下之牛、之虎，则是"似似而非似也"。不过，"江山如画"已成习惯性成语，不必深究其全似还是近似。

描写平原景色之文有《蓟门烟树》：

"霞光千里，横抹野际。忽化作千万奇峰，扶舆磅礴，龙盘凤舞，延袤千里。余顾郑曰：长白山皓然入画。不惟郑君然之，诸君莫不叫绝。俄而云雾尽消，日高三竿，天无一点尘埃。忽见远村树木间，透光如积水空明，非烟非雾，不高不低，常护树根，洞彻如立水中。而其气渐广，横抹远际，似白似玄，如大玻璃镜，五色之外别有一种光气。设喻者每举江光湖色，而其空洞透映，不足以形似也，村舍车马皆倒影写照。太卜曰：此蓟门烟树也。"

"蓟门烟树"是"燕京八景"之一，其说始于金代胡广等人所作《蓟门八景图诗》。大概是指古蓟州城门附近的一片树林景

色，当在今北京德胜门外土城一带。而朴趾源写作此文时，处在
新广宁至山海关之间。所以他很怀疑，"蓟州距此尚有千里，则烟
树之在此，何也？"同行的林景赞解释说："蓟门虽远，统称蓟门
烟树。天气清朗，无缕风点氛，则辽野千里常有此气。"我们且不
论这段文字描写地点是否在北京郊外，单就文章而言，堪称不可
多得的佳作。张丽娜分析说："他所描绘的这幅奇景给人一种独特
的审美感受，层层设喻的手法使得本来奇幻、缥缈的自然景物更
易想象和理解，把原本难以言传的观感写得具体而真实，足见其
描摹功力……虚境通过实境来实现……虚实相生成为意境独特的
结构方式。"① 朴文描写的对象是"烟"和"树"。树是实体，可
见可触可摹；烟是空气，似实而虚，飘忽不定，不可捉摸。无论
绘画还是摄影，都不容易把握，用文字来表达就更困难了。古人
说："状难写之景如在目前。"用此语来评价朴氏此文，不为过分。

朴氏此次中国之行，途经千山、医巫闾山、盘山、燕山，到
达热河的棒槌山，皆几句话点染而已。着墨较多的是燕山余脉北
京西山。其《还燕道中录》有一段文字可称作《西山远眺》：

"八月十九日过林沟，至（北京郊区）清河止宿，此即大路，
非去时道也。……回京官员至此益盛，空车之入热河者昼夜不绝。
马头驿子辈有曾往西山者，遥指西南一带石山曰：'此西山也。'
云霭中百千螺髻出没隐映，而山上白塔矗立云霄间，屏岑滴翠，
画峦缭青。听其两相酬酢，曰水晶宫、凤凰台、黄鹤楼，皆仿写
江南，荡漾湖心。白石为桥，曰绣绮、曰鱼斿、曰十七空，广皆
数十步，长百余丈，娇娇如偃虹，左右周以石栏，龙舟锦帆出入
桥下。盖引水四十里为湖，泉喷石窦，是为玉泉。皇帝虽巡游江
南、驻跸漠北，必饮此泉，味为天下第一。燕都八景'玉泉垂虹'
即其一也。马头毕万前已五往，驿子山伊再往云，遂约此二隶同

① 张丽娜：《热河日记研究》，中央民族大学出版社 2015 年版，第 279—280 页。

游西山。"

马头驿子，指率领马帮的驿卒。"听其两相酬酢"本指互相敬酒，此指驿卒相互问答，历数多处美景。其中绣绮桥，在颐和园西堤南端。鱼佾桥在颐和园西堤北端，半圆形，单孔，高 7.5 米，形如玉带，又名玉带桥。"曰十七空"指颐和园十七孔桥。"引水四十里为湖"指颐和园昆明湖。所谓"燕都八景"指：太液秋风、琼岛春阴、金台夕照、蓟门烟树、西山晴雪、玉泉趵突、卢沟晓月、居庸叠翠。

从辽、金、元、明到清乾隆时期，北京西山以其山水林泉之胜，备受历代达官贵人关爱，建有多处皇家林园和私人别墅，清康、雍、乾三朝盛世，一百多年间，相继营建了"三山五园"。朴趾源从承德回北京，从西部眺望西山，所见只是其中部分远景。众山如云霭螺髻，出没隐映，白塔矗立，屏岑滴翠。尤突出玉泉，称之为天下第一。这些地名和印象，是从驿卒对话中得来，他本人还没有进入西山，准备和马头驿子次日同游，可惜其次日的日记中并未记录具体的见闻观感，他也许根本没有去成。

第二，丰富多彩的社会生活和各色人物

朴趾源此次到中国，是以外国使团随员的身份，抱着学习的目的，四处考察，参观，访问。他以相当多的笔墨记录沿途所见城乡民间社会生活。如七月初二记迎亲队伍：灯笼、伞盖、轿子、器乐若干，车辆若干，骑马若干，一行庞大的队伍，鲜艳的打扮。七月十四途经一丧家，客人吊唁，主人拜陪，素食淡菜招待。朴氏有专文记中国车制，包括载人的太平车，载物的大车，农村用的独轮小车，灌田的龙尾车，缫丝车和消防救火车，认为比朝鲜先进。关于中国的房屋建筑，朴趾源注意到，辽东的居室结构，通常三级四进，五至七梁。南北正直，与朝鲜之平房不同。朴氏还记述汉人与满人、朝鲜人、蒙古人之服装、鞋帽、饮食的差异，生活习惯之不同。随手几笔，简短记录，妙趣横生。他沿途不断跟人们交往、接触，或同室聚谈，或偶然相遇，与各色人物对话，互动。双方或多方的语言、动作、表情、心理……具细毕陈，真实地再现。

下面几段文章摘自《盛京杂识》，姑且名之曰《沈阳内外》：

"秋七月初十发自辽阳，沿路植柳，万树阴阴，不知甚暑。或柳下水汇处，往往成坑。不得已迤出路上，则赫炎下煮，土气上蒸，胸膈顷刻闷塞。遥望柳阴下，车马云屯，促鞭行，下马少憩。客商数百人卸担纳凉，或踞柳根脱衣摇扇，或啜茶饮酒，或沐发剃头，或骰牌，或猜拳。担中皆画瓷。更有以高粱干去皮，结成小小楼阁之形，各置一枚响虫或鸣蝉，为十余担。或盆贮红虫绿藻，红虫浮动水面，微如虾卵，为供鱼儿食料。车三十余乘，皆满载石煤。卖酒、卖茶、卖饼果诸般饮食者，皆聚柳阴下，列椅而坐。余以六文沽杨梅茶半碗解渴，味甘酸，类醍醐汤。一辆太平车载二妇人，驾一驴而行，驴见水桶，引车就桶。妇人一老一少褰帘纳凉，皆衣莺哥绿袄、朱黄色袴，以玉簪花、石竹、石榴花为头上繁饰，似是汉女。卞君要饮，遂各饮一杯，即行。不数里，遥见数处浮图皓然入望，计是沈阳近也。……"

"三使次第乘马去盖，文武成班入城。城周十里，砖筑八门，楼皆三檐，护以瓮城。瓮城左右亦有东西大门。通衢筑台，为三檐高楼。楼下出十字路，毂击肩摩，热闹如海。市廛夹道，彩阁雕窗，金扁碧榜，货宝财贿充牣其中，坐市者皆面皮白净、衣帽鲜丽。……沈阳今称盛京。奉天府尹治民，奉天将军、副都统管辖八旗。将军府前，立一座大牌楼。路中望见诸色琉璃瓦，遂与来源、季涵同往行宫前。逢一官人，手持短鞭，行步甚忙。来源马头光禄善官话，走向官人，跪一膝磕头。官人忙扶光禄：'请大哥任便。'光禄叩头曰：'小人是朝鲜帮子，俺老爷们为观皇都帝居，如望天上，敢是大官人肯许么？'官人笑曰：'第不妨跟俺来也。'余即追去，欲与之揖，官人行步如飞，不可及。望见路穷处，周设朱红木栅，官人顾栅视，以鞭指之曰：'可于此地张望。'因转身而去。余独与光禄进入栅里。正门曰'太清'，遂进步入门。光禄曰：'俄逢官人，正是守直章京。前年随侍河恩君遍观行宫，无人阻挡，请放心观玩。设令逢人，不过逐出。'余曰：'汝言是也。'遂走至前殿，扁曰'崇政'，又有扁曰'正大光明殿'，左曰'飞龙阁'，右曰'翔凤阁'。殿后有三檐高楼，曰'凤凰楼'，有左右翊门。门内有甲军数二十人拦路，遂于门外遥望。层楼复殿，叠榭回廊，皆覆以五色。琉璃瓦，两檐八角屋曰'太政殿'。太清门宫有神佑宫，安三清塑像。康熙皇帝御书曰：'玉虚真帝'。"

前半段记沈阳城外，柳荫树下许多客商避暑休息情况。其中以高粱秆扎成小楼以贮鸣虫，今天北京郊区市集上仍可见到。后半段记沈阳故宫建筑，朴氏所游是其中路，依次为太清门、崇政殿（清太宗临朝听政之处）、凤凰楼（当时沈阳最高建筑）、太政殿（俗称八角殿，清太祖所建）。上述建筑当时允许外国人参观，今天仍然保存完好，向公众开放。

朴趾源出了沈阳故宫，进酒肆，入古董铺，锦绣铺，经过奉天府的刑部衙门，参观官员审案："一官人台上踞床而坐，背后侍立一人，手持笔纸。台下跪一罪人，左右一对公人（差役），挂竹棍而立……官人平临罪者，究诘谆谆，已而高声喝'打'。做公者放其手中棍，走至罪人面前，以掌批颊者四五，还，挂棍立。治法虽简，批颊之刑古所未闻。"这种官厅审案用刑场面，在戏曲舞台上经常见到，观众往往以为是夸张表演。从朴氏日记看，是确有其事的。据我的父辈朋友讲，用木板打罪犯屁股，用手掌打罪犯脸颊（俗称打嘴巴），在20世纪40年代国民政府的县级衙门仍然是常见的较轻的刑罚。

朝鲜祝寿使团沿途旅行，有时居住乡间小镇、寺庙、客店，常常接触普通百姓，受到热情接待，与其亲切交谈，了解平民家庭生活情状。下面摘《盛京杂识》七月初十日记中的一段，姑名之曰《塔铺人家》：

"至塔铺，塔在村中，高二十余丈，十三级，八面，空中，每级通四圆门。骑马入其中，仰面而看，忽生眩晕。回辔还出，使行已入站矣。……进至后堂，主人须下，忽作数声犬噑，余大惊却立，主人微笑请坐。主人长须斑白，兀自炕上踞短脚床。炕下对椅坐一老妪，头上插朵红白葵花，衣一领鸦青桃花绣裙。老妪胸前又作犬噑，益猛。主人徐自怀中捧出一个小狗，大如兔子，毫长一寸，丝丝雪白，脊上淡青色，眼黄嘴红。老妪又披襟拿出小狗儿递与余看，毛色一样。老妪笑曰：'客官休怪。吾们翁媪两口儿闲住家里，真实永日难消。在家抱弄这口雪狗儿，还惹了外人耻笑。'余问：'主人家无有儿孙么？'主人答曰：'抱得三男一孙，长男三十一岁，做个盛京将军亲随的章京。仲男十九岁、季男十六岁，并去学堂里读书。九岁孙儿，柳树上捕蝉去了，尽日面目难见。'少焉，主人之小孙手提呐叭，气息喘喘，走入堂里，抱老公项，要买呐叭。老公慈意满面曰：'这个不中用。'小儿眉眼清明，披一领杏子黄纹纱袄子，弄娇呈痴，东跳西梁。老公嘱咐小孙向余叩头。军牢张目赶入堂里，夺其呐叭，大声索闹。老公起身谢曰：'惭愧！小孩们顽耍了，不曾伤损那物件？'余亦责军牢：'索去好矣，何必若是无聊人！'余问：'这狗子何地所产？'主人答曰：'云南所产，蜀中亦有这样的小狗。此名玉兔儿，那个叫做雪狮子，并是云南产。'主人叫玉兔儿叩头，狗子起立，双拱前足为拜揖状，便据地叩头。张福来请饭，余即起身。主人曰：'客官既然爱玩此微物时，情愿拜送。准贡回还时，客官不妨携去。'余答曰：那敢生受！急转身出。"

朴趾源等人在塔铺村走进一户人家后堂，受到主人老夫妇热情接待，竟要把一只小狗送给他玩。场面温馨，充满人情味。文字朴素，不加修饰。有些话接近口语，从炕床、衣着、服饰、打扮看，属于中等人家。

下面一段摘自《关内程史》，姑名之曰《蓟州市井》：

（七月三十日日记）"蓟州，古渔阳。北有盘山，危峰前立，皆上丰下纤，类盘形，故名盘山，一名玉龙山。……山虽峭峻，而雄盘数百里，外骨内肤，果树极多，皇家日用枣、栗、柿、梨皆出其中……"

"皇都渐近，车马之声可谓白日雷霆。沿路左右皆富贵家坟冢，连墙如间阎，墙外引河为壕，门前石桥皆为虹空，往往为石牌楼。壕边芦荻中时系豆壳小艇，桥下处处设鱼罾。墙内树木森荫，时露薨檐，或涌出胡卢（葫芦）顶。小憩店中，栏外有数十美童结队行歌，锦袍绣袴，玉貌雪肤，或鼓檀板，或吹笙簧，或弹琵琶，联袂缓唱，妍好都冶，此等皇城乞儿，游市肆中，求媚远地客商，一宵接枕，或给数百两银子云。道旁连簟蔽阳，处处设戏，有演《三国志》者，有演《水浒传》者，有演《西厢记》者，高声唱词，弹吹并作。千百玩戏之物，摆列买卖皆为孩提片时供玩之资，非但物料稀奇，其制作莫不精巧，或触手破碎而工费不下数两纹银。桌上列数方关公像，横刀立马，其大才数寸，皆纸造而巧妙入神。此是小儿戏具，而其多如此，则他可推知。眩慌骇惑，三官（眼、耳、鼻）并劳。"

蓟州，今天津市蓟县。盘山，距蓟县县城 12 公里，距北京 60 公里，现在是国家 AAAAA 级风景区。下面一段记山下富贵人家坟墓，座座相连如城中间巷。大型墓地有碑楼、壕沟、围墙，中心的墓顶突出如葫芦顶，还有小型屋檐遮蔽，这种情况，北京西部尤多。再下一段写一群美少年，玉貌雪肤，锦袍绣袴，吹拉弹唱，吸引游客，朴氏认为是"皇城乞儿"。但"一宵接枕，或给数百两银子"。这不是乞丐，而是男娼，俗称"相公"，可以陪客人睡觉。在街头路边拉嫖客者属于低级男娼。高级"相公"结交上层贵族，公子哥儿，乃至风流文人，他们的公开身份是戏子，男人扮演美女，谓之男旦。清末民初小说家曾朴作《孽海花》，描写过此类人物。

后一段写道路边搭竹席棚，演出《三国》《水浒》《西厢》等戏曲。还有摆摊卖各种小玩具，大小关公像，这样的场面像是某个盛大节日，至于平日，是不可能"处处设戏"的。乾隆时还没有京剧，可能是地方戏。

京师附近的大运河，各地漕船云集通州张家湾码头，在朴氏笔下十分壮观：

"河广且清，舟楫之盛，可敌长城之雄。巨舶十万艘，皆画龙。……试登一船，略玩其制度。船皆长十余丈，以铁钉装造。船上铺板，建层屋，谷物皆直泻于舱艎（舱内铺板）中。屋皆饰以雕栏画栋，文窗绣户，制如陆宅。下库上楼，牌额柱联，帷帘书画，渺若仙居。屋上建双樯，帆则以细藤篁联幅。浑船以铅粉和油厚涂，上加黄漆，所以点水不渗，上雨亦无所忧也。船旗大书浙江、山东等号。沿河百里之间，密若竹林。南通直沽海，自天津卫会于张家湾，天下船运之物，皆凑集于通州。不见潞河之舟楫，则不识帝都之壮也。"

京杭大运河贯通半个中国，北起通州，逶迤南去，直迄杭州。跨冀鲁平原，掠苏浙绿野，连海河，穿黄河，过淮河，越长江，再接钱塘，沟通了五大水系，全长 3500 余里，是世界上开凿最早、最长的一条人工河道。"通州"之得名本来就与漕运有关，取漕运通畅周济之意。历史上，大运河一直是南北货运的大动脉，漕运商贾盛极千余年。朴趾源所见的是其北端。

朝鲜使团数人与船上主人有一番问对，并仔细船内日用家具设施，然后告别，"下船登岸，车马塞路不可行。既入（通州）东门，至西门五里之间，独轮车数万，填塞无回旋处。遂下马，入一铺中。其瑰丽繁复富，非盛京、山海关之比矣……市门之匾曰'万艘云集'，大街上建二层高楼，题曰'声闻九天'。城外有三所仓廒，制如城郭，上覆瓦屋。屋上建琉窗小阁，以泄积气，墙壁间垂穿旁穴，以疏湿气，引河环为仓壕。行至永通桥，一名八里桥也。长数百丈，广十余丈，虹空高十余丈。左右设栏，栏头坐数百狻猊（狮子），雕刻之工，类图章细纽。桥下舟楫直达朝阳门外，复以小船开闸运漕，以入太仓"。

这段文字所记与今天情况大致不差。老通州城东门至西门距离确实为五里。八里桥在通州西，至今完好，20年前通行汽车，为保护古迹，后改为步行道，汽车改从另建新桥通过。通州城外之三所粮仓今已不见，朝阳门内之储粮太仓，尚存数间，墙壁屋顶十分厚实，已列为文物古迹。那条马路名为禄米仓，不远处有海运仓，皆属太仓。各地漕粮运到通州后，一部分上岸，以小车运进城，故通州街上有"独轮车数万"之多；另一部分用小船通过八里桥下的小河道运到朝阳门外，以小车运进太仓。因为城内外地势高低不同，要开闸才能通过。漕船从南方运来的不仅是粮食，还有百货杂物；回去的漕船除装载北方货物外，还搭载南来北往的客商和官员。朝鲜使团曾参观一艘运载湖北籍京官灵柩回乡之包租船，一家大小都住在船上，如住家。

朝鲜使团接触的各色人物很多。官员中，有的贪财，有的好货，有的乐于助人，有的倨傲敷衍，有的谦虚礼敬。护送朝鲜使团从北京赴承德的是一位近60岁的四品提督。途中朴趾源的勤务兵昌大被马蹄踩伤足掌，不能行走，疼得大哭，中途找不到车马，老提督把自己骑的骡子让给昌大，"下马慰劳"，"亲为劝食"，悉心照料使之跟上大队。朴氏写道："提督之意甚可感也。""为外国一贱隶如此其费心周全，护此一行虽其职责，其行己简略，奉职诚勤，可见大国之风也。"

礼部尚书曹秀先，相当今之正部级，没有官架子。接待朝鲜正使时，彼此谦让，请坐再请坐，互让四五次。朴趾源造府拜访也是如此。"曹公出户相迎，身自扶余坐椅。余逡巡固让，曹公固请坐。余曰：公贵人，遐陬鄙人，不敢抗客主之礼。曹曰：你官几品？余曰：秀才，从使臣而来，自无职系。曹忙扶余坐曰：既无职系，先生即吾之尊宾，敝自有待客之礼，先生不必固让。"身为二品大员，对一名没有品级的外国观光客，当成贵宾看待，十分难能可贵。朴趾源事后感叹说："不施骄倨，虚怀接物，而不失大国之体。"这个简单的接见场面，将曹尚书高尚的品格突现出来了。别处又称，曹公"为人恺悌乐易"，"文章学问当世冠首，可比欧阳永叔"。可见佩服之至。

朴趾源看见过和珅，没有说话。在《太学留馆录》中写道："有一少年出门而去，人皆辟易（避开）。其少年乍停步武，有所言于从者，顾视甚猛，皆肃然慑抚……问之，晶顶者乃户部尚书和珅也，眉目清秀，俊俏经锐，而但少德器，年方三十一云。珅本起自銮仪司卫卒，性狡黠，善迎合，五六年间骤贵……人皆侧目而视云。"上述某些品性评价，乃询问旁人所得，朴氏当时不可能马上有此印象。在《铜兰涉笔》中又说："今户部尚书和珅，皇帝宠臣也，兼九门提督，贵振朝廷。"贺寿礼物中，以和珅所贡献最为贵重。乾隆皇帝说："珅爱我也，忘其家而献于朕云尔。"又说："朕以四海之富，无此真珠葡萄，珅安得从何此？"朴氏紧接着说："珅其危哉！"果然，十九年后，乾隆一死，嘉庆马上抄了和珅的家。朴趾源很有先见之明。

朴趾源没有资格拜见皇帝和皇亲国戚，在从承德回京途中，却意外邂逅乾隆的侄儿豫王，并且随便交谈。《还燕道中录》十六日日记："壬戌，晴。平明发行，到王家营，中火，过黄铺岭。有少年贵人，年可二十余，帽戴红宝石，系翠羽，骑骊马，翩翩而去。只一骑在前，而从者三十余骑，皆金鞍骏马，帽服鲜侈，或佩弓箭，或负鸟铳，或捧茶枪，或擎热炉，驰骤如电，而不除辟呵喝，但闻马蹄之声。询于从骑，曰皇帝亲侄，号豫王者也。……"

"朝炊三间房。我行入店房，而昨日所逢豫王入于关庙，与店房上下家也。其从骑皆散处他店房，买啖饼肉酒茶。余偶为观玩庙堂，徐行入庙，则门无阍者，庭内寂无人焉，余初不识豫王在其中也。庭中石榴磊垂，矮松虬蟠，徘徊周瞻，欲拾级上堂之际，一美少年脱帽光头，走出户外，见余，笑迎曰：'辛苦！'盖劳苦之语也。余应曰：'好阿！'如吾东（国）问安之语也。阶上雕栏，栏下有两椅，中设红桌，请余坐着。主人见客，或称请坐请坐，或称坐着坐着，或称请请请。连呼者，郑重款曲也。沿路每入人家，则其主人莫不如此，盖待客之礼也。其少年脱帽便衣，故余初认作主僧，谛视之，似是豫王也。余不必识认，视若寻常。彼亦不示骄倨贵重之态，而红潮涨面，多饮卯酒矣。手自注酒二盏以劝余，余连倾两盏。问余会满洲话否，余对：不会也。彼忽俯栏一喀，酒涌如瀑，回顾户内曰：'凉阿！'一老阉持貂裘自堂中出，覆其背，手麾余出，余即起去。回顾栏头，犹自据栏而俯矣。举止儇轻，容貌清弱，全无威仪，类市井子。"

前一段是远望，豫王气势豪华，佩戴光鲜，从者三十余人，十分显赫。其后还有太平车，载王爷三位姬妾。后一段是近距离接触，在关庙偶遇。脱帽，光头，主动和参观客人打招呼，请坐。朴趾源初以为是庙中僧人，细看才认出是豫王，装着不认识，当平常人对待。对方"亦不示骄倨贵重之态"。这句话很重要。王爷自己饮酒，并劝客人两杯，又简单问对，如同平常百姓相见。豫王突然吐酒，老太监忙来伺候。朴氏退出后，王爷就俯栏而吐。"举止儇轻，容貌清弱，全无威仪，类市井子。"这几段文字，用素描手法勾画出豫王真实面貌。可以看出皇亲国戚既具备高贵的气势，也有平凡和普通的时刻。

在《太学留馆录》《倾盖录》《忘羊录》等笔谈录中，朴氏记录了朴氏与大批汉族、满族、蒙古族文人学士互相探讨文学、经史、宗教等许多学术问题，成为倾心谈吐的好朋友。但仅记言论，未及行事，看不出特殊的个性和形象。

第三，关隘寺庙名胜古迹的如实记录

这方面的文章，有的以"记"名篇，偶有考证、评论。有的直接以建筑物为题，只是记录，相当具体准确。

《山海关记》

"山海关，古榆关。王应麟《地理通释》云：'虞之下阳、赵之上党、魏之安邑、燕之榆关、吴之西陵、蜀之汉乐，地有所必据，城有所必守。'皇明洪武十七年，大将军徐达移榆关于此，筑五重城，名之曰山海关。"

"太行山北走，为医巫闾山。舜封十二山，以医巫闾为幽州之镇，横障东北，为戎夏之界。至关而大断，为平地。前临辽野，右挟沧海，《禹贡》所称'挟右碣石'是也。长城从医巫闾山委蛇而下，至角山寺，峰峦皆有墩台，入平地而置关。缘长城行十五里，南入于海，熔铁为址而城焉。上置三檐大楼，曰望海亭，皆徐中山所筑也。初，关为瓮城而无楼，瓮城穿南北，东为门，铁关扉，虹楣刻'威镇华夷'；第二关为四层敌楼，虹楣刻'山海关'；第三关为三檐楼，立扁曰'天下第一关'。"

"三使皆去盖，文武成班，如入沈阳时。税官及守备坐关内翼廊，点阅人马，照准凤城清单。大凡中国商旅亦皆簿录姓名居住、物货名数，诘奸防伪，极为严肃。守备皆满人，打红伞蕉扇，前列军卒百余，佩剑。"

"十字街为城，四面为虹门，上有三檐楼，扁曰'祥霭搏桑'，雍正帝笔也。帅府门外坐石狮二，高各数丈。闾舍市井胜于盛京，车马最盛，士女尤为都冶，其繁华富丽，沿道莫比。盖此为天下雄关，而关以西渐近皇都故也。自凤城千余里之间，曰堡、曰屯、曰所、曰驿，日经数城，而今验之长城，其设备建置莫不

效法于此关，然皆儿孙尔。"

"呜呼！蒙恬筑长城以防胡，而亡秦之胡养于萧墙之内；中山设此关以备胡，而吴三桂开关迎入之不暇也。当天下无事之日，徒为商旅之讥征，则吾于关亦奚足云！"

医巫闾山在今辽宁省西部，使团经过此山时，朴氏日记有记载。"徐中山"，明初大将军徐达封中山王，故后世称"徐中山"。"三使"，指朝鲜祝寿使团之正使、副使、书状官，合称"三使"。"去盖"，取下遮阳伞。

第一、二、四段记山海关的地理位置和关内建筑，第三段写使团入关要经过守关官员检查人员和物品，第五段是发议论。设关所以备敌，然秦筑长城以防匈奴，而结果秦朝亡于秦二世胡亥。徐达筑山海关以防元蒙，而结果明朝亡于守关大将吴三桂。可见堡垒还是最容易从内部攻破的。如今天下太平，广设关卡只是为了向商旅行人征税。对于此关之设又有什么可说的呢？其意是关无所用。朴氏前面总结历史教训是对的，后面说关无用，则是不了解中国情况。清初，为了保护东三省满族发祥之地，曾禁止关内汉民移居关外，特设奉天、吉林、黑龙江三将军，实行半军事化管制，不设巡抚、布政使，也不称省。只是到了清末，才弛禁改省，所以山海关守备官员都是满人。

《将台记》

不见万里长城，不识中国之大；不见山海关，不识中国之制度；不见关外将台，不识将帅之威尊矣。未及山海关一里，东向有一座方城，高十余丈，周数百步。一面皆七堞，堞下为圭窦，可藏数十人。圭窦共二十四，城之下体又穿四圭窦，以藏兵器。下为隧道，以通长城之内。译辈皆称汉所筑，非也。或称吴王台。吴三桂守关时，从地道不时登此台，出号炮，则关内数万兵一时呐喊，声动天地，关外诸墩戍兵皆响应，数时间号令遍千里矣。

与一行诸人凭堞纵目，长城北走，沧溟南盈，东临大野，西瞰关里，周览之雄，无如此台。关里数万户，街市楼台历历，如观掌纹，无所隐蔽。海上一峰尖秀插霄者，昌黎县文笔峰也。眺望良久，欲下而无敢先下者。砖级岌业，俯视莫不战掉。下隶扶拥，无回旋之地，势甚狼狈。

山海关是明代北部最重要的军事要塞，其防御性体系完整严密。《山海关记》所述是其中心即关城，长期作为交通要道供百姓使用。至于军事设施还有很多，供军队使用。从关城向南顺长城而下，有南水关—宁海城—老龙头，通向渤海。长城一直修到海中，过去认为是万里长城的起点。从关城顺长城往北水关—旱门关，到燕山脚下有角山关。这样南北形成一条线，皆有军队守备。从关城向东有前方哨所多处，是最沿的阵地；从关向西又有若干哨所，是预备队驻地。这是当年防御图所显示的态势。题目中所谓"将台"，实即指挥所，是一个大碉楼，方十余丈，周数百步，可藏兵数十人。下有隧道，以通长城之内，主帅登台发号令，即鸣放大炮，关内士兵皆能响应，声传千里。朴趾源等人登台远眺，竟然可以望见昌黎县文笔峰，实际距离太远，不大可能。因梯级陡而窄，众人都很惧怕，战战兢兢。朴趾源发议论，说上台时不知其危，故无所畏惧，下台面临不测，所以目眩身摇。他联想到官场，迁升时争先恐后，勇于用事，及置身高位，摄心孤危，进无一步，退有千仞，欲下不能，多恐惧而少泰然者。这个将台才几丈高，即使有恐高症的人也不至于那么胆小，未免有些夸张。

《夜出古北口记》

"自燕京至热河也，道昌平则西北出居庸关，道密云则东北出古北口。自古北口循长城，东至山海关七百里，西至居庸关二百八十里。中居庸、山海而为长城险要之地，莫如古北口。蒙古之出入，常为其咽喉，则设重关以制其陋塞焉。罗壁《识遗》曰：燕北百里外有居庸关，关东二百里外有虎北口。虎北口即古北口也，自唐始名古北口。中原人语长城外皆称口外，口外皆唐时奚王牙帐。按《金史》：国言称留斡岭，乃古北口也。盖环长城称口者以百计，缘山为城，而其绝壑深涧，呿呀荚陷，水所冲穿，则不能城而设亭鄣。皇明洪武时，立守御千户所，关五重。"

"余循雾灵山舟渡广硎河，夜出古北口。时夜已三更，出重关，立马长城下，测其高可十余丈。出笔砚，嚏酒磨墨，抚城而题之曰：'乾隆四十五年庚子八月七日夜三更，朝鲜朴趾源过此。'乃大笑曰：'乃吾书生尔，头白一得出长城外耶？'昔蒙将军自言：'吾起临洮，属之辽东，城堑万余里，此其中不能无绝地脉。'今视其堙山填谷，信矣哉！噫！此古百战之地也。……"

"其城下乃飞腾战伐之场，而今四海不用兵矣，犹见其四山围合，万壑荫森。时月上弦矣，垂岭欲坠，其光淬削，如刀发硎。少焉，月益下岭，犹露双尖。忽变火赤，如两炬出山，北斗半插关中，而虫声四起，长风肃然，林谷俱鸣。其兽蟑鬼蠟，如列戟总干而立。河泻两山间，斗狠如铁驷金鼓也。天外有鹤鸣五六声，清戛如笛声长□（原文模糊）弱。或曰，此天鹅也。"

此文选自《山庄杂记》，第一段写古北口重要的地理位置，第二段之末写历代于此地发生的战争，文长未引，第三段写朴氏所见山谷天地之景色。

长城是华北和北京的屏障，从塞外入京有二口，东北为古北口，西南为居庸关。朴氏此文中提到古北口成为战场者有多次：后唐庄宗李存勖灭幽州节度使燕王刘守光，辽太宗耶律德光夺后晋之幽云十六州，元文宗图帖睦尔从大都奔上都争夺帝位，明嘉靖时蒙古俺答汗从塞外入关，兵临北京城下，逼明朝"通贡"，等等，都是通过古北口。抗日战争初期1933年1月，日本侵略者从热河南进，在古北口遭到中国军队拼死抵抗，苦战两个月，死伤六万，史称长城抗战，是中国抗战史上一次重大战役。其中争夺古北口失而复得数次之多，至今有纪念塔、纪念馆。朴趾源此文列举大量史实为证，属于历史家之文。他以外国人有幸参观古战场，充满自豪感，故特题辞留念。

朴氏关于寺庙宫殿祠院名胜之文甚多。他在承德以《扎什伦布》为题，专记述该寺建筑及班禅和乾隆会见庆寿外宾情况，长达2400字，可见其重视。该寺又称小扎什伦布寺，乾隆为欢迎和接待西藏的六世班禅，仿其在日喀则之扎什伦布寺而建，规模宏丽。班禅在寺内会见蒙古王公和军机大臣、皇六子，皆叩头献哈达。礼部通知朝鲜使臣拜见班禅，使臣执意不拜，奉哈达而已。下半段记皇帝于苑中召各国来宾使臣及班禅观看梅花炮（详后），乾隆与班禅平起平坐，两褥共踏，倾身相语，带笑合欢。处处显示乾隆对班禅的礼遇在其他贵宾（如蒙古王公）之上。

记录北京建筑有七十余处。其中故宫十一处，北海十处。以朴氏身份，不可能进紫禁城，而且此次在北京停留时间不太长，不可能参观这么多地方，估计他是根据朋友送的有关书籍作介绍的。每处单独为题，不用"记"字，多数不加评论，纯然客观介绍。与二百多年后的现存情状相比，有一些地方大致不差。有些古迹今已不存或残破，赖朴文得知原貌。这些文章不加夸饰，如实描绘，文字整洁，以"存古"价值为主，下面略举笔者熟悉的几处。

《试院》

"试院墙周几五里，砖筑如城，滑如斤削，高二丈余，上加荆棘。中置大院宇，四周为一间屋数千区，一屋相距半间，左右为疏窗以纳明，前为板扉，中为小温炕，庖湢毕具。外面砖筑没檐，无一区坏堕，外内洁净，虽欲穿窬作奸，墙壁坚如铁城，其势末由也。"

"昨见落第举人试卷，长二尺余，广六尺，行用册纸也，朱印井简，楷字细书，可容千余言。上首朱印'礼部'二字，下为封弥，似是礼部印札试纸，以颁应举者也。其考阅之迹，如批评古人文。下方批曰本房，具衔姓，有数行评语。又列书诸考官衔与姓，俱为评目，皆朱书，一井一字，无上中下次外更等第。虽在黜落之科，题品谆复，使作者晓然知黜落之所以然；丁宁剀切，蔼然有师弟子训诲之意。可见大国场屋之简严，考试之详谨，为举业者足以不恨。"

"试院"又称棘院，正式称呼为贡院。地址在今建国门内大街北侧。明清两代之贡院为三年一届的会试和之前半年的顺天乡试之考场。乡试及第称举人，会试及第称贡士，一个月后参加殿试即成进士。科举考试结束于1905年，最后一届殿试之探花商衍鎏于1958年出版《清代科举考试述录》，关于贡院的建筑介绍相当详细。朴文只有80多字，规制大致不差。1905年后贡院日渐荒芜。日寇侵占北京，竟作马厩。1952年，中国人民解放军海军司令部设于此，建二三层楼共七座，后不够用。1958年迁西郊今海军大院，1959年将房产交中国科学院哲学社会科学部（简称"学部"）。院部及文学、历史、哲学等研究所皆在院内。1977年原哲学社会科学部改称中国社会科学院。鄙人于1960年大学毕业即进入"学部"，至今已七十年。退休后仍是"老家"，故读朴氏此文颇有旧情。

朴氏提到"落第举人"试卷，即会试试卷，由礼部印制。举人考进士未中，俗称落地举人。其中阅卷官的评语，"虽在黜落之科，题品谆复，使作者晓然知黜落之所以然；丁宁剀切，蔼然有师弟子训诲之意。可见大国场屋之简严、考试之详谨"，这段话很重要。近数十年来，状元卷已发现多份，并公开展览，似乎未见详细评语，朴氏所提供的材料，可供研究中国科举制度史者参考。

《观象台》

与中国社会科学院隔建国门内大街南北相对。笔者初到"学部"时，多次登观象台考察，无人阻挡。

"附城有高台，出堞丈余，曰观象台。台上诸仪器，远望有似大纺车，以考中星辰夜昏明之候。凡日月星辰、风云气色之变异，登此台占焉。其下为府，曰钦天监，正堂扁书'观察惟勤'。庭中杂置仪器，皆铜造。非但不识其名，形制诡奇，骇人心目。上台则可以俯瞰一城，而守者牢拒，不得上而归。盖台上诸器，似是浑天仪、璇玑、玉衡之类，而庭中所置，亦有似吾友郑石痴家所见者。石痴尝削竹，手造诸器，明日索之，已毁矣。尝与洪德保共诣郑，两相论黄赤道、南北极，或摆头，或颐可，其说皆渺茫难稽，余睡不听。及晓，两人尤暗灯相对也。记郑有言，我国康津县北极出地几度，与黄河入海口相直，故耽罗橘渡海只康津为枳云。其说不为无据。"

观象台至今仍在原处，经修葺，可供参观。那些天文观测仪器，代表中国古代天文学的水平，普通人是看不懂的。我有幸结识天文学史专家席泽宗院士，20 世纪50—70 年代，他所在的中国自然科学史研究室隶属于"学部"，在贡院西街北端，与院部共用大食堂，一起开大会，一起下干校，我向他多次请教古天文历法常识，他不吝教诲，曾带我到观象台讲解天文观测仪器。朴趾源说，他的朋友郑石痴爱好天文，曾以竹制造诸器。我读日本的《本朝文粹》，其中藤原敦光（1062—1144）的《盖天十二时铭序》，说他很喜欢观测天文，曾自制自动报时器，显然学习唐朝的天文学家一行和梁定瓒的铜制水运浑天仪和北宋苏颂的水运仪象台。可见中国古代的天文学，已经传播到邻国日本和朝鲜。朴趾源这里所透露的信息值得珍视。

1981 年我的宿舍搬到复兴门外大街，住了六年。从楼顶上可以望见正南边的天宁塔，塔东不远就是白云观，这两个地方在《热河日记》中都有介绍。

《白云观》

"白云观，周遭壮丽不减天宁寺，道士百余人居之。牌楼外扁曰'洞天佳境'，内扁曰'琼林阆苑'。渡三空桥，入玉皇殿，玉皇具帝者服。绕殿三十三天帝君，拱圭垂旒，皆如玉皇。天蓬神将三头六臂，各拥兵器。前殿安南极老人星君，骑白鹿。左一殿安斗母，右一殿安丘长春，元世祖国师也。玉皇殿扁'紫虚真气'，斗母殿扁'大智宝光'，俱康熙御笔。道士所居廊庑千余间，皆明净肃整，一尘不动。所储书册，皆锦卷玉轴，充溢栋宇；鼎彝敦卣，磊珂古奇。屏幂书画，往往绝世之宝也。"

白云观于唐代始建，金代重修，元代扩建。元初道教全真派始祖丘处机居此。元太祖命他掌管全国道教，后来此观成为全国道教中心，改名长春宫，丘处机羽化后葬于此，其弟子改称白云观，明清不断增扩，形成现在规模。其格局是三路五进，中路依次为：照壁、牌楼、山门、窝风桥、灵官殿，钟鼓楼、玉皇殿、老律堂、三清阁和四御殿（两层相迭）。隔后是花园。

东路原有南极殿，真武殿、火神殿、斋堂，均已不存。现为寮房，道士生活屋。西路有吕祖殿、八仙殿、元君殿、元辰殿，均已修缮开放。

白云观有三宝：唐刻老君石雕座像、元代大书法家赵孟頫书《道德真经》石碑、明刻《道藏》，即朴文所称"所储书册，皆锦卷玉轴，充溢栋宇"者，现已移交国家图书馆保存。白云观有许多民俗活动，如打金钱眼，老君所骑石雕白鹿尚在，未知是否原物。

天宁寺在朴氏笔下比白云观详细得多，可是我所亲见不及白云观十分之一。80年代末我去参观仅见十三层辽塔一座，其塔外之殿堂为街道工厂所占用。90年代重游，工厂迁走，大殿恢复，外加围墙，形成一小院落。现在情况如何，尚未去过。

《热河日记》所记寺院，经过修缮，保存完好的有雍和宫、太学、东岳庙、孔庙等数十处，其余残存或毁或残，不惶细考。朴氏日记没有提到圆明园，对颐和园只是遥望十七孔桥而已，可见他没有进去过。

第四，万寿节上的魔术和其他艺术表演

《热河日记》记载：为了庆贺乾隆七十大寿，"天下奇伎，淫巧，杂剧，皆趁千秋节待诏热河，日就牌楼演效百戏"。朴趾源以《幻戏记》为题记录他所亲见的二十则"幻戏"，即今天的魔术。下面选择其中几则概述如下。

（一）空手搓丸变大变小。表演者两掌翻覆表示空净无物，然后两手相搓，开始有物圆如丸药，继而如栗子、如鸡蛋，越搓越大，如西瓜，置桌上，再搓摩，其大如圆桶，重不可举。片刻再搓摩此大桶，渐渐缩小，由大变小，最后回到手掌之中，两指一弹，空无一物。

（二）鸡蛋从口入，耳目出。表演者以水晶球置桌上，比鸡蛋略小，以一枚入口，吞下吐出。再从筐中取二鸡蛋，吞其一，梗其喉中；再吞一枚，滞其颈项，哇呜不能出声，乃扣胸揉颈，闷塞痛苦万状。俄尔，表演者感到耳中有痒，乃以指挖耳，牵出一白球，乃是鸡蛋，遍示众人，又将蛋纳入左目，再从右耳挖出一蛋，纳入右目。又从左耳挖出一蛋，纳入鼻孔，竟从脑后拔出。其口耳目鼻竟成鸡蛋运转的通道。

（三）吞剑入口腹。表演者先磨剑发光，插入地中深数寸。再拔出左右挥舞，仰空一掷，张口承之，剑尖直插入口中。表演者垂手起立良久。须臾吞剑，入颈入腹，仅剑环柄挂于口齿不下。表演者伏地，以剑柄支起身体，柄未入腹，乃起立，一手扪腹，一手握剑柄，乱搅腹中，咯咯有声。剑尖在肚皮上作画，如下笔作画于纸上。观者见其剑尖行动腹中，不忍正视。片刻，表演者正立，从口中徐徐拔剑，双手捧剑，剑尖犹带血滴，环示观众。东魏《洛阳伽蓝记》、南宋《东京梦华录》皆提到表演"吞刀""吞剑"，仅二字而已，不如此文详细。

（四）众鸟从桌面毯下飞出。表演者擦净桌面，将红毯铺于桌上，走到桌前，一手按毯中心，一手掀起毯的一角，一只红雀向南飞去；又撩起东角，一只青鸟向东飞去；从毯底下捞出一白雀，啄表演者之须，然后向西飞去；表演者又从桌底捞出一黑雀，掉落地下，再拾起，向北飞去。表演者故作怒态，奋力撤去毛毯，无数鸟儿一时飞起，鼓翅盘旋，集于屋檐。

（五）鼻中抽出长丝。表演者将一把钢针吞入口中，吃饭喝茶，言笑如常。乃以一红丝纳入耳孔。静立片刻，咳嗽几声，捉鼻出涕，以帕拭鼻，以指探鼻孔，若拔鼻毛。忽出红丝，抽其一端，丝出尺余。忽见一针在鼻孔内，拔针带出红丝，愈抽愈长，千百针皆贯于一根红丝。《东京梦华录》提到艺人表演"吃针"，但未言及如何"吃进"又"吐出"。

（六）空盆变出众物。表演者以银杏一盘置地上。覆以大盆，念咒变！变！变！掀盆一看，尽是山楂。再扣以大盆，念咒后掀开，尽是桃李。再覆盆，开盆尽念珠，一串百零八，遍示观众，鼓掌叫绝。再覆大盆，扣以小盘，念念有词良久，掀起小盘，见大盆中不见念珠，满盆清水，一对红色鲫鱼，跳跃游泳盆中。

（七）盘中桃核长枝叶，开花结果。表演者以琉璃盘盛大桃三枚置桌上，桌前布棋局及白黑子筒，暂施帷幕。须臾撤之，有数人出现，或对坐弈棋，或拄杖旁观，或支颐或坐卧，形貌衣着古奇。不久，盘中三桃忽长出枝叶，瞬间开花，结果。观棋者摘桃，与他人食之，吐其核，种于地中。又食其他桃子。未半，地上已长出桃树数尺，开花结果。而食桃之人头发先斑白，俄而白如雪。

这个表演是众人合作，有如神话。种树立时结果之类幻术，东魏《洛阳伽蓝记》提到"植枣种瓜，须臾得食"的表演，但未具体化。

（八）镜中仙境。这是一场大型幻术表演。全文如下："幻者置大琉璃镜于卓上，设架立之。于时幻者遍招众人，开视此镜。

重楼复殿，窈窕丹青。有大官人手执蝇拂，循栏徐行。佳人美女，四四三三，或擎宝刀，或奉金壶，或吹凤笙，或踢绣球，明珰云鬟，妙丽无双。室中百物，种种宝玩，真是世间极富贵者。于是众人人莫不羡悦，耽嗜争观，忘此为镜，直欲钻入。于是幻者麾众喝退，即掩镜扉，不令久视。幻者闲步四响唱词，又开其镜，招众来视，殿阁寂寞，楼榭荒凉，日月几何，不见宝女何去。有一睡人侧卧床上，旁无一物，以手撑耳，顶门出气，袅袅如烟，本纤末圆，形如垂乳。钟馗嫁妹，鸺鹠娶妇，柳鬼前导，蝙蝠执帜，乘此顶气，腾空游雾。睡者乍伸，欲寤还寝，俄然两腿化为双轮，而其辐轴犹然未成。于是观者莫不寒心，掩镜背走。"

表演者请观众遥看镜中物像，有三种场面：第一是楼台殿阁，官人美女，种种宝玩，极其富贵；第二场是殿阁荒芜，美女不见，珍宝消失，寂寞凄凉。第三场一人卧床，顶门出气。云气中出现各种戏剧表演，乘气腾空。忽然两腿化为两轮，但辐轴未成而止。

显然，表演者以镜中人物环境的变化，比喻为人处世的变化，富贵无常，人生如梦，纯是幻觉。作者在文末以四言韵诗作出总结，其中包含着深刻的人生哲理和佛家及道家思想。

这种幻想手法，是把梁代吴均的《齐谐记》中的《阳羡鹅笼》神话化为具体表演艺术了。阳羡许生持鹅笼行道中，一书生求寄坐笼中，口吐铜匣，具酒馔。又吐女子陪饮。书生醉卧，女子从口中吐出男子。书生似醒，女子入帷侍寝。男子又从口中吐一妇人。俄而书生哈欠欲醒。男子速吞入妇人，伴书生之女子吞入男子，书生醒后再吞入女子，唯留铜匣送许生留念。这个环环相套的神话源自佛经《旧杂譬喻经》，被吴均改编为志怪小说，唐人传奇《南柯太守传》《黄粱梦》受其启发而扩大之。而在朝鲜以梦中题材作小说讽世者甚多，是中朝文学交流的结晶。朴趾源此文特点在于记述表演者以幻术手段再现这一传统题材，不是再创作文学故事。广场演出的效果比书面文字的影响也许更大更直观。

除《幻戏记》这一专栏之外，朴氏还记录了千秋节上的其他表演艺术，如《蜡嘴鸟记》，是艺人驯鸟使其做各种难度动作：

"蜡嘴鸟小于鸠，大于鹌鹑，灰色而翠羽，大嘴如蜡，所以名也。又名梧桐鸟，能晓人语，凡有指使，莫不应听声听承。有驯而货于市者，以骰牌三十二个贮器中，以掌麾平，令观者取牌一个，识其为某牌，然后以其牌与驯鸟者。则驯鸟者遍以示众，然后还置器中，再抚麾使乱之，呼鸟取其牌，则鸟即就器中以嘴含其牌飞上叉木，取视之，果所识某牌也。竖五色旗，令鸟拔某色旗，则亦应声拔以与人。纸造重檐黄屋车，驾象，令鸟驱车。鸟俯首入象腹下，以嘴含象两股间以推之。凡转磨驰射、舞虎舞狮，悉随人指挥，无一错误者。又以纸为小殿阁九重阊阖，令鸟入殿中取某物来，鸟即飞入，随号含来，列置桌上。虽不能言语如鹦鹉，其巧慧似胜之。役使良久，鸟不胜热，张口吐舌，汗浃毛羽。每一使弄，辄食麻子一粒，驯鸟者每自口中出而与之。"

此鸟又名梧桐鸟，能晓人语，受指挥作各种人事。如从三十二骨牌中取出观众预先作标识之牌。听驯者口令以嘴叼五色旗中某色旗。让小鸟如马驾小车，推车，驾象、舞狮、舞虎（皆纸制小动物）。上述驯鸟表演，笔者在20世纪40年代见过。叼花牌以测吉凶，命鸟（或鹰）叼某物置某处。今新加坡飞禽公园有定期飞禽演出，在泰国游乐园有命鸟儿叼小球投篮，命令小猪赛跑、报数，命令大象踢足球，其方法都是长期训练造成的条件反射。南宋人记东京勾栏有艺人表演"老鸦下棋"当与此同类。

《万年春灯记》

"皇帝移御苑东别殿，千官出避暑山庄，皆骑。循宫墙行五里余，入苑门，左右浮图高六七丈，佛宇及牌楼弥亘数里。殿前黄幄连天，幄前皆白幕沉沉，悬彩灯千百。前立红阙三所，高皆八九丈。乐作，陈杂戏。日既曛，悬黄色大柜于红阙，柜底忽落一灯，其大如鼓，灯联一绳。绳端火忽自燃，缘绳而走，上及柜底，柜底又垂一圆灯，绳火烧其灯落地，自柜中又垂铁笼帘子，帘面皆篆寿福字，着火青莹。良久，寿福字火自灭落地。又自柜中垂下联珠灯百余行，一行所联为四五十灯，灯中次第而燃，一时通明。"

"又有千余美貌男子，无疵须，衣锦袍，戴绣帻，各持丁字杖，两头皆系小红灯，进退回旋，作军阵状。忽变而为三座鳌山，忽变而为楼阁，忽变而为方阵。既黄昏，灯光益明，忽变而为'万年春'三字，又变而为'天下太平'四字，忽变而为两龙，鳞角爪尾蜿蜒转空。顷刻之间，变幻离合而不错铢黍，字画宛然，只闻数千靴响而已。此斯须之戏耳，其纪律之严有如是者。以此法临军阵，天下孰敢婴之哉？然而在德不在法，况以戏示天下哉！"

这可能是千秋节时期最盛大的广场"杂戏"表演。朴氏着重描写两场。其一是一只大柜悬于红色宫门之上，从柜中由火绳牵出许多灯笼，有帘四方写"寿""福"二字，火灭后又垂下一串四五十灯，次第自燃，一时通明。其二是以人群组字变形，千余美男衣锦袍，持丁字丈，挂红灯，集中列队进退，如军队方阵。忽然组三座山形，或楼阁图案，又变成两条龙形，再变出"万年春""天下太平"字样。这种表演在中国唐代出现过，武则天为庆祝其生辰，以140名少年组成集体舞队，不断变换队形，更换不同颜色的衣服，依次组成十六大字："圣超千古，道泰百王，皇帝（武则天已称帝）万岁，宝祚永昌。"在中国迎接奥运会的仪式中，有成百上千名中学生穿不同衣服手持电光棒，组成不同图案和字样，如"五连环""欢迎"等。

《梅花炮记》

"日既黄昏，万炮出苑中，声震天地，梅花四散，如扇炭而火矢（箭）进流也。窥镜嫣然，迎风敧斜，鲁钱欲古，兔嘴未敷；

继以瓶史月表，女士殿最，跗绶分明，蕊腄廉纤，皆火而飞也。纤而鸟兽虫鱼之族，飞走蠕跃，咸具情状。鸟或展翅而伸，或以喙刷羽，或以爪刮目，或趁蜂蝶，或衔花果；兽皆腾骧拿拽，呀口张尾，千态万状。皆㸌㸌火，飞至半空，冉冉而销。炮声益大，火光益明，而百仙万佛迸出飞升，或乘槎，或乘莲舟，或骑鲸驾鹤，或擎葫芦，或负宝剑，或飞锡杖，或跣足踏芦，或手抚虎顶，无不泛空徐流，目不暇接，闪闪羞明。"

"正使曰：梅花炮。分列左右者，其桶或大或小，长或三四丈，短者三四尺，制类我国三穴铳。火焰之横亘半空，如我国神机箭。火未及灭，皇帝起而顾班禅少话，乘辇还内，时方昏黑而无一灯前导。大约八十一戏，以梅花炮终之，名曰九九大庆会。"

这是一次表演盛会，有八十一戏，皇帝和班禅以及各国使节出席观看。朴文所描写的烟火花炮在空中爆炸后所呈现的缤纷景象，在明末刘侗所著《帝京景物略》中，也记述了当时在北京放烟火情状。除了以烟火炮送入空中开放，还有以纸竹制成鱼鳖鸭鹅等动物型花灯，放在水流或湖泊中出没，然后点燃火线，使之爆炸。这些动物的腹中又飞出无数小动物，散落在水中带灯漂游，形成满湖满溪鸟飞鱼跃热闹场面。隋炀帝时，举办过此类"百戏"演出，出现过"鱼龙蔓延""鲸鱼变黄龙"的场面。可能是水面烟火变形演出，而不是空中。朝鲜祝寿正使说，梅花炮类似朝鲜的三穴铳（一铳有三管），火焰之横亘半空，类似朝鲜之神机箭。可见中朝两国早有杂技艺术交流，甚至是军用火器交流。

朴趾源有多处记述戏曲表演，有两则文字较长。

一则见《馹汛随笔》中，题为《戏台》：

"寺观及庙堂对门必有一座戏台，皆架七梁，或架九梁，高深雄杰，非店舍所比。不若是深广，难容万众。凳桌椅几，凡系坐具，动以千计，丹腰精侈。沿道千里，往往设芦簟为高台，像楼阁宫殿之状，而结构之工更胜瓦甍。或匾以'中秋庆赏'，或匾以

'中元佳节'。小小村坊无庙堂处，则必趁上元、中元设此簞台，以演诸戏。尝于古家铺道中，车乘连络不绝，女子共载一车，不下七八，皆凝妆盛饰。阅数百车，皆村妇之观小黑山场戏，日暮罢归者。"

此文概述从沈阳至北京途中所见戏台之大小规制。七梁、九梁为寺庙之戏台。坐具以千计，油漆精侈。有的是芦苇搭高台，像楼阁之状，有匾额。更小的是竹席搭台，在小村坊逢节日演出，观众数百车。这类资料对研究中国民间戏曲活动有帮助。

第二则记录于《山庄杂记》，小题为《戏本名目记》。记乾隆万寿节前后三日所演剧目共 86 则，第一出是《九如歌颂》，最后是《万寿无疆》，余皆庆贺祝颂之戏。戏目之末有一段演出盛况说明，无题目，文字如下：

"八月十三日，乃皇帝万寿节，前三日后三日皆设戏。千官五更赴阙候驾，卯正入班听戏，未正罢出。戏本皆朝臣献颂诗赋若词，而演而为戏也。另立戏台于行宫东，楼阁皆重檐，高可建五丈旗，广可容数万人。设撤之际，不相同碍。台左右木假山，高与阁齐，而琼树瑶林蒙络其上，剪彩为花，缀珠为果。每设一本，呈戏之人无虑数百，皆服锦绣之衣，逐本易衣，而皆汉官袍帽。其设戏之时，暂施锦步障于戏台。阁上寂无人声，只有靴响。少焉掇帐，则已阁中山峙海涵、松矫日鬙，所谓《九如歌颂》者即是也。歌声皆羽调，倍清，而乐律皆高亮，如出天上，无清浊相济之音，皆笙、萧、篪、笛、钟、磬、琴、瑟之声，而独无鼓响，间以叠钲。顷刻之间，山移海转，无一物参差，无一事颠倒。自黄帝、尧、舜，莫不像其衣冠，随题演之。"

此文专论剧场之奇特，更换布景之迅速，音乐之高亮，"如出天上"。但是"无清浊相济之音""无鼓响"，"上不下交，下无所隐"。朴氏颇不以为然，批评其为"夷狄一本戏耶。即无季札之知，则未可遽论其德政"，认为不是"中原先王之乐"。此文主要讲音乐，至于戏曲表演的内容和技巧，皆未做介绍。朴氏是精通中国乐律的内行，详见《忘羊录》。

余论

本文主要介绍《热河日记》的散文成就，仅及上述四方面，其他从略。该书的"笔谈"和专论，主要内容是学术交流，属于学术史、思想史范围。其中夹有传奇小说《李生传》、动物寓言《虎叱》，当代中韩各家编写的韩国文学史都要论及，不属于散文，故不重述。

综观《热河日记》，有几点值得注意。

一是朴氏的思想属北学派，尊重并学习中华文化，但又有恋明情结，书中处处称"皇明"。肯定清代的成就，又尖锐批评其缺失。针对乾隆对周边小国的扩张征伐，朴氏转录《罗约国书》，是一封骈文写作的致乾隆公开信，措辞十分尖锐。同行译官认为是"无赖子弟"妄作，朴氏转录之，表明他同意其中观点。

二是关于朴氏的语言能力和写作技巧。朴氏无疑能熟练运用汉字写作，但他自称不懂汉语。他与汉族学者讨论皆用笔谈，简短的片段或许是当时笔记，长篇大论则是事后追记。有些文字很长，即使速记员亦力所不及。还有大量与平民百姓间对话，有口语、土话，甚至粗鄙相骂之言。当时他怎么能听懂？而且马上回答并做出反应？也许身边可能有译员，但水平再高也难以即时完全转译，估计朴氏可能略通汉语，至少懂得日常用语，所以事后补记，才能生动传神。这个问题恐怕要请教韩国学者才能回答。

主要参考文献

［韩］朴趾源著，朱瑞平校点：《热河日记》，上海书店 1997年版。

［韩］金台俊：《朝鲜汉文学史》，张链瑰译，社会科学文献

出版社 1996 年版。

李岩等：《朝鲜文学通史》（下册），社会科学文献出版社 2010 年版。

张丽娜：《〈热河日记〉研究》，中央民族大学出版社 2015 年版。

韩东：《论朴趾源〈热河日记〉的创作技巧及其手抄本的文学价值》，《东疆学刊》2016 年第 4 期。

十　骈文在朝鲜半岛的传播

骈文是中国古代一种文体，以对偶句为主，又称俪体、骈偶，宋以后常称为四六文，讲究对仗、用典、音韵和修饰之美，现代学者称之为美文。它形成于魏晋，兴盛于南北朝、初盛唐。中唐古文运动之后，散体文占文坛主流，骈体文退居客位，但并未绝迹，元明清迄今，一直有人写作。从唐代起，传播到海外。

朝鲜半岛是中国的近邻。至迟在秦汉之际，汉字和中华文化已传入该地区。15 世纪中叶以前，汉字是半岛民众唯一书写工具。1444 年朝鲜李氏王朝世宗大王颁布"训民正音"，标志朝鲜民族文字开始使用。从 15 世纪中期到 19 世纪末期，朝鲜文使用尚不广泛，主流文字仍是汉字。20 世纪初，朝鲜文才推广开来。

今所见朝鲜半岛所作之骈文，最早是《百济上魏王请伐高勾丽表》（见《东文选》卷 41）。作者未署名，当为百济文臣，时代约在中国北魏与刘宋对峙之南北朝初期。这时的朝鲜半岛上分别存在三个政权：百济（前 18—663）、高句丽（前 37—668）、新罗（前 57—935）。该表文以百济国王口气，向统治中国北方北魏皇帝陈述，高句丽如何凌逼百济，构怨连祸，三十余载；而且还"南通刘氏（指南朝刘宋），北约蠕蠕（中国北方少数民族），共相唇齿，谋凌王略（阴谋侵略北魏地盘）"，其内部如何分崩离析，自相鱼肉，杀戮无已，罪恶盈积，希望北魏与百济合力对付高句丽。这篇表文以四言对句为主，夹杂散句，引用许多中国古代历史典故和成语，可见对中国文化比较熟悉，但还不是标准的骈文。

公元660—668年，位于朝鲜半岛东南的新罗国国王金春秋，在唐高宗协助下，先后灭百济、高句丽，建立统一半岛的政权。延续至935年，史称新罗王朝，是全面吸收中华文化并取得巨大成效的辉煌时期。大量派出留学生入唐学习、考察，有些新罗人在中国长期居留、仕宦，而后回到本国，从政或进行学术撰述和文学创作。这个时期在中国普遍流行骈体文，新罗同样如此。

新罗时期之骈文

《唐文拾遗》《东文选》《东人之四六》《韩国文苑》等书中，有一批写作于新罗时期的骈文，值得注意的是与中国往来的外交文书和国内诏诰。如神文王《赦诏》，作于灭百济、高句丽之后，向全国百姓宣告统一大业完成，大赦天下，取消穷人部分债务。"罪无大小，悉皆放出。百姓贫寒，籴入米谷者，待有年偿之；只还其母（本金），穷歉尤甚者，子（利息）母并免。"（《唐文拾遗》卷68及《韩国文苑》卷4）骈散兼用，朴实平畅，不加修饰，不用典故，这是新罗早期王室骈文的共同风格。

新罗时期的薛聪（654—701），有骈体寓言《花王戒》。薛聪是"新罗十贤"之一，出身贵族，任神文王翰林学士，以朝语教授儒家九经，对推动新罗文化发展影响甚巨。据说神文王召见薛聪，命他讲说特异见闻，乃述花王故事：有花神蔷薇见王，愿荐枕席。有老者白头翁（草药名），愿充大王储存，各申述其优长，问王何取？花神不敌白头翁，乃退。故事的用意是劝国王勿近美色，应接纳苦口良药。立意简明，语言浅近，虽多用骈句，而不事雕琢。此文对朝鲜半岛寓言创作深有启迪，其后林悌《花史》、李颐淳《花王传》，皆其衍生作品。此文题目《唐文拾遗》作《讽新罗王文》，说理较充分；《东文选》作《讽王书》，骈味更浓。

金弼奚，生卒年不详，活动在新罗景德大王及其子金宪英在位时期，相当于唐肃宗、代宗之时，曾任翰林郎，《唐文拾遗》辑录其骈文《圣德大王铜钟之铭》。开头一段说明铸钟的意义，继而颂扬圣德大王的德业。下面用散句叙述圣德大王之子景德大王奖铜十二万斤，欲铸钟纪念其父而未成。再用骈句赞美今上继承祖先遗愿，完成铸钟盛事。最后说明钟的形状、声音以及见闻者的感受。撰文时间是唐大历元年（772）。此文语言爽利，层次分明，交代清楚，颂扬三王允妥得体。一些观点来自佛家，也有一定道家成分，运用娴熟，融会无间。是奉诏之作，符合翰林院文章规制。

新罗时期最杰出的文学家、骈文家是崔致远（857—?），868年12岁时入长安，学习六年，874年进士及第，居住洛阳，877年任溧水县尉，880年到扬州，任淮南节度使高骈书记，起草各种文书信札，884年回国，任翰林学士守兵部侍郎知瑞书监，898年辞官归隐。崔致远的著作很多，现存《桂苑笔耕集》是其回国后自编文集，是韩国现存最古最完整的汉籍之一，共二十卷，诗59首，文314篇，几乎全是骈体，其中249篇是为高骈代拟文稿，65篇是崔氏自己的书启，皆作于中国。回新罗后的作品，还有《中山覆篑集》《四六集》及诗作300多首。

高骈是晚唐军阀，亦能诗文。他有不少劣迹，也有若干政绩。后者在崔氏代拟文稿中有所记录，如改成都旧罗城为砖城，有助于巩固成都乃至西南防务。崔氏代拟《谢立西川筑城碑表》以及《西川罗城图记》详述其经过。高骈支持南诏国与唐王朝和亲、通好，改善中央王朝与藩国的关系。崔氏有《贺通和南蛮表》《谢示南蛮通和事宜表》《贺入蛮使回状表》。崔氏所拟文稿中，披露了高骈与各地藩镇的复杂关系，记录了唐末官场暗争暗斗和一定的社会情状，具有一定的史料价值。

崔致远骈文中最具个性的是书信。致高骈46通，其中多篇是干谒即求职书，同类作品唐时甚多，而以外国人身份书写者罕见，写得十分真诚、恳切。高骈爱才，为之动容，很快录用，经常赏赐，不断升迁。崔氏写下许多感激信，并非客套，而是发自内心。如题为《长启》的信中说："某东海一布衣也，顷者万里辞家，十年观国。本望止于榜尾科第，江淮一县令耳。……岂料太尉相公（指高骈）迥垂奖怜，便署职秩，迹趋郑驿，身寓陶窗。免忧东郭之贫，但养北宫之勇。去年中夏，伏遇出师，忽赐招呼，猥加鞭策。……特赐奏荐，垂应天言，忝获起升。若非九重依赖于功名，十道遵承于法令，则其恩命，亦岂肯许？……且见圣朝簪裾，煊赫子第，出身入仕二三十年，犹挂兰袍，未趋莲幕者多矣，况如某异域之士乎？"身为外藩人比本朝贵族子弟升迁还快，不能不令他感恩戴德之至。谢赏赐启有十七封，包括借宅、借舫，赐衣段、新茶、酒肉、人参、天麻、碑帖、图片以及不断增多的料钱（伙食补贴），皆短小精致，虽比不上梁朝三萧、庚信父子的谢赐启，却能准确刻画出该物件的特征和作用。庚、萧所获赐者皆皇室珍品，而崔氏所得为平常生活用品，写好这类文章的难度更大。

崔致远回新罗时，唐僖宗命他以唐朝使臣身份携国书返乡，中国朋友顾云等为他作诗送行。高骈赐赏钱物许多次，连迎接他的弟弟崔栖远也收到盘缠。崔氏从淮南扬州起程，到烟台过海，一路上写了五封信，反复申述依依不舍之情，不仅是回答高骈知遇之恩，也体现对中国朝野真情厚谊的至深铭记。

当代韩国学者李家源教授说："崔致远尤为韩国汉学之开山鼻祖，韩国汉文学亦至崔致远而确立。"2014年，中国国家主席习近平在韩国首尔大学的演讲中，列举历代中韩友好交流著名人士，就有崔致远。

崔彦扬（867—944），18 岁入唐，进士及第，40 岁时（907）唐亡于后梁，他回到新罗，任瑞书院学士。935 年，新罗亡，高丽王王建任命为太子师，委以文翰，官至翰林院令、平章事。《唐文拾遗》录其骈文五篇，皆塔寺碑铭，结构大致相似，开头一段讲说佛理，然后介绍某寺某塔主高僧生平，母亲怀孕即有灵根，少年慕道，出家，得大师教导，游名山，访大德，而后到朝鲜半岛，受到地方长官乃至国王尊崇，修佛寺，弘佛法，选墓地，直至圆寂，徒众悲恸，立塔树碑以志哀思。崔彦扬的《高丽国海外须弥山广照寺真彻大师宝月乘空之塔碑铭》是这类文章的代表作。与之相先后的金颖《宝林寺普照禅师灵塔碑铭》、朴升英《新罗国师真镜大师宝月凌空之塔碑铭》，结构皆如此。实际上是高僧传。无论述佛理，记生平，写场景，文字水平相当高超，运用佛道典故以及中国古代故事，贴切允妥，有时一段骈语，夹一段散语，互相补充，相得益彰。可以看出作者中华文化之根底相当深厚。

高丽时期之骈文

公元 918 年，王建创建高丽国（与以前的高句丽不是一回事），935 年，灭新罗，传至 1392 年，为朝鲜王朝取代，共 457年。与中国的五代、宋、辽、金、元、明初皆有交往。高丽王朝进一步吸收中华文化，继续派遣留学生。958 年，仿唐制开科举，有进士、状元等称号。文学上，诗、赋、小说、散文、骈文皆较新罗时期更为兴盛。其骈文主要保存在《东文选》等总集中。

王金尧《褒奖王式廉诏》。王金尧是高丽太祖王建次子，在位四年（946—949）。即位不久，发生一场宫廷政变，王式廉奋不顾身，保护嗣君转危为安，故特下诏褒奖。诏书说："昨者当先王疾笃之秋，是泾渭未分之际。……寻有奸臣暴逆，结构凶顽，忽自萧墙，俄兴变乱。卿玉入火而弥冷，松冒雪以转青。按剑冲冠，忘生殉难。凶狂瓦解,逆党伏诛。朝纲欲坠而复兴,宗社将倾而再整。若非公之效死,予曷致于今辰……"(《唐文拾遗》卷 69)此文语言明快,不用典故,褒谢之意真诚,当是国王亲笔。

郑元,生卒年不详,活动在北宋初年,有《上大宋皇帝谢赐历日表》,作于宋真宗天禧四年(1021)。中国从西周起,天子每年向诸侯颁布历书,称"告朔"。诸侯国奉行天子统一的历法,称"奉正朔"。宋真宗赐高丽国历书,显示北宋宗主国地位。郑元此表称宋为"天子",自称"小邦",本依"正朔","窥御历之无穷,率群臣而共抃"(《东文选》卷 33)。体现了宋与高丽的宗藩关系,具有文献价值。

金富轼(1075—1151),高丽政治家、史学家、文学家。父亲及富轼四兄弟,皆文坛名流。金富轼历任清要,累官至宰相、太师,执掌朝政多年。曾阻止李资谦僭越企图,平定妖僧妙清叛乱,两次出使宋朝。仿司马迁《史记》作《三国史记》记述高句丽、百济、新罗三国五百多年历史,有很高史学价值。其骈文收入《东文选》和《东人之文四六》有数十篇。

金富轼第一次使宋在宋徽宗时,于东京停留十个月。宋为抗辽,需要通过高丽联络女真,故特别优待。金富轼受邀到太学、国子学听讲,观看大晟乐表演,获赐大型丛书《太平御览》和其他图书。他特别高兴,一连写下三封谢表,其中浓墨重彩称颂宋徽宗的书法和绘画。而这位大宋皇帝乃是中国第一流的艺术家,投其所好,天颜大启,乃赐宴集英殿,并与高丽使节赋诗唱和,赠高丽国王绢五千多匹,特赠金富轼御马一匹。令金氏受宠若惊,作诗多篇表达兴奋感激之情。

金富轼第二次使宋是祝贺宋钦宗登基。开始走陆路,赶上金兵伐宋,攻破东京,徽钦二宗被虏,高宗即位于应天府,于是改为海路,船到宁波,已定都临安的宋高宗派员迎接。金富轼有多封谢表,态度较前次变化。前次所见天朝上国文化繁荣,社会富足；此次所见半壁河山，兵荒马乱，分崩离析。回国后作为执政大臣的金氏，一方面在文化上尊崇仰慕南宋，另一方面在政治上不得不依附强悍的近邻金国。

金富轼曾任翰林学士，为宫廷写作数十篇祝文、青词、致语，皆简短骈体。有《先圣释奠文》，对孔子极度敬仰；《乾德殿醮礼青词》用道家学说为国家求福祉，为百姓祈安宁。虽属宗教祈祷文字，却没有迷信成分。

朝鲜王朝末期学者金泽荣（1850—1927）对金富轼评价很高，说："吾邦之文，三国、高丽学六朝，长于骈俪。而高丽中世，金文烈公（金富轼谥号）特为杰出。"

金富佾（1071—1132），富轼之兄，有《上大宋皇帝遣学生入国学表》，作于宋神宗时，可见与北宋关系很好。高丽仁宗耽于享乐，疏于朝政，金富佾和朝臣纷纷上表劝谏，他连上《三请表》（《东文选》卷41），劝嗣皇帝移孝作忠，大行皇帝丧礼已成，丧期已过，万务待决，百姓拭目以待呢。他的几篇骈文都很流畅，显然受北宋欧苏新四六的影响。

金克己，生卒年不详，比金富轼兄弟稍晚。曾任翰林，《东人之文四六》录其骈文45篇，为收文最多者。这时，南方的宋与北方的金，对峙已成定局，高丽与金山水相连，故外交上亲金而远宋。金克己于1203年作为副使入汴京，以藩国身份受金方接待，他写作谢表十五封。如果比较数十年前金富轼出使北宋之表，可以看出明显区别。金富轼在汴京，听二学讲课，观大晟乐，赐大批图书，与皇帝赋诗唱和，享受最高级的文化待遇，获得充分的精神洗礼。金克己数十年后到汴京，江山易主，物是人非，参加了八次宴会，多次赐物、赐差伴，竟没有一次文化活动。所以金克己的谢表文字虽好，内容平庸，属应酬文章，和金富轼发自内心的感激之忱是不能同日而语的。

李奎报（1168—1241），高丽大诗人、散文家，22岁中进士，累官至宰相。史称："王言帝诰，高文大册，皆出其手。""名震海外，独步三韩。"现存诗 2000 余首，被誉为"东国李太白"，有骈文 20 余篇，皆短制。有道教青词、庙坛祝文，皆代帝王起草。另有《命斑獒文》（《东文选》卷 56）。斑獒是守门犬，主人对狗下命令：对于官员办公事者，学士进言求见者，与主人讨论问题者，汝切勿吠。对于骗子、妖人、巫者、盗贼，你不能让他进门，可吠之。模拟主人对狗下令，实际上是对门房训话，欢迎什么人，拒绝什么人，有奖有罚。表面上是戏谑之文，寓意在分清访客之善恶清浊，具有官场应对之积极意义。

李齐贤（1287—1367），政治活动家、诗人。17 岁入仕，六次出使元朝，居留元大都十年，多次充任高丽国王侍从和外交使节。高丽权臣刘清臣等为媚元以固己，请求元朝改高丽为行省。李齐贤等坚决反对，多次上书元朝当政者，晓以利弊，使之取消行省之议，维护了高丽独立国地位。后来，李齐贤曾四次出任宰相，执掌国政多年。多次向元朝上书，努力争取提高高丽国民地位。元至正五年下诏，限制汉人、南人、高丽人投充"怯薛"（元皇帝护卫队），李齐贤很不满意，上书反对。另一封《请表》，要求将高丽人与西域色目人同等对待。因为高丽与元朝有长期通婚关系，李齐贤要求以"孛兀儿"（即家人）一样待遇。这些表章，皆用直白骈体文书写。

李穑（1328—1396），生活在元末明初。14 岁随父入元大都太学读书，25 岁参加中国科举考试，中二甲第二名，入元翰林院。回国后长期主持高丽最高学府成均馆，是高丽著名学者，累官至宰相。他在元大都十多年，对元有感情。元亡后，残余势力盘踞北方，称北元。高丽与北元保持联系，又向明太祖称臣进贡。明太祖对高丽的骑墙态度既不满意，又要拉拢安抚。李穑曾以国相身份出使明朝，向明太祖作了多次解释与说明，并增加岁贡，以改善关系。例如《请子弟入学表》，回答派留学生绝不是为刺探情报。另一封《陈情表》陈述高丽国恭愍王之死因，反驳一些谣言，并说明为何北元抢先承认嗣君，是因为有甥舅关系。他这些表文写得小心谨慎，谦恭有礼，煞费苦心，可以看出当时三角外交的复杂与微妙关系。（二表均见《东文选》卷41）

李崇仁（1347—1392），高丽末期文臣。李氏朝鲜王朝建立后即被杀害，只活了45岁，不像李穑那样任元明使节、两朝元老。他的文章皆作于明朝初年，《东文选》辑录有十二篇表，皆代高丽国王草拟。有《贺登极表》，贺朱元璋即皇帝位；《贺改元表》《贺册皇太后表》《贺诞生皇子表》《贺冬至表》，《贺朝廷平定云南发遣梁王家属安置济州表》——此表作于1381年，明大将沐英等平定云南，将元朝镇守云南的梁王家属发配到高丽之济州岛。他上表以示祝贺。从这些表文中可以看出高丽对明朝是忠顺服从的，而不像李穑表章中的不断发生摩擦。将二李外交骈文加以比对，可以更全面地了解高丽对明朝的态度。

崔瀣（？—1340），高丽末期文人，曾在礼部任教职。他对高丽文学重要贡献是编选了一部《东人之文》。自序中讲，他曾到中国学习，有人向他求朝鲜人的作品总集，他无以为对。回国十年，编选成书。起自新罗崔致远，止于高丽忠烈王时。诗若干首，题曰"五七"（指五七言律诗）；文若干首，题曰"千百"（盖有一千余篇）；骈俪文若干首，题曰"四六"，以四六文为主体。总其书目曰《东人之文》。朝鲜半岛位于中国之东，故常自称"东人""东国"，有"东方"、"东文""东医""东乐"等。该书编成于1338年，今已散佚。《东人之文四六》尚存140余篇，收文最多的是金克己、金富轼、李奎报。全书按文章体裁分类：诏令（教书）、批答、祝文、道词、佛疏、乐语、陪臣奏状等。皆为宫廷应用文章，无私人作品。全部是四六文，无散体文，是朝鲜半岛骈文的重要总集。

朝鲜王朝之骈文

公元 1392 年，原高丽的大将军李成桂推翻高丽王氏王朝，建立国号朝鲜的李氏王朝。传至 1910 年，为日本所吞并，历时共 518 年，约相当于中国明清时期。这时的中国文坛以散文占主流，骈文处于低潮，朝鲜也是如此。仍然有人写作骈文，往往用于应用文之表、状、笺、启以及书序、碑、记等。虽然骈文名家不如前期，但也产生了一定数量的优秀的或可观的作品。

权近（1352—1409），高丽末期朝鲜初期著名文臣、学者。在高丽时任成均馆大司成，在朝鲜时任中枢院使，多次出使明朝，受到明太祖的优待。他的骈文多是外交文书，如《贺胡人纳哈出率部出降表》。纳哈出是北元丞相，长期占据辽东，洪武二十年，明朝出兵讨伐，纳氏迎降，其地悉平，从而明朝疆域达致完全统一，消除了高丽与明朝交往的障碍。《请子弟入学笺》和《求放还高丽使臣表》，皆作于两国关系改善之后。《谢赐书籍、冠服、纱罗表》作于永乐五年，反映两国关系更加密切（见《韩国文集丛刊·阳村集》）。

卞季良（1369—1430），17 岁登第，历仕高丽、朝鲜两朝，掌文翰二十年，累官至宰辅。外交辞命多出其手。其文集《春亭集》中有骈文表章 20 多篇，多作于永乐年间，朝鲜与明朝关系正常化之后。1407 年，有《贺平安南表》，1421 年有《贺建都北京龙马出现松柏凝脂表》，还有《贺太子正位表》，谢恩表有十篇，谢赐物表、贺节日表等多篇。值得注意的是《请免金银表》。明成祖时，对高丽征岁贡金银颇重，朝鲜难以长期负担，故托太子求情，向永乐皇帝要求免减，写得相当恳切。另一封《请免金银表》用散文写作，说明情况更为详细，足见卞季良为民请命、为国减负十分尽力。

徐居正（1420—1488），26 岁中状元，历仕集贤殿博士兼弘文馆、艺文馆大提调，曾出使明朝，五次入宫任职，掌职科举考试 23 年，学识渊博，历史、地理、天文、医药皆通，文学成就很高，时人称他"以文章鸣于东国"。徐氏对朝鲜文学史的重大贡献是编辑了大型文学总集《东文选》，完成于 1481 年，共 133 卷。第 1—23 卷收各体诗 1874 首，第 23—133 卷收各体文 1590 篇。起自三国，迄于朝鲜王朝之初，前后近千年。其中有相当篇幅是骈文。以文体分类，外交和公私应用文尤多。是 15 世纪中叶朝鲜出版的收文最多的文学总集。他还有《笔苑杂记》《太平闲话》《滑稽传》《东人诗话》等，其诗话卷下说："高丽光（宗）显（宗）以后，文士辈出，诗、赋、四六，秾丽，非后人之所及。"可见他对骈文评价颇高。他本人的文集《四佳集》，有几篇评论性骈文，分别对文学史、史学史、语言翻译史作总结，有相当精辟的见解。

《进〈东文选〉笺》首先概括中国文章的发展进程，提到周诰、殷盘、六经、南华、左传，"汉而唐、唐而宋，百家并兴；风变骚，骚变诗，众体兼作"。"盖欲文而流传，必在汇而删定。"于是有《昭明文选》和《文苑正宗》。接着论述朝鲜文学史："箕子演九畴，东民始受其赐；罗人入唐学，北方莫之或先。文风大振于高丽，诗教极盛于昭代。"提到金台铉编成《东国文鉴》，"失之疏略"，崔瀣著为《东人之文》，"痛于阙遗"。他奉圣旨编辑新书，终于完成了。全文用四六句叙述，层次井然，气脉清畅。

《进〈三国史节要〉笺》，先论述中国史学之发展，提出："国可灭，史不可灭，惟治乱悬载于简编；褒至公，贬亦至公，其善恶难逃于笔削。"《史记》编年仿鲁史，《汉书》为一代之全书。温公有长编，紫阳有纲目。次述朝鲜历史之发展和史书的撰著。金富轼祖司马作《三国史记》，"所失者拾掇苴补"。权近法《春秋》而编《三国史略》"所病者因循雷同"。今上继承前修，降内府秘籍，成东观新书。臣等"竭数载之力，勒成一代之书""明烛往事之是非，人为鉴而古亦为鉴；昭示来者之劝诫，善为师恶亦为师"。这样的史学观,是难得的真知灼见。

作《译语指南序》。1444 年朝鲜世宗颁布"训民正音",朝鲜有了自己的文字,并采用统一读音来译读汉籍。命大臣集中国名物等译本国谚字,命译官分门别类,褒为之十一条,曰《译语指南》,命徐居正作序。这篇文章反映了朝鲜汉译的基本原则和规范化过程,是中朝文化关系史上的大事。

《东文选》成书三十多年后,李荇以及申时溉、金铨、南衮等人奉君命编《续东文选》22 卷,所收作品一半文一半诗,总篇数约为《东文选》六分之一,时代延后三十余年。李荇也有一篇《进〈续东文选〉笺》,其观点与写作方法与徐笺相似,都体现了出对中国文学的无比尊崇。

1592 年,日本军阀丰臣秀吉出动大军入侵朝鲜。朝鲜人民进行了长达七年的抗倭战争,在中国明朝军队协助下,于 1598 年把侵略者赶出半岛。1592 年为壬辰年,朝鲜史称"壬辰倭祸"。战争期间,出现了一批动员民众鼓舞士气的骈文作品。如高敬命(1533—1592)的《讨倭檄》即其中代表作。文章分析了当时形势,敌兵入侵,国主移驾鸭绿江边的义州,各地奋起救国,自己虽是"白首腐儒",然而有"丹心晚节",追慕祖逖,仿效李晟,"纠合义旅,直指京都,奋袂登坛,洒泣誓众"。"忠岂忘君,义当死国",号召大家各尽所能,合力抗击贼寇(《韩国文苑》卷6)。高敬命已是虚岁 60 的老翁,被推为上将,率六千人痛击来犯倭寇,不幸当年即在战场上与两个儿子一同殉国。高敬命是民族英雄,他这篇檄文是历史名作。从头到尾皆对仗,句句掷地有声。

朝鲜王朝中期,文坛出现四大家,其中李植、张维的骈文成就突出。

李植(1584—1647),号泽堂,历仕清要,三典文翰,明末期朝鲜与中国往来的外交文书多出其手,有文集《泽堂集》。其中与明朝驻辽东将领毛文龙的书信较多,称为帖,有骈有散。1621 年,后金兵破沈阳，明副总兵毛文龙率部退居朝鲜皮岛，集合汉族难民，向后金反攻，持续六年，得到朝方积极支持。后来毛部军民越来越多，所需军粮朝方不堪重负，于是产生摩擦，李植致函明辽东巡抚袁崇焕陈情。袁崇焕发现毛文龙狂妄自大，与辽东诸将不和，与后金暗中勾结，乃杀之。后来，刘兴治续任统治皮岛，肆意妄为，密谋降金。朝鲜不能坐视，乃发兵围剿，李植作《谕皮岛文》，反映了当时的复杂情况。李植曾自评其文曰："吾文如刺客奸人，寸铁杀人。"意谓切中要害，辞简意精。

张维（1587—1638），作《讨李仁居文》。此文在《韩国文苑》中题为李倧，是朝鲜国王，庙号仁祖，1623—1649 年在位。此文是以国王名义发出的布告。韩国当代学者认为，实际作者是张维，号溪谷，"海东四家"之一。后人评价他与李植文章的区别："溪谷近于天成，泽堂深于人工。"

李仁居出身下级官吏，隐居江原道山谷，行为怪癖，欺世盗名。1627 年，后金皇太极进攻朝鲜，仁祖避难于江华岛，与后金妥协议和。李仁居反对和议，指责宰辅，煽动民众，以勤王名义，聚集数十人闯入横山县衙，放出囚犯，夺取政权，成立武装，自称"中兴大将"，传檄州郡，扬言进军京师。原州牧洪汝时接到横山县令报告，果断决策，半夜发兵，分三路讨贼，叛军溃散，生擒李仁居及其三子，送汉城斩首。这篇文告在事后发布，声讨李仁居罪行，安抚百姓，共保清宁。文章交代原委经过，清清楚楚，全用对仗，无一散语，郑重严肃，明白晓畅，是高水平的皇室骈体文告。

郑澔（1648—1736），出身世家，官职不高，却多次上书论朝廷大事。其散文集《丈岩集》中有一篇《万东祠宇上梁文》，所赞祠宇很特别，竟是为祭奠亡明皇帝万历和崇祯而建。

明朝与朝鲜关系密切，1592 年"壬辰倭祸"，万历皇帝批准出兵抗日援朝，转危为安。1627 年，后金皇太极侵朝，崇祯皇帝在本国十分困难情势下，仍然派兵援朝。这两件大事，朝鲜举国上下念念不忘。明亡后，朝鲜在文化上，对明朝仍无限依恋，这在朝鲜许多士大夫的诗文中皆有反映，今人称为"恋明情结"。郑澔出生于明亡之后，写作此文时，换代已经几十年，然而对万历、崇祯二帝高度颂扬。说吾"国犹活于今，秋毫皆帝之力"。由于朝鲜"力弱势穷"，不得不向清廷"屈意皮币"，可是仍然"励志于胆薪"，像越王勾践卧薪尝胆那样，希望恢复明朝故土。他这种意志，与南明将士在云南、缅甸坚持抗清复明战斗，精神上是相通的。

金昌协（1651—1708），出身世家，父亲是宰相，他本人是状元，却无心仕进，在家乡潜学读书十年，后来出仕，历任大司谏、副承旨、大司成、清风府使，1689年，父亲被诬杀，他隐居山中。五年后父亲平反，他回到故里，潜心学问，著作有《农岩集》，后人称赞他"欧阳子之文章，朱文公之义理，合为一家"。他的骈文以上梁文最出色，其中《清泠濑新亭上梁文》是优美的园庭记。开头说，古来高人哲士多爱登山临水，接着说自己志向高逸，而丁家难，窜荒谷，所幸邦运再熙，已无心玉堂，愿结庐云边。下面致力于描绘清泠濑山水之美。有如琅琊诸峰，武夷九曲，顾长乐所称江南会稽之妙，郦道元笔下北方楼林之奇。最后一段抒情述志："信韩子（韩愈）之记燕喜，天遗其人；宜白氏（白居易）之夸草堂，地与我所。饭蔬饮水，乐亦在仲尼之富贵浮云；浴沂风雩，咏而归曾点之冠童春日。赏心之致备矣，终身之愿毕矣。"情、景、理浑然一体，事典、语典有机结合，双句对、单句对、长句对，参差交错，意境丰美，韵味悠长，是不可多得的抒情写景骈文。

朴趾源（1737—1805），朝鲜后期著名思想家、小说家、散文家，23岁参加外交使团到北京为乾隆皇帝祝寿，居停五个月，作《热河日记》，具有很高的史料价值和文学水平。其中有一篇奇特的骈文《罗约国书》，以罗约国王口气上书，有云："乾坤浩荡，非人之独主；宇宙旷大，非一人之能专。天下乃天下人之天下，非一人之天下也。"批评乾隆贪欲无厌，并吞小国，使天地间充满杀气。他希望罢兵休战，和平相处。全文用通俗浅近的对偶句，对乾隆很不客气。《热河日记》在该文之前说，此信见于朝鲜驻北京使馆赵姓译官处。朴趾源认为，天下并无罗约国，可能是"穷国小子"，羁旅无赖，"伪撰"的"谎语""危妄语"。该文讲的都是大实话，当时中国人和驻京外国人所不敢言者。文字水平不太讲究，以散文句式组成对称句，流畅别致。比起那些一味歌功颂德之文，更能反映出周边国家对所谓乾隆"十大武功"的批评和不满情绪。

李算（1750—1800），朝鲜后期贤君，庙号正祖，在位 25 年，重视文教，提倡儒学，在推动向中国学习的同时，也吸收西洋文明。他喜爱诗文，辑为《弘斋全书》，散文较多，骈文较少。有《谕济州大静旌义民纶音》，是在济州岛发生动乱，安静之后颁发的布告，目的是安抚和慰问当地民众。济州岛地处朝鲜半岛南端，现在是旅游胜地，古代是荒岛，流放囚犯之所。此文先叙述该岛地理、民情，朝廷向来关心。如今你们生活困苦，有弊不能除，有冤不能申，人才无所用。我现在派出新官，施行新政，设科取士，有才必录，有弊必除，有诉必上闻。情辞恳切，语句整齐，迭用偶句、排句、反诘句，显示出回旋反复、诚挚告慰之意。是骈体诏诰中的佳作。

丁若镛（1762—1836），朝鲜后期重要思想家，杰出学者，著作有五百余部，合为《与犹堂全书》，他曾任暗行御史，其侦探破案故事被编成电视剧《丁若镛》，近年热播。他有些诗序用骈文写作，如《题梁青溪遗事诗序》即是。梁青溪（1543—1592），抗倭英雄，1592 年倭寇入侵，他率步骑三千，家僮八百，作为高敬命的副将，奋起抗日，取得了辉煌战果，不料在战场上突然发病，吐血不止，死于军中。丁若鏞的诗序，对梁青溪热烈颂扬。

> 属当倭奴之入寇，公乃抗白面而即戎，纠苍头而奋义。三川鼎沸，六銮踏兽角之危；九庙震惊，七尺等鸿毛之掷。中宵投袂，仰星月而昭森；间道扬鞭，御风霆而激烈。寒楼草檄，青霜薄炎海之灵；瑞石移书，白羽飞霁峰之垒。援金枹而直进，步骑三千；横玉弩而长驱，家童八百。虽复跨青岩而奏捷，标赤甸而驰声。两翼双头，捭阖鸟笼之阵；风毛雨血，崩颓蛇象之形……

描述他如何投笔而起，率义军奔赴前线，如何行军布阵，英勇杀敌。下面还引用中国古代忠臣义士的典故作为比拟，采用大量精雕细刻的语词来形容描状。情文并茂，感人至深。是高水平的学者型骈文。

（原载韩国之中国散文学会编辑的《中国散文研究集刊》第5辑，2015年12月出版。）

第 二 章

日本琉球古文作家创作研究

一 日僧圆仁笔下的五台山风物与传说

圆仁（794—864），日本高僧，天台宗大师，自幼聪颖，9岁从其兄学汉文经史，后从广智和尚学佛典，15岁赴京都入最澄大师门下学密宗，30岁已在日本佛学界崭露头角，常于各地开讲席。仁明天皇承和五年（838），随日本第十九次遣唐使藤原常嗣，以"请益僧"身份西渡入唐，求法巡礼近十年，归国后大弘佛法，深受文德、清和诸天皇崇敬，授予"传灯大师"法号。其主要著作是《入唐求法巡礼行记》，采用日记体，按行程记述所见所闻所感，597条，八万多字，分为四卷。翔实地描述中晚唐时中国的宗教、文化、社会、政治、历史、地理等方面的情形，在佛教文化史上具有很高的价值，被称为中外文化交流史上三大名著之一（另两部著作是《大唐西域记》《马可·波罗游记》）。圆仁在五台山停留时间约五十天，考察仔细，记录详密。本文仅就其中关于五台山的山水风物和传说，择要介绍。文字版本主要根据日本东京国书刊行会1978年刊行的《续群书类丛》第12册《入唐求法巡礼行记》，及中国花山文艺出版社2017年出版的白化文、李鼎霞、许德楠《入唐求法巡礼行记校注》，间亦参考其他版本。

一 五台山的独特风物

关于五台山的概述。

"廿日始巡台去,从花严寺向西上坂,行七里许……更向西上坡,十余里到中台。台南有求雨院,从院上行,半里许到台顶。……从此北一里半,是台顶。顶上近南有铁塔……中心有玉花池,四方各四丈许,名为龙池。池中心小岛上有一小堂,置文殊像。时人呼之龙堂。池水清澄,深三尺来,在岸透见底砂,净洁并无尘草。台顶平坦,周围可百町余,超然而孤起,犹如双出。台形圆耸,于此望见余之四台。西台、北台去中台稍近,下中台,向北上坂,便是北台之南崖。又下中台,向西上坡,便是西台之东崖也。三台地势近,相连。东台、南台去中台并五十来里,中台东脚,长岭高低屈曲逦迤。向南五十里,地便与南台西北脚连。北台东北脚,岭下而复上,高低长岭参差,向东四十余里,便与东台西脚连。然五台高显,出众岭之上。五台周围五百里外,便有高峰重重,隔谷高起,绕其五台而成墙壁之势。其峰参差,树木郁茂,唯五顶半腹向上并无树木。"

五台山是中国四大佛教名山之一,文殊菩萨的道场,位于山西省东北部,五峰耸立,顶平如台。东峰名望海峰,南曰锦绣峰,西曰挂月峰,北曰叶斗峰,中台曰翠岩峰,各峰之间有许多寺庙。四台的中心有一大片平地、草甸,今设台怀镇。关于龙池,据说五台山每台有毒龙一百条,龙堂所供龙王,乃五百毒龙之王,被文殊降伏后皈依,不敢作恶,故在龙池旁建龙王宫,置龙王像。关于玉花池,在唐代已著名。敦煌卷子《五台山圣境赞》有云:"中台顶上玉华池,宝殿行廊合匝围。四面香花如遍色,巡礼之人皆发心。"明人所著《清凉山志》卷2云:"台东南麓,昔有五百梵僧于此过夏,白莲生池,坚莹若玉。"

本段文字,先写中台顶上龙池,再记四台与中台的距离,属于宏观鸟瞰。

下面一段描写南台风光。

"七月二日……斋后，共供养主头陀僧义圆等数人同为一行，向南台去。从金阁寺西，去寺五里有清凉寺，今管南台。此五台山都号清凉山，山中造寺此寺最初，故号清凉寺，寺中有清凉石，云云。

"被头陀引向南台去，不得到彼寺。出金阁寺三门，寻岭向南上坂，行廿里，到南台西头向东，傍台南岸，行四五里，到台上，并无树木。台东南侧有供养院，从院向北上坡，三百步许，方到台顶。于三间堂内安置文殊菩萨像，白玉石造，骑白师子，软草稠茂，零凌香花，遍台芳馥。台体西北及东南，长岭高低逦迤而渐远。东西北面峻崖临于邃谷。在顶向北遥见四台，历然在眼前。回首遍观五顶圆高，超秀出于众峰之上，千峰百岭，松杉郁茂，参差间出五顶之下，深溪邃谷，不见其底。幽泉涧水，但闻流响。异鸟极翔众峰之上，羽翼凌高而飞上台顶者稀矣。"

"五顶之地，五百里外，四面皆有高峰张列，围拥五台而可千里，并其峰刃而有重炉周绕之势，峰谷重重，不知几重。且从东入台山，入山谷，行五百里，上至巉岩之顶，下到深谷之底，动经七日，方得到五台山地。其余三方四维，亦是远涉山谷，方到五台。诚知五台山乃万峰之中心也。五百毒龙潜山，而吐纳风云，四时八节不辍雷雹降矣。天色急晴，游人不见长明之光景，每晴明时观于五台，是浅黄之色，台上忽见一点云起，俄尔之间，重云遍山。"

南台，即南台顶，俗名仙花山，位于台怀镇南十二公里。五台山的东、北、中、西四台一山连属，唯有南台峻秀而独居。顶无林木，不产百嘉，唯生香草，细软如绵。据宋人的《广清凉传》说："三十里内，悉是名花，遍生岩岫，俗号仙花山。"[1]

---

[1] 崔玉卿：《五台山学探究》，宗教文化出版社 2015 年版，第 121 页。

圆仁提到的清凉寺，是北朝时创建的名寺，唐代李邕《五台山清凉寺碑》对此寺的历史及兴盛情形有具体的描绘。

下面一段主要介绍大花严寺、金阁寺风物。

"五月十六日早朝，出竹林寺，寻谷东行十里，向东北行十里，到大花严寺，入库院住……十七日，开堂礼拜大圣文殊菩萨像，容貌颙然，端严无比。骑师子像，满五间殿在。其师子精灵，生骨俨然，有动步之势，口生润气，良久视之，恰似运动矣。"

"其堂内外七宝伞盖，当菩萨顶上悬之，珍彩花幡，奇异珠宝等，满殿铺列，宝装之镜，大小未知其数矣。出到殿北，望见北台、东台，圆顶高耸，绝无树木。短草含彩，遥望观之，夏中秋色。却到堂前，遥望南台，亦无树木。台顶独秀，与碧天接连，超然出于众峰之外。西台隔中台，望不见也。于菩萨堂前临涯有三间亭子，地上敷板，四面高墙，亭下便是千仞之岸，险峻。……"

"五台山大花严寺，是天台之流也。共众僧上阁，礼拜功德。阁之内外庄严，所有宝物与菩萨堂相似也。见辟支佛顶骨，其色白黯色，状似本国轻石。骨内坚实，大二升碗许大。见是额以上之骨，上生白发，长五分许，似剃来更生矣，西国僧贞观年将来者也。兼有梵夹法花经。又佛舍利置之于琉璃瓶里，金字法花、小字法花，精妙极也。阁前有塔，二层八角，庄严珠丽，底下安置阿育王塔，埋藏地下，不许人见，是阿育王所造八万四千塔之一数也。"

大花严寺，即大华严寺。花、华、法同音，《华严经》、"华严寺"常译作《法严经》、"法严寺"，或以"花"代"华"。此寺今名显通寺，在五台山台怀镇北侧，五台山五大禅寺之一，始建于东汉永平年间（58—75），北魏孝文帝时扩建，因寺侧有一花园，赐名花园寺，唐武则天曾改称大华严寺。

文中提到"辟支佛"，与声闻、菩萨合称三乘。关于顶骨生五寸白发，这种现象屡见不鲜，个别活佛圆寂后，往往保存肉身，头顶生发。当代西藏某活佛圆寂后即有头顶生发之报道。

所谓梵夹，又称"梵箧"，白化文等在校注中说，此指由印度传来的用铁笔在贝多罗树叶上所刻写的佛教经文，以梵文书写，用长方形木夹夹起，故称"梵箧"，简称贝叶经。现在中国和日本还保留 10 世纪前印度佛教徒带来的原物，后世往往以"梵箧"代称佛教经典①。

文中提到"阿育王"，是印度孔雀王朝创始人旃陀罗笈多之孙，他统一全印度（除南端半岛外），立佛教为国教，相传他曾建八万四千寺塔。圆仁说五台山的阿育王塔即其所建之八万塔之一，这是不可能的。阿育王在位时间为公元前 273—232 年，相当于中国的战国时之秦昭襄王后期至秦始皇初期，这时佛教还未传入中国。

文中"金字法花""小字法花"均指《法花经》。

七月二日，圆仁与义圆等数僧进入金阁寺礼佛，他描写该阁甚详：

"大圣文殊菩萨骑青色师子。圣像金色，颜貌端严，不可比喻，又见灵山圣人手皮像佛像及金铜塔。又见辟支佛牙、肉身舍利。当菩萨顶悬七宝伞盖，是敕施之物。阁九间，三层，高百余尺。壁檐橡柱无处不画，内外庄严，尽世珍异，颓然独出杉林之表。白云自在下面而暧叆，碧层超然而高显。次上第二层，礼金刚顶瑜伽五佛像，斯之不空三藏为国所造，依天竺那兰陀寺样作。每佛各有二胁侍，并于板坛上列置。次登第三层，礼顶轮王瑜伽会五佛金像，每佛各一胁侍菩萨，二菩萨作合掌像立佛前面，向南立。佛菩萨手印、容貌与第二层像各异。粉壁内面画诸尊曼荼罗，填色未了，是亦不空三藏为国所造。瞻礼完毕，下阁到普贤

---

① 参见白化文、李鼎霞、许德楠校注《入唐求法巡礼行记校注》，花山文艺出版社 2007 年版，第 279 页，"梵箧"注释。

道场，见藏经阁，《大藏经》六千余卷。"

　　根据白化文等学者的注释，金阁寺在南台西北岭畔，距台怀镇十五公里，唐大历五年敕建，铸铜为瓦，涂金瓦上，饰佛阁为金阁，因名金阁寺。圆仁所记"金刚顶瑜伽五佛"，是密教供奉的金刚号五佛：毗户舍那（中）、阿閦（东）、宝生佛（南）、无量佛（西）、不空成就（北）。密教讲授的《金刚顶经》为其所特有。下文中的不空，即不空金刚，唐代僧人（705—774），为中国佛经四大译师之一。"顶轮王瑜伽会五佛"是：一字顶轮王、白伞盖顶轮王、胜佛顶王、高佛顶王、光聚佛顶王。佛的手印即手指手掌姿势，有多种多样。《大藏经》是佛教典籍，后世编辑有多种。金阁寺所藏六千卷，是当时最全备的。

　　白化文等的注释还介绍金阁寺内布局几经重建，现在所见以观音阁为主体，阁身二层，宽七间，深六间，四周围廊，阁内原有十七米高的观音铜像，挺身直达阁之上层，后人改泥塑，将铜像隐入泥中。阁背后有毗卢殿、弥陀殿、观音殿、地藏殿、菩萨殿、药王殿等，最后为大雄宝殿，供三世佛和十八罗汉，今保存完好。①

二　五台山的神奇传说

　　五台山传说甚多，广为流布者有孕妇乞斋传说。

　　"昔者，大华严寺设大斋，凡俗男女、乞丐寒穷者，尽来受供。施主稍嫌云：'远涉山坂，到此设供，意者只为供养山中之僧，然此尘俗乞儿索儿等，尽来受食，非我本意。若供养此等乞丐，只另本处设斋，何用远来此山？'僧劝令皆与饭食。于乞丐中有一孕女，怀妊在座，备受自分饭食讫，更索胎中孩子之分，施主骂之，不与其。孕女再三云：'我胎中儿，虽未产生，而亦是人

––––––––––

　　① 参见白化文、李鼎霞、许德楠校注《入唐求法巡礼行记校注》，花山文艺出版社 2007 年版，第 293 页。

数，何不与饭食？'施主曰：'尔愚痴也，肚里儿虽是一数，而不出来，索得饭食时，与谁吃乎？'女人对曰：'我肚里儿不得饭，即我亦不合得吃。'便起，出食堂，才出堂门，变作文殊师利，放光照耀，满堂赫奕。皓玉之貌，骑金毛师子，万佛围处，腾空而去。一会之众，数千之人，一时走出，茫然不觉倒地，举声忏谢，悲泣雨泪。一时称唱大圣文殊师利，迄于声竭喉涸，终不蒙回顾，仿佛而不见矣。大会之众，餐饭不味，各自发愿，自今以后，送供设斋，不论男女大小，尊卑贫富，皆须平等供养，山中凤法，因此置平等之式。"

本一段属于传说：五台山大华严寺，设大斋，凡俗男女、乞丐、寒穷者皆来就食，施主嫌人太多，勉强同意施舍乞丐。有一孕妇索要两份，说是胎儿也要一份，施主不给，孕妇愤而出走，出门变成文殊菩萨，身骑狮子，腾空而去，从此以后，该寺设斋，不分男女、大小、尊卑、贫富、一律平等供养，梁容若《中日文化交流史稿》说："在此两段（包括五台山中台写景一段）记载中，可以见到其描写方式，或景物奇特，或故事诙谐，无须刻画，已成逸品……其胸中丘壑，有不可及者耳。"

文中还说："入此山者，皆生文殊之想"，意谓受施者都会产生对文殊菩萨的感念。所谓"山中凤法"，指成为寺庙常有的规矩。原文作"山中风法"，今改"风"为"凤"更符本意。

佛教这种众生平等的精神，一直保存到今天，传播到东南亚。笔者在新加坡居住有年，多次到该国最大寺院佛光山参观。每逢星期日都布施斋饭，不分男女老幼、高贵平贱，来者每人早餐可取一碗豆花（中国叫豆腐脑），中午可取一碗素面。食客不是为了省几个钱，而是领受佛祖的恩泽福祉。

此文中文殊是化身为孕妇，此外他还有许多化身。据《华严经随流演义抄》记载："或变身为童真，或冠或露体，或处小儿位，游戏邑聚间，或作贫穷人，衰形为老状，亦现饥寒者，巡行坊市间。乞求衣财宝，令人发一施。"由于五台山经常出现文殊化身，所以圆仁在其书中提醒外来客，"入大圣境地之时，见极贱亦不敢作轻蔑之心，逢驴畜亦起疑心，恐是文殊化身欲现"。这类传说在唐以后越来越多，属于民间宗教文化现象。

工匠造文殊像的传说

"老宿云：初造此菩萨时，作了便裂六遍。捏作六遍，颓裂。其博士惆怅而云：吾此一才能天下共知，而皆许孤秀矣，一生来捏作佛像，不曾见裂损之。今作此像，斋戒至心，尽自工巧之妙，欲使天下人瞻礼，特为发心之境。今既六遍造，六遍皆摧裂，的应不称大圣之心。若实然者，伏愿大圣文殊菩萨，为我亲现真容，亲睹金颜，即仿与而造。才发愿了，开眼见文殊菩萨骑金色师子，现其人前，良久，乘五色云腾空飞去。博士得见真容，欢喜悲泣，方知先所作不是也。便改本样，长短大小，容貌仿取所现之相，第七遍捏作此像，更不裂损，每事易为，所要者皆应矣。其人造此像了，安置此殿，露光眼中注泪。乃云：大奇！曾来未曾见者，今得见也，愿劫劫生生常为文殊师利弟子，言竟身亡。向后此像时时放光，频现灵瑞……今五台诸寺造文殊菩萨像，皆此圣像之样，然皆画中只得一分也。"

文中"博士"是对工匠的尊称。中国的"博士"，始见于战国，历秦汉而至明清，一直是国立学校之教职。而在民间，则泛指有某方面专长或专门技艺者。北齐颜之推《颜氏家训》有"博士买驴，书卷满纸，未见驴字"，讽刺书呆子不知日用字。唐人陆羽精于茶道，著《茶经》，人称茶博士。宋代茶馆酒肆称侍者（服务员）为茶博士，敦煌卷子中有造楼博士、造床博士、泥匠博士，均指高级工匠。明代泛称磨匠、木匠、石匠等为博士，如同今天泛称师傅。

圆仁所记故事，从宗教角度讲，反映至诚专注心能感动菩萨现身；从艺术角度讲，反映这位泥塑艺术家对创作完美艺术务必求真的追求。佛祖及菩萨形象传入中国，最初当为图绘，后来才有木雕，泥塑，瓷质，石刻，金属铸造，等等。最初为印度面目，后来逐渐汉化。佛祖定型较早，大同石窟、龙门石窟均为汉人模样。观音菩萨早期有胡须，男性，后来定型为中年女性。弥勒佛在宋代以后以布袋和尚为原型，但其形象不知何时定型。文殊、普贤坐骑分别固定为狮子与象。圆仁所说"博士"六次泥塑开裂，也可能是所用的泥质黏合性差，他未从这方面找原因，一心希望文殊现身提供模样，冥思苦想，果然见到了，于是造出了完美之文殊形象，以致成为全五台山各寺样本。博士因积劳成疾而死去，这种执着的艺术追求精神是可敬的。据白化文等研究，这个故事在北宋《唐清凉传》中另有记载，造像工匠是"处士安生"，情节略同①。圆仁所记更通俗简明。

关于西台、北台、东台的传说

"到西台顶，台顶平坦，周围十町许。台体南北狭，东西阔，东西相望，东狭西阔……从台西下坂，行五六里，近谷有文殊与维摩对谈处。两个大岩相对高起，一南一北，各高三丈许。岩上皆平，皆有大石座。相传云：文殊师利并共维摩相见对谈之处，其两座中间于下石上有师子蹄迹，踏入石面深一寸许。岩前有六间楼，面向东造，南头置文殊像，骑双师子。东头置维摩像，坐四角座。老人之具，顶发双结，惟色素白，面向前覆，如戴莲荷，着黄丹衣及白裙，两手不入衣袖，右膝屈之着于座上，竖其左膝而踏座上，左肘在案几之上，开口显齿，似语笑之相。近于座前西边有一天女，东边有一菩萨，一手擎钵，满盛而立，又于此楼前更有六间楼相对矣。楼前东行百步许，有八功德池，水从大岩底涌出。"

维摩，即维摩诘，是深通大乘佛法的居士，智辩过人，从东

---

① 参见白化文、李鼎霞、许德楠校注《入唐求法巡礼行记校注》，花山文艺出版社 2007 年版，第 278 页。

晋至唐代很受文人士大夫欢迎，著名诗人王维即字摩诘。这段文字对维摩石像的形态姿势，刻画细腻传神。据崔玉卿《五台山学探究》说，现在还能看到圆仁所记南北两大石及中间的狮蹄迹。其东西相对两座六间楼，北宋时已不见记载①。所谓八功德池，其水具有澄净、清冷、甘美、轻软、润泽、安和、除饥渴、长养诸根八种功能。其旁建有八功德亭。附近长满金莲花，把它晒干，用水泡茶，就是金莲花茶，消热解毒，可治痔疮。②

"（北台）台顶顶东头有高阜，名罗汉台，遍台亦无树木。从罗汉台向东南下，路边多有焦石满地，方圆有石墙之势，其中焦石积满，是化地狱之处。昔者代州刺史性暴，不信因果。闻有地狱不信。因游赏，巡台观望，到此处忽然见猛火焚烧岩石，黑烟冲天而起，焚石火炭赫然而成围廓，狱卒现前，忿怒。刺史惊怕，归命（皈依）大圣文殊师利，猛火即灭矣。其迹今见在，焦石垒为垣，周五丈许，中满黑石。"

这种黑石，可能是露天煤块，煤层厚者状似墙垣，可自燃起火。据《水经注·㶟水》记载：在今大同矿区马脊梁沟有煤层自燃井口，人称火井，炎气上升，以草点燃，则烟腾火发，可以炊煮食物。圆仁日记中又记，太原西面有石山名曰晋山，遍山有石炭，远近居民，取来烧作饭食，"极有火势，见乃岩石焦化为炭矣。人云天火所烧，窃惟未必然矣，此乃众生果报所感矣"。代州刺史所见猛火烧岩石，黑烟冲天，焚石成围廓。可能是煤层连成一片如墙垣，形成火井，发生自燃。所谓狱卒出现，那是后人的想象，可能是刺史惊惧，神经错乱，产生幻觉，误把身边的人或老百姓当成狱卒了。老百姓说是天火，意即天设之火，也可以理解为自燃之火，属于自然现象。圆仁说是因果报应，因为刺史不

---

① 崔玉卿：《五台山学探究》，宗教文化出版社 2015 年版，第 127 页。

② 崔玉卿：《五台山学研究》，宗教文化出版社 2015 年版，第 127 页。崔玉卿说，该水池现在保存完好，是游人必观的灵迹。

信地狱，于是就让地狱之火和狱卒出现在他眼前，佛教称"现时报"，以所谓的"事实"来教训该刺史。

以上是地热现象，不远处又有冻凌现象。五月二十一日记，从中台"向东北遥望谷深处数十町地，见白银之色，人云是千年冻凌，年年雪不消，积为冻凌，谷深而背阴，被前岩遮日光不曾照着，所以自古以来，雪无一点消融之时矣"。这样解释是正确的，没有被神奇化。

五月二十日记："从东台顶向东直下半里地，于峻崖上有窟，名曰那罗延窟。人云：昔者那罗延佛于此窟行道，后向西去，窟内湿润而水滴，户洞六尺，窟内黑暗，宜有龙潜矣。"据《广清凉传》记，洞在东台顶东畔岩下，"洞口向东，深二丈余，迤逦隘窄，如斗许大。游人至此，既不能进，往往但以手扪探或秉烛照之。一穴唯指西北，稍向上，然深不可测。……传云此洞与金刚窟皆大圣所宅地"。崔玉卿说："洞内风气凛冽，有万年冰，千年雪，冷得让人敬畏，因此在炎热的夏天，洞内外温差很大。所以在炎阳的照耀下，出入洞口的云气，就会出现彩霞或灯光，像一种神龙所住的感觉。"① 所谓"那罗延"是印度佛教诸天神佛之一。

五台山还有许多传说产生于中唐以后，圆仁不可能知道，不属于本章介绍范围。

三　五台山特殊的自然现象和人文景观

据崔玉卿介绍，五台山特有的花草五百余种，不乏珍贵药材，如南台提到的零凌香，又名零陵香、薰草。李时珍《本草纲目》说："零陵香，今湖南诸州皆有之（按：主要在零陵市），多生下湿地，叶如麻，两两相对，茎方。常以七月中旬开花，至香。古

---

① 崔玉卿：《五台山学探究》，宗教文化出版社 2015 年出版，第 119 页。崔玉卿说，古人题咏此洞的诗词颇多，现在仍是参观景点之一。

云'薰草'是也。"崔玉卿说："零苓香，亦名薰草、蕙草、佩兰，生于南台顶，高 10—20 厘米，素雅洁白，仿佛是点缀在绿色地毯上的雪花，摘几朵放在鼻尖头嗅嗅，一股浓郁的异香沁人心脾。若把它摘下晒干，做成贴身带的香袋，就会散发出一种诱人的香味……把它装入枕头，可以治疗高血压，缝入鞋垫，又可以治疗脚气，蚊蝇闻之，则纷纷逃窜。"①

中台提到莓苔软草。"中台者，四台中心也。遍台水涌，地上软草长者一寸余，茸茸稠密，覆地而生，踏之即伏，举脚还起，步步水湿，其冷如冰，处处小洼皆水满中矣。遍台砂石间错，石塔（石头墩子）无数。细软之草间，莓苔而蔓生，虽地水湿，而无卤泥，缘莓苔软草布根稠密，故遂不令游人污其鞋脚。奇花异草满山而开，从谷至顶，四面皆花，犹如铺锦，香气芬馥，熏人衣裳。人云：今此五月犹寒，花未开盛。六七月间花开更繁云云。看其花色，人间未有者也。"

据崔玉卿介绍，中台中心是一片软草地："你若是走在上面，踩倒的碧绿青草当你走过后便会迅速直立起来，所以就把五台山这种生长茁壮的青草叫作僧鞋草。若是走不动了，坐下歇息；或是累了，躺倒睡一会儿，就是白色的衣服也不会脏了。甚至犹如躺在点缀着五颜六色花朵的碧绿地毯上，休息一下，清凉降火，舒服极了。"② 可见唐末圆仁所记软草不倒现象，一直保持到现在。

五台山有一种香韭。其他地区的韭菜有特殊异味，唯独五台山的韭菜是香的，这缘于一个神奇的传说。圆仁写道："山中多寒，五六七月，遍五台山五百里内，奇异之花开敷如锦，满山遍后，香气薰馥，每台多有葱韭生。昔者孝文皇帝住此五台山游赏，文殊菩萨化为僧形，从皇帝乞一座具地。皇帝许之。其僧见许已，敷一座具满之五百里地。皇帝怪云：'朕只许一座具地，此僧敷一

---

① 崔玉卿：《五台山学探究》，宗教文化出版社 2015 年版，第 123 页。
② 崔玉卿：《五台山学探究》，宗教文化出版社 2015 年版，第 122 页。

座具满五百里地，大奇！朕不要共位此处。'遂以葱韭散五台上，便出山去。其僧在后，将零凌香子（籽）散葱韭之上，令无臭气。今见每台遍生葱韭，总不闻臭气，（只）有零凌香满台生茂，香气氤氲。相传云：五台山百里，敷一座具地矣。"

北魏孝文帝拓跋宏信奉佛教，推行汉化，493年，把首都从平城（今大同）迁至洛阳，在位期间于五台山广建庙宇。《广清凉传》记："憨山，在北台东北。世传后魏孝文帝五台山避暑，大圣（指文殊）化作梵僧（印度僧人），从帝乞一坐具之地修行信业，帝许之，梵僧乃张坐具，弥覆五百余里。帝知其神，乃驰骑而去。回顾斯山，岌然随后。帝吒曰：尔好憨山（好愚蠢的山）！何随朕耶？因此而止，故以名焉。"

一个坐具的地方，也就是一个蒲团大小，竟然覆盖五百里。这意味着五台山地区五百里地盘，都属于文殊菩萨的领地，成为他的专属道场。他施行道法，让韭菜也变成香的。

下面几则是圆仁亲身所见的自然奇观。

"今在南台上，共头陀等数十人同求大圣化现。及夜不见，遂归夜宿。初夜，台东隔一谷，岭上空中见有圣灯一盏，众人同见而礼拜。其灯光初大如钵许，后渐大如小屋。大众至心高唱大圣号。更有一盏灯，近谷现，亦初如笠，向后渐大。两灯相去，远望十丈许，灯光焰然，直至半夜，没而不见矣。"

圆仁日记多次提到巡礼僧人祈求文殊现身显灵。这次在南台，数十人共同礼拜，未见化身，却出现了"神灯"。这种灯在南宋作家范成大所著《吴船录》中的《峨眉山行记》里也出现过："四山寂然，乙夜（三更天）灯出，岩下遍满，弥望以千百计。"佛教徒解释为"圣迹"。当代自然科学家解说不一。有人认为是磷火，即坟墓间的"鬼火"。然而磷火闪烁，不成其为灯。有人认为是古树所附生的一种真菌，雨后会发光，可是它怎么会成团状飘动呢？此现象尚待探究。据调查，峨眉山的"神灯"现在已经罕见了，五台山不知还有没有。

圆仁又说，五台山灵境寺傍，"三门侧乾角（指西北角）有山榆树，根底空豁成窟，名曰圣钟窟。窟中时发钟响，响发之时，山峰振动。相传云，斯是大圣文殊所化也……相传呼为圣钟谷……寺之东，去寺十来里，有高峰号为宝石山，窟中多有小石，每石现圆光、摄身光、五色云，此亦圣人化身现所致也"。

其五月二日记，老僧灵觉对他说："去年六月中天竺那兰陀寺僧三人来游五台，见五色云、圆光、摄身光。"

这一节文字，前半段说大榆树根部有空洞如窟，时时发出如钟声的巨响，震动山谷。这是大风吹进洞中引起共鸣之故。四周山谷空旷，回声扩散，似乎山峰也在震动，佛教解释为大圣在发声，是神化的夸张。下半段说宝石山有洞窟，中多小石，每石显现出圆光、摄身光、五色云。

这种现象在范成大的文章中有大段文字描写："有大圆光，偃卧平云，让观者各自见其形现于虚明之处，毫厘无隐，一如对镜，举手动足，影皆随形，而不见傍人，僧云摄身光也。"科学家认为这是一种大气光学反射的结果，多发生在 1600 米以上山中，当参观者背向太阳，日光、云雾与人三者成 40 度折角时，即能见"圆形光"，直径二米左右，有七色环，中虚如镜，有观者之影在其中，动作如照镜。多人同观，只见本人，不见傍人。佛光有大现、小现、清现、反现、童子现、辟支（佛）现等各种名目，此处隐没后，另处又出现。除峨眉山之外，五台山、黄山亦有佛光。黄山最多，平均每年 40 次左右。圆仁所记五台佛光有许多次，都不如范成大所记之具体。圆仁说窟中小石能现圆光五色，是可能的（如南京雨花石即有）。至于摄身光，只能出现在 1600 米高山大气层，不可能产生于洞窟中的小石头上。

圆仁在五台山五十余天，几乎天天都在忙碌。或是巡山，参观大小山岭河谷岩洞，或是礼拜，即参拜寺庙，礼敬菩萨；或谒见高僧大德，请益求教。不少住持名僧见到日本客人都极欢喜，询问日本佛教情况，打听日本朋友现状，交谈融洽。圆仁还积极抄录佛经，托人带回日本，还寻访死于五台山的日本僧人之墓地或遗物。他认识的朋友中，不乏奇人奇事。有 100 岁老僧，颜貌古壮。还有一僧"三年不饭，日唯一食，食泥土、便斋，发愿三年不下台顶"。有一僧 43 年不出禅院。还有一僧割自己手臂之皮，干透后压平，绘制佛像，圆仁亲眼见过。这和与他大致同时代人韩愈《论佛骨表》所记"焚顶烧指"者类似，真是无奇不有。与圆仁同行的还有禅僧（禅宗）、梵僧（印度）、新罗僧、西番僧（西域）多人，互相帮助，共同游览、礼佛、听讲、谈经、问道。当时的五台山实际上已成为国际佛教文化中心，所记资料具有很高的中外文化交流史价值。

圆仁到达五台山之前，日记往往记简单日程而已。入五台山之后，有不少较长的文字，记录宗教活动，相当具体。例如五月五日竹林寺礼佛仪式：由表叹师（类似主持人）指挥：先打钟，众僧入堂，僧俗依次列坐；打槌敬礼三宝；有二僧持金莲，打钹；三四人同音念梵经，供主行香，表叹师读供主讃书，众僧同唱《般若波罗经》及佛、菩萨名，同礼六七位佛、菩萨，依次为父母、法界众生，敬礼常住三宝。打槌唱施食咒愿，乃行饭食。上下、老少、道俗、男女平等供养。吃斋毕，喝汤水；表叹师再打槌，念佛，一齐感恩。最后打槌，大众散去。整个礼佛过程仪式繁多，上面转述已经简化了。这是一份很有文化史价值的宗教行礼图谱。文字颇长，故未引述。这段长文比先秦《仪礼》中烦琐而古奥的仪式要好懂一些，阅读起来颇有味道，好像是看一段古代宗教活动纪录片。

由于圆仁重在学佛，其日记重在纪实，并不刻意修饰，写景状物，多有同语反复，前面讲过，后面又讲。全书大体上是通俗性口语，今天读来偶有些别扭感，其实是真实的记录。还有大量佛教专门术语，今人若无注则读不懂。晚唐骈文盛行，圆仁全书不见骈句。他在中国近十年，大量接触骈文，并不是不会，可能是不喜欢。这份日记，为研究唐代俗语、民间口语提供了资料。关于唐代的政治制度，社会经济，百姓生活，当地官员如何接待外国人，特别是唐武宗灭佛这一重大事件，有相当具体的描述。因为不在五台山地区这段日记中和本文题目之内，恕略。

圆仁的《入唐求法巡礼行记》共四卷，关于五台山的记述主要在第 3 卷，故本文所引各段皆不注卷数。

参考文献：

白化文、李鼎霞、许德楠校注：《入唐求法巡礼行记校注》，花山文艺出版社 2007 年版。

王涛：《唐宋时期五台山景观资料及朝拜活动》，光明日报出版社 2019 年版。

安秀堂：《文殊菩萨在五台山》，山西经济出版社 2018 年版。

王前主编：《五台山志》，山西人民出版社 2018 年版。

王前主编：《概要五台山行记》，山西人民出版社 2016 年版。

崔玉卿：《五台山与世界文化宗教遗产》，宗教文化出版社 2016 年版。

常峥嵘：《五台山佛教文化史论》，山西人民出版社 2016 年版。

李凤英：《五台山文献与文化研究》，山西人民出版社 2014 年版。

路华编著：《五台山文化宝典》，中国社会出版社 2010 年版。

（本文原载《忻州师范学院学报》2020 年第 3 期）

二　日僧绝海中津语录中的骈文

绝海中津（1336—1405）是日本五山文学的著名诗人和骈文

理论家。土佐（今高知县）人，自幼聪慧，13 岁投身佛寺，接受梦窗疏石的培养，18 岁入京都东山建仁寺，参拜龙山德见和尚，研读十二年，1368 年到中国，广结善缘，拜访各地名师。1376年，第二次到中国，受明太祖接见并谈禅。归国后声名鹊起，幕府重视，1380 年，在乾德山慧林寺开堂说法，轰动一时。此后历任宝冠寺、相国寺、等持寺、承天寺、惠林寺等处住持。交结僧俗两界甚广，有诗文集《蕉坚稿》《四会语录》等著作存世。

元明之际，日本的汉文学的中心在禅林，作者多为僧侣，故又称五山文学。他们用汉字写文章，如疏、榜、启、赞、记、序、祭文等。在禅林内部的讲论文字，多用骈体，充满禅意，爱用佛教典故和比喻，不时加入通俗句子。而在各种禅仪外文中，数量最多的是"疏"和"榜"，原无定格，到了元明之际，高僧笑隐大欣所作疏法为众人推崇，称为"蒲室疏"。绝海中津在中国学习这种文体作法，回到日本极力宣传推广，影响巨大，成为圭臬。其特点是讲究章法，规定句法，全文多为八对，通常不超过十对。隔句对和单句对如何相接相隔都有要求，几乎没有散句，选字造句，精雕细刻，似俗而雅，貌浅实深，经得起咀嚼、玩味，故风靡一时。但是，字数和句数主要限于疏文，其他文体不受其限。尤其是说法、讲谈之文，骈散兼用，问对夹杂，很是随意，那是禅家的语录，并不是一种专门的文体。

我手头的《绝海和尚语录》（以下简称《语录》），为其众弟子所编，分为上下两卷。不包括疏、启、祭、序等禅仪外文。上卷包括他在五所禅寺的各种讲论语录及为和尚、居士、夫人之忌日拈香文字，也就是世俗祭文，而不是禅林祭文。下卷包括两部分，第一是偈颂一百多首，实际上是诗：四言绝句 5 首，七言绝句 90 首，五言绝句 15 首，七言律诗 25 首，每首都有标题。第二是真赞，即人物画像赞，24 首为骈体，仅两首散体，皆为短制，字数句数并不完全一致。如果从文体来分类，真赞是标准的骈体文。上卷中有些可以独立成篇者为骈文，骈散相混而骈句居多者亦可视为骈文，骈句少者只能算骈文段落。

原书无目录，但上述类别清楚，下面依其次序择要介绍其中骈文。

第一类　禅林活动之各种讲说文

住持和尚应聘入某寺院，就职后第一项重要活动是开堂。据《语录》中的《绝海和尚两住万年山相国承天寺语录》记，师于应永四年丁丑二月二十八日入寺，进山门，入佛殿，经祠堂、祖堂、居室，拈公帖、拈山门疏、拈诸山疏、拈衣。每一步骤都要说三五句话，似偈非偈。然后升座，开堂。按宋元时习惯称"致语"，按今天的说法称"致辞"，而在《语录》中或称"垂语"，或不标明什么"语"，如：

"指法座云。诸法空为座，大千一禅床。坐断毗卢顶口，珍重须弥灯王。便升座，拈香一，此香爇向宝炉，端为祝延今上皇帝圣躬万岁万岁万万岁，升下恭愿。龙图巩固，八荒归仁；风历延洪，四民歌化。次拈香云。此香奉为本寺大檀越准三宫资陪录算，恭愿经文纬武，壮帝网百二山河；安国利民，阅蟠桃三千岁月。遂就座垂语云：灵光不昧万古徽猷，一语一默有放有收。定光金地招手，智者江陵点头。众中若有出格上流，向未招手先点头。有□□（原文字迹不清）问答毕乃云。至圣命脉列祖大机，如天普临，似地普载。放行把住，全在临时；动静去来，不借他力。有时拈一茎草作丈六金身，有时用丈六金身作一茎草。不是神通妙用，亦非法尔如然。是名无尽藏陀罗尼门，亦名如来藏自性差别。是故金轮御而万邦咸宁，玉烛调而四时式序。拈□（原文字迹不清）杖云。正与□□（原文字迹不清）时。建法幢兮立宗旨，兴法社兮振玄纲。直得万派朝宗，千车合辙。一毫端现宝王刹，微尘里转大法轮。堪报不报之恩，共助无为之化。卓锡杖云：

凤凰不是凡间物，为瑞为祥自有时。"

这篇就职演说，按照惯例，先祝圣，祝皇帝万岁万万岁，然后祝贵族（准三宫），或祝高级官吏（如另文中的大相国、秋官相公，征夷大将军）或郡县长官……都是必须有的套语。日本佛教和天皇王室成员以及各级政府关系密切，许多贵族及高官退休后选择出家，所以，上述致语政治意味很浓。此文最后说："大觉世尊灵山会上，以佛法附属国王、大臣有力檀那……拨转如来正法轮，全凭圣帝与贤臣。"意谓：今后禅林发展，全靠圣上和诸大贤支持。

《语录》中标题为"上堂"之文者最多，共26篇。分别标明"岁旦""上元"、"端午""小夏""解夏""中秋""重阳""冬节""除夕"等。逢上述节日，住持要上堂讲话（不是讲经）、说法。如：

"（重阳上堂）老来久废登高兴，病起仍惊。重九辰发短，懒随吹帽客。形枯恰似解空人，篱边黄菊金苞蕊，杯里紫萸茶泛春。从此山中添气象，鸿鸣鲸吼一时新（时法鼓新鞔。洪钟自南京而至）。西山三秀院，佛慈明禅师塔挂额。三秀灵芝产绀园，郁葱佳气溢乾坤，紫泥新照黄金榜，仰视祥鸾瑞凤骞。恭惟吾法兄禅师不迁大和尚，传正觉心宗之道，德望重于法社；颁佛照慈明之谥，欢呼动乎天门。辉一天之星斗，而未足比其光彩；倾九霄之雨露，而未足较其殊恩。善哉佛身无为，照体独立。慈以愍物，明以破昏。四德兼备而知周万物，群机普应而理归一元。如木之有本，如水之有源。正眼流通，则前者作，后者述；教化弘被，则鄙夫宽，薄夫敦。瞻彼率睹，像设有俨，郁然乔木，遗爱未谖。对拈华岭也，微笑玄旨爰显；临绝唱溪也，广长舌相尚存。莫言室内无传受，留得金襕付子孙。"

这篇文字结合重阳，先写自己的感受，又对法兄禅师不迁大师进行赞美，再对佛祖极力颂扬。对句占绝大多数，有单句对、隔句对，四六句式不多。语言精美，但旨意费解，有些话莫名其妙。

题为《小参》者近十篇。禅门讲究每月五参，弟子有五次机会参拜大和尚，问对，请益。规定的五天之外的参见称为"小参"，这篇《当晚小参》有问有对：

"当晚小参，垂语云：德山小参不要答话，尽法无民；赵州小参要答话，倚势欺人。若是真狮子，不妨出众鼜呻。问答罢乃云。道无向背，理绝言诠。迥出三乘，高超十地。一机一境，不拘方隅；一色一香，解知见缚。有时孤峰顶上，坐断闹市红尘；有时十字街头，眼挂断崖碧嶂。尘尘解脱，法法圆融。是故昨日北山山下，一向放倒，松窗云白，竹笕水清；今宵万年峰前，十分观光，金殿烛明，玉楼钟动。地灵人杰，土腴泉香。人人握沧海珠，步步踏雪山草。初无静闹之想，初无去来之心。"

这段文字平易，对仗亦允妥，其中有四句对四句者。下面还有再问再答，不具引。

住持上堂退堂时，或由高级僧职人员陪同，有时作语致谢，如《谢都寺进退上堂》："诸方谈玄谈妙以为宗乘，我这里玄妙束之高阁；诸方行棒行喝以露大机，我这里棒喝置之一壁。金谷出纳自有人勾当，土木建兴自有人任劳。山僧只管端居丈室，现前受用耳。来者如龙得水，去者似虎靠山。快活快活，总无闲事挂心头，便是人间好时节。"

这段致语提到寺院几种主要职务。"行棒行喝"者是维那，负责维持秩序和处理犯戒之人。钱谷出纳及山林田户由副寺负责。副寺是都寺的副手。都寺即监院，负责寺院之行政事务（包括土木兴建）。首座是辅助住持说法者，有时也可以代师说法。另有"保管师"管库房，"知客"负责接结来访者，等等。住持不管闲事，所以说"总无闲事挂心头。"

上堂结束之后，有时加"复举"。字面意思为再次上堂，内容多为问对。常引前人语再作发挥。如："僧问虎丘和尚：为国开堂作（怎）生道？丘云：一愿皇帝万岁，一愿重臣千秋。师云：一言分宾主，一句定乾坤。则非无虎丘祖师，其奈一字入公门，九牛车不出。今日有僧问山僧：为国开堂，一句作（怎）生？便对他云：千峰朝华岳，万派肃沧溟。"

"一字入公门，九牛车（扯）不出。"说透了日本敕建寺院与朝廷当权者的密切关系，那确实是扯不断、摆不脱的。据绝海学生所编年谱，皇室贵族三条宫请他讲《金刚经》，从一品芳林太夫人请讲《圆觉经》，分别讲了一个月才讲完，年谱注明"遵钧命"而讲。还有多位太夫人、夫人的忌日拈香辞，都是奉命之作。

有些"复举"引述前人故事和问对，颇有意趣。如："僧问曹山云：佛未出世时如何？山云：曹山不如。僧云：出世后如何？山云：不如曹山。（下面是绝海的话）此一则公案，诸人作（怎）生商量？山僧为诸人不惜口业（多嘴造孽）下这注脚：曹山不如佛，佛不如曹山。一举四十九，空里走磨盘。"曹山即曹山本寂（840—901），中国禅宗之曹洞宗第二祖。禅宗主张解缚去执，不受前人拘束，可以呵佛骂祖。故曹山敢说佛不如他。以上两则是典型的禅宗的"语录"体，其中禅旨，难以解释清楚。

禅林僧侣去世之后，一律火化。届时住持和尚要致辞，《语录》中有六七篇，都不长，如：

"《为殊侍者火》。凡圣虽殊号，死生理即齐。临行那一着，只要辨端倪。早岁投亲国师室，扬扬意气吐虹霓。讨竺坟字究鲁诰，鱼忘筌兮兔忘蹄。万年山下侍我侧，南阳旧话几品题。有时拈砖作玉，有时拈东作西。破扇子拈来拈去，折脚铛左挈右提。将谓口家无处避，如何面对隔云泥。不堕玄妙窠窟，不涉佛祖阶梯。末后一句如何提撕。掷下火把云：大洋海底泥牛吼，烈焰堆中木马嘶。"

"殊"是侍者的名字。侍者的地位在寺院中不太高，所以用语比较随便。而另一篇《为贤首座火》就不一样了。首座是住持之下的第二号人物，所谓三纲之一（首座、监院、维那），故用语较为典雅，评价比较高。"贤圣位中不留踪迹，生死海里何涉春秋。传肘后之灵方，开豁人天正眼；挂眉间之宝剑，结尽衲僧冤仇。虽然与□□（原文字迹不清），火把子未饶他，何故坐脱立非，非无首座。且如何会先师意，劫火烧海底，遍地吟啾啾。"

《俊上座火》（临终改服）：其文云：

"大丈夫鬼颇俊哉！恰如天马骤天街。昔年亲入三光门，妙密钳锤不自猜。闹市门头恣游戏，红尘堆里任徘徊。只将一个无文印，百千法门悉印开。临行脱却娘生裤，伽裟倒搭舞三台。唤作僧也得，唤作俗也得。僧俗何曾关形骸？唤作生也得，唤作灭也得，生灭初不涉去来。六凡四缘镜中像，地狱天宫眼里埃。……"

"俊"是该和尚的名字，第一句中的"鬼颇俊哉"的"俊"是英俊之意。"上座"即首座，此文前十句难懂，"无文印"本是宋僧道灿的诗文集名，此处似与之无关，而是指无文字之印，能打开百千法门，比喻禅宗不立文字的"心传"。"临行"就是临死，改服是改俗服为僧服。下面几句反映了禅宗的僧俗观、生死观。人人皆有佛性，人人皆能成佛。脱了僧服本无区别。生灭不涉去来，来不从天国，去不至地狱。"赤条条来去无牵挂。""六凡四缘"，应为"六凡四圣"，佛教把众生分为十等。四圣是：1. 佛，2. 菩萨，3. 缘觉，4. 声闻。六凡是：1. 天道，2. 人道，3. 阿修罗道，4. 畜生道，5. 饿鬼道，6. 地狱道。在禅宗看来，什么六凡四圣轮回转世，什么天宫地府因果报应，都是镜中之像，不入眼的尘埃，根本不在眼下，不在心中。禅宗大力鼓吹放下屠刀立地成佛，这种理论是佛教史上一次革命性飞跃，所以禅宗的地位甚高，在中国宋元以后几乎取代了其他各宗派，成为整个佛教的代名词。

所谓"掩土"，即火化后取骨殖另行埋葬，只有高僧才有舍利子，才建灵塔。普通和尚"掩土"，有时也用棺材。"起骨""起棺"也有拈香仪式。记录义堂和尚的掩土辞如下：

"慈氏义堂和尚掩土。这里是慈氏宫殿，这里是大寂定门。熊蟠虎踞，拓至人之玄境；瑞草异花，开自己之田园。恭惟某福慧兼备，德望共尊。景星凤凰，惟师雅表也；玉佩璠玙，惟师美言也。揭开释天日月，独步佛国乾坤。三千刹界空华结果，六十四年叶落归根。无量劫来成就逝多国土，今日因甚向锄头边垛跟。师兄师兄，联芳续焰须付后昆，双履空棺莫诳儿孙。"这位义堂和尚是著名文学家、诗人，俗寿六十四，比绝海大十一岁，二人关系很好，互相推重。据说义堂圆寂前，特嘱托绝海作掩土法语。绝海说："小弟兄事真慈四十年，详知师之出处始末，莫如小弟。"在义堂和尚去世十三年之忌日拈香的长文中，他讲了上述这番话，可见感情相当深厚。

金元时期，有些禅林法语也请俗家文人撰写。元人刘壎（1242—1319）写过不少此类文字。有榜、疏、祝、祷、致语、法语，包括火化法语、起棺法语、撒土法语等。刘氏此类文字的特点是爱用俗话口语，生动风趣。如《为枯木和尚下火》，最后几句是："一把火送汝长行，无生无死；三千界任君游戏，自去自来。大众共听，一言判断。咄！三杯暖饱后，一枕黑甜余。"绝海中津在中国留学过，其文也有俗语，但没有达到刘壎这样挥洒自如的地步。

第二类　僧俗人士忌日拈香之文

拈香礼佛是佛教寺院最常见的宗教形式，通常由住持率领，其他僧侣依僧职高低紧随其后，手执点燃线香一把，依次插入佛祖像前香炉内，然后顶礼膜拜，拜毕，住持和尚致辞。在《绝海和尚语录》里，有一类是已故大和尚忌日之追思辞。或数日，或数年，十数年，几十年，上百年者不等，全书共有 13 篇。试看其中一篇：

"前住相国云溪和尚七年忌请升座拈香云。此香老干连云郁黛色二千尺苍翠，盘根据地挺霜皮四十围大材。结成光明云台，严净诸佛妙土。打开甚深秘藏，运出自家法财。爇向宝炉，以奉供养前住当山云溪禅师大和尚。真慈伏愿，不舍悲心。再挑末运之惠炬，重乘愿力大振少室之真风。烧香毕就座，垂语云：灵鉴无私，胡汉共现。神机独运，作者犹迷。不假修证，不涉阶梯。一问一答，谁辨端倪。问答罢乃云：群灵一源，假名为佛。体竭形消而不灭，金流朴散而常存。悔海无风，金波自涌；心灵绝兆，万象齐照。体斯理者，不言而遍历河沙，不用而功益玄化。举目则恒沙佛刹一时顿现，移步则百千三昧一时齐彰。昭昭乎如月印千江，荡荡乎如春行万国。这个是无尽藏陀罗尼门，无尽藏解脱门，无尽藏智慧门，无尽藏神通门。犹如虚空无尽，此法门亦复无尽。上合诸佛本妙觉心，与佛如来同一慈力；下合六道一切众生，与诸众生同一悲仰。正与□□（原文字迹不清）时。玉龙老人无见顶相一段灵光。重为诸人点出去。拈□（原文字迹不清）杖卓一下云。万人遐仰处，红日上扶桑。"

这位云溪和尚曾任相国寺住持，七年前逝去，故在其忌日拈香。拈香之后有垂语，即致悼词。之后又与僧徒问答，问答之后是说法，即颂扬佛法。

下面请看《太清和尚大祥忌请升座拈香》：

"西天东土历代祖师，专为前住当山太清大和尚增崇品位。伏愿真慈不守自性，随处示现法身。善入微尘国，常转大法轮。就座垂语云：人皆苦炎热，我爱夏日长。杨岐女人拜，脱却贴肉汗衫；巴陵三转语，倾心冰雪肝肠。但得一回脱洒，不妨遍界清凉。其或未明云门宗旨，出来相共商量。问答罢乃云：唯一坚密身，一切尘中现。如水投水，如空合空。混融十虚，统摄万化，体尽形消而不灭，金流朴散而常存。赴感随缘，靡所不遍。是故入净妙国土中，着清净衣说法身佛；入无差别国土中，着无差别衣说报身佛。入解脱国土中，着光明衣说化身佛。故我太清和尚大禅师，一身普入三千国土，而不见去来动静之迹；一念普观三大僧祇，而无有古今延促之殊；演说八万四千法门，而截断侨梵钵提舌头。"

亲人去世后两周年称为"大祥"，一周年称为"小祥"。是日，家属要举行祭拜之礼，而且在这一年或两年之内，丧家衣食住行都有限制。此礼仪来源自《周礼》，日本僧人仿效实行。这篇拈香辞，相当于太清大师逝世两周年纪念辞，对太清品德大加赞扬。

下面再引一篇《法灯国师百年忌请升座垂语》（节录）：

"特承大檀越准三宫之钧旨，命相国禅寺住持小经丘中津，升于斯座，举扬宗乘，所鸠殊勋，恭维法灯圆明国师大和尚上酬慈荫。伏愿昙华再现，重开觉苑之春；法灯长明，永烛昏衢之夜。恭惟法灯圆明国师大和尚。知见广大，悟入靖深。大机大用，显于一时；盛德盛业，冠于百世。谨按国师行业，俗姓常澄氏，本贯信州人，吉梦兆于托胎之初，颖异见于岐嶷之际。十五投神宫寺，习读经书。十九诣东大寺，登坛受具。负笈金刚之峰，染指密乘；易服行勇之室，冥心禅观。扶寿福化，如云峰在大愚之会；受胜林诲，如善财参初友之门。独辞本乡，远游宋地，礼大士于补（普）陀，拜应真于石桥。登径山，谒道场。周旋痴绝、荆叟二老之间，驻锡郧峰，访刘萨诃之遗事。礼塔大梅，慕常禅师之高风。两浙名区，足迹殆遍。适国面参激发，再度浙河，参见护国无门和尚。门才见问曰：我这里无门，从何处入？师曰：从无门处入。从此机语密契，针锋相投。故归国之后，一香为佛眼拈出，盖不忘本也。戊辰岁，师年六十二，关东副帅以寿福之席聘师，师坚卧不起。龟山上皇三驰诏书起师，住京之胜林，屡探禅要。上皇于是始知宗门有过量事，遂改皇居为寺，名曰禅林。将以师位于始祖，师闻而潜归鹫峰，皇亦优诏焉。花山亚相捐北山别业，创寺曰妙光，庵曰岁寒。迎师为开山始祖。时上皇泊后宇多帝，以师再入洛为幸，迎就龟山离宫，举扬宗风。师对二圣纵辩横机，殆无所让。故每师入谒，帝躬扶舆揭帘，以罄师资之敬。尔来缙绅倾诚，缁白向风。天下学者翕然，指鹫峰以为一代龙门。永仁六年戊戌冬十月十三日，激厉诸徒，终日问酬如常，至夜分端坐，泊然而逝。停龛八日，气貌如生。阇维获五色舍利，世寿九十二，僧腊七十四。敕谥法灯，塔曰澄灵。灭后三十四年，后醍醐帝临御之日，师徒孤山远首座所供养，顶相有□□（原文字迹不清）跳之异。帝感其灵验，加谥曰法灯圆明国师。伏以至人应世之迹，非凡情所可测度。窃睹鹫峰国师，传佛眼盛大之业，谪子真孙蕃衍天下。逮于一百年之后，遗风余烈凛乎犹如在世之时。倘非古佛降迹。其必四依之一乎？十地欤？等妙欤？不可得而知者也。空对遗像致渴仰之忱而已。呜呼！其盛矣哉！"

此文等于一篇法灯国师小传。这次纪念他百年诞辰，乃奉"准三宫"之钧旨，绝海中津自己谦称"小经丘中津"，意即小比丘中津。文章开关有几句四六赞美之辞，从"谨按国师行（读xíng）业"以下都是散文，"行业"指行为事业，即经历。从姓氏、籍贯、出生写起，十五入神宫寺，十八诣东大寺，然后远游中国，拜谒多位高僧大德，足迹遍两浙名区。中间特记与护国寺无门和尚的对话十分机锋有趣，是禅林佳话。归国之后，关东副帅聘之不起，龟山天皇三诏，乃住京师，屡探禅要，特殊优渥。每次入谒，帝亲为之扶舆揭帘。由是缁白向风，天下学者翕然相从。戊戌年十月，端坐泊然而逝。这篇传记，记录了一位日本高僧的求法传道事迹，在日本佛学史上有重要地位。所以在他的百年忌日要隆重纪念。绝海中津破例用散文为之作传，而其弟子们也破例将此文收入《绝海和尚语录》。此文即使从散文角度而言，也是周到允妥，层次清晰，重点突出，简明扼要的佳作。

　　下面介绍为居士和夫人忌日或曰讳的致语，这些人都是达官贵人，逝世后之悼词因其身份地位而有所不同。

　　在《绝海和尚语录》中，最高职务的死者为关白。关白是天皇一人之下万人之上第一执政官，官品为正一位。其次为太政大臣，官品为从一位；最后为左右大臣，正二位（俗称左右相国）。这篇《语录》文字的标题是《前关白殿下藤公大衍居士讳日拈香》。这样的重要人物去世，大寺庙的住持当然要前来拈香致哀行礼并致悼词，如下：

　　"经纶社稷肃朝端，德宇洋洋万国欢。五十六年如昨梦（关白享年56岁），涅槃生死不相干。某相门华胄（指关白出身相门），人伦楷模，仁义道德出于其性，久行忠信悬于其躯。坐庙堂而讲道，则尚友周（公）召（公）；陈股肱而就列，则致君唐（尧）虞（舜）。万民于是乐业，四海以之晏如。加之早奉菩萨净戒深悟真乘，亲游海藏困域顿究玄枢。逮舟移于夜壑，视世犹如蘧庐。于戏！真净界里无生佛之相，必竟空中宁有去来之殊。如一沤起灭于巨海，同片云出没于太虚。六趣四生非他物，殊相劣形总是渠。……"

　　绝海在中国学习时佛儒兼修，故其致语前几句，从儒家道德和治国理政标准加以颂扬，后面几句用佛家的生死观解释其逝世。而"逮舟移于夜壑，视世犹如蘧庐"则出自道家著作《庄子》。可见绝海对于中国的三教典籍都很熟悉。

　　再看一篇《月峰居士讳日拈香》，虽然标题没有显示其人身份，但从致语中不难看出是接近关白的高官。文中有云："某整顿国家纪纲，身当重寄，参预枢府大政，志存至公，刚健纯粹之德，周而不比；公平笃实之性，和而不同。监民有惠，奉主以忠。故定典章于百王之后，比礼乐于三代之隆。岿然前朝遗老，矍称四海一翁。加之探颐少室玄旨，投诚上乘室中。以心传心，心外无法；以言遗言，言外明宗。击碎生死窠窟，脱却凡圣罗笼。真如妙性廓通十方，非来非去；常住真心弥绝三际，无始无终。尘尘解脱，法法圆融，上无攀仰，下绝己躬。……"

这位月峰居士，是前朝遗老，从所描述政治品质和职责来看，应该是太政大臣或左右大臣。对他的辞世，绝海也是用佛家哲学"非来非去""无始无终""击碎生死窠窟，脱却凡圣罗笼"来解释。写法与上文相近。

在各篇忌日致辞中，有两篇与忌日无关的拈香词，一篇是《武田刑部源公书法华经满散拈香》："兹者日本国甲州城府君源公，奉菩萨戒弟子法光，以劬劳之罔极，念慈恩之难报，逆修冥福，以忏已信之罪愆。亲写法华妙文，印地藏尊像。今月二十六日，延禅侣于府第，设伊蒲净膳，修圆通一座之妙忏，借手山野座，爇此妙香，奉供养三世十方云云。恭惟法华大乘经王，显圆顿一实之境界，统诸佛降灵之本智。以是闻五字名，逾乎刹宝施福；说半偈义，过乎河沙小乘。至哉大哉！六万九千金言，在相公之一毫端，粲然如日星之丽天，便见灵山一会，俨然未散。世尊放眉间毫光，照东方万八千土。其中情与无情，一一皆悟，实相而住本妙心。即时十方诸圣，展长舌相同音赞叹曰：善哉善哉善男子！是真精进是名真法供养。山僧睹此希有之瑞，不胜喜跃之至。如何道赞扬一句。只将方形经纶手。拨转如来正法轮。"

源是其姓，武田是其名，刑部是他曾供职的中央政府部门，可见是一位官员，为了报之父母恩，修冥福，忏罪孽，亲手抄写《法华经》，印制地藏菩萨像，广为散发。于某日请僧侣到家中，设净膳，修拜忏礼，燃妙香，供养三世十方神圣。绝海对此举极力赞美，先讲法华大乘经的重要性，"闻五字名，逾乎刹宝施福；说半偈义，过乎河沙小乘。至哉大哉！"然后指出，经书六万九千言，从源相公的笔端写成，灿然如日星之丽天。十方诸圣，展长舌同声相赞叹曰：善哉善哉善男子。我这个山野僧人，见此稀有之祥瑞，不胜喜叹之至。这是感谢活着的人为佛教做善事。

另一篇《性永孺人预修拈香》是感谢一位女士书写《法华经》七部金文。金文是用泥金书写，而不是用墨写。比起源氏之写一部更难得。女士名性永，孺人是中国古代达官贵人之妻（或母）的封号，依官级高低分为夫人、孺人、安人、恭人等。预修即预先为自己或儿孙行善积德造福。佛教讲三世因果报应。今世某家儿孙做大官发大财，可能是其父或祖前世积德之报，称前世报。某人做善事，救人危难，不久即得好报，称现世报。某人一生行善，可是一生穷厄，僧侣劝他，你来生必得好报，报应见于你的儿孙，称来世报。"修冥福"，是儿孙为已故父祖做善事，祈求父祖在冥府中免受痛苦，享受冥福。这位性永孺人所谓预修，并非祈求当下得好报，而是为了广种福田，为自己的未来，或为冥间的父母而预修。她的作法与源氏差不多，也延请僧侣，营办盛馔，供养各位天尊、菩萨。文中称之为道场，是较大的隆重的宗教活动，为在世人祈福称"祈福道场"，为去世者超度称为"度亡道场"。孺人主要目的是宣传她抄写了七部《法华经》这件弘扬佛法的旷世之举。绝海文章在末段说："于戏（读呜呼）！克毕一代摄化之能事者，莫盛于此典矣。止此若低头（敬佛），若小音（念佛），散乱者（不经意），微善者（小善行），皆成佛道。况于书写七部金文者乎。"他甚至把性永比成观音菩萨身边的龙女，说"龙女即孺人，孺人即龙女"，快成活菩萨了。在中国，还有人以自己的血（稀释后）写经的，也是出于崇佛祈福的宗教热忱。

第三类　真赞及其他短篇骈文

《绝海和尚语录》下卷辑录有"真赞"25篇。"真"即写真，人物画像。"赞"是一种文体，中国古代多用整齐的四言、五言，也有六言、七言的。绝海"真赞"中四、五、六、七言、杂言都用，大多是对句，或单句对，或双句对，每篇有题目，全文最长十几句，最短十句八句，可称为骈体短文。

25 篇中有四篇写俗家，个性鲜明，形象突出，如《武州太守桂岩居士赞》：

德容春温，从之游者未尝觉其机密；正色冬凛，望之畏者未尝睹其室虚。动而恒静，亲而若疏。树旗帜以临边，威震夷夏；坐庙堂以论道，信及豚鱼。遂能拥幼主于危疑之际，全神器于分崩之余。彼方乌合而蚊聚，吾乃霆扫而风除。人徒见成绩于今日，而不知予手之拮据。迄乎大缘凤契，投机云居。弄西河狮子，跃济北瞎驴。杀活自在，纵横卷舒。宿师老衲有所不如，然则致君与利民，岂非道真之土苴也耶？

这位武州太守曾任边防首长及庙堂大臣，对稳定朝廷内乱，避免国家分裂，扫荡夷狄侵扰有重要贡献。前面有一篇《永泰院桂岩居士讳日请升座》，其中提到他曾任"宰官将军，三千里外战退魔军"。年谱还提到他曾任"伊土赞阿四州总辖"，厚礼邀请绝海到赞州。还提到明德二年，藩臣谋反，战于内野，官军击败之，朝野欢呼大贺升平，禅林诸老俱入幕而贺焉。此文中所谓"神器分崩""霆扫风除"即指此事。他退休后隐于桂岩永泰禅院。"予手之拮据"出自《诗经》之《鸱鸮》篇，写鸟巢被占，风雨飘摇中重建之艰苦，比喻这位前高官大乱后重整朝纲之不易。短短 25 句，已经把他的基本面貌主要功劳描绘出来了。

再看《高节居士特以寿像求予着语，书以塞其请》。

"据方伯位，握将帅权。雄略可以折冲千里，威名足以坐镇三边。以是赞公，公以为不然。似僧非僧，似俗非俗。神臂弓兮报佛祖之冤，铁铲禅兮铸通身之错。以是毁公，公不以为辱。也不毁，也不赞，菩萨魍魉，何喜何嗔；毁也得，赞也得。庄周蝴蝶，孰梦孰真。峨峨越山，笃生伟人。凛凛高节，不缁不磷。功名万古经纶手，助转如来正法轮。"

这位高节居士曾任将军，领州郡，握兵权，折冲千里，威镇三边。这样称赞他，他不同意。"神臂弓兮报佛祖冤，铁铲禅兮铸通身错"，二句不知何典。大概是指他在战争中杀了不少人，以此指责他，他不以为辱。在战争中，杀人是难以避免的。菩萨，是善人；魍魉，指恶人。有人喜，有人嗔，有人毁，有人赞，历史上大人物干大事业者，评价不可能都一致。这几句话表明他对自己是非功过，采取不计较的超然态度。还说他以庄周梦蝶比喻人生何必太认真。"不缁不磷"，出自《论语》。最后四句是作者的评价："峨峨越山，凛凛高节（二字聚扣其号高节居士），建万古之功名。"这篇文章的主角事迹待尚考究。

《贺州太守东岳居士赞》，四言十二句，把对方比作春秋时郑国执政子产。前面另有《贺州东岳居士小祥忌日拈香》，说他"德行文字丕承先烈，正直刚毅足贻孙谋。味经典以为梁肉，传清白以为箕裘"。"审察安危，乃能参帷幄筹；虽居显职，每厌尘中贵闹。"两文详略各异，可以参看。

《勤书记请》是寺院中的书记请求为其肖像题辞，竟然全是通俗白话："你勤我也怠，师之道果何在？我真绝海无是绝海，若有是者则二绝海。点缀空中墨彩，写出雪里芭蕉，仁义道中，礼料烧香，也不消。"语言易懂，含义难明。

《自赞》，是自己为自己的画像作赞。"赞"前的小序说："征夷大将军从一品大相国给予陋质以征着语，谨应钧命露丑拙尔。"日本的"征夷大将军"是幕府藩主的封号。"陋质"是自谦词，意谓我这副丑陋面貌。"征着语"不明其义。末句是说，遵照将军指示，我只好作《自赞》献丑，其文颇多趣话。"钝榜状元，戏场参军（元杂剧中的小丑），崇饰街谈巷说，排质鲁诰竺坟。机境在前见如不见，毁谤随后闻如不闻（对自己有利不利都不关心）。大明立极主（指明太祖），本朝贤相君（指日本天皇及幕府藩主），容得个样闲汉（皆能容纳我这样闲云野鹤之人），毕竟值甚分文（我究竟有何价值呢）。咦！万年山顶演宗旨（时绝海任万年山承天寺住持），玉帐清，四海薰（天下太平，四海飘香）。"

此文是应大将军之命而作，所以要自贬自谦，没有学问，没有价值，只会在万年山演说弘扬佛法，求得天下太平。这实际已表明其价值所在。元人刘壎，明人于谦，日本木下顺庵，皆曾作"自赞"以自贬自谦，而实际自夸其不同流俗、不被理解的独特性格。常用手法是正话反说，绝海此文与之有些相似。

绝海的"真赞"大多数是写僧人之"真"，然而大多形象模糊。下面介绍几篇可读之作。

《祖峰和尚》。"洒然风度，卓而高标。金凤离巢，翱翔乎三千佛国；溟鹏展翅，变化乎九万扶摇（语出《庄子》）。岂惟眼空佛祖地位，抑亦调高咸池萧韶，屡提住山（林）斧，到处劈篾束腰。枯木堂中回三春之和气，白花岩上震四辩之海潮。尘尘普光明殿，刹刹物外逍遥。虚空显露大人相，妙手僧繇也叵描。"

这位高僧，风度潇洒，志向卓越，不追求佛界地位，不羡慕咸池九韶（高贵之乐）。过着清苦的劳动生活，提斧砍柴，劈竹束腰，逍遥于物外，露相于虚空。其道德感染力能使枯木回春，海潮震岩，他的形象即使是南北朝最擅长写真的画家张僧繇也不能描绘。这篇短赞把一位超群脱俗的高僧品性写得活灵活现。

《光严凤山和尚其小师比丘尼了春感梦求赞》。"描兮描不得，画兮画不成。凤山真面目，独露太分明。梦中更说梦，忒杀得人憎。佛性室中，龙骧虎骤；光严堂上，电卷雷奔。沩山勘过刘铁磨，摩醯正眼耀乾坤。"

"光严"是寺庙名，"凤山"是所在地山名。"小师"即师叔之意。"比丘尼"人称尼姑，"了春"是她的法号。她做梦有感，求绝海作"赞"。梦见什么？很可能就是"龙腾虎跃，电闪雷动"，所以把这位老尼姑惊醒了。为什么要作"赞"？可能是"夜梦不祥，书破大吉"。这是北宋欧阳修、宋祁时即有的习惯，传到了日本。这个题目很怪，已经不是人物写真了。绝海说，梦是描画不成的，让我写出来，会叫人特别讨厌。最后两句是说，了春已经到过沩山（在今湖南长沙）拜会刘铁磨（唐代禅宗尼师法名，曾到沩山参拜灵祐法师，并嗣其法）。你已经像刘铁磨那样参透禅理了。摩醯是古印度神灵，有大神威，能普度一切苦。法藏是佛教用语。禅宗认为，五眼正而万法藏。正眼即心，万法藏于心，而照亮乾坤，你不必为恶梦而惊惧。

本文开头介绍过，绝海中津是日本五山文学骈文理论家，他到处宣讲"蒲室疏"，为日本禅门疏文立下了文体规则。可是，在他的《语录》里，一篇疏文也找不到，盖收集于诗文集《蕉坚稿》中，包括疏、序、记、论等文体多篇，故语录不录。我手头没有《蕉坚稿》，兹转引陈福康《日本汉文学史》所录《枢寰中住周阳承福京城诸山疏》以见一斑：

"南院直下真孙，孰出首山之右；寰中同时诸老，竞游大慈之门。倘有实以当名，岂曰今不如昔。某学该百氏，理透重玄。古本澜翻，亲分多子塔前坐；脚头眼活，直踏毗卢顶上行。不向北斗藏身，肯慕东山高卧。洒甘露水，沛然云雨八荒；望摩尼峰，莹彻烟霞五色。山川虽阻千里，书疏毋忘同风。"

这是一封给朋友的信，共八个对句，其中两副四六双句对，另为六字对和四字对。内容是普通的问候，赞赏对方的学问，羡慕高卧东山（用谢安典故），远望烟霞的悠然自在生活。此文比不上《禅仪外文》所收宋僧诸疏内容丰富文字跳脱，但值得一读。

需要说明的是，《绝海和尚语录》与中国常见的唐宋禅宗语录及宋明儒家语录不是同一种文体。第一，绝海语录以对偶句居多的骈文片段为主，散句很少，虽有些通俗性对句，但不多。中国儒家语录是浅近文言文，没有骈文，不讲究对仗，接近口语。第二，绝海语录的文章有许多小标题，长篇大论较多；中国儒家语录长篇很少，各段自成起讫，无标题，也没有总目和祭悼文拈香文之类应用文字。第三，中国儒家语录自由随意，不是故意做文章，而是谈话实录。绝海语录的用词造句，极力雕琢，对仗整齐，用典繁密，以大量形象作比喻，旨意含而不露，属于着意为文。《绝海和尚语录》全书以语录为名，其实只有上卷五个标明"住某某寺语录"可称语录，字数约占全书三分之一。其余的三分之二，与语录体相差明显，下卷的"偈颂"和"真赞"，与语录无关系。全书多处有明显错字（引用时已有所改正），还有一些文字不清，即以阙字符（□）代替。

（原载《骈文研究》第 3 辑，2020 年刊出）

三　日本木下顺庵的记体文和杂文

木下顺庵（1621—1699），出生于京都，自幼好学，僧人天海奇之，纳为法嗣。13 岁作《太平颂》，受到天皇赞赏。22 岁游学江户，后返京都，学朱子学，潜心读书，学业大成，设帐授徒，声名甚著。天和二年（1682），任五代将军德川纲吉侍讲。元禄七年（1694），受命修国史。78 岁时病逝，谥恭靖先生。木下顺庵是江户时代初期汉诗的重要作家，在当时影响很大。他从事教育二十余年，培养出很多著名的诗人、学者，门下学生有"木门十哲"之称，实为一代宗师。在江户游学时，与中国寓日学者朱舜水结为忘年友。他的"敏慎斋"号即为朱舜水所题。作品由其次子木下寅亮辑集为《锦里先生全集》和《恭靖先生遗稿》，后者是文集，包括各体古文 126 篇，其中以"记体"文最出色。下面按内容分三类介绍，第四类略论其杂文。

第一类　山水风景之文

《遗稿》有三篇山水文，《樱冈记》颇受称道。摘录前段如下：

"肥阳距城数里所，有堆冈，曰佐波，加州太守藤公食采之部内也。冈之势，起自平地，不与众山接。坡陀如鳌伏，曼延如龙走。厥初人不知其为胜矣，先太守行部也，一望之，觉有异焉。命剪榛秽，屏菑翳，树亭于顶，艺樱于榜，改名樱冈。意筹心谋，设置略备，而有故不果。（现太守）乃继先志，益为构筑，更造亭馆，以为游衍之所。其观览之壮也，华薨粉壁之矗耸，间阎街陌之区别，郁郁葱葱，隐映乔木修竹之间者，佐贺城郭之繁丽也。白水一条，宛转曲折，带萦绳直，鳞朝霞、练晚烟者，小城河流之明媚也。柔柘千村，沃野万顷，田中之庐，伍伍什什，参差交错者，再熟之稻，而陆海之富也。连峰叠嶂，崇丘漫阜，茂林修麓，自西而北，自北而东，罗峙绵亘，不可名状，而所谓天山、圆通、岩藏、清水、祇园、高城、水上者，此中佳处，而浮屠之窟宅也。至若岐海之环其南也，雨色晴光，千态万容，涌白熨碧，舸经舫纬，往来不绝，渔网朝晒，蜃火昏明，斜雁独鹤，没于岛云浦雾之外，浩渺乎莫知其所极矣。且温泉岳之隔海，阿苏之异州，遥青远黛，献奇几席之下，效怪眼眶之际。凡数十百里之景象，于是乎钟矣。"

所谓樱冈相当于加州的城郊公园。此段追述前加州太守藤公如何谋划修葺，其子继任太守，承父志，扩建美化。接着写登高而望，城郭之繁丽，河流之明媚，田野之富庶，周围之山水及佛寺。再远望岐海，雨色晴光，船舶渔网，斜雁孤鹤，出没于岛云浦雾之外，近数百里之景象都集中在这里了。刻画细致，层次井然。

下面一段，赞扬父子两代的功德。

"呜呼，盛矣哉！先太守之举美也，而取之于榛莽翳会之余，则可谓择而精者也矣。今满冈花树，敷荣烂熳，凝云堆雪，居人悦，游客娱，埃苦由之排遣，尘芳以之消歇，熙熙然逍遥春台和煦之内，则公（指现太守）之成物也，可谓敦厥爱者也矣！然则四方之士，往来乎此者，必指之曰：创揽胜地，善善之智也；恢张先业，亲亲之仁也。智以始之，仁以终之，于其国家，又何有哉？彼乐山与水，则逸政之余事，而其英名茂实，垂于不朽也者，昭昭可期焉耳矣。"（选自《恭靖先生遗稿》）

结尾一段与开头一段（未引）是遥相呼应的。先写景，后申说，称其父子"彼乐山与水，则逸政之余事，而其英名茂实，垂于不朽"。结构严密，铺陈有序，是精于设计之作。

《游东山禅林寺记》

此文写法与前文不同。《樱冈记》是从宏观视角出发，有如直升机航拍。而《游东山禅林寺记》则平地逐步前行，有如纪录片或导游讲解。从寺外到门外，一门、二门、花园……最后到僧寮、讲堂，每到一处，都作诗纪胜，诗文结合，前此罕见。下面分段欣赏作卧游。

"东山多名刹胜概之地，各以所适己心处为称首。余初欲尽其境遍见之而弗果。独禅林寺高僧庆全和尚，以余有旧识之因，往还者有岁。"这是开头，说明与该寺庆全和尚是旧交，故来游。"寺距京师（指京都）仅一许里，而无车马之劳，又无风波之险，似远不远，似近不近。其间所经，犬篱牛巷，稼穑耕耘，桑麻离离，禾黍垂垂，草牖夜织，竹扉朝春。凡大小涉川殆可六七，浸水才不没胫，淳淳然，冷冷然，或漱或盥，蠲烦折醒。遂与二友环坐其上，呼所戴之酒，竟所携之囊，徜徉而玩焉，优游而戏焉。"

此次共同旅游者是个三人团，从京师出发，不过一里，郊外所见农村的活动，涉水六七次的乐趣，令人情趣盎然。

接着写到达寺前："既而到寺门，架石作梁，溪水淙淙而下泻。左右有竹林，枝叶蔽芾，其大者尺许，限以短垣，绕以翠麓。"门外之胜景是一片竹林。

下面写寺门之内："既而入门，尚百武（步）许，枉峰怪岩，挟以绿树千株，蒙蒙乎参天，密密乎蔽日，故无施张盖之劳，不假挥扇之力。碧萝无幄，美荫蝉鸣，青藓列屏，幽溪鸟静。"门内之景，绿树千株，浓荫蔽日，非常凉爽。

"既而入第二门，石梁亦如前，千姿撮奇，万态搜要。寂然离障，蝉蜕污浊，疑登释氏非相之天；淡乎消意，鹤游太虚，如入老氏无何之乡。而行尚五十余武，然山势周环，连亘不绝，穷幽挟胜，若迎若送。其间之景象，跃心饱目，不可以笔舌状焉。"二门之内，环状丘陵，虽不是高山，但千奇万态。作者用虚笔，没有具体刻画。

再下面写山后："既而行尚数武，有山腹架竹梯，遥通山后。泉溶溶浓浓，曳则为练，溅则为雨，如琴可闻可玩。下有石罅，积水不满尺，久旱尚无涸，乃题诗曰（七绝，从略）。"特别中意于一汪可爱的山泉。

"既而折西，出北门，沿方丈徐行，尚十余武，而甃石作方井，纵横不盈三尺，深亦如之。水势趵突，泓止明清，洗眼耳之尘，磨心舌之垢，院院吸而茶铛沸，寮寮掬而笔砚湿。乃题诗曰（五律一首，从略）。"这几句写方井水之清明。

"既而度通天桥，阶级鳞次而登，五步而喘，十步而息，回曲至御影堂。木像廿许，俨然对坐，尚如生时。堂后有镇守神，置八幡春日熊野权现之三庙，令护四方也。折而登阿弥陀堂，饰无丹漆，涂用土垩，泰然座，郭然乐，高山驱神，深林沉思。"此段写几处堂庙和神像，用笔清淡。

"西指洛都（指京都），则宫殿参差矣；北对黑谷，则山塔时起矣。含万景于半窗中，极千里于一瞬间。故文客墨贤之辈，肩摩趾错，有来而游，咏而归者；又鄙凡贱士之族，括锸沽酒，有杂沓而至，酩醒而去者。夫山水者，得人而名著，人亦以山水而情畅，乃为题诗曰：（七律一首，从略）。"此段写各类游人，畅情来去。

"而下石磴，磴数五十级许，折而绕众寮，寮僧九、十人许。中庭有玉池，湛然而止，凛乎而寒，畜小鱼数头，水亦无腥气。乃为题诗曰：（七律一首，从略）。"

"既而登客殿，入讲堂，使人白于和尚。良久和尚出迎，揖而入，俱引觞，且酌且吟。忘一日驱驰之劳，缩百年游观之乐。归家之次日作诗并记，遂书于后堂之壁，以供后来游此寺者，洗凝恶诗之一兴而已。"最后，与和尚饮酒作诗，尽兴而归。此"和尚"即文章开头提到的庆全和尚，是朋友，故相见欢洽。轻轻一笔，首尾相应。

这篇文章的层次极分明，各景点之妙处，用诗来概括。因为本文只论文不评诗，故未引述，其实诗更能表现景物之美与作者之乐。全文骈散相间，以散句叙事，夹以骈句写景抒情，骈散皆浅近，不着意雕章绘句，更显得自然随意，而又经得起咀嚼，像观看风光纪录片，又像读寺庙游览图。

《暮春陪尺五先生游吉田东冈诗序》

此文虽题为诗序，实为山水游记，日本的《本朝文粹》中多有先例。全文如下：

"青律将暮，风光潋荡，气和日喧，春服既成。尺五先生与数辈诸生，游洛水之东北，三宅玄三干其事。漱鸭社之清泠，啸吉田之冈岭。芳草如织，茂树似画。红鹃紫藤，火燎云屯。望银阁而惆怅，悲喜之荒游，抚青松以徜徉，叹兼好之长往。飞觞赋诗，优游咏归。今夫世之登山临水者，比比皆是，而其心果同乎？峰峦环列，如坐如立，如俯如仰，如覆壶，如画眉，如龙如虎，如群鸟惊奔，如夏云胜涌，潇洒脉分，流者，潴者，直者，曲者，

斜者，带者。烟霞波澜，千态万状，接眼目发笔墨者，词客文人
之事也。振衣高冈，洗耳清泉，闲云无心，舒卷自由，流水不竞，
行止任运，资于外安于内者，隐士逸侣之操也。高者为山，卑者
为川，草木禽兽，虫豸鳞介，万象森然，各得其所，仁人所乐，
逝者如斯，得诸物觉诸理者，学道者之心也。今先生率诸生，诸
生从先生，将安居乎？果能得此心之理于登临观望之间，则为词
客文人也可，为隐士逸侣也可，而况从先生于斯之外者哉？噫！
穷居野处，云山烟水，骋千里之目，怀万古之感以言其志者，微
管城子将又谁凭？诗凡若干，列之于左云。"

　　此文记同学数人随老师游吉田青冈所见所感。从开头到"其
心果同乎"以记事为主。"游洛水之东北"，"漱鸭社之清冷，啸
吉田之冈岭"是记地点。芳草、茂树、红鹃、紫藤、云屯、火燎、
银阁、青松如何如何，是写景物。下面一句"今世之登山临水者
比比皆是，而其心果同乎？"相当于八股文之过节，承上启下，着
重分析不同的人感受有所不同。观高山流水，千态万状，接眼目
而发诸笔墨，是诗人、文学家的事。振衣高冈，洗耳清泉，舒卷
自由，行止任运，资于外安于内，是隐逸之士即道家之徒的情操。
使高者为山，卑者为川，草木早鱼，各得其所，各安其理而仁人
乐之，这是宋代理学家所追求的理想。这里称为"学道者之心"，
此"道"非老庄之道，而是孔孟之道，"仁人所乐"，"逝者如斯"
都是孔子的话，反映了孔子的自然观。这一大段剖析三种心态，相
当深入。而最后一段，分而后合。先生今天率学生们来，是选择哪
一种呢？"果能得此心之理于观望登临之间"，上述三者皆可。孔子
所欣赏的"浴乎沂风乎舞雩"之乐，岂出此心之外者哉？这就把上
述三种人都纳于孔子教导之下。最后号召同学们骋千里之目，怀万
古之感，以言其志，发挥"管城子"即笔的作用，尽情抒发吧。

　　这篇文章似游记而不写游览不记经过，着重自然美景所引发
的"心"态，而将不同的"心"态归之于理。他所说"得诸物而

觉诸理"，即朱熹之理在物中，即物穷理的运用。可以认为，此文是通过记事而阐发哲理之文，是颇有深度的。此文笔法与《游东山禅林寺记》不同，若以绘画作比，游东山是写实手法，远近多少步，高低多少级，交代很清楚。游吉田东冈则用写意手法，视野宏阔。山势到底如何？水色究竟怎样？多用"如"字形容，并不具体刻画。前文的目的在欣赏风物之趣，此文的宗旨在追求心灵与自然之契合。

第二类　借物说理之文

《木香炉记》

小笠原备中，得一树根，雕为香炉，其"昂然而扬者为首焉，累然而起者为尾为髻口焉，有似目焉，有似鼻焉，有似肩背胸腹焉，双脚前立，两腿后踞，宛如狻猊（狮子）之状"。小笠君"晨夕爱玩，秘为珍器"。

木下顺庵就此大发议论："世之用香炉，多以铜铁铸为猛兽，其用木也少矣。"今君徒取于木，为什么呢？木下说："木，东方，仁也，仁以柔克；金，西方，义也，义以刚克。""以刚克猛，猛未克，刚亦伤。""柔以化猛，猛自心服。""书曰高明柔克，黄石所谓柔能克刚者也。今夫蟠根奇形，望而可畏，威而不猛，有如木德之仁柔，化猛兽之刚暴，而驯服于人人者，此君之所以有取于木者与？"这是用五行相生相克与五德（仁义礼智信）相结合，来解释根雕艺术的形与质的问题，前者属哲学范畴，后者属美学范畴。中国人和东方各国（日本、韩国等）都喜用虎、狮、鹰等来作木、石、铜、瓷等雕塑形象，其原因何在，有不同解释。木下说是以柔克刚，可是，铜、石、瓷质并不是柔性，而是刚性，为何也用来塑猛兽猛禽呢，木下恐难自圆其说。

木下接着又结合小笠原的家世，乃"武门豪雄"，以弓马著称，"猛将勇士，服其刚者久矣。然以刚服人，不若以仁爱入人之深。仁爱备于中，德馨发于外，其熏人之大，炉香之芬郁云胡哉？"绕了一个大圈子，原来是劝以武力著称的小笠原氏加强仁德。木下此文可谓用心良苦。

此文开头提到北宋苏洵《木假山记》。苏文所记是一块大树根，被河水冲刷，沙石打磨而形似假山，说明朽木能成为艺术品是长期磨炼的结果，用意明显。至于木假山是否被人发现，被人欣赏，遇与不遇，是命运问题，那是苏文次要的副主题。

《养老石记》

细川孚轩拿出一块石头给木下顺庵看，说："斯石不盈尺，一峰崔嵬于左，两山迤列于右，有瀑挂于峰，半潜伏不见；有水出于山，萦回而去，缩千仞于数寸，收二水于一掬。山水之观瞻，近在几席之间，此我所以养目也，子为我名之。因名求实，庶几有警于我心焉。"这是一块供赏玩的奇石。

木下于是发出一番议论："闻浓州有瀑泉，落崖数十丈，至江州为醒井，涌为清流，世之所谓养老瀑是也。斯石有类于此，宜以'养老'名之。"下面他就讲，养老之义甚古，西伯养老，曾子承志，老莱悦心，皆贤者之养老也。"古之人，户牖器物，有铭自警。无所见而不修省也。孚轩君日对斯石，养老之义，则根于心而不须臾而忘，则奚只养目之谓也，其所以德，复求于外也。"

细川孚轩欣赏此石，原因是"养目"。木下顺庵从江州有养老瀑，转而名此石为养老。又进一步分析，养老之近者即孝其亲，推而广之，以老人之老。孚轩君目对斯石，则养老之义不须臾忘，岂止养目而已，乃养德也。这番话是对朋友的劝勉，从养目而扩充为养德。文章到此可以结束，而又不结束，再加最后一段，从朋友之名"孚"字上做文章："君之以孚名轩也……夫孚者，信也。信之实于中也，《易》之赞《中孚》也，信及豚鱼，言孚信之至，物犹感化，可以不底豫哉？孚轩君孚盈缶承其志，手舞足蹈，悦其心，则养老之实，庶几乎贤者之孝也。"这几句并不是画蛇添足，而是把中段所说"孚轩君家有北堂之亲，定省清温，无不备焉，自表而里，自粗而精，纹诚底豫，此君子根于心之孝也"前后关联起来了。

这篇文章之借物说理，所绕的圈子比《木香炉记》更大，扯得更远，他终于把这张网控纵收束拉回来，而圆满结束，是巧于借物说理之文。

《育德园记》

育德园并不是一座花园，而是十六幅图，合成育德园建设蓝图。位置在东武，群公宅第密集之区，苑囿别馆甚多，能工巧匠也很多，这一套设计图的主人号羽林公，地位高贵，"聚林家之文星，延野氏之群英，择园囿之胜，标亭榭之美"，"奇思逸藻，写为巨卷，境之胜者八，景之美者八，合而名之，曰育德之园"。园名取自《周易》的《蒙》卦"君子育德之象也"。羽林公请木下先生为此图作跋文于卷末，木下于是就此展开说理。他采用层层剥笋法，先讲名与实的关系。认为"名者实之旗也，实者名之根也。万物皆育于中和，群黎育于尔德"。这相当八股文的破题，把"育德"二字的要义点破。接着说有名有实，合于理；有名无实，是虚假、浮华，君子所耻。

下面就联系到"育德"二字了："德者得也，有得于心也。育者养也，生也。涵养于己，而生长夫物也。养己知也，生物仁也。仁静知动。动者如水，静者如山。故曰山上出泉蒙，水必益而后进，蓄而后流，为川为溪，汇为河海，蒸为云雨，此君子所以取象于育德也。"这一段话把"育德"和"仁""智"联系起来，又把仁、智和山、水、动、静联系起来，其根源就是儒家提倡的"仁者乐山，智者乐水"，"仁者静，智者动"，这是儒家山水美学观的基本观念。再从山水联系到"育德"，就是后人进一步的发挥了。

下面一段讲到羽林公，赞扬这位高级贵族，"聪明睿达，蒙以养正"，"盈而进，蓄而流，汪洋乎含灵动植之间（此言其合乎水德）……凡园囿之所有，及物之仁，抚其近而思其远，因其细而究其大……士民万众之盛，云行雨施，河润海涵，何莫不浴其德而渐其化乎？名之称其实也，岂他求乎？"那些雕楹曲栏，金碧木煌，随风而靡散了，我们羽林公怎么会以之相矜诩呢？

全文没有一字介绍"育德园"之十六胜景如何如何，中心思想就是，山水园林是为了"育德"，羽林公德浴万民众生，他并不在乎花园的木石雕饰之美。所谓羽林是日本保护天皇的一个官职，是近卫府的别称。羽林家又是日本贵族的等级称号，多担任近卫少将、中将、中纳言、大纳言等高官。

第三类　托物赞颂之文

如果说《育德堂记》是颂中有劝，以劝为主；那么，下面三篇则是颂扬为主，劝诫的成分淡薄了。

《霈恩堂记》

主旨是感谢皇恩有如雨水。开头先讲雨对人的作用。"天地之霈物，莫大于雨。"万物生生不息，物品流行，莫不资于雨的生成。然后转到君臣："人臣之命君也，其恩之所霈，亦犹草木之资于雨泽也。"这是点题之笔。

下面再讲："豫州刺史（日本地名，非中国之豫州）高君慎卿，参河旧族，服事国家，世竭忠贞。""高祖河州君，攀龙奋起，颇蒙宠任，食禄数万，侯于关内。而土州君亲卫君相，继承国恩。""勋阀赫奕于一时。"高君慎卿曾因故入狱数年，后又闲居无事，读书，蓄德，有待春阳。果然复"选为部将，指挥众士，培植群材，以备国家之用"。"而英风芳声，籍籍于士林之际。"历数各代深受皇恩雨泽之事实，然后再转到题目上来，介绍霈恩堂这座房子及主人的思想和作为。

"君于是乎构堂于赐第，名以霈恩。其意谓今之所以至此，则国家德泽之余润，不可以须臾忘也。乃扁'霔恩'于堂上，晨夕仰止，以图报效。而敬于斯，畏于斯，聚国士于斯。① 励忠胆，策员轭，疏作奔奏，率伏乎先……""敬则有诚，畏则不懈，不懈而有诚，则其获于上者必矣。"——如此敬畏，一定会得到皇上的欢心。

最后还想到后代："故侯之子孙，终复其始，则以春风风于人，以夏雨雨于人，而霔恩之实可见也。"不但子孙霔恩，他们所治下的人民，也可以霔恩。"霔恩堂"之意义，多么的"远大"，而又多么的俗气、媚气。

《蜂腰石记》

友人松平乐奇石，示余曰："此石数寸耳，两山相连，如断不绝，似有意思……其谓之蜂腰不亦可乎？""余乃拱立而言曰：君之先人，国之勳威，登朊任，膺宠用，有故致禄，放志终世。而今君之兄弟，征入幕府。再蒙荣禄，断而不绝，连而复联，缵述之事，君固可不思所以勤其职乎？君之兄弟，如金如玉……温润缜密，坚刚不挠，君亦可不思所以立其位乎？""君乃悚然曰：然，吾愿思而成之。余因进之曰：蜂有衙（蜂房），衙以课分。蜂有蜜，蜜能和药。……功课则政底可绩，药和则病得有效。君之兄弟，受职当位，朝衙夕班，考课致和，以医民瘼，此君之所以勤以立者也。……此我之所以有待于君，而功业政绩，光缵先绪，而所以使我得言于后日者，君之恩而成之也必矣……我引领而望之。"

此文就蜂腰石两山相连似断不绝之形体发议论，以松平家族尤其是他和兄弟们征入幕府，再三荣禄作比。希望他"思所以勤

---

① "敬于斯"三句的句型是套用《礼记·檀弓下》晋献文子成室，张老祝贺他家："歌于斯，哭于斯，聚国族于斯。"意谓将来家庭平安，在这里举行庆祝和祭祀活动，把全宗族的人团结起来。而木下所仿作的三句，则是让全家庭的人对皇上表示长久的敬畏……

其职"，"立其位"，这是第一次回答。第二次是进一步以蜂作比喻，蜂有蜂房，工蜂、蜂后，各有分职。蜂有蜜，能和药治病。希望松平兄弟们，"受职当位，朝衙夕班，考课致和，以医民瘼"。这就是松平君"以勤""以立"所在。也就是说，像蜜蜂那样辛勤于所担任的工作，久立于朝廷，家族的光荣就会延续下去，像蜂腰石那样，连续不断。这就是我所期望的。

这篇文章，有赞扬，也有劝勉。比起前述《养老石记》，此文扣题更紧密一些，比喻较贴切一些，是借物喻政之文，主旨是希望朋友像蜜蜂那样勤于政事。

《笑不答石记》

这个题目很怪，石头没有感情和言语，怎么会"笑不答"呢？原来是："元老古河羽林纪公居第庭中有一巨石，其状山立，无险绝之态；其色苍致，有端重之气。公甚嘉其质而无文，静而不动，使观之者洒然消浮躁轻薄之习，淡乎生无为闲适之思，因名之曰笑不答。"请木下先生为文解说。

作者先用大量笔墨来说明石之大用："石之为物，其用大矣：国有磐石之基，臣有柱石之任，官有戒石之警。嘉石肺石之恤斯民，孝子贞妇之化其俗，此皆关系于治教之最大者也。"以石比人，以石论政，这几句是总冒。

下面再分说前举"三石"："今夫邦国大小，犬牙相错，为国家之藩屏，则磐石之基，于是乎固矣。"此"邦国"指州县，"国家"指全国，全日本。意谓邦国之守臣，乃国之磐石、基础。"分任百司，岁禄月俸，知生民之脂膏，则戒石之警，于是乎存矣。"这是指中央政府各部门官员；"爱养元元，无有疲穷，赈恤之施，于是乎效矣。旌表孝贞，鼓舞人心，风俗之美，于是乎劝矣"。这是总括中央及地方百官对国家的贡献。下面又专述羽林公的作用："公乃为国之硕辅，总持权衡，旋斡钧轴，端重镇静，平易质直，而使小人变轻浮之俗，君子乐无为之化，潜移默运于不言之中，而措天下于泰山之安，则所谓柱石之任，于是乎备矣。"先总后分，"三石"皆备论矣。

上面这番议论讲的都是人而非言石。下面突然大转弯："若夫假山、砚山之止于玩物，平泉、奇章之至于丧志，此徒适于心目之小，而君子所不取也。"几句话把羽林公所喜欢的"笑不答"石否定了。紧接着几句又来个小转变，把文章拉回到题目上来："或曰：石之不言，固也。而谓之笑，可乎？"作者回答说："吾闻之，南河县丹溪有响石，人呼之应，笑亦应。见今之时，升平年久，治教日新，宇内之民，熙熙而乐，嚇嚇而笑，和气上彻，天人相应。天之与人，笑而相对，石之有时而笑，不亦可乎？"

他举这个例子说明石能"笑"，近似现象是可能发生的。《水经注》等地理书有多处记载"喊泉"，泉傍如有人声，则泉水涌出，汩汩作响，其道理与今之音乐喷泉类似（注：参看笔者文章《古代的喊泉》）。所谓石头能笑，即石头有回声，人处山坳或石洞中，或巨石而有空窍之前，发出大声，必有回响。若人大笑，回声亦大笑。这是合乎声学原理的。至于说这是人民欢乐，和气上升，无人相应，相感而笑，乃董仲舒的天人感应说的引申。文章最后说："子如试以公之志，问石之心言意语，而点头乎斯言乎？"前面把石能笑批驳一番，经过天人相应的解说又拉回，石笑原来是升平年久之故，羽林公之志亦在此，当然他也会"点头乎斯言"矣。木下不愧是巧为言说的高手，此文和《养老石记》一样，都是把无理说成有理的妙文。

第四类 杂文

《恭靖先生遗稿》列为"杂文"者仅一篇，我认为还可以增加几篇。

《骂灯火文》

"吁嗟汝灯，予之遇汝也不薄。处以高檠，不踏尘土；屏以麦光，不近风日，炷微则玉杖挑之，盏干则香油加之。常听弦诵之音，淫靡之声不扬于傍；偏照简策之文，华彩之色不列于前。予何负汝乎？汝何不少借光焰，助予文章，却使予恶见汝面，每逢则思入华胥乎。不如使汝入冥冥之乡，一映灭之。少间有声暗中者，曰：异哉吾子之言。夫肥牢豕者为膳羞，培园蔬者为齑羹，非有德牢豕园蔬，以欲利吾肠肚也。子之所以厚我，非有德于我，以欲利子用而已。煎膏焦心，起于黄昏，到于天明"，"我所以报子，不为不足。我普照万字，而子不记一言；我才照后章，而子已忘前句。如此而归咎于我，可乎？甚则据梧而伏，枕卷而寝，鼾息惊骇旁邻，唾涎狼藉几案，古人黄妳之讥，于子观之。子兮子兮，子今不改，终于面墙而已。予则流汗如洗，嗒然自失，急呼童子，点火谢之。"

此文属于广义的寓言，它不同于先秦寓言《狐假虎威》《鹬蚌相争》之类，以简单的虚拟情节，说明简单的事理，而是采用对话体，让动物、器物或人体某器官与人进行质疑式对话。质疑者先对人提出责难，然后人作出回答；或者反过来，先人后物，双方各陈述理由，文字比先秦寓言长。作者借以发表见解，或宣泄牢骚，或自我解嘲，重点不在故事而在道理。日本善居逸《诘眼文》、兼明亲王《发落词》、松崎谦堂《蝇说》等是。

木下此文前段是主人骂灯火，我待你不薄，给以各种优待，你却"不少借光焰，助予文章"，使我看见你就想进入梦乡，不如一口气吹灭你。灯火回答说：我对你的回报，"起于黄昏，到于天明。我普照万字，而子不记一言；我才照后章，而子已忘前句。如此而归咎于我，可乎？"你甚至还趴在桌子上，枕着书本睡觉。你呀！你呀，如果不改，将同于面墙而立，闭目塞听，什么知识都不懂。主人听了灯火的批评，汗流如洗，十分惭愧，急忙道歉。

此文用意显豁，旨在批评不肯用功读书的懒人。情节与说理皆简略，其实还可以叫灯火多加几句：你害得我耗干灯油，燃尽蜡烛，浪费时光，你毫无歉意，反倒责怪我，岂有此理！加这样几句，或许能把懒人狠狠地刺痛一下。

《原茶》

"茶者南方嘉木也。载于周诗，记于《尔雅》，郭璞以为煮作羹饭，则其著称也尚矣。而经作于唐，谱成于宋，于元于明，其用太广，无人不嗜，无日不饮。传至本朝，起于栂尾，盛于菟道，鹰爪之奇，雀舌之嫩，花白初昔之妙品，玉帝舜华之赏会。佳宾韵客，夸饮中之饮；隐士禅侣，耽味外之味。释滞消壅，涤中肠，除内热，其益于人，诚可谓嘉木矣。原夫《周官》有五浆五齐之制，盖古之人，饮食淡泊，情欲寡少，无滞积壅塞之患。至于后世，俗好淫僻，私欲繁多，五浆解渴，五齐养性，冀其力之所不及，虑其智之所不足。加之厚味醇醪腐其肠，艳姬娈童伐其性，烦闷热积，为痞作疝，除烦消热不可一日无茗饮。故上自王公至士庶人，外及夷蛮戎狄，其用太广，此茗饮之所以日与月盛也。噫！世之蔽物欲之痼疾，染习俗之污秽者，安得服圣贤之药诲，以除疾涤秽，若茗饮之清爽哉。"

此文简述饮茶的发展历史，肯定茶的功能，可以"释滞消壅，涤中肠，除内热"，有益于人甚多、甚广。"经作于唐"，指唐人陆羽作《茶经》。"谱作于宋"应为"录作于宋"。宋人蔡襄作《茶录》。而《茶谱》乃明人朱权所作。《周官》是《尚书》中的一篇，其中提到"五齐"乃酿酒之法。"五浆"出自《庄子·列御寇》，指许多卖浆之家。木下同时指出，后人因为"俗好淫僻，私欲繁多"，"厚味醇醪"，"烦闷热积，为痞作疝"，非饮茶除烦消热不可。最后说，"世之蔽物欲之痼疾，染习俗之污秽者，安得服圣贤之药诲，以除疾涤秽，若饮茗之清爽哉！"意谓世人物欲太盛，应该好好清洗，服膺圣人清心寡欲的教诲，如同饮茶之除积秽一般，这是恳切有益的忠告。

《茶磨铭》

"此一副磨，才经敏手，便脱顽名。因兹内外圆成，由是上下和合。经始常无退转，从教向上留心。凭它雀舌龙芽（皆茶名），这里须要粉碎。腹内多通路径，发处不受糊涂。观他日用功夫，见其顶门一窍。未敢呈示诸人，若要细末将来，幸望先垂瓢手。"

据唐陆羽《茶经》记述，当时饮茶先将茶叶磨成细末，以膏合成茶饼，再煮而饮用。到了明代的朱权，才改为将茶叶用开水冲泡而服，煮食茶末之法与饮茶叶并行一段时间才废止。这篇《茶磨铭》把茶磨形制描述相当仔细，上下两片圆石，以中轴相连，两片石皆刻多条缝路，以便茶末从缝中流出。上片石当中有一孔，乃放入未加工之茶叶处。今尚可见磨豆粉磨芝麻油之小石磨皆如此。木下此铭全用六言，文字讲对仗而语言甚浅白。木下还有《碾茶小壶》是考古短文。可见作者对茶具很熟悉，很喜爱。

木下晚年有《自题小像》，文短而味浓，是骈体杂文。

"眉目颊颧，面全体未全；语默动静，神传心自传。缥囊缃帙，生死文字间；褒衣博带，陪侍鹓鹭班。舒之则有物有则，日用不知；卷之则无声无臭，世共相移。用舍行藏，焉为有？焉为亡？呜呼噫嘻，我与尔有是夫！"

此文实为自赞自赏，与他人之自题小像，似贬而实夸者略有所不同。他发挥儒家"用之则行舍之则藏"，有物有则，与世推移；人生哲学，写得轻灵潇洒，富于情趣。

木下的古文，还有书启 23 篇，题跋 13 篇，论说 9 篇，赞铭 56 篇，等等，不在本文题目之内，故置而不论。

四　琉球古文述略

我国东邻古国琉球，又名中山，是位于我国台湾和日本鹿儿岛之间的一系列群岛。关于该国的文字记录最早见于《隋书》之

《琉求传》，《元史》改为《镏求》。明初洪武五年（1372）太祖朱元璋派使臣出使该国，正式册封为藩国，定名为"琉球"，此后双方交往频繁。居民中多有中国移民，受中华文化影响很深。该国朝廷常派留学生渡海来华学习，中国政府为之在福州专设琉球馆，接待来华学习的自费留学生和商贸人员，清初在北京国子监建专门屋舍供琉球官派生居住，一直延续到清末。琉球虽有球字，使用不广；官方文书通用汉字，民间多懂汉文，一直用中国年号纪年。1879 年日本吞并琉球，改称冲绳县，此后才改用日文。此前五百年间，汉文诗文写作一直不断。今存《琉球》正史有《中山世谱》，是多人先后续成。1650 年向象贤以琉文编成《中山世鉴》，1697 年蔡铎改成汉文并作订正。其子蔡温于 1725 年再加修补，形成正卷十三卷，记述开国至明清历史。1731 年郑秉哲续编附卷七卷，记琉球与日本萨摩藩交往历史。全书 20 卷，采用编年体，定名为《中山世谱》。该书早期多神话传说。元明清时期史实较可信，其中有些片段可视为散文。

今所见琉球最早的完整的古文是明成化五年（1469）所铸《相国寺钟铭》，作者是该寺住持溪随，共 98 字。

"琉球国君世高王，乘大愿力，新铸巨钟，寄舍相国寺，说偈以铭，是祝王基之万岁。安国利民圣天子，继唐虞之化；全文偃武贤宰相，沛霖雨之秋。兹有巨钟新铸就，高楼挂着万机心。无端叩起群生梦，天上人间妙法音。时成化己丑四月七日，住持溪随记之。"

前五句为散句，中间有一联四六对句，末段有四句七言诗，平顺清晰，虽有对仗，不太追求艺术性和佛理宣扬。

今存重要汉文诗文集有程顺则编集的《中山诗文集》，1725 年刊刻于福州，收诗 256 首，作家 39 人（包括中国籍而写作《琉球》事者）；文 23 篇。还有一些个人文集，碑记铭刻等，散在各处，尚未见收录古文成总集。本文主要介绍《中山诗文集》和其他书中的代表性古文。

一　记人之文

1. 郑秉哲《鱣鱼救孟杨清》

孟杨清是琉球派往中国朝贡的使臣，他从那霸（今日本冲绳县首府）开洋，"走到中洋，台飓覆船，人多溺死。杨清随浪浮沉，气将绝息，忽有鱣鱼，浪间跃来，撞着杨清。杨清抱鱣，鱼载杨清，有相救之形。杨清坐鱣背，任他走去。天昏风猛，不分东西，不知走向何处。已经二昼夜，走到一所，杨清就登岸，乃福建境内之地也。杨清揖鱣而言曰：'汝既救我，我得再生，深恩难报。若得全性命归国，则教我子孙永誓世世弗食汝肉！'哭泣称谢，言罢，鱣鱼摇头摇尾，有欢喜之形。杨清茫茫然，则喜则悲。寻来乡邑，禀报覆舟并鱣鱼救生等。既而归国，孟家一族不敢食鱣鱼，从此而始也"。[①]

鱣鱼：鱣读 shān，古音亦读 zhān，与鲟鱼同属，大型鱼类，一般长二三米，肉肥美。本文属于民间传说，今人陈福康教授说见于琉球汉文史书《球阳》卷 3，又见琉球《大宗蔡姓宗谱》。"蔡谱"说故事发生在明正统四年（1439），事主姓蔡，琉球通事，随正使梁某赴中华，在中洋遇台风，人多溺死，蔡在海浪中被一大龟救护，乃抵达南京。揖龟而言，我子子孙孙，永不食龟肉。郑秉哲记述文字较"蔡谱"简约许多，剪枝去叶，更动人物姓名，叙事更加明畅，语言风格与清初民间故事相近。海洋动物救人的传说，在中国古籍中屡见不鲜。新加坡有座小岛名为龟屿，即因海龟救人民间立祠纪念而成为景点。这种现象正是中外文化交流、融合的反映。

---

① 　本文转引自陈福康《日本汉文学史》（下册），上海外语教育出版社 2011 年版，第 339—340 页。

2. 陈元辅《中山自了传》

此文选自《中山诗文集》，作者陈元辅，字昌其，原籍福建，曾任县丞、福州琉球馆教师。文章介绍一位天才哑巴，见一事物必穷思其故，见其兄练枪而自学枪法，见弟之书而抄写无错字。"喜临池学帖，笔如龙蛇，得王右军遗意。善镌圆章，刻画古朴，有秦汉风。尤工丹青，凡古人墨迹，摹仿逼肖。杂之古书画中，无有能辨之者，后乃以善画得名。中山王闻之，召入内廷命画，凡山水、花竹、翎毛、笔笔入神。王爱之，常侍左右，赐号曰自了。崇祯年间册封行人杜三策至中山。王出自了画，索留题，杜公大加称赏，比之顾虎头、王摩诘，以为近代无有也。迄今字画流传国中，人得之如获重宝。年十八无疾而逝。"

作者最后评论说："五官之于人，缺一不可，而自了独以口哑致神悟，何哉？……自了岂以不得之于口者，而得之于心耶？""余独恨自了无文章传世耳，使其父教以读书，则古文词诗歌，必能追踪往哲，不则天或假之以年，阅历久而聪明生，未必无词藻可观也。"

世界上确实有这样多才多艺的残疾人，有的哑巴口不会讲而手却很巧，瞎子眼不能视而听觉敏感，成为音乐演奏家，或推拿医生。此文题材新颖，描述生动，语言精练得体，是奇特的传记。

3. 陈元辅《程仲扶〈焚余稿〉序》

此文虽题为诗序，实为神童小传，选自《中山诗文集》。传主程仲扶，是程顺则次子，名搏万，11岁能诗，14岁早夭，被誉为鬼才，遗诗编为《焚余稿》。陈元辅在这篇序文中，对这位短命才子十分欣赏。说："吾门程雪堂（程顺则字），有子搏万，早岁能诗，每以生长海外，未得见余为憾。且言其梦寐之间，如或见之，向往于余，亦可云至。余果何以得此于搏万耶？搏万虽稚龄，力于学，即卧疴床蓐，手不释卷。有如此之人，天不老其才，反促其算（年龄），天乎！不可问矣。"

作者深切哀悼，比此童于同样享年不永的李贺、王勃，称赞其诗"明畅流转，字字欲仙"，哀叹其"白雪之歌未终，芳兰之花已谢。仙耶！鬼耶！余又何能测之"。尤其遗憾的是，搏万曾做梦见到陈元辅老师，陈老师却始终未见到搏万，留下悠悠长恨。序言中这些发自肺腑的语言，感人至深。14 岁的琉球少年诗人，庶几乎可以和中国明末清初 16 岁的神童，为国家呕心沥血的天才诗人夏完淳齐名诗史。下面附录其诗二首，以见一斑：《春日登山》（11 岁作）："春山一望景无穷，海色苍苍万里空。飞鸟数声云几点，何时收入画图中。"《步月》："中廷满树白璘璘，万里清光绝点尘。寻句踏践三径后，夜深欲问广寒人。"

《中山世谱》有不少历代国王的传记资料，真伪难辨，史实难考，故不引用。

二 建筑之文

1. 程顺则《琉球国新建至圣庙记》

《中山诗文集》有多篇圣庙记，选一篇为代表。

本文作者程顺则（1663—1734），字庞文，号雪堂，是琉球最知名的文学家，在琉球朝廷官至协理紫金大夫。曾五次来中国，在福州留学七年，四次入北京，自费购买大量汉文古籍带回琉球，有些书长期作为该国国民修身课本。他父亲亦善诗，曾任通事来华，弟弟是中国留学生，次子搏万，有诗集留存。他这篇《琉球国新建至圣庙记》，记述该国建立孔庙的经过，其前半段称赞孔子之伟大，后半段如下：

"琉球远在海外，去中国万里……然自明初通贡献，膺王爵，至洪武二十五年。王子泊陪臣子弟，皆入太学。复遣闽人三十六姓，往（振）铎焉，虽东鲁之教泽渐濡，而尼山之仪容未睹。及万历年间，紫金大夫蔡坚始绘圣像，率乡中缙绅，祀于其家，望之俨然。令人兴仰止之思，不可谓非圣教之流于海外也。至皇清定鼎，文教诞敷，斯文丕振，较前尤盛。时有紫金大夫金正春，于康熙十一年议请立庙，王允其议，乃卜地久米村，命匠氏庀材，运以斧斤，施以丹雘，至康熙十三年告竣。越明年，塑圣像于庙中，左右列四配，如中国制。王乃令儒臣，行春秋二丁释奠礼。既新轮奂，复肃俎豆。猗欤盛哉！从此睹车服礼器，恍如登阙里之堂，躬逢其盛也。师天下之功，不于此而见其无外哉。"

全文充满对孔子及儒家学说的高度评价和尊敬之情，反映了琉球从国王到臣民对中华文化的向往，语言典雅，行文流畅，风格清正；是不可多得的优秀古文。

2. 程顺则《琉球国创建关帝庙记》

本文选自《中山诗文集》。文中的"关帝"，指蜀将关羽，后人因其忠义而立祠纪念，由历史人物演化为神灵。宋初封"真君"，宣和间封"义勇武安王"，明代封"三界伏魔大帝，关圣帝君"，清代封"武圣"，立武庙，与纪念孔子的文庙并列。明清以降，由于小说《三国演义》和三国戏的推动，关羽故事妇孺皆知，关帝庙逐渐遍及城乡。关帝被百姓称为关公、关老爷。其职能包括驱妖降魔、除暴安良、去病消灾、升官发财，有时塑成财神爷像。其影响远及朝鲜、日本、越南、南洋各国，甚至非洲，几乎有华人处必有关帝庙。而在新加坡、马来西亚，供奉关帝的小神龛几乎在每个华人店铺可见到，成为华侨华人的共同信仰的尊神。

这篇《琉球国创建关帝庙记》，记述琉球国王批准建立的首座关帝庙，突出其忠义品德，认为可与孔子相比。其中有云：

"予尝读（关）帝庙联有云：后文宣而圣，山东一人，山西一人（孔子是山东人，关羽是山西人）。由此观之，中朝（指中国）以帝为圣，其尊帝可谓至矣。兹琉球国已建孔子庙，而独于帝缺其祀典。岂帝之声名，止洋溢于中夏而不能远播于海外欤？予谓不然也。岁癸亥为今上御极之二十有二年，册封正使翰林院检讨汪公讳楫，副使内阁中书舍人林公讳麟焻，知吾国有欲为帝立庙意，乃捐俸五十金，以为之倡。爰我王喜为立像祀之，从此俎豆馨香，帝之灵爽实式凭焉……帝之正气，可以塞天地；帝之大义，可以贯古今。能使后之为臣子者，靡不知有君父焉。"

此文未言及关帝保境安民，去邪降福等神化功能，与东南亚各地民间修建关帝庙碑文略有不同。文章更接近官方文书，不记录民间募捐集资等事项，显得庄重典正，与前面所引建立孔庙碑记的风格相同。

3. 程顺则《重修临海桥碑文》

此文选自《中山诗文集》，赞颂修筑临海桥码头之功用，主要在于便利与中国的交往，可以"时修贡典，永沐皇恩"，可见琉球国对与中国保持友好关系受到朝野的重视。先述临海桥附近风光和桥的作用，再说明由于台风，桥及堤俱受损，国王发国库，补旧堤，架石桥，竖石栏，"庶民子来""不日成之"（二语出《诗经》，赞颂周文王）。乃勒石以垂不朽。文章描写具体细致，有物有序，周到全面，是典型的纪念工程之文。特全文引述如下：

"中山之有那霸，犹藩篱也。东望则王城佳气，葱葱郁郁，巍峨宫殿，高出万松中。西望则姑米、马齿诸山，时隐见于烟云雾雨间。而浩渺汪洋，空碧无际，南北风帆，络绎弗绝。凡迎送封舟，出入贡艘，悉由于此。曩者沿江砌石为堤，设木桥达海门。桥之首则建有迎恩亭，以耸观瞻。自明初抵今，历数百年，为天使驻节地，仪仗旌盖毕集焉，殆所称中山锁钥之区欤？惟是盛衰有数，而兴废系之。康熙甲戌秋，飓风陡作，桥乃陷于巨浸，而堤亦溃。方今圣人御宇，制作维新。而我国王膺封以来，与诸辅臣，勤于政治，时和年丰，百堵皆作，忍视斯桥之倾圮，而不为之构造乎？爰发帑金，补葺旧堤，架石为桥，桥上左右，悉竖石为栏，以垂永久。经始之日，弟见庶民子来，争先恐后，有不日成之之风。既竣厥功，人佥曰：桥以那霸重，那霸以中山重，从兹时修贡典，永沐皇恩，则临海二桥，将与海水泱泱共千古矣，谨勒石以垂不朽云。"

那霸港不仅地位重要，而且风光优美。琉球诗人杨文凤（1774—1805）有多首诗赞扬：其一曰："霸港潮平两岸宽，扁舟泛初夜将阑。一轮明月波间照，拟是仙槎棹广寒。"

4. 程顺则《庙学纪略》（节选）

此文选自《中山诗文集》，主要内容是介绍琉球庙学历任教师，也就是该国高等教育的情况。

所谓"庙学"之庙：指至圣庙，中国称文庙。学，中国指县学、府学，或曰儒学，与文庙合署办公。春秋两季祭奠孔子，平时教育生员（即秀才）。府学学官称教授，州称学正，县为教谕，副职皆称训导。琉球仿中国明清学制，亦在文庙开办儒学，合称"庙学"。

琉球从明代起兴学校（当时还不是"庙学"），延聘中国大儒毛、曾、张、杨四先生到琉球任教。明万历间，郑炯以官生入北京国子监（中国的最高学府）学习，回国后任琉球学校长史（秘书长），后来派监生周国俊以紫金大夫司教（相当于教育部长），康熙初允琉球建立文庙，兼司学校教育。从大夫、通事（翻译官）中选用文理精通者郑弘良等九人相继为讲解师，讲解经学。又择句读详明者郑永安等八人相继为训诂师。康熙二十二年以后，中国政府允许琉球每岁派三名国官生入中国太学，以霑同文之化。梁成楫等三人从中国太学回国后，即任为讲解兼训诂之师。此后三人一番轮替之。厥后有多人回国分别任讲解师、训诂师。琉球庙学教师多数是从中国学成归国的留学生。作者记录他们的姓名，是为了体现国王"尊圣隆师"和诸大夫"崇儒重道"的精神，传道解惑，垂训万世，流传久远，绵绵弗替。此文是琉球教育史上的重要文献，程顺则把他所知道的庙学教师名单都记录下来，是中国琉球历代教育合作交流的具体见证。

5. 徐葆光《琉球国新建儒学碑文》

徐葆光是康熙五十八年册封琉球国王副使，他参观新建的儒学，设在圣庙之中，记录儒学的各种建筑和器物，比较具体。下面引述其中一段：

"程顺则君有碑记建（圣）庙颠末，使成于康熙之十三年甲寅之岁，时尚未有所谓明伦堂也。今观其庙之左方，有室新建，堂构维杰，上室奉启圣公泊配享神主，两庑舍设学校教授，岁立讲解师、训诂师二员。维其人，丰廪实，尊体貌，而以通事若通事、秀才若秀才等若而人，皆从业焉。月有讲，考六经之文，与上谕十六条等书。凡有补于行谊者，皆笺刻而讲明之……八月上丁释奠之辰，公卿人士，咸执帛爵，举国欣欣然以就典礼，斋宿维三，鼎俎有实，品列上下，有度有文。远人观之皆歆然称之……海隅出日，罔不率俾。堂哉皇哉！殆不越乎学之一言而已矣。"

接着，他用七言楚辞体写下二十句铭文，赞其盛况。此文是对前引《庙学记略》的补充，很有历史文献价值。

三　诗序之文

1. 陈元辅《雪堂燕游草序》

此文选自《中山诗文集》。《燕游草》是程顺则的一本诗集，内容是记述他从福建到北京游历的见闻，所过通都大邑，大江南北，湖山林麓，皆笔之于诗，以真性情为真文章，完成了陈元辅自己当年的夙愿，故大为赞赏，给以很高的评价。

此文首先表明观点："诗以道性情也，而劳臣、孝子、骚客、征夫，往往寄性与情于湖山、林麓、城邑、亭台间，而篇什乃擅名各地于一代。"接着说，"予夙有山水癖"，曾经和几位好友，打算游遍江南名城，"徜徉于江光、岳色、酒旗、歌扇中，与往来二三君子问柳寻花，传觞染翰，使都人咸称使君风流，足千古矣"。然而二十余年来，几位朋友都去世了，自己也老了，理想未能实现。"回首旧游，能不悲哉！"下面说，如今同宗程宠文先生，

"奉其（琉球）国命，来朝京师，自发棹至燕邸，又自出都至解缆，历时八阅月，计往返万有余里。凡所过之通都大邑，所游之古刹荒祠，与所交之名公巨卿，皆著之于诗。而三州佳丽，搜奇抉胜，尤多吟咏。予曩寓之空言，兹乃得之游览，予愧程子矣。程子攻诗有年，为中山之秀。今复得睹九重宫阙之巍峨，以及大江南北、湖山林麓、城邑亭台之壮丽，以真性情为真文章，追太史、工部风，予窃有望焉，爰寿梨枣，以鼓吹后来，而同文之化无远弗届，亦概可见矣"。

宠文是程顺则的字，其《燕游草》收录在《中山诗文集》中，是琉球古诗的精华。下面请看数首，《登金山塔》其二："千尺浮图插碧空，凭虚独上御天风。中山遥在云飞处，极目苍茫望海东。"登江苏镇江金山，念念不忘东海祖国。《过扬子江》："维扬水阔放船宽，吴越山川纵目看。归客帆樯冲浪急，连天星斗过江寒。断烟日夜浮空际，胜地东南壮大观。一叶飘然芦荻外，沙鸡无恙喜安澜。"心情畅快，可能作于回国途中。曾任中国赴琉球副使的徐葆光称程氏诗，"君是中山第一流"。

2. 王登瀛《中山诗文集序》

此文选自《中山诗文集》，作者王登瀛，是康熙时期出使琉球的使臣。《中山诗文集》正文前有三篇序文，除王序之外，另两篇作者分别是郑晃、任五伦，皆中国使臣。都对这部文集大加赞扬，简介两国文化交流的经过，肯定琉球学习中华文化所取得成绩。王序说："予谈经驿楼，得交蔡君声亭、鲁君虞臣、程君宠文诸君，深知中山人文之盛。续读中山国王祝翰林汪太翁、中书林太母二寿序，水清玉润，气夺钟岳。及读诸君子游草，或咏物，或赠答，或怀古思乡，出诸性情，皆有太史公之笔，予拍案称奇。时吾门从游诸子告予曰：汇梓成集可乎？予曰善哉，亟授梨枣，俾人知中山国王，及王戚内外诸臣，文献骎骎，后采风列国者，登之庙堂，播诸雅乐，与中华并辔联镳。余深嘉其言，书此并以勖后之学者。康熙辛丑（1721）孟夏望后道山老人王登瀛阆洲氏题于柳轩。"

这些序言证明中国政府官员对琉球文学创作的支持和重视。任五伦的序文还对文集中的部分作品分别点评。现略举数人之作：曾益（1645—1705）《游灵隐寺》："我爱西湖灵隐寺，寺门斜旁薜萝开。蒲团竟日谈兴废，花径由人数往来。草色遥连骑马路，涛声长绕讲经台。幸留一片袈裟地，不共沧桑化劫灰。"此寺略于写景而重在人事尤其佛事，抒发历史兴废和世界沧桑之感慨。蔡肇功（1656—1737），曾在福州学习三年半，精通历法，其《寒月即事》："寥落寒风过客楼，黄昏独立慢凝眸。砧声敲破关山月，一片冰心万里愁。"此时作者正在福州馆学习，故有万里思乡之愁。周新命（1666—1716），曾在福州学习七年，其《寄程宠文》："与子握手别，愁心绕故乡，驿亭花径冷，江路草桥寒。"仿佛唐人遗音。

3. 蔡铎《雪堂纪荣诗序》

此文选自《中山诗文集》。作者蔡铎（1644—1724），20 岁任通事（翻译官），23 岁到福州留学。回国后任庙学教师，1688 年以贡使身份访华，著作有《观光堂游草》。清代著名学者梁章钜读过他的诗，认为"工于吟咏"，"不必遥深，亦自冷然可诵"（《南浦诗话》）。这篇《雪堂纪荣诗序》是为《雪堂纪荣诗》而作。"雪堂"是程顺则的号。"纪荣诗"是一部众人合集，共同赞美程顺则获王世子特赠凤尾蕉这一殊荣。凤尾蕉，即铁树，树干坚硬似铁，树叶散开似凤尾，要长到十几年才开花，人们用"铁树开花"形容难得一见。文章借此形容程顺则多次出使中国，劲节似铁，雅度如兰，世子所赐，非寻常鉴赏之珍，乃旌其忠而励其节，有深意焉。于是"开宴，集诸僚友，赋诗纪荣"。最后颂天子及国王，"栽培德意，千载一时"。纪荣诗作者十二人，皆署名官职，可见朋友们都感到荣幸。文章开始列举中国古代许多托花木以寄高风亮节的典故，再论及程大夫、王世子和群僚聚会，井然有序，典雅得体。蔡铎多次来华，对中国朋友感情很深，其诗《琼河发棹，留别闽中诸子》可为代表："裘马如云送客船，简书遥捧出闽天。骊歌古驿三杯酒，帆挂空江五月天。别泪已随流水去，离情不断远山连。故人若忆西窗话，极目燕台路八千。"此诗当是他 1686 年以贡使身份来华后，从福州与朋友告别时所作，所以"遥捧简书"，而又"极目燕台"，依依不舍，情溢言表。

四　书信之文

1. 蔡温《致程大夫宠文书》（节选）①

作者蔡温（1681—1761），27 岁时到福州留学二年，回国历任国师、三司官，治理农林、水利，35 岁曾访问北京，著作有《澹园诗文集》。他是程顺则的忘年交，得知程氏四子皆先后早逝，甚哀伤，乃作此书劝慰。认为"人身生死，万物成坏，以及智愚贤否、穷达荣辱之类，皆命之所致，而非人力之所容也"。针对程氏来书"何报"之疑，作者批评佛教因果报应说："世俗指命以为善恶之报，或归罪于父祖，或求免于神佛，此世俗之惑，而非君子所顾也。夫为善者，众皆爱之；为不善者，众皆嫉之。夫嫉与爱，如影随形，如响应声，即所谓善恶之报也，命岂然耶？命迟速亦非必由善恶之所致，故善人或逢不幸，而不善之人或逢幸者，往往有之。此皆足下之所深知，而非不佞之可言也。"认为人的命运与善恶无关，善人可能不幸，恶人可能幸运，故不必信从。作者相信人生遭遇由命定，"凶吉祸福之致而至者，命也。君子必俟命于天而不苟疑，岂有尤怨之理耶？"①这种宿命论是其局限性；但他又反对善恶报应论，这是其积极性。为了消解老朋友的哀伤，文章反复开导，解惑释疑，诚恳真切，难能可贵。蔡温能诗，其

---

①　本文转引自陈福康《日本汉文学史》（下册），上海外语教育出版社 2010 年版，第 352—353 页。

《我部盐居》写琉球生产海盐情况："草屋轻烟冲碧空，隔峰相望白云同。应知煮海成盐味，只在乾坤造化工。"清末民初大诗家徐世昌颇欣赏此诗。

2. 毛凤来、马兼才《致驻日各国公使请愿书》（节选）

毛凤来（1832—1890）曾任琉球三司官，1876年与马兼才为反对日本的侵略行为赴东京积极从事救国活动，1878年二人起草这封致驻日各国公国多家使臣请愿书，历数日本侵略行径。前半段陈述：1872年日本逼令琉球改隶东京，封其国为藩国。1874年，将琉球事务隶归日本外务省。1875年，令其国即行停止进贡中国及受中国册封，以后改用日本年号及日本法律，本国多次反对，日本均不允许，特向各国通报，请求主持公道。后半段诉说："切念敝国虽小，自为一国，遵用大清年号。大清国天恩高厚，许其自治。今日本国乃逼令改革。查敝国与大荷兰国立约，系用大清国年号、文字，今若大清国封贡之事不能照旧举行，则前约几同废纸。小国无以自存，既恐得罪大国，且无以对大清国，实深惶恐。小国弹丸之地，当时大荷兰国不行拒弃，待为列国，允与立约，至今感荷厚情。今事处危急，惟有仰仗大国劝谕日本，使琉球国一切照旧，阖国臣民戴德无极！除别备文禀求大清国钦差大臣及大法兰西国全权公使、大合众国全权大使外，相应具禀，请求恩准施行。"荷兰等国并未出面阻止日本，日本政府得知此信后，恼羞成怒，不顾国际公法，于1879年3月突然派出军警，逼迫琉球交出政权，宣布将琉球改为冲绳县，把琉球国王押到日本。琉球国王拼死反抗，派官员到天津谒见李鸿章，请求派兵驱逐日军出境。清府据理力争无效，并未出兵。琉球爱国人士继续争取中国帮助，仍无效果。日本为了收买毛凤来，封他为冲绳县顾问，但他拒不接受，亡命中国，双目失明，1882年悲愤而死。马兼才被关押在东京，十几年后因病回乡，郁郁而终。

3. 林世功《上恭亲王绝命书》

作者林世功（？—1880），是琉球国于 1868 年向中国派出的留学生，学成归国后，任国学之大师匠、世子之讲师。1876 年奉命赴福州向中国报告日本强制"册封"琉球为藩国的侵略行径。1879 年又北上从事救国活动。同年 3 月，日本突然向毫无国防力量的琉球派出军警人员要求交出政权，4 月宣布改琉球为冲绳县。随即把国王和世子以及文物、档案、印玺掠夺到日本。琉球国王拼死反抗，派员到天津见李鸿章，请求中国派兵驱逐日军出境。1880 年 11 月，林世功又到北京以个人名义向总理各国事务衙门（即外交部）的恭亲王上书，谴责日本暴行，以死恳请中国出兵。自知不会有结果，乃壮烈自杀。林世功这种爱国精神，光照千古，彪炳万代，是琉球人民至死不屈精神的最有力的见证。林世功自杀前有两首绝命诗，十分感人。兹录其一："古来忠孝几人全，忧国思家已五年。一死犹期存社稷，高堂专赖弟兄贤。"这是给他弟兄的遗嘱。下面是《上恭亲王绝命书》全文：

　　琉球国陈情通事林世功谨禀：为以一死泣请天恩迅赐救主存国以全臣节事。

　　窃功因主辱国亡，已于客岁九月随同前进贡正使耳目官毛精良等，改装入都，叠次匍叩宪辕，号乞赐救，各在案。惟是作何办法，尚未蒙谕示。昕夕焦灼，寝馈俱废。泣念功奉主命，抵闽告急，已历三年。不图敝国惨遭日人益肆鸱张，一则宗社成墟，二则国主、世子见执东行，继则百姓受其毒虐，皆由功不能痛哭请救所致，已属死有余罪。然国主未返，世子拘留，犹期雪耻以图存，未敢捐躯以塞责。今晋京守候又逾一载，仍复未克济事，何以为臣？计惟有以死泣请王爷暨大人俯准，据情具题传召驻京倭使，谕之以大义，威之以声灵，妥为筹办，还我君王，复我国都，以全臣节，则功虽死无憾矣。谨禀。

光绪六年（1880）十月十八日。①

4. 向德宏、魏元才《致李鸿章请愿书》

作者向德宏（曾任琉球国紫金官）、魏元才等，1879 年 7 月，曾来华向李鸿章发出第一封求救信，1885 年 7 月，又上第二封信，痛切陈情，请求中国出兵，驱日复国。均未得到结果。后来他们辗转流亡各地，最后客死中国。这第二封信与林世功上恭亲王书一样，都是琉球爱国志士以血泪书写的重要历史文献。全文如下：

　　具禀，琉球国陈情陪臣国戚紫巾官向德宏等，为下情迫切，泣恳恩准据情奏请皇猷，迅赐兴师问罪，还复君国，以修贡典事。

　　窃宏等奉主命，来津求援，瞬将十年。国主久羁敌国，臣民火热水深。宏不忠不诚，以致未能仰副主命。乃近住日本之华裔，带来敝国密函，内云"日人又胁迫敝国主再幽日京。且紫巾官金培义等，于客岁九月间由闽回国，才到国后，日人拘禁狱中，至今不放"等情。前来闻信之下，肝胆崩裂！嗟乎，人谁无君？又谁无家？乃俾敝国惨无天日！惟所以暂延残喘者，仰伏天皇之援拯耳！兹幸法事（指中法战争）大定，天朝无事之日，即敝国复苏之时也。若复任日本横行，彼将谓天朝置敝国于度外。数百年国脉，从是而斩，其祸尚忍言哉！伏惟傅相老中堂，入赞机宜，出总军务，天朝柱石，久已上俞下颂，中外仰如神明，必救敝国于水火，登之于衽席。为此沥情再叩相府，呼号泣血，恳求老中堂恩怜惨情，迅赐奏明皇上，严申天讨，将留球日人尽逐出境，庶乎日人狡逞之心从是而戢，敝国主得归宗社，亡而复存。非特敝国

---

　　①　此文转引自陈福康《日本汉文学史》（下册），上海外语教育出版社 2010 年版，第 365—366 页。

君民永戴圣朝无疆之德，且与国共安于光天化日之下，是有
国之年仰沐皇上恩施，实出傅相老中堂之赐也。敝国上自国
主，下至人民，生生世世，感戴皇恩宪德于无既矣！临禀苦
哭，不胜栗悚待命之至！①

主要参考文献：

〔琉球〕蔡铎、蔡温、郑秉哲编撰：《中山世谱》，中国文史
出版社 2016 年版。

〔琉球〕程顺则编：《中山诗文集》，日本九州大学出版社
1998 年影印出版。

陈福康：《日本汉文学史》（上、中、下），上海外语教育出
版社 2010 年版。下册附《琉球汉文学概述》。

高津孝、陈捷主编：《琉球王国汉文文献集成》（32 册），复
旦大学出版社 2013 年版。此书兼收诗歌、史籍等。

方宝川等主编：《琉球文献史料汇编（清代卷）》，海洋出版
社 2014 年版。

（原载《职大学报》2020 年第 6 期）

---

① 此文转引自陈福康《日本汉文学史》（下册），上海外语教育出版社 2010 年版，
第 374—375 页。

第 三 章

安南越南古文作家创作研究

一 越南笔记《山居杂述》中的女性故事

《山居杂述》收入《越南汉文小说集成》第十七册，上海古籍出版社 2002 年出版。原书不题撰人。该书提要作者，越南学者陈氏金英和中国学者孙菊园认为，该书为越南 18、19 世纪笔记作品，约完成于西山王朝时期，1789—1802 年。分为三卷，共计 148 则，内容庞杂，不分类别，涉及人物故事、奇异传闻、历史旧文、文坛规制、丛考杂谈等，大多为作者平时读书所得所见所闻，也有些摘录他人著作。本文介绍该书中关于女性的人物故事，其主旨是赞美善良，批判丑恶，向社会进行正确的伦理道德教育，约二十则，小标题依照原书，参用原书约略转述。

第一类 劝学训子的贤母

《贤母》（卷1）

"吾乡阮参政公，其母太夫人有贤德，家贫如洗，常买糠于市，归而筛其秕米为粥，复卖之。"邻邑宦家女，买糠闹市，人多，挨肩擦背，坠金钗于贮糠器而不觉。阮太夫人买糠归，见金钗。认为宦家女所遗，送还之。宦家不胜感谢。阮公未第时，尝为同县某人代作科举考卷，对方许诺中试后以五银为谢，某人果中，谢银仅一锭。阮公欲往索补，太夫人止之曰："为蝇头小货，令人出丑。"代拟考卷即作弊，有欠忠厚，"宁可人负我，勿使人蒙羞"。太夫人训子极严，刻苦励学，夜读书悬木杵于额前，深夜欲寐，碰木杵自醒，其勤勉如此。后阮公得中亚元（中国称榜眼），后成名，太夫人教诲之力也。

这篇短文，记三件事，一为拾金不昧归还原主；二为他人亏欠不讨，以保全其名声；三为教子苦读、夙夜匪懈。中国古代有"头悬梁，锥刺股"故事，那是读书人自己约束自己，此文则是母亲严格对待儿子。

《贤母训子》（卷2）

"东山宪使黎伯康，少孤贫，其母结庐于市侧，卖茶以自给"，黎公年十余岁，受业于塾师，常与村童游戏市间，其母戒之曰："大凡为学，须在少时用功，他日应举取进士，方可显亲扬名，若乍勤乍息，不免处人下矣。"其时府县官过市间，知府闻母训子语，谓知县曰：我辈未中科举而登仕途，今闻老妪训子之言，不觉心愧。乃辞官赴京师国子监读书，府县官同登进士第。后因公事路过东山，问邑人，昔年茶肆有学童，其母训之甚严，今在何处？邑人答曰：黎公早成进士，现在某地任职。旧知府与旧知县赞叹不已，乃求见黎公，并拜谒太夫人。太夫人曰："昔年训子，出于一时过激，今日盛蒙礼遇，老妇何敢当之？"府县官恳请一见，母乃接纳，旧府县二公与黎公结为忘年交，至今东山人犹称述其事，传为佳话。文末作者赞曰，："噫！母之一言，不惟成子之名，又能成他人之名，母其贤乎哉！"

这个故事，说明贤母训子，读书应有远大理想，不可贪于游玩。可能她在卖茶时经常讲这些话，被地方官知府、知县听到了，感到自己未好好读书，很惭愧。越南古代仕途学中国办法，凡经科举而入仕，称为正途，经杂佐或捐班或恩荫而入途者称为异途，以正途为光彩。所以有的做了知县，还要入国子监读书考进士，以提高身价，就像如今有的县处级、地厅级官员还要去读博士之心理是一样的。所以此文作者认为，卖茶老妪训子，不但促使其子成名，也影响他人上进、成名。

《永姥贤母》（卷 3）

安乐永姥，冯博琦之母，结缡（结婚）三月后，其父远宦，母已有身孕二月矣。父任三年而归，博琦年已三岁，父疑而疏之。母抱子对天誓曰：妾若坚守清贞之节，此儿成长，必继乃父书香；如品行不修，母子绝灭。家贫，采果拾穗以养子，劝之学。博琦通敏博赡，21 岁解元，24 岁进士，人称其母为贤母。此贤母贫穷，养儿成立已大不易，少而劝学，长而成名，母实有大功焉。但是，对天发恶誓，以儿能否成名证明母之清贞，这是古代对上天的迷信，其志可嘉，其法不足取。以古代常识而论，婚后二月怀孕，其父三月出门，应该已知之矣。三年任满，儿三岁，有何疑哉？这位父亲太多心了，若在当今，到医院做亲子鉴定，结论更准确可靠，用不着老天爷来作证。反之，如果这孩子长大后未成进士，不能继承父业，难道就不是亲生儿子吗？人各有志，父子互有长短，世上不能继承父业之子多矣，难道都怀疑其血统有问题吗？所以对这篇《永姥贤母》应该用科学眼光看待，取其精华，弃其糟粕。

第二类 贤妇与恶妇

《贤妇》（卷 2）

东山进某人，乃僧人之子，孤贫失学，三十未娶。同邑富家小女有姿色，贵游子弟踵门求婚，女皆不许。二十犹在闺中。父责子曰：多少豪家子，女皆不如意，难道想嫁和尚之子吗？该女素闻僧人子纯谨质朴，闻父言，乃欣然答是。其父乃送女至寺，仅给粗衣薄食而已。女既嫁，与寺僧子别室而寝，告其夫曰：愿君专心力学成名，免为人笑，否则不能共寝。时同邑黎文休尚书致仕居家，开门授徒。女登黎公之门问曰：家有三十年陈粟可以种否？黎公答曰：若有好粟，有何不可？女乃送夫入黎公门下，躬自纺织，以供学费。僧子入学后，聪慧过人，经目成诵，居数月，思家，求与妻共寝，女仍不允曰：妾不惮劳苦，只望夫君学业有成，若半途而废，有何面目哉！次日即送夫归学馆，求师严加教诲。经若干年，终登进士第。邑人赞贤妇成就夫业。

这位富家女很有眼光，也很有耐力，她不从父命，不嫁富贵公子，看中贫家淳朴儿，成婚而不共寝，以激励丈夫专心学习，暂时放弃夫妇床笫之欢，在所不惜，并且坚持多年，实属难得。父亲不予以经济支持，她靠勤劳自给供养其夫，即使在今天，恐怕很少有女子能够如此。

《节妇》（卷1）

唐安范氏有女，聪颖悠闲，有姿色，嫁黎氏，生四子。遭连年大战，夫病故。范氏抚育遗孤，誓不再嫁，毁容变色以防强暴，达官贵人，慕其美色来求，皆以大义却之。其悲情有如铁石，非言语所能形容，一方之人，皆称赞为节妇。后国家安定，至太和初年，朝廷表彰节烈，有司以范氏事上报，乃表其门曰"节妇门"，享年86岁。子孙累世衣冠，为一乡望族。吏部尚书申仁忠，乃著名文学家，为之撰写碑文云云。

中国上古及中古的婚姻习俗，寡妇再嫁是寻常事，并不鼓励守节，唐及北宋以前率如此，自皇室公主至大家闺秀、平民百姓，不嫌再醮。韩愈之女再嫁二夫，范仲淹之母及儿媳、王安石之媳，皆夫死改嫁，社会认可。南宋以后提倡守节，从一而终。有人问北宋理学家程颐，有寡妇贫不能自养，可否再嫁？程颐回答：饿死事小，失节事大。这种观念不合人道，实际上在民间行不通，但朝廷和地方政府，极力提倡，到处立贞节牌坊。越南社会长期受中国传统思想影响很深，上述《节妇》故事受到当时上层社会普遍赞扬，今天如何看待，可能还有不同评价。

《贞女》（卷1）

"瑞原一女子，许嫁同邑人。未合卺（结婚礼），其夫病死，女欲赴丧，母慰而止之。女不应，乘间以巾挂后园树，自经而死。"

作者说："余昔著论，以为女未嫁人，为其夫死或终身不改适者，非先王之操也。"接着他又改口说："呜呼，世教既衰，人心不古，淇上桑中，习俗胥靡。女而不贞，妇而不节，滔滔皆是也。女子生于草野，乃能立品节之高，用心之决，其自处虽未合礼，而刚肠义气，发于自然，使即之者感慨，而闻之者莫不兴起。"他建议当政者应该予以表扬。

这样的"贞女"不值得表扬。既然还没有成婚，就不成其为夫妻，不惜自殉有何价值？既非先王之礼，也不合重生之道，提倡这种所谓的"贞洁"，乃是对生命的藐视。据说在印度某些地方有旧俗，丈夫死去，妻子自焚以殉，该国政府已明令禁止此等陋习。

《妒妇》（卷3）

这篇文章包括两个故事。

某尚书之妇最妒，娶妾令居别室，不让丈夫到妾居住之所去，丈夫每次幸妾所，都让手下假传圣旨，说是应召入宫了，后被其妇发觉。有一次，皇上真的派宫使来召尚书，妒妇以为是假的，把宫使痛骂一顿。宫使归，禀白，帝大怒，督促尚书迅疾入朝，尚书大惧，问计于宦者黄五福，五福教之曰：皇上若问尔妇为何辱骂宫使，可对曰：此妇素有狂疾，昨日适发作云。尚书依其计，上朝，以妇有狂疾，帝怒始释，这个妒妇险些让丈夫遭抗旨之祸。

第二个故事很短。某尚书之妇妒而悍，妾孕而产，妇往看视，暗置毒药于汤水中，妾母子皆死。妒妇所生之二男，本以为可继承父业，然皆不得善终。此妒妇行为有些像西汉成帝皇后赵飞燕，赵飞燕得宠而无子，为了巩固自己的地位，她设法把后宫嫔妃许美人等所生子毒死，造成成帝绝嗣，后来赵飞燕罪行被揭发，自杀。据记载，汉代童谣有："燕飞来，啄皇孙。皇孙死，燕啄矢。"

（《汉书·外戚传》）

《贪报》（卷1）

快州府有妇人阮氏态，是本县典簿阮銈之女，主簿杜永祯之妻，其母早殁，其父再娶，后母生男名季孙。阮銈在时，造屋三间二厦，以奉祭祀，经十余年，季孙病故，遗子孤幼。其姑阮氏态私拆其屋，以为自己私产。是月二十三日，有大风雨，见雷神下降，腰一金剑，立门外。其余诸神各以火烛入阮氏态家，烧氏态之衣服，皮肤焦烂。其夫杜永祯叩拜岳父阮銈之灵位，乞还所造屋，以赎氏态之死。须臾，氏态复活，后数月，竟死。

文章末段评论说：“彼氏态，季孙系骨肉至亲，而乃欺侄孤幼，私夺侄家屋以为己有。至有此奇祸，其可畏也。若有父母遗财，当各守其分，若恃强陵弱，妄取非己所有，自速罪愆，可不戒哉！”

这个阮氏态是已经出嫁之女，其父所造屋之继承权属于同父异母弟季孙之子。氏态却据为己有，按古时继承习惯，是违理法的，欺负孤侄是不道德的，所以遭到雷神惩罚。文章主旨是不能贪图非分之财，否则必有报应。

当今中国社会纠纷中，遗产房屋纠纷最多，在电视节目中专辟栏目，请专业律师调解，调解不成功则诉诸法院。其中贪多嫌少，父子相争，兄弟反目，屡见不鲜，有的人互相让步，有的人表现极差，只是现代社会已经没有雷公下凡来处罚缺德之徒。

第三类　德才之女

《才女》（卷3）

“文江宪范女子阮氏点，解元阮伦之妹，有才思，游学京师，一时才子让其敏赡。年四十，择对未嫁，作国语诗，约以和韵，称意者愿荐枕席，骚客皆为搁笔。独行有诗曰：谈笑古今心腹客，扶持左右股肱人。所作诗文甚多，传于世者，《续传奇》四则：一

《安邑烈女传》,二《云葛女神记》,三《海口灵祠》,四《碧沟奇遇》。后归于慈廉富舍阮翘,下帷教授,学徒数百,亦有登高科列显宦者。

阮氏点（1705—1748）,是越南才女,关于她的事迹,各种记载颇多,与本文略有异同,她本姓段,别号红霞女史,早有才名。有人出上联:"白蛇当道,季拔剑而斩之。"段氏点答下联:"黄龙负舟,禹仰天而叹曰。"因抚养长兄遗孤而迟婚,37 岁嫁进士阮侨（即阮翘）,故从夫姓,又称阮氏点。其著作传世者有汉文小说集《传奇新谱》,收六篇作品,其中三篇是她本人所作（即本文所列前三篇）,另三篇是他人所作,附录其书中,收入《越南汉文小说集成》第三册,文中所谓"国语诗"即以喃字作诗。

《南海才女》（卷 3）

唐上元初,南海有才女所制有《鐾鉴图》,名曰"转轮八花钩枝鉴",凡 192 字。回环读之,四字成句,其构思精巧,离词箴规,似有得乎风人之旨,可与苏若兰《璇玑图》、范阳杨氏《天宝回文诗》并传。

文末附录《鐾鉴图》像,中为六角形,旁出八只圆形花瓣,每瓣如葫芦形,外圆为花枝略小,与中间六方形相连。文章又介绍说:

"花上八字（实为十二字）,枝间八字,环旋读之,四字为句,递相为韵,其盘屈纠结为八枝者,左旋读之,自'篇'字起,至'词'字止,当就'支''脂'字韵;自'词'字起,至'仙'字起,当就'仙'、'先'字韵。"

这种回文诗,是汉文诗歌的特产。最早的《璇玑图》,十六国时前秦女诗人苏蕙作以赠远戍之夫。武则天《璇玑图序》,说它"五色相宜,纵横八寸,题诗二百余首,计八百余言,纵横反复,皆成章句"。又有《盘中诗》,疑为西晋傅玄作。《玉台新咏》附于傅玄诗后,全诗 168 字,27 韵,主要为三字句,亦有七字句。

盘为方形，诗在盘中，内盘中读起，如螺旋式回旋，由中央而及四角。当代亦有作回文诗者，江苏句容戴永斌作《回文千岛湖赋》和《回文月赋》。二赋皆可正反读，是学习古代回文诗和《璇玑图》《盘中诗》的仿作。唐代南海女所制《转轮八花钩枝鉴铭》，比正反读的回文诗更精巧，堪称天才。据《山居杂述》作者说，唐代天才诗人王勃曾为南海女子诗作序云：上元二年（675），欲将之交趾，旅次南海，有好事者，以《转轮八花钩枝鉴铭》示予，云："当今之才妇人之作也"，观其藻丽反复，文字萦回，句读屈曲，韵调高雅，有陈规起讽之意，似可作鉴前列，辉映将来者也。给以极高的评价。

《女各有志》（卷3）

此文介绍三位女子，自主择婿，不慕高贵，品德可嘉。

其一，阮公楷，家贫，而有神童之誉。里有富贾女，阮公求婚，女父母欲应允，而女不肯。父母曰：阮氏子虽今日贫。而有才名，他日登高科，任显宦，岂不荣哉！女曰：任他是状元、宰相，只是奔走宦途，何如列作市集，货粟米时与邻姨村媪周旋之为乐哉！后阮公既贵，因公还乡，过集市，女方坐肆卖粟。阮公使人以鞭鞭之曰：长官过，何不避道？市人四散，阮公从轿中语该女子曰：何事张皇奔走……

作者评论说："士各有志，女亦各有志此，女虽无识英雄之具眼，而所见亦高。视一般女子，才见人登第便入货求为侧贰（姜室），不久嫉妒起，分离者多矣。阮公以鞭辱之，以少年之偏心也。"批评阮公当年求婚被拒而报复该女，心地太偏狭了。阮公实乃贵而骄人者，女子不愿嫁大官而愿做商贾女，作者认为其品德很高，比那些看见高中之人便以大量嫁妆求作小姜者强多了。这种婚姻观很先进。

其二，"东华门外白马市有一女子，以贩卖北药为业。某生初登第，以其家资颇厚，欲娶商女为姜……女坚辞不受，后嫁商人以终"。

其三，"白马市有一女子，列肆卖杂货。某生未第时，见其容色可人，托为买镜，问价，微有调笑语。女勃然骂曰：如此貌寝，不是照镜人，不足语价。某生甚恨之，后进士及第，厚资娶之，而不受，女遂老于商肆"。作者最后说："噫！险哉！文人之用心也。"

这三位女子，都是商家女，不爱文人，而这三位文人，都有些缺德。作者以《人各有志》为题，是对商业女性的肯定。

《女当谨严》（卷3）

某员外延师教子，就学者日众，员外有女颇具姿色。澡浴于宅西之池，某学生窥见之，戏言调笑，女羞惭满面，以不逊之语相加，学生郁郁不乐，学习渐废。教师问之，生以实对。师曰：当为汝成之，乃立月课，高中者赏。某生叠列优等，闻名场屋。员外托塾师为女择婿，师乃推荐某生，遂结成夫妇。但该生怀恨其妻池边谩骂之语，设法以泄旧愤。妻婚后回门，生乃束装上京读书，三年不通书信。妻知其记当年池边之恨，乃设计挽回感情。轻装入京，择邻夫之学校，赁屋而居，贩卖美酒、好茶、烟药。其夫往来，女皆倾情款结，久之，和好如新婚。

这个故事，说明此女颇有妇德妇才，当年得罪丈夫之追求，后来补偿其失礼，是难得的佳话。但是，本文的作者却对该女提出批评，认为："女子之道，持身当慎密，使人望之凛然，知其不可犯，且不可与男人假借辞色，尤不可与文士辩说忿戾也。盖文士用心，深浅不测，彼女子一言之失，几至其于误其终身，若非天作之合，而其技不行，岂不抱白头之悲，贻终之恨乎？切当戒之。"

这番话太苛求于女性了，此女当年在浴池边与某生吵架，辱骂乃出于某生之调戏，女子自卫，并无过错。某生爱女成病，赖老师周旋，终得如愿以偿，奈何因当年相骂蒙羞，三年不理成婚之妻，这样因小忿而薄情，报复太过分了。幸得女子贤惠，主动追随到京师经商贩卖，热情款待小心眼的丈夫，才使他回心转意，这是一个聪明多情的妻子啊。文章作者要求女子持身慎密，容貌严肃，望之凛然不可犯，受男人嘲笑也不能反击，这样太不合情理了，而对那位男子的过分行为，作者却没有一句批评。《女当谨严》与《女各有志》对女性择偶的态度竟截然相反，我怀疑两文未必出自一人之手，可能摘自不同作家的著作。

第四类 其他女性故事

《香袜行》（卷1）

这是一曲歌颂生死恋的爱情赞歌，原文为七字歌行体，共116句，无法全引，只能约略转述故事梗概。

张家有女美如玉，依栏眺望，庭前踏花，足有香袜，时时被风吹露出，恍如月下仙女。李家有郎，游春天街，绿杨影里望见张家小姐，下马彷徨。佳人上楼而去，不知处所。李郎从此销魂，日日河桥往来。桥边有卖粉女子名红杏，问之，乃是张家婢，李郎自我介绍，向伊求情，若能片言相通，必以厚礼为赠。杏儿携李郎花笺，小姐读后心动，成书一纸，红杏传递，约李郎到花园相见，二人低声偷语如旧识，夜半无人别有期。金吾夜禁行人少，可怜桥上月难圆，遂留香袜表余情，李郎抱袜长相思，血干肠断情未已，抱袜长眠扶不起，遂成桥边相思鬼。时有陈太师，料必男女怀春疾，遂持香袜问何来，红杏一一说分明，小姐抱尸泣呜咽，生缘未尽死同穴。阴阳交感情契合，悠悠蝶梦近唤醒。楚地不招魂自返，秦楼有曰凤还巢。今日奇迹谁之力，相携拜谢太师德。太师笑答为大媒，乃将大礼结姻缘。莫道从前欢爱多，百年不改同心契，往事回头几度春，至今说来尚如新。

以上转述有的是原句，有的是经过改写的。这个故事很像传奇小说，其实不一定全是虚构。这位相思病患者并非真的死亡，可能是虚脱或一时昏厥，一旦苦等追求的人来到身边，很快苏醒，这在医学上是讲得通的。

《山庄玉女》（卷3）

山庄某峰，世传有玉女夫人。村人监生黎宣，曾在该山学道，经五六年，即归，结庐山下，教童子，讲学。某夜，见一青衣少女，致辞曰：夫人有请。黎生从之，至于大门外。瑶宫贝阙，非人间所有。青衣导入后室，伫望良久，见夫人方在纱帐中织，二十左右，黎生不觉心动，排帐而入。夫人遽正色曰：我以君尘虑已清，故欲有所教授，不意依旧尘凡人物，须回去再下功夫。即命青衣导之出。门外昏黑，呆坐天明，则在该山第一高峰。懊悔而归，教授蒙童以终。

此文可能属于道家故事。黎生学道多年，有成，仙姑拟加开导，有所传授，故传唤至洞府，不料该生尘欲未断，见仙姑而欲行非礼，乃被斥退。故事的客观意义显示，才子见美女，应当正派，不可有邪念。中国古代有柳下惠坐怀不乱的佳话，近代文学家刘鹗的《老残游记》补编有一节，特别描写，中男少女，对谈经宿，而不及于乱。这才是真正讲道德，求学问之人。

《不可不可》（卷1）

"吴俊龚博学强记，下笔成文，游学京师时，私一处女，既而有身。龚丑其事，不肯认。女抱子求一见，终不肯，女忿恨呼天，自投水而死。及后龚入科举考场，文合八格，考官预批取，辄见妇人抱子当前，呼云：不可，不可！凡三，举笔皆然。遂不获准，终生不第，后腹疼以殁。"

这个故事，谴责文人无行，对所爱恋女子始乱终弃，结果女鬼报仇，阻其科举，使之不得天年而殁。类似的故事在中国古代多见，如唐人传奇中的《霍小玉传》，文士李益早年得倡女霍小玉之助而高中科举，入仕途，另娶妻豪门，弃小玉于不顾。小玉贫穷将死，三次求见不理，此事激起士林公愤。有侠客劫持李益至

小玉病床前，受到痛责，小玉临死前发誓，将变厉鬼让李益妻妾
不得安宁，后来果然如此。现当代也常有此类嫌贫爱富、弃旧图
新事件发生。

《山居杂述》另有《古今文人相远》一文，肯定李石麓发迹
后不弃负薪劳作之女。谴责另一学士，家贫游学京师，不能自给。
寓居主人怜之，供以衣食，妻以爱女，后来此学士登进士第，高
官妻以义女，攀豪门而疏其结发原配，时人薄之。这篇文章与上
述《不可不可》，都反映出作者正直的婚姻观，"时人薄之"代表
公众的判决。

《女闾》（卷3）

此文讨论妓院利弊，见解奇特。

文章据《续夷坚志》所引《齐记》，管子治齐，置女闾七百，
"征其夜合之资，以充国用。此即教坊花粉钱之始也"。女闾即妓
院，该文又引《书影》所载于文定曰："天地六气，自有一种邪
气，必使有所疏通，然后清明之气可以保完。譬如大都大邑，必
有沟渠以疏其恶，否则人家门庭之内，皆为污浊所涸也。""此最
快论，女闾七百。盖亦阴寓故俗之微权，未可尽非也。"

这两段话，一则认为妓院税收可以充国用，另一则认为妓院
疏通邪恶之气，可以保全清明之气，都是胡说八道的歪理。

本文下面又有一段话说，娼妓在京师军营附近很多，妓女常
患性病，俗称杨梅疮，城北军将多染是疮，危殆难救，禁之不止。
有司者，索拿诸坊娼妓，剃光头，杖而逐之，"是亦一快举"。说
明作者反对公开设娼院。但此文前后态度不一致。

《肉双陆妓女叶子》

双陆是一种古代棋艺，如同下棋。叶子是一种纸牌，有如今
之扑克牌。此文记述，明朝大奸臣严嵩之子严世藩，有人讨好他，
送上一副"肉双陆"，织成地衣图如棋局，令美女子32人，衣红
素各半，如下棋一样，掷骰按点移动美人站位，谓之"肉双陆"，

这是把人当作玩具摆弄。明万历间梅某，以妓女四十人，配四十叶子牌，出女人牌以为叶子戏，谓之"妓女叶子"。作者认为，"男女无别，混杂喧哗，其弊必至无羞耻之心，亦何乐之有？"

这些记述和评论，反对把女性做玩具，反映出作者对妇女人格的尊重，是比较开明的。

二　越南寓言集《夏余闲话》

《夏余闲话》不题撰人及时代，今存抄本藏越南国家图书馆，收入《越南汉文小说集成》第 11 册，上海古籍出版社 2002 年出版。校点者陈庆浩认为，此书抄录时间在阮朝嗣德皇帝之后，即 1883 年以后。越南历史家以 1858 年为古代近代分期线，作者应属近代人，是受儒家思想影响之文士，曾任学官，其子曾就读师范并卒业，获高等文凭。《夏余闲话》全书共六篇寓言，文字风格类似清代笔记之文，皆对话论辩体，着重于表达思想观点，而不在乎故事情节。主角有动物（蜘蛛与蚕、斗鸡与家鸡），植物（荷与萍），无生物（水与酒、石）。悉拟人化，出言谈，相争论，同时有简单的活动，主旨是表明某种社会伦理观和人生价值观。多数作品似受到中国古代寓言的启示，但其思想又有所发挥，下面依原书次序，逐篇评介。

《水酒殊滋》

有盂（杯）先生与玄冥（水）、曲蘖（酒）是朋友，水先生性好淡泊，与人交往淡如也，非盛夏之时，不邀请则不来。酒先生巧言令色，善于逢迎，凡主人祭神、款宾，好勇，好色则助之以力。酒先生常向有盂先生献媚，相见恨晚，喝得酩酊酲酲，蓬头跣足，丑态百出。甚至造成有盂先生家庭不和，兄弟相斗，夫妻反目，投器皿，毁身体，在所不顾。既而力倦，头晕，眼花，倒地不起，不省人事，几乎昏死。水先生往救之，用凉水灌其口，解其热心，用冷药濡其发，以降其火，于是有盂先生稍安，长睡多时，及晚而觉。家人告知，皆酒先生同游尽欢而致狂悖也，于是与酒先生疏于往来。多年后因宴集旧友，水先生、酒先生皆列席。水先生性情依然如故，酒先生气味大不如前。有盂先生悟而叹曰："君子之交淡若水，小人之交甘如醴。"

　　此文的主旨不是讲水怎么对人有益，酒怎么对人有害，而是讲交友之道，以水比君子，以酒比小人。君子之交淡如水，清静淡泊无欲，人情世态无所嗜好；小人之交，则趋炎附势，献媚逢迎，陷朋友于不义，损身败家，不可救药。在中国古代寓言中，赵佑宸有《水中丞传》，借注水器以赞美水在文房四宝中的作用，对朝廷和社会的贡献，尤其是救旱的功劳。批评酗酒之害的寓言多得不可胜数，然而把水与酒放在一起互相辩论优劣者不多见。敦煌遗书中有《茶酒论》，是论辩体寓言。茶说自己："贡五侯宅，奉帝王家，时新献人，一世荣华，自然尊贵，何用论夸？"酒说："自古及今，茶贱酒贵，君王饮之，叫呼万岁，群臣饮之，赐卿无畏"，"酒食向人，终无恶意，有酒有令，仁义理智，自合称尊，何劳比类？"双方争论不已，水出来说："茶不得水，作何相貌？酒不得水，作甚形容？万物需水，五谷之宗，何用相争？从今以后，切须合同。酒店发富，茶坊不穷。"据学者研究，此文作于天宝以后至五代之前，是一种游戏笔墨，没有寄寓交友及人品的评论。

　　越南笔记《水酒殊滋》实际上是用形象手法，批判小人之交，推崇君子之交，虽然命意浅近，但对社会的教诲意义是深切的。

　　《土石结交》

　　石名乔如，土名维修，二人同乡，石性刚，土性柔，石鄙视土。一日遇洪水，土解散漂流，不能自存，而石安然无恙，自是志益骄，逢人便道己之长。土闻之，坦然不介意。又一日，火山爆发，玉石俱焚，石分崩离析，败坏不能自立，而土无恙，且更坚实。石不胜惭愧，折节谒土之门，曰："平日我坚确，君柔弱，君不如我。一经变故，我不如君，君之法术，可得闻乎？"于是土先生发宏论，大意是，我耐火而不耐水，君耐水而不耐火，我先遭水患，则解散漂流，若先遭火患，则益以坚实。后纵有洪水，亦不能为之灾（引者按，指土经火烧，变得坚固，如火砖等是）；君先遭水患，安然无恙。若先遭火患，分崩败坏，质变柔软（引者按，指石经火烧，会破碎或变成石灰），后再遭水患，难保其不解散漂流乎？下面，土先生又纵论天下之事物，各有所耐，亦各有所制，金刚最坚，而犀角可以破之；巨海渊深，而立圭（测深水之量器）可以测之。玉不琢不成器，经雕凿磨琢而后可观；金不冶不成器，经陶冶熔铸而后可用。水火之灾，造化之摧折我辈，正所以成我辈，使之成材，以资世用，安可以一遭患难而沮其志乎？此后，土石互相结交，有如胶漆。石乔如死后化为石灰，土维修死后化为砖，后世筑墙，必用二者。

这是一篇哲理寓言，其立旨颇合于《孟子·告子下》所云："故天将降大任于是人也，必先苦其心志，劳其筋骨，饿其体肤，空乏其身，行拂乱其所为，所以动心忍性，增益其所不能。"北宋哲学张载《西铭》说："贫贱忧戚，庸玉汝于成也。"洪水、火山，既是灾难，也反而可以使土石变成有用之材。文章也有另一层用意是，不同性格和品质的人应该互相尊重，取长补短。

《战国策·齐策》有一篇土偶与木偶对话的寓言。木偶说，你不过是淄水西岸一块泥巴，捏成人形，一到夏天淄水暴涨，你就散碎不成样子了，而我则不受损伤。土偶说，不错，我不过是西岸的一块土而已，遇到洪水复归于土，还留在西岸。而你呢，洪水来了，还不知道把你冲跑漂流到哪里去了呢。苏秦用这个寓言劝谏齐国孟尝君勿入秦，一旦离开故土将漂流四方，无家可归。这是讲政治谋略，统治者必须留在根据地，否则寄居他乡，将无处归宿。中国近代史上，张作霖不放弃东北，阎锡山不放弃山西，桂系军阀不放弃广西，就是这个道理，《战国策》这个寓言很有名，但和越南《夏余闲话》的《土石结交》不是一回事，共同点只是把无生物也拟人化，争论起来了。

《蛛蚕对话》

一日，蜘蛛失足跌入养蚕的竹箕，于是二虫展开对话。蚕说，我们两个才能均为吐丝，君与我为同类，可是君绸缪牖户，风雨飘摇，何等辛苦。君食飞虫，结网罗之，自食其力，未尝求人，而人恶君，庭中窗户，不许栖迟，常遭驱逐。而我呢，性嗜桑叶，无力折枝，不能自食，而人爱我，供我丰膳，除其污秽，夏凉冬温，早晚看视，如孝子之事父母，是我的命运好君之命运差呢？还是主人好恶有偏呢？蜘蛛回答说：你我遭际之异，乃君之丝有用于世，而我丝不中用也。力大莫如象，人犹猎之，以其有牙也。凶悍莫如虎，人犹攻之，以其有皮也。主人岂肯费数月之人工物料以养无益之昆虫哉！主人优待于君，得君之丝，其获利不知若干倍也。君不见庄子牺牛之喻乎，刍菽之食在前，刀俎继之于后，君之处境危矣，而君尚贪供养之厚耶？蚕曰：主人爱我厚矣，决不害我。未几，蚕熟成茧，放入锅中，烈火烹煮，蚕体解散。见蜘蛛在旁，急呼曰：好友救我。蜘蛛曰，君自甘情愿，爱莫能助也。

这个寓言用意明显，两种小动物都吐丝，蛛丝于人无用，故人皆恶而毁逐之，蚕丝对人有用，故人皆爱而饲养之。可是其结果呢，蜘蛛网破可以另结，捕飞虫以自食其力，无所依赖于人。蚕养成茧之后，人煮熟以抽其丝，前日之厚待正是为日后之解散而抽取之，岂真爱惜之哉！人之对待动物，无所谓善恶，唯利所在。寓言之深意在于比喻人类社会，有人养死士打手，乃是为了危难时为之卖命。有人处境困苦，人因其无用而莫之救助，反而可以自食其力，自尽其能以尽天年，《庄子》中的牺牛之喻以及残疾怪人的形象，都有这种用意。

《越南汉文小说集成》第 14 册《野史》中有《蛛蚕古传》，蜘蛛与蚕辩论谁最巧。蜘蛛说，吾顷刻能吐丝成网，您一天到晚不能博得一丝，何拙也？蚕说，我才分所限，量力以处，继日以食，自安其拙，比不上先生。但是，作为天下之拙莫如先生，而先生不自知耳。蜘蛛又问，孰为天下之至巧？蚕说：莫如蚕，工于钻利以自肥（指吃桑叶），善于避匿以自全（藏在桑叶不受伤害）。而您虽然满腹经纶，精心结撰，终日纂组，徒为人报喜而已（旧时传说，蜘蛛跌落人身上，即预报有喜事）。

这个寓言有些偏。蜘蛛本意是比谁吐丝快而巧，蚕的回答是，蚕抽成丝之后可以织成巧而美的绣品——那是人之巧而非蚕之巧，答非所问。

中国清代文人张潮有《讨蜘蛛檄》，把蜘蛛比作善于罗织罪名，陷害无辜的奸臣酷吏，"机巧用心，贪残作怪"，"廓垂天之网，不需轧轧鸣机；布络地之绳，亦且丝丝入扣。空中楼阁，妄夸经纬之奇；花底樊笼，漫拟丝纶之妙"。"罪可钻天，奸能成网"。"凶真似虎，偏能以逸待劳；巧不如蚕，辄欲以强欺弱。深居织室，高坐绳床。千丝万缕，无非戕害生灵；七纵八横，总为伤残物命。机心叵测，细比牛毛；私恶虽彰，形同马迹。"这是一篇对仗工整的骈文，句句模拟蜘蛛的生理特点，又句句紧扣奸臣的险恶用心。文章还有一半，不具引。

明王鏊有《蚕母传》，仿韩愈《毛颖传》体式，记述并颂扬蚕的一生。概述如下：蚕乃蜀之蚕丛人，后稷主之（后稷教民农耕养蚕），方生时，纤细而裸，数甚繁，坐密室，加暖则滋蕃育，数日间，三觉三眠，食绿叶，细细环转至尽，昼夜不停，久之，肥白，犹如水晶。一日，自请于帝曰：北冥氏岁岁挟大风示威，妾能御之以温。帝曰：凡养者必有以用，皇后亲率六宫保汝，上林之树尽秃。又乞皇帝一枝，自相结聚，陛下柴望之余，断之咫尺，置妾于颠，可三四重。妾愿尽吐胸中所有，团为雪宫，投之沸点汤中，有细而浮者，引之挂于轴，轴转不休，抽尽则止，维陛下所用（以上写从蚕卵到温室养育，三蜕变，食桑叶而肥，再上树，置丛枝，结茧，煮茧，抽丝全过程），帝怜其一族尽烂，乃留十之一，置楮（纸）上，来岁又上林之蠹也。帝一日视朝，取轴（蚕丝织成轴）示群臣，轴上发白光，莹洁为体，五色为用，被万方，包万汇，而归本于素。帝披之，上衣下裳而肃拜，香气凝霭洋洋（以上写丝绸有大用）。于是赐蚕母曰绵城君，秩比上公，禄万石，其族散处四方，通祀于千万家，曰司仓之神，每岁大丰，而冠带衣履之（祭蚕神），独江南甲天下。王鏊此文写得扣题贴切，语言富丽，没有《毛颖传》"老而弃之"的牢骚，但是未提嫘祖养蚕，不讲丝如何成绸，有不少多余的夸饰，比不上《毛颖传》之简洁，不过也是一时名作。

《二鸡异志》

某人养二鸡：一斗鸡，一常鸡。主人携二鸡会朋友，斗鸡以赌博。先试常鸡，交战数合，即奔走不斗。后试斗鸡，奋然力战，再接再厉，以致头破目裂，遍体鳞伤，然终获胜乃归。主人爱惜斗鸡，笼而藏之，周旋调护，然日益憔悴。常鸡见而慰之曰：君何必自苦如此，乃是技痒乎？主人所居，八面玲珑，四面通达，我则栖于柴垆，不避风雨。主人所食八珍罗列，五味森陈，我则一把糟糠，未尝果腹，我司晨而已，战斗塞责而已，君若如我所为，何至有今日之伤病乎？斗鸡曰：今君有所不知，主人待我极厚，少时如婴儿，及壮，喂养以增气力，操练以强筋骨，殷勤备至。吾久有报德之志，及临场比斗，岂可逡巡畏缩，自取败逃，以贻羞主人哉？自古壮士当死战场，马革裹尸，其云幸也。主人以众人待君，君以众人事之；主人以国士待我，我以国士报之，各行其志，幸勿多言。常鸡闻之，赤面红腮，赧然而去。

这篇寓言借两只鸡表达两种不同人格理想。主人以普通鸡养常鸡，他仅司辰而不斗，主人以勇士养斗鸡，斗鸡拼死战斗，虽伤残在所不惜，这种观点在《战国策》中已有表现。智伯之死士豫让为报仇行刺赵襄子，吞炭毁容而不惜，理由就是彼以国士待我，我必以国士报之。后世发展成"士为知己者死"的格言，为侠客们所信奉。越南这位作家对此持肯定态度。

中国古代关于斗鸡的寓言故事，作家们从不同角度多加发挥。

《庄子·达生》篇记，纪渻子为齐王养斗鸡，十日而问，堪斗乎？答曰：性方骄矜，恃意气，未堪也。又十日而问，答曰：见他鸡相应对，形声影响，应付而已。十日再问，答曰：顾视速疾，意气强盛，心神尚动，未堪也。十日后又问，答曰：可矣，鸡虽有鸣，而无变，心神安定，望之似木鸡也，其德全也。他鸡无敢应者，掉过头来跑掉了（释义参见郭庆藩《庄子集释》）。庄子借养鸡宣传最佳人格魅力，在于德全而形不全。《庄子》中的丑八怪魅力无穷，许多美女不愿做王侯之妻而愿作丑鬼之妾，排队等待者不下数十人。不过庄子所谓"德"不是儒家的道德，而是道家的最高精神境界，其美学价值迥异凡响。

唐代作家罗隐有一篇《说天鸡》。父子皆养斗鸡，父之养鸡，顺鸡之性，而不重外表，一旦见敌则雄勇，伺晨则先鸣，故号天鸡。其子反父之道，讲求鸡毛羽之鲜美，爪牙之锐利，平时峨冠高步，饮啄而已，然见敌之勇斗，司晨之先时，比父之鸡差多了。据说唐末官场用人，取貌而轻才，传说中的丑鬼钟馗就是一个典型，罗隐此文意在讽刺此类弊端。

清代尤侗有《斗鸡檄》，并非此家之鸡向彼家之鸡发出讨伐或者挑战之文，而是着重描写斗鸡的勇敢场面，摘述其后段如下：

"令纪子（见《庄子·达生》）治戎，贾昌（唐时斗鸡小儿）整旅，选淮南之精锐（淮南王炼丹成仙，余药在器，鸡犬食之升天），募函谷之英雄（孟尝君质秦逃经函谷关，赖门客有善鸡鸣者得以出关），或出桃源（《桃花源记》有'鸡犬相闻'），或来茅店（唐温庭筠诗'鸡声茅店月'）。连兵鄠杜，蛮校尉之先声；饮马羊沟（古代斗鸡之所），髯将军之后劲。兜鍪如火，并峨子路之冠（子路好勇，《史记·仲尼弟子列传》说他冠雄鸡，古代勇士以雄鸡毛为冠饰）；靺鞈有花，皆裹季孙之甲（春秋时鲁国季孙氏与郈斗鸡，季孙之鸡有护甲，郈氏怒，给鸡爪加金属距，两家因此结怨，引发鲁国内乱）。纵横八阵，如争江峡（诸葛亮有八阵图石，在三峡中），鱼龙踊跃，三军不乱。蔡州鹅鸭（唐李愬平蔡州军阀吴元济，雪夜偷袭，近城有鹅鸭池，愬令扰之以混军声，入里城，鸡鸣雪止，李愬军入吴元济外宅，而元济尚寝，遂生擒之），一饮一啄（出《庄子·养生》'泽雉十步一饮，百步一啄'），贾勇而前；载飞载鸣，乘虚以入。彼方瞑目，此尚冲冠。碎元首而不辞，拔一毛其何惜。足使乘轩卫鹤（春秋时卫懿公好鹤，鹤皆乘轩），闻此变心；走马胡雕（胡人之快马猛禽），见之吐气。"尤侗好为滑稽文，此文乃游戏笔墨，夸张斗鸡声势浩大，有如兵阵，其实斗鸡乃一对一而已。有些话与斗鸡有关，有些话只与鸡有关，有些话与鸡扯不上。斗鸡之风，始见《左传》，至今农村尚存，近年电视台曾有纪录片介绍。

晚清薛福成有寓言《鸡斗》，写家中一只红公鸡被邻鸡打败后十分胆怯，见了一向斗不过他的白公鸡也赶忙逃跑。这篇短文意在讽刺清廷的软弱和胆怯。日本一向比不过中国，可是在1879年，即明治维新后10年，竟出兵占领琉球。琉球向清廷求救，清廷有鉴于1840年鸦片战争和1860年对英法联军连连失败，故对日本这样的"白鸡"，也不敢争斗，坐视琉球被吞并而不顾。薛福成的鸡斗之喻是一针见血之言，很值得珍视。

《物谈伦理》

众动物相聚，讨论五伦孰为重。豺曰父子重，蚁曰君臣重，鸳鸯曰夫妇重，鸿雁曰兄弟重，鹿曰朋友重。各持一说，议论纷纷，久不能决，于是征求其他动物意见。乌鸦反哺，所以他主张父子重。黄莺主张朋友重，且引孟子之言"不信于友，弗获于上"，可见朋友重。雎鸠曰：有夫妇然后有父子兄弟，再后来则有朋友君臣，故曰夫妇重。鸿雁认为结队南飞，长者先行而幼者随，故主张兄弟重。蜜蜂主张君臣重。首负者供蜂王，股载者供己食。蚁赞成之，众蚁中以蚁王为重。然而众动物仍然各不相服，以切身体会坚持己见。博物先生经过，众物咸尊人为万物之灵，同声请求裁判。先生曰：四时备而成岁，五伦备而成人，父子有亲，君臣有义，夫妇有别，长幼有序，朋友有信，不可缺一，不可偏重，各物随所适遇而敦笃焉。众物闻之，亦不甚解，各散而去。

所谓五伦是指中国古代社会五种社会人伦关系的基本道德准则，孟子首先提出，后人多加发挥，儒家极力倡导，故逐渐普及于全社会，延续数千年，到了20世纪有某些改变，但其影响仍然存在。

辛亥革命以后，君臣有义改为对国家有忠。夫妇有别补充为相亲相爱，大多数人主张五伦不可偏废，社会才能和谐。明代文学家丘濬专门创作杂剧《五伦全备记》，塑造一系列正反面形象加以宣扬，在中国戏剧史上颇有影响。

越南这篇动物寓言以动物之间的关系来类比人类的伦理关系，这是不科学的。动物有些习性是某些动物为了生存而自然形成的生理本能，而人类的伦理关系是人类在长期共同生活中所总结出来的基本经验，是理性思维的结果，是人类精神文明的宝贵遗产，是任何动物所不具备的。蜂和蚁是社会性动物，他们一生下来就各有义务，有蜂后，工蜂，蚁后，工蚁等分工。群居的高等动物，也各有首领，以保护群体或共同猎食，如猴王，狮王，领头雁，值夜雁，羊一雄多雌，鸳鸯一夫一妻。至于乌鸦反哺，幼羊跪乳乃是生理习惯，并不是有什么孝心。只有人类伦理学，没有动物伦理学。动物群中有许多奇奇怪怪的现象，用人类伦理学是解释不清的。达尔文生物进化论是科学的，中国的翻译家把社会达尔文主义的观点概括为四句话：物竞天择，适者生存，优胜劣汰，弱肉强食。在中国晚清和民国初年曾经起到巨大的警醒作用。但是当代社会学家们认为，生物进化论并不适用于社会进化论，特别是"优胜劣汰，弱肉强食"，成了殖民主义者奴役落后民族、帝国主义侵略者弱小民族的荒谬理论。所以越南作家在《物谈伦理》的最后说："众闻之，亦不甚解，各散而去。"表明他对这个问题持保留和慎重态度。

《荷萍异尚》

青萍对绿荷说：君生于淤泥而不染，节操可嘉，花叶藕实，世皆取资，君之才用我所不及。然君知刚而不知柔，能伸而不能屈，遇狂风暴雨，叶难保不毁裂，枝难保不摧折。窃以为，生斯世也，为斯世也，与其为昂昂千里之驹，毋宁为泛泛中流之凫。入江随曲，随波逐流可也。遇风不能破，遇雨不能沉，倘得时而进步，高出伦辈，回视自困于泥涂，沉埋泯没者，不大相径庭乎？绿荷曰，我非不知，而耻不为。君知其然，君自为之。未几，洪水涨溢，青萍随水流上下，游大江，泛深池，驰骋悠扬，无不如意，四视绿荷，困于泥中，不现踪迹。笑曰，固哉，绿荷之执一不通也。不日，水势降退。青萍或挂于丛棘，或附着于衰草，牛羊践踏，衰败而灭。绿荷得浮土培滋，更为葱秀，花开叶茂，清香四溢，丽质如常。含笑而道曰：小人乘时而进，高显一时，放荡几多，失散不存。君子固穷，持正不阿，虽遇灾殃，必得天佑。

赞美荷花的名作，中国历代皆有，而这篇寓言却别出心裁，让青萍向荷花挑战，批评它不能遇势推移，曲直任势，结果因洪水一涨一降，青萍暂时得志，而终究灭亡，而荷花依旧挺立泥中，更加芬芳。其比喻君子小人，各异其志，各食其果，立旨鲜明，与中国古人的人品价值观相同。

清初文学家吴伟业有一首七言律诗《莲蓬人》，专写秋天衰败的荷叶。

独立平生重此翁，反裘双袖倚东风。

残身颠倒凭谁戏，乱服粗疏耻便工。

共结苦心诸子散，早拈香粉美人空。

莫嫌到老丝难断，总在污泥不染中。

"莲蓬人"是指秋末冬初，荷叶干枯，由展开而下垂，立于水中，莲蓬之壳如人头，荷叶缩成一团如人衣，荷叶之茎独立如人足。第一句点明主题，第二句不是写荷叶而是写穷苦人，冬天披羊皮袄毛在外，双手相对插入双袖取暖，背靠南墙晒太阳，怕北风，喜东风，字面全是写人，暗喻残荷之可怜状。"残身颠倒"指莲蓬壳有时因茎干折断而呈低头状，甚至折入水中。"乱服粗疏耻便工"指干荷叶像衣服粗制滥造作工随便被人耻笑。莲子原来都有苦心，现在被摘走分散了，荷花原有香粉吸引美女拈赏，现在不见了。唯独泥中的莲藕虽然老了，不如嫩藕好吃了，可是藕丝不断。丝者，思念也。"总在污泥不染中"这是一句总结性赞语，这个"总"字断语用得好，意谓不论盛开之时和衰败之时，莲蓬出污泥而不染的优秀品质总是不会改变的。我再补充几句：干荷叶常被人们用于包食物，因为荷叶是极干净的，不沾水，用它包熟食可以直接入口。这一特点吴伟业没有提到，但是南方采荷叶者乃人人皆知的常识。

我抄录这首诗，是为越南这篇寓言作一点补充。还因为，赞美盛开荷花的作品甚多，颂扬衰败的荷叶者尚属罕见，文章亦以稀为贵。

三　越南杨琳笔下的西方文明

上海古籍出版社 2002 年出版的《越南汉文小说集成》第 14 册，收《野史》及《野史补遗》。两书均不题撰人，据《野史》

提要作者、越南当代学者阮文宗研究，两书作者是杨琳（1851—1920），今河西省应和县人，嗣德三十一年举人，历官怀安县知县、兴安省按察使、光禄寺卿、山西省布政使、北圻经略衙参知、工部尚书兼国史馆总裁等职务，曾经担任越南北圻第一大报《大南同文日报》主任。《野史》共有文章167篇，《野史补遗》16篇，每篇皆有简短明瞭的题目，内容丰富，题材广泛，主要部分是辑录19世纪末期北圻报纸副刊上的文章，包括新闻类、笔记类、传记类、诗文类，思想倾向、文字风格基本一致，显然出于杨琳一人之手。

1858年法国侵略者用兵舰大炮打开越南国门，1883年越南阮朝被迫与法国签订条约，1885年中法战争后，中国放弃宗主国地位，法国将越南分为三大块，南圻为法国殖民地，中圻和北圻为法国保护地。西方的商品、机器、公司、工厂、宗教、文化，不断涌入，引起社会各界的不同反应。有些人抵制"洋技巧"，如《辨惑论》（见《越南文学总集》第23册），有些人表示接纳。从《野史》全书来看，杨琳属于受儒家思想影响的开明知识分子，既忠诚于旧传统，也肯定新文明和新的科学技术。中国自鸦片战争以后，魏源主张"师夷之长技以制夷"，曾国藩、左宗棠、张之洞等人搞洋务，引进西方科学技术。越南杨琳的思想观念当属于他们的后辈。

19世纪后期，越南南圻开始推行法国人创造的拼音化越南文字，北圻仍以使用汉字为主流。《野史》的文章接近中国19世纪末流行的"报章体"，属于面向大众的文言文，不加修饰，虽题为《野史》，却不是无稽之谈的稗官野史，而是真实可信的新闻报道散文。

下面分三个方面介绍《野史》所记西方文明，略加评论。

一　先进科学技术的应用

《火船新制》，此文介绍火轮船。

"海防（地名）江道公司，新制火轮舟，名曰助坡。……舟式仿云南火船，用力全在舵后，腹深而底浅，身轻而气重。其转轮也，辘辘然如车，其喷水也如龙，其扬沙也如云。虽浮洲浅濑，亦如奔星快马，闯然不可夭阙。""初放水（下水），列贵官咸赴视。夫亦以事出于一舟虽小，而利关于天下者甚大。……其初离百工之手，凌乎万顷之波。岸上人环而观之，啼而送之。……《易》曰：作舟楫以利天下，取诸益。益之为利大哉！……山有铅与矿有锡，不有舟通，何异于石？炭有油，林有漆，不有舟通，弃为废物。是故货不滞而物各利其用，地不阻而人各养其生。……凡有舟者，皆有益之具。况迅如雷，疾如薪火。轮舟之以坡名者，其为益不更多乎？"

19 世纪的轮船，以蒸汽机为动力，船当中竖立一大烟囱冒烟火，故人们称为火轮船。动力在船末的螺旋桨，船上装有水管，可以喷水，可以吹沙。文章对火轮船的建造与功用颂扬备至，最后有诗八句以示祝贺。

中国近代运用西方造船技术始于曾国藩所创办的江南制造局，继而有左宗棠创办的福建船政局，皆造军舰；客轮运输公司系洋人创办。中国有些知识分子坐上火轮，一方面称赞轮船先进，另一方面又主张"西人之机巧实不可取法"。如江南屠寄所作《火轮船赋》即是，其观点与前举越南《辨惑法》相同。而年龄与江南屠寄几乎相同的杨琳，观点显然比屠寄开明。

《他山之石》，介绍炸药开山。

"我国北圻地面多山，山多产石"，"沿江而岸，舟楫可以接济"。"而往往弃而不顾……岂不大可惜哉！""欧洲人有机谐者，世操是业，其居心也专，其用术也精。十年前偕其兄弟数人，至里仁、键溪诸山，开凿石场，石日以千万榭。环近社民，男妇来雇役者，日以百计，藉给工银，为资生计，其利及斯民也博矣。……其法登山相势，视其石浪纹绽裂之处，加斧削焉。穿孔深丈余，注药设线，以巨木塞其口，为此者数十处，至期药发，则山崩石裂，抛掷所及，至数十亩，众工解之，有若绘画图涂，无劳筋骨之叹，有得心应手之妙。庖丁之技不迨此神也。使无药法以引之，而徒手力以破之，虽千夫操槌斧，万马牵索绳，亦未如之何已。"

中国古代开山采石不用炸药，而用石楔之法。寻找天然石缝，顺其势而凿出一排排小孔，塞以石楔，众人合力击之，使石缝开裂，石壁可崩，巨石可裂，中小石可分割成碑碣石砖，然而费力费时，石匠极其辛苦。炸药发明之后，欧洲人用来开矿，先用钢钎凿石孔，再填以炸药，导以雷管，逐洞点火，众药齐发，半座石山顷刻瓦解，其功效优于石楔破石法多矣。杨琳介绍这位欧洲工程师，用炸药采石，不但本人获利，而且给附近居民就业佣工机会。开办一家矿场，接济诸多小民百姓之生计，肯定资本家和技术专家的社会贡献。文章最后一段有云："有志之士，诚能学泰西之子，从事于石，穷年而攻之，尽山而取之，千岩万岭，眼前自有一大生涯也。"岂止是石，还有金银铜铸锡煤，这个领域"生涯"大得很呢。"他山之石"题目出自《诗经·小雅·鹤鸣》："他山之石，可以攻玉。"意谓别人（或别国）的经验，可以帮助自家或本国攻坚克难。

《定时钟赋》

作者认为，现代时钟应从 1380 年玻京（即巴黎）的彝碎讲起。此人"访遗编而参考，扩旧式而推行，范赤金以为制，准玄机而悉平……而漏学（时钟之学）由此益精矣"。接着介绍，"钟摆之法，自伊嗟璃国（英吉利国）哥离黎始创其式，而荷兰之累悾乃致其精"。"法既定矣，造者增加，有曰挂钟，铅锤下垂，可以悬诸屋壁，与时推移。有曰摆钟，钢肠内卷（发条），可以置诸几案，随处运转。"1500 年巴为依国始造怀表，"收大为小，是谓之表，形如鸡子，状如桃实，可于掌上安置，皆法国眉麻圩所制。又有约于指上，大英皇帝所赏玩也"。"法国车芦萌皇帝有钟焉，铜为之身，中有神将十二，以按时而报候。""法国第十四芦伊（路易）皇帝有钟焉，乘銮车以当中，每到时刻，钟出大将，捧冠帽以敬加，拜冕旒而瞻仰。此乃时臣所造，用以祝寿。"

"又有天文巨钟，二曜（日月）出设其内，七星经纬甚外，分（春分秋分）至（夏至冬至）之长短，可因而数也。日月之薄食，可逆而睹也。晦朔弦望（指月相），皆指示而不误也。其旁为二将之形，右将捧笏以端立，左将握沙以徐掷，又有婴儿、成童、壮夫、老翁，四人于四刻之内，相继而撞钟。至钟鸣十二下，则有十二圣徒，稽颡伏地，敬祝天主，天主为之答辞，其徒莫不鼓舞。"此巨钟乃机械运动之舞台。

英国有钟，钟面直径四十尺，两针分短，合计重五担，连运十七日，微差仅八秒。美国有钟，一月几旬几节，一刻几分几秒，俱有声铿铿。有走马针，分忽悉呈（即比赛秒表）。今又有警梦之钟，届期乐作，虽孤眠可觉（即闹钟）。

中国古代的天文时钟，唐代有僧一行与梁令瓒所制水运浑天仪，有木人自动击鼓报时。宋代有苏颂与韩公廉制作水运仪象台，每一时开始，绯衣木人摇铃。每一刻至，绿衣木人击鼓。每一时正，紫衣木人扣钟。此件已复原陈列在中国北京之国家博物馆。元代郭守敬制"大明殿灯漏"，高一丈七尺，分四层，上层四神，代表日月星辰，日转一周；次层龙虎乌龟，依刻跳跃；三层十二神，各执一时牌，届时出来通报；四层四人用四种乐器，每一刻钟，各击其乐器。元末顺帝自制宫漏，高七尺，如木柜，有神人按时击钟鼓，还有狮舞凤飞，六位仙人在子午之时，进退表演。上述唐宋元时钟都比西方时钟要早。不过，中国人是以水为动力，外国人以机械为动力。

《适观厥成》，参观火柴厂。

"河内云湖邑，有新制火柴庄，制法经验甚捷。五六月来鸠工告竣，大设喜席，遍请两国（越南、法国）贵官列位咸赴席。开席时，列官车马云集。督造此庄者，博物西员（欧洲工程师）亲引列贵，遍观工作诸所。尔时庄中役者，工者，预先整候，到看时，亲手一运诸机动作，一转瞬间，若切木，若作片，若粘纸，若点药，为柴为包，为方为圆，为曲为直，无不从机器中应手立就。续续连连，簇簇辘辘，制法始末，一览便遍。列席者无不一一叹赏。罢役，管理乃将新制火柴遍赠每员各一盒。"

这是一篇新闻报道，介绍新建火柴厂的落成典礼，邀请贵宾参观机器生产情景。

火柴作为点火工具，中国的最早的记载见于南北朝，宫女们以细木条染硫黄，与他物相摩即能发光，把"阴火"引发为"阳火"。北宋已用于点火，称为"引光奴"，商店有贩卖者称为"火寸"，属于原始火柴。在西方，1816 年法国人制成黄磷火柴。1855 年瑞典人制成安全火柴，逐渐推广应用。1898 年法国人制成硫化磷火柴，消除了黄磷的毒性。19 世纪末，西方的火柴传入中国，称为"洋火"。中国第一家火柴厂是卫省轩于 1879 年在广东佛山创办的巧明火柴厂。1912 年河北省建泊头火柴厂，冯国璋曾入股。1921 年，刘鸿生在苏州创办鸿生火柴厂，改进配方，生产出质优价廉的"美丽牌"火柴，刘鸿生被誉为"火柴大王"。杨琳所记河内火柴庄属于新生事物，作者持热烈欢迎态度。

《转电新闻》，介绍水力发电。

这是一篇短论。开头说："今夫电之为利博矣。寄信书，传声音，运重力，点灯火，皆可用之。"然后说："其为电也有二，系是两物所生（指物质中有正电子、负电子，将之分开产生电压，而后形成动力）。""如用之寄信传声（指发电报，打电话），则电自足充用。"意谓耗电甚少。"若欲以之运重力，点灯火（指用电力运输及电灯），须借一猛力以转之，方可及远"，指必须有发电机发电以推动，才能传输远处。"向来均用火器转，甚费滋甚。"指火力发电，费用甚高。"电学家思以代之，而卢生法罗公（外国人姓名之音译），以为电无猛力不能远行，而以火则甚费。"他看到山中有溪水，海中有波涛，其力甚猛，以之转电，则能及远，而费亦可省矣。于是在他们国家的思陵城（地名），"取一涧水猛力以转电，放到铺面，点灯，水力甚雄，电速甚速。古者未有转电如此之猛者，卢公其殆此法之祖乎？"下面说："夫水之为物也源源其来，终古不竭，则水之猛烈，亦常在焉。则以世间无用之物，做天下有益之事，留后世不穷之利，其妙思泉涌，而灵枢电转，间有非常意技所能及也。"赞扬卢生法罗对开发水力发电的贡献。

《遗像清高》，赞扬机械起重新法。

"河内城北，有镇武观，奉玄天大帝铜像，黑色，握慧剑，踏龟蛇，面浪泊湖，重六千六百斤，高九尺零。黎至和年间所铸也，我国人崇奉之久矣。法贵国人往来瞻瞩，亦以为胜景焉。兹大臣公暇商定重修，以神像未甚高耸，欲移上数级，以壮观望。方众聚而谋之，金曰：像质环大，非数百人之力，不能举也。法国督工黎铓者，有运机法。曰：事不难，三尺之表，八人之手，数点钟可告成也。乃以铁表树其四旁，以木片横夹之，八人随机运转，灵气勃勃而上，二点钟，神像比前已高三尺零也。观者如堵，莫不啧啧然曰：巧哉！"

这种起重方法可能是在神像座下或四周，安装若干滑轮（即所谓铁表），再用八人操作，从而抬高神像，当时称为"运转机"，而不说是起重法。

文章后段赞叹说："以数百人之事（指用人力抬高需要数百人干活），而董之以一人，成之以一人（指督工，即工程师），可谓有十倍人之智也，且机器之学，其有益于人，不可殚述。"

这篇文章的题目颇有意思。"遗像清高"，取自唐代诗人杜甫的《咏怀古迹五首》中的诗句，"宗臣遗像肃清高"，原本是颂扬诸葛亮的。杨琳用这四个字，实际是采用谐音格：遗者，移也。

像者，神像也。清高者，请高也。用人们熟知的诗词句子来吸引读者，这是新闻记者的本事。

《轻气球赋》，用辞赋体介绍轻气球之妙用。

概言之曰：轻气球别号天船，即后世之飞艇。从前法国有兄弟二人，用白布糊在木片上制成船形，充以轻气，气球下端有孔，悬锅灶，里面置放木柴燃烧，其烟气上升，把气球高举于空中，可高达1000米。兄弟二人试验成功后，有二富贵之人继续从事，用大绳索织成网，用绸缎为体，胶为粘连，而罩其外，上悬如巨伞，伞下吊篮，内置千里镜，自鸣钟，寒暑表，有若干沙袋，欲上升则去之，欲下坠则住而止之。篮顶有窗，其足有门，可乘坐二人操纵，高下随心，去就无痕。船体高约9英尺，其长约36英尺，天船可以横行，由法国可达英京伦敦。可用以占天象，测地形，用于兵事可以杀敌，用于农事可以丰收。升天空愈高愈寒，可见水成冰之凝结，初离地而见雨丝，升一二里见电，再数里而见雪，更上数里，则日光清明。

该文还谈到，天船初试之失败教训。靠烧柴火以充气，在六月最热之季节，有二人在天船中热死了。又有人用更轻的轻气，但轻气颇难取得。天船恃风力以行，有时遇到逆风狂飙，则篮坠而伞割断。又有人想出改进妙法，不依赖风力，而完全由人操控。文章最后赞美西方发明家的创造精神："方泰西格致之家，机巧相尚，器艺日多，陋前赴而不袭，创新式以相夸。""异日智府愈开，利路益广，四海可以一家视，万里可以一夕往……将见云可乘也，风可御也，八表可纵横也，重霄可上下也。"真是前程无量。有飞艇的经验，后来才有飞机。在第二次世界大战中，飞艇仍使用。

《西医妙术》

"西方诸医先生，曾推原其故，取以医伤者，令肌理连接如旧，名曰接皮法。其法取被伤者之皮，或他皮皆可。如伤迹稍大，则取诸皮小片，分置于伤口，与新置诸皮各相联合，日益滋长。

若伤迹稍小，则植一片皮，亦可完好矣。"这种植皮法当代还在医院使用。《野史》提到："今西方有牛浆种植法"，即种牛痘预防天花，称为《保婴良法》。还提到从狂犬身上提取疫苗，治狂犬病，皆使用至今。书中多处言及西方预防疾病措施。"西人治病，以戒冷食，避秽湿为主，今凡未发病之家，先将洒扫庭宇，浣濯衣服，每日数次，一一净洁，以防秽气。高其基堂，以防湿气；戒其生食，以防冷气，病无召则不来矣。其西方诸养生家，多以石灰涂其门墙，亦可治病……治病当于未病之先，若病至而后求医，是犹寇至而后用兵，渴至而后掘井，为计不亦晚乎？未病需防有病。有病须求去病，不可专以药为解也。"这种预防为主，预防在前的观念，在当时是西方人率先传入的。

二　天文和地球的科学知识

《日局说》

"西方之人，总谓之为日局。……就局中论之，赫赫煌煌，旁烛无疆者，日也；累累历历，如珠串而其棋布者，七星也；若沉若浮，浑浑而圆转者，地球也；若盈若缺，皎皎而流光者，月也。月随地球而行，地球随日而行，七星之行亦随日，日之为此局之首，而亦有所随焉。最高处一大星也，此星与此局相去甚远，人所不知，故或以为日只在一处，未尝运动，而其实非也。"

所谓"日局"就是太阳系，太阳系以太阳为中心，其附近星球随之运动，太阳本身也在运动。下面又说：

"日之旁有诸小星，号曰七星。当初所见只有六星，以月合之，故谓之七。然月从地球，则不谓之星。近日西方初寻得二星，亦远甚，合前六星记之，则为八星。此八星或大于地球，或以地球齐，西方为之行星。"

上面这番话反映杨琳当时的认识水平。太阳系共八大行星，与太阳的距离依次为：水星、金星、地球、火星、木星、土星、天王星、海王星。人们在地球上以肉眼能见者为：水、金、火、木、土五星，另外两星要用大望远镜才能看到。杨琳说："近日西方初寻得二星"，指天王、海王二星，皆于 18 世纪 80 年代发现，所以他说，"合前六星计之则为八星"。月球随地球转，是地球的卫星，所以不能算是太阳系的行星。

《日有食之》，解释日食现象。

"泰西之学，颇为精确，考之天象，有云某日食，尝因是而推测之。日在天中，无有推转，地球则环日而行，月又环球而行。计自地球至日面，约一万五千二百万西尺。自地球至月面，约三十四万西尺。有时运行过地球，适与日相值，则日为所掩，故谓之日蚀。所以然，由月影一规，遮其日面，至地球所暗蔽。然地球亦非尽暗也，月行到处，随转随行，行过复明，非全球内皆见日食也。"

"且月行与地球近，则所掩多；若与球远，则所掩较少，所以日食有三样，一是月近地球，尽蔽日光；二是月远地球，犹见日光；三是所掩有偏全，多寡之不同。由此而观，则日食自有常度，本是常事，行缠次舍，偶相符合，按图而考，其世可知也。而世不知者，以为有关于人事，伐鼓鸣锣互相喧救，事殊无补。"

杨琳所述与现代天文学大致不差。自地球至日面平均距离约为 1.5 亿千米，与他所说一万五千二百万西尺（米）基本相合。自地球至月面平均距离约 384400 千米，他说是三十四万西尺（米）也差不太多，因为近距离时就可能小于 384400 千米。

中国是有天文记录最早的国家，在殷商武丁时（距今约 3200 年）的甲骨卜辞中已有"日有食"的文字。《诗经·小雅·十月之交》记，"十月之交，朔日辛卯，日有食之"，这是公认的世界最早的日全食记录，时间在周幽王六年十月初一（公元前 776 年 9 月 6 日）。但是在相当长的时间内，统治者和民间都认为日食是不祥之兆，将有灾难发生。西汉董仲舒称之"天谴"，即上天对统治者的错误和世人不道德行为的警告。古代也有少数科学家提出正确的解释，西汉学者刘向认为："日蚀者，月往蔽之。"东汉王充认为日食"有常数，不在政治"。他们的观点并没有被人们普遍接受。20世纪40年代，笔者上小学时，见到"天狗吃月"（或吃日），人们都跑出来敲锣击鼓，让天狗吐出来。杨琳说19世纪末越南有类似情况，所以他要写文章纠正这种愚昧行为。这篇文章的题目"日有食之"，即出自《小雅·十月之交》。

《客知月乎》

"仰观天象，星文罗列，有随地球而环绕者，月也。""月与地球，皆藉太阳之光以为光。""月之行也，每一月内，环球一遍；每一日内，月身旋转一周。故月内十五个日，一边光，一边缺。人在地球上，仰观月光，见其半得日光则光，其半为日掩则缺。彻穷到底，则又尽缺。由一光一晦为之也。""每月之内，月在地球之后，月也，日也，地也，三者相值焉，则为所蚀，有失一二分者，有全失者。""各国所见不同，有见全蚀者，有见少蚀者，有不见其蚀者，皆因就地球之隐而然也。"

月球与地球自己不发光，靠反射太阳光而发亮，迎着太阳半个球是亮的，背着太阳的半个球是暗的。月绕地公转一周为27.32日，月自转一周也是27.32日，皆自西向东，由于日、地、月三者的相对位置随月球绕地球向东运行而变化，就形成新月（朔）—上弦月（半月）—满月—下弦月（半月）—晦月（不见光）—新月。月相的周期为29.53日，故设闰月已调剂之。1969年7月，美国"阿波罗"号宇宙飞船首次运载宇航员登月，而后又返回地球。2019年中国发射的月球探测器，首次拍摄到月球永背地球的一面，人们对地球与月球的认识比前人更全面更进步了。题目"客知月乎"四字，取自苏轼《前赤壁赋》，"客知乎水与月乎？"

《地球论》

"地球之说，始于泰西，谓之球者，以球之体圆也。""地体若柑子然，两极稍凹，中央稍凸，若非圆也。然自心中度之，此凹凸之处，不过三百分之一。故人于远处望之，常见其圆。""地球之转有二，其道有五。自其转而言之，一曰日周（即自转），一曰岁周（即公转）。日周者，本身之周而复始也；岁周者，环于日外之周而复始也。""凡三百六十五日，方能绕日一遭。故有四季之分，寒暑之别也。自其道而言之，曰寒、温、热。热带一段，寒暑各二段（故有五带）。""地球之面有高低广狭，分为水陆山原。大约计之，海得四分之三，陆得四分之一也，自赤道至北极，陆份多；自赤道至南极，海份多。""陆地分为五大洲，曰欧罗巴、曰亚细亚、曰阿非离歌（非洲）、曰阿迷离歌（美洲）、曰澳多离阿（澳大利亚）。"

中国古代对宇宙的认识有多种说法。一是盖天说，主张天圆地方，后修改为天是半圆形，地为拱形。二是浑天说，天如蛋白，地如蛋黄，宇宙以地球为中心运行。三是宣夜说，认为天是积气，无形质，日月星辰浮气而动。在西方有太阳中心说，地球中心说等理论，现代天文学是西方天文学家经过不断观测而逐渐形成的，并于19世纪后期输入亚洲。

关于地球的大小，古人认为中国的四极都是大海。战国时邹衍提出"九洲说"，世界有九大洲，中国在赤县神州中，为世界的八十一分之一。东汉班超西征到西海（里海），曾派部下甘英到大秦，即今罗马，从而得知中国之西有欧洲。南宋时朱熹的《朱子语类》记，有人到过北海之北，那里夏夜很短，煮熟一只羊腿工夫，天就亮了，那就是到北极圈了。明初郑和沿印度洋到过非洲东岸，那就是西洋边界。但人们还不知道地球是圆的，只有个别人提出猜想。直到鸦片战争后，魏源作《海国图志》，才知道中国之外还有许多国家，对地球有了比较全面的地理认识。

《火山辨》（包括地震）

"夫山有火，何也？由于地震里，（地）里有火，何也？由其内热。……凡入地深千尺皆热，愈深则愈热。深至一百千尺，热甚。虽五金亦能融化。此则地球内热，而四围寒冷而凝，热甚则溶液出，遂为地震。有时突出上阜，有时倾陷而下，其喷出火山，壮若烟筒。地气上通于山顶，令热从中泄出。计地中凡有二百火山，月中亦有喷火山。已寒矣，但存空壳，以千里镜照之，瞭然可见。"

这段文字有的正确，有的不完全准确。按现代科学认识，地球的外层是一圈岩壳，平均厚度为 17 千米，陆地部分平均厚度为 33 千米。地壳和地核之间称地幔，深度从 33 千米到 2900 千米，还是固态。从地下 2900 千米到 5000 千米的深处，为外核，接近液态。5000 千米以下深度为内核，固态。地核温度很高，压力和密度很大，地壳非一成不变，而是有不同形态的运动。地壳可分为不同板块，板块之间会运动或漂移。火山是地热积聚到一定程度时释放出来，而由地壳薄弱部喷出地表，其中有高温热气、熔岩和固体物。火山喷发后在陆地会形成火山堆，在海洋会形成新岛，火山喷发的时间长短不一，全世界有活火山 500 多座，有死火山 2000 多座，有休眠火山。死火山口往往形成高山湖泊。

地震指地球外层岩壳的天然震动。由于地壳是不断运动的，按震动的能量分为不同等级：四级以下地震称为微震，不被人们感觉。五级以上有感觉，并造成较轻破坏。七八级地震会造强烈破坏。火山喷发也会造成地震，海洋地震会引发海啸，造成灾难。

中国古代对地震原因有很多分析，有阴阳失调说，天文变异说，海水相搏等，更多的是"天谴"说。关于地震的预报，东汉时大科学家张衡发明了世界上第一台地震测报仪器——候风地动仪，可惜没有说明构造细节，没有器物流传下来。

三　海外见闻：奇迹奇俗奇人

下面这些文章，多用记者报道口吻，似为作者随越南大使赴法国巴黎途中或到任后所见所闻所感。

《使西日程》

"自北向西，从大船放海行。二个日至笙歌铺（新加坡），诸国人多居。有一园异草奇花，栽植最好（或即今新加坡植物园）。其土人水上架床以居，入者必过桥方到。清客家（指中国侨民）画以青色，稍稍洁。阇婆（指今印尼之爪哇或苏门答腊）人家甚浊，与兽为群，有太古茹毛饮血风。……沿水舟渡岸，则有花木名园，及古今积置院中。宝石盈积，人多取以为器皿，天然可爱。又有佛像，与天竺（印度）佛一般，而多凿出，样异尤奇，且有侍佛馆（佛寺），坐佛于水晶笼中，长十五西尺，旁有侍像，墙边画佛生在莲花中，事在自初生至成佛，及与鬼戏，无不绘。"这是佛的本生故事，在佛寺大殿四壁绘成多幅，今犹多见。又有善做蛇戏者，每吹箫，则群蛇均起舞。……"自此西行八个日，至阿颠，伊处近海，天气暑甚，土石人物均黑。……又行五个日，抵赤海（今称红海）。度修渴，经铺尺海口，这处多构家，层楼叠阁。有阿在屏弥城，属伊撰国。西行到镇尺城，四五日内至法国。"

此文略记从越南经新加坡、地中海等地到法国的历程，于新加坡比详细，大致符合该地情状，其他地各多用音译，不知何所指。

《巴黎揽胜》

"大南（越南）使奉命修好，礼成，归辄有日，因尝于焉纵览。见其衙署宏敞，庠序（学校）之美焕；见街之清洁，园林之蓊蔚；见森然环列而巩固不动者，城外之炮台也。见截然整齐而华丽无比者，城中之列肆也。其基之广而镂以石者，前王之故宫也；其顶之高而镀以金者，武官之别院也。有室焉曰聚珍，人物故事，绣以像之，绘画无不妙也；有坊焉曰武功，剑马雄烈，石以刻之，英风犹可想也；有苑焉曰生物，红鸟兰鸡，睡棠笑竹，珍奇无不备也。有馆焉曰马戏，翠袖红裙，斗狮舞象，光怪可近也。江之上，有青雀黄龙（游船）泳而游焉；途之中，则朱轮花辐，驰马骤焉，固居人之宴游而行客之往来也。环城光景，可玩者尚多。"

文章简述巴黎城市概况，地名都是意译，若按后来的翻译，巴黎之著名景点甚多：如罗浮宫，即文中所谓"前王之故宫"，现在是世界最著名的博物馆。凡尔赛宫原是王宫猎场，即文中所谓"武宫之别院也"。文中所谓"武功坊"指凯旋门，有多幅巨型浮雕纪念拿破仑的武功。所谓生物苑即动物园。还有协和广场、方尖碑、玛丽莲教堂、杜乐丽花园，杨琳未能一一介绍。

文章另段，题为《玻城铁塔记》，重点介绍埃菲尔铁塔，全文如下：

"坡城者，法国之京城也。有山耸然，为之屏障矣，壁刍蒙山也。其东南有水，形若弓背，而深广清澈者，莲河也。其间有层楼叠阁，而百物充斥者，古之皇宫，今之博物院。前有塔屹然，上插霄汉，而俯瞰江流者，铁塔。作者谁？国人爱如勒也。爱君前在兰国（荷兰）造大铁桥，继成此塔，工程家之最极手也，塔之高千有余尺，所用铁则七千三百吨有奇。每吨共一千余斤，合而计之，不知几万之斤也，其下四柱，空而斜，为之足焉，而方其形，所以持危扶颠，宛然四辅图也。四柱之上接主总柱，层累而上，几与天齐。居然一统之规模也。其在八百九十六尺处，有望台焉。台方五十四尺，其上有侧后等房，去天尺五，星辰手可摘也。上焉有灯笼，其高二十二尺，内有极大电灯，外有三色镜光照，望之为聚星堂也。又有电管，凡入以引电气而纳之地中，雷公斧虽激烈而无所施也。大风时塔头稍动，然其根脚定，体势大，封钱少女，亦无为铁塔何。若夫天气晴和，日色清朗，登斯塔以四望，则江山信美，尽在指顾间也。……塔内有起落架，以上下客，可无步陟之劳。而又有饮食之肆，憩息之所，游人皆便之，故登临者众，日以万计也。"

"玻城"就是巴黎，"莲河"即塞纳河，爱如勒，今译埃菲尔，巴黎铁塔总设计师。此塔实际高度为 325 米，合 975 市尺，瞭望台在 274 米处，合 822 市尺，"极大电灯"，指探照灯。"有电管纳入地中"指避雷针。"封钱"当为"封姨"字误，《聊斋志异》中称狂风之神，"少女"指微风。此塔初设计时，许多人反对，认为不可能实现，且不美观。1889 年建成之后，逐渐显示其美学价值。如今它已经成为巴黎地标之一，法国文化的象征，世界建筑史上的奇迹。杨琳此文，以朴素的语言如实的描述了铁塔的结构和雄伟面貌。

《手凿天池》

天池指苏伊士运河，本文介绍其开凿经过。运河在埃及东北角，全长 190 公里，东岸是亚洲的西奈半岛，西岸是非洲的埃及，向南通过红海而入印度洋，向北通过地中海再通过直布罗陀海峡而入大西洋，是世界最重要的海运交通咽喉。在运河开通之前，西欧的船舶进入印度洋，要沿非洲西岸到达好望角，再沿非洲东岸，到达中东和印度以及远东，旷日持久，而且风浪险恶。于是有人设想，最好在埃及苏伊士河之上游开凿运河。1854—1856 年法国驻埃及总领事斐迪南·德雷赛布（杨琳文中称为咳黎撲）获得埃及总督特许，成立苏伊士运河公司，从 1858 年开工，1869 年建成，历时 11 年。运河基本上是直线，只有几处小弯，平行明渠，无闸，长 190 千米，水面宽度 280—345 米，深度 22.5 米。杨文说，用工"日常二三万人，畜骆驼以挑土，建瓦屋以居民（原来该地人烟稀少），制铁筒埋地下以供应食用水，港之两岸，砌石堤，取黄泥蚌壳类以镇压沙流，防其塌坠，有电气（电报），以报来船，有木牌以志里数远近"。运河向全世界船只开放，埃及收取通行费和引船费，这项收入成为该国四大财源之一，运河两岸城市和工商业也逐步发展起来。

1875 年埃及总督将该国股份卖给英国,从而使英国获得运河控制权。1951 年埃及少壮派军官推翻旧政府,要求英国归还运河控制权。1956 年,埃及政府宣布运河收归国有。由于国际航运不断发展,船只不断大型化,埃及于 1986 年开始扩建,延长至 195 公里。河面拓宽至 415 米,深度加深至 23.8 米,使 25 万吨级油轮得以通过,使世界航运交通更加便利。

杨琳的文章没有详细介绍以上情况,有些数字不够准确,他主要颂扬人类能改造自然,创造奇迹,鼓励自强不息。

《摩国见闻》

这是一篇新闻报道,介绍法国保护国摩洛哥概况。

"法国有摩多哥,界在阿非利耶之东,其地四周皆海,地方五十九万二千尺,较法国稍大,四时寒热之气,与大南(越南)相似。"实际情况有差距,摩多哥(即摩洛哥王国)在非洲西北部,与西班牙、葡萄牙隔地中海相望,西部是大西洋,南部接壤撒哈拉,东南部与阿尔及利亚为邻,国土面积约 45 万平方公里。

"其治体,泰西人(指欧洲人)往到伊国,则毕稽修国(疑指比利时)人先至,后法国继至,欲居通商,不久处。后大英国继至为商,亦日减退。后伊国有乱,法国有二人抵伊国京都,则皇后甚敬重之,一员开垦农田,助办伊国事务;一员开厂锻炼大炮,造玻璃器皿,煮糖、造酒各项,诸国内不畏而忧之。皇后崩,太子继位,勤修政令,欲国日强,乃与法国联合,愿学其法。又大乱,与法国情意稍疏,法国乃撷取一城,寻又解兵修好,乃立约书云。"这一段讲摩法关系史。从 15 世纪后,欧洲各国势力进入摩洛哥,1904 年,法国与西班牙瓜分摩洛哥,各划出势力范围。1912 年,成为法国保护国,1956 年,摩洛哥王国独立。

"伊国人类甚众,就中呼巴人常有管治权,而摩多哥师则为原产之民。"实际情况是,阿拉伯人占百分之七十五,原住民柏柏尔人占百分之二十，"呼巴人"或指阿拉伯人。

文章描述，"东京都者，凡宫室器皿，皆自泰西讲明而来。设学校，因西学为国，又开讲学会，博物馆，以广见闻。其远于京都者，未晓西俗衣服，以本皮为之，且画其身体，刺其面目，以为美饰"。"不知枪炮，但知张弓持戟，吹喷射筒而已。"农业生产，以杖木耕地，焚草后下种，听其自长。林木茂密，畜业甚富，水中多鱼类，信鬼怪。"好事恶神，不奉善神。"符水法师最有权威。

"伊国主管云：吾国兵刃不坚利也，而所恃无忍者三将军，一为寒热将军，能颠迷人，使其不省人事；二为沃野将军，能泥涂人，使之还泞见获；三为丛林将军，能使行者屈曲，而裸足不敢前进。"可能是古代神话。杨琳文章接着评论说："由今而观，亦不足恃。当初木未拔，道未通，将军乘备而入袭，人来初为多困倦，经开辟日历，精英日泄，三将军已远去矣。"21世纪之今日，摩洛哥的经济实力已占非洲第五位，2014年人均GDP 3240美元，已迈入世界中等收入国家行列。

《佛国记闻》，此文介绍印度。

"兹观亚细亚洲南，有印度增（僧）国者，即天竺别名。其地别为三角，不方不圆，南向一角有大岛（今斯里兰卡），属伊国。北份有峰峦，名喜马麻罗阿（喜马拉雅），最高于天下，计自水面（海平面）至于顶，高八千八百四十四尺（米），东西南际海，大英国全保护伊国。"

"伊国物产，宝贝尤多，如金钢石最多。又有金矿、铜矿、铁矿类……至如林中，尤多好木"，"此处甚热，虽时有风扇，而天气常有烘炉，四野能植五谷……畜类有猪、豺、虎、豹、狮子……山有万类，孔雀，天鹅，鹦鹉……象多硕大，能晓人意，人养之以用兵，或充玩，或从猎，无不如意。牛、象为有灵之物，常以瞻敬设祀。""伊国人类分为四类：一修道学文，一操武主治，一居贾行商，一工师农圃。其有前世得咎，不属四类之人，倘或与修持人相遇，必须回避。"下面用大段文字介绍印度古代典籍，神灵、宗教："其教谓人死其魂不灭，又转生为他劫。""修持人地位高，人见之自赖供养。""伊国有一江名仙江，人常到此洗濯，以拔出孽恶。""每遇节日，国内以牛马大驾，邀神赛游。"有的妇人其夫死，所有奁妆赐人。"乃积薪木，端坐其上，令人放火，而顷刻间，焚火燃然者，以死如弃如也。……自英国保护以来，此俗渐止，人皆知性命为重，不敢轻为赴火之蛾。"

此文介绍印度情形大致属实，但是没有明言，中国佛教源于印度。把人分为四类也未细讲，第一类婆罗门是僧侣。第二类刹帝利，军事和行政贵族。第三类吠舍，是商人。第四类，佣人工匠。等级森严，依血统世袭不变。四类之外者有贱民，或称不可接触者。这一系列等级制，人称种姓制，属顽固的封建血统论。

《海外奇人传》

介绍三位。一位是日本洋人，12 岁周游列国，不费一钱。从旧金山乘火轮抵檀香山，船主不收费，抵日本，政要召见。抵香港，西人士女一睹为快，然后经泰国、印度到非洲，过欧洲之德国，乃其母国也。又返美国，闭门著书。同类现象出现在意大利作家亚米契斯（1846—1908）所著《爱的教育》中，其书末有《六千里寻母记》，记 13 岁少年马可，从意大利热那亚到南美洲阿根廷，寻找失联多年的母亲，历尽千辛万苦，其事迹更为感人。

另一位奇人是丹麦女子左赞，改男装，投军营，参加丹、普两国交战，炮弹伤及鼻，后又充马队前锋，作事勤奋，曾受嘉奖。数年后为农，自食其力，人不知其为女也，及病没殓埋，始知其为女流。比之中国，古有花木兰代父从军，当代有郭俊卿（1930—1983），辽宁人，家庭穷苦，少年时即剃光头，扮男孩外出打工，做泥瓦匠帮手。1945 年以男人身份参加解放军，1947 年入党，屡历战功，先后任战士、班长、副指导员，睡眠不脱裤，洗浴避人。1950 年因病住院，才发现女儿身，被评为特等女战斗英雄，后转业到山东青岛，任被服厂厂长，县民政局局长，终身未婚，领养两女，1983 年逝世，其表现可与丹女媲美。

第三位奇人是美国首任总统华盛顿。杨文说："美为华盛顿自立之国，始其国辖于英，（华）盛顿以三尺剑，号召豪杰，开拓疆土，事定后，即欲解兵柄，归田里，创为推举之法，不以爵位传其子孙，彼诚人杰哉！"这几句话太简单，没有把华盛顿功绩说全面。华盛顿是美国独立战争总司令，与英国奋战多年，终于取得独立，民众曾拟推他为国王，他坚决主张民主制，反对帝制，乃改任总统，而且以身作则，连任不过两届，不传位子孙。

杨琳这篇文章，题目是三位奇人合传，其中只有丹麦女子描述较具体，另二位语焉而不详。该文前半段写人，后半段说理，大谈中国的《左氏春秋》笔法，有些离题。

杨琳介绍西方文明也偶有差错，如《气灯说》。他认为气灯能发亮光是由于电气，这是不对的。气灯又名煤气灯，外面有一层玻璃壳，底部装煤油，中间有特制灯芯。充气之后将煤油气化点燃，发光的亮度很高，一盏气灯可照亮一所大礼堂。在农村或小城镇不通电没有电灯的情况下，人们常用来夜间开大会，或在广场搭台演大戏。20 世纪 40 年代，笔者在湖南农村曾见过多次。杨琳所说越南气灯，相信也就是湖南气灯。他的文章有这类小毛病，乃是对西方传来的新事物还缺乏深入细致了解的表现，是可以原谅的。

参考文献：

于在照：《越南文学史》，军事谊文出版社 2001 年版。

佚名氏：《野史》，收入《越南汉文小说集成》第 14 册，上海古籍出版社 2000 年版。

四　越南黎裕的灵性动物故事集

黎裕著《伦理教科书——人中物》二卷，抄本藏越南汉喃研究院，收入《越南汉文小说集成》第 13 册，上海古籍出版社 2002 年出版，作者黎裕生平待考。该书提要作者临江、朱旭强认为，从书中提到的政治、科学名词，如议员、国会、天演论、化学法以及散见多处的家国之恨和个人感慨来判断，黎裕属于近代知识分子，其思想倾向反法爱国，主张民族平等。他本人流亡海外，或许是职业革命家。此书为向越南国民进行爱国教育和宣扬正确的社会伦理而作，写作时间当在 20 世纪初叶，采用浅近的报刊体古文，当时越南民众多数通汉文，能够读懂，接受。20 世纪 30 年代以后，汉文读者渐稀矣。

全书共收录四十六篇动物故事，每篇记述一种灵性动物，具备一定的人类特有的思想感情和行为动作，并不是寓言，没有把动物拟人化，所记动物有行为而无语言，每篇题目皆三字，而且形成二题相对。文章格式是，首先以四句七言诗或越南的六八体诗开篇，继而叙事，有头有尾，150 字左右。篇末是作者的评论，100 字左右，从人类伦理阐发，劝诫，感慨，以喻世、警世。书名《伦理教科书》，又有副题为《人中物》，应该是《物中人》，即动物有人性者。故事多数来源于中国，有常见成语、历史典故，民间传说，有的见于中国之笔记、类书，有的说明发生在中国某时代、某地方、某某人家，皆不可确考，可能是作者编造或踵事增华加以扩展，以加强故事性，只有十余篇发生在越南。总体上看属于记录佚事的笔记文，算不上"着意为文"的传奇小说。

下面按故事的思想倾向分别介绍，采用缩写法，偶引原文。

一　宣传爱国思乡，结党联合，保种护群。

《胡马嘶》

作者写道："是马者，为北胡之马，日行千里，于汉武帝时贡入中国，远离故土，思心悠悠，唯有北风一起，则咄咄长嘶不已，泪随声落。"

关于胡马恋故国，最早见于《史记·大宛列传》，仅云，胡马来自大宛，称汗血马，贡入中国。后世又添加闻北风则嘶鸣，思故土，遂顿羁绝绊，骧首而驰，长鸣而去，晨发京城，食时至敦煌北塞外。在古代文学作品中是常见典故，《水经注》中有候马亭、马蹄谷、天马径等地名的记载，皆是民间传说。纯种汗血马的后代至今仍保存在中亚。

黎裕评论说："盖北者，胡马之故国也，孤身客地，触景生情。胡马犹知感慨，况乎海外诸君子，一身去国，功业未成，而对于冬天风雨，旅馆残灯，其离怀愁结，欲借笔砚尽书之，亦终无下笔处，哀哉！"

《越鸟巢》

"是鸟者，越裳之白雉也，于周成王时进荐入中国，王爱之，供养甚厚，听其自由，不为牢笼之所困也。其最异者，第于奋飞上树之时，必先定方向，唯有向南之枝，则巢之。"

"越鸟巢南枝"出汉代《古诗十九首》，其前句即"胡马依北风"。越鸟来自南方，思念故乡，故其巢必向南。还可以有另一种解释，在北方，向南筑巢便于取暖，乃动物习性。

黎裕评论说："盖南者，越鸟之故地也，桑梓千里，一寸心思，越鸟犹念及次，况乎生离之人，于他乡客地，渴饮饥餐之日，安能萦其思家思国之心，不由此而发生哉！"

《越鸟巢》全文开头之前，有四句七言诗："遥遥越地隔重阳，去鸟巢枝枉断肠。奋翼冲霄如有志，依人今日更何伤？"可证作者的故国是指越南。而中国成语中的"越鸟巢南"之"越"乃泛指长江以南,汉时皆称"越"。诗的最后两句,奋发有为,比前文末句"哀哉"更积极。

《鹅结党》

青州韦某养鹅百余头,早出野觅食,暮归家止宿,群鹅有长,见生人则大声嗷叫啄逐,生人莫敢近之。某日韦家办喜事,宾客众多,贺礼盈仓,一连数日,全家劳碌,夜间大睡,疏于警惕。群盗侦知,半夜跳墙入室行窃,为鹅长发现,举颈大鸣,群鹅随声齐鸣,韦家人惊起,持械逐盗,盗迅即逃走,后得知乃鹅报警,阴谋害鹅,以毒药投鹅食物中。鹅长以鼻嗅出异味,不食;恐群鹅无知误食,乃以长喙叼走盗所投食,以长喙挖坑,掩埋毒物,率群鹅以巨掌反复践踏,勿使暴露。韦家及群鹅终免于祸。

作者评论并未称赞群鹅,而是离题发挥:"欲图大事者,非一人之所能也,必有党而后可成。党也者,合众人之力以大其力,收众人之志以充其志,同心同德,出财出力,众手皆擎,群策毕举,则何为而不可也哉!"

越南在 20 世纪初期有三个革命组织,尚未出现全国统一的政党。胡志明在 1920 年加入法国共产党,1930 年三个革命组织联合成为越南劳动党(后改成印度支那共产党)。黎裕此文号召成立革命党,以图反法救国之大事。估计作于 1930 年之前。

《象合群》

高绵国山中多野象,谷物成熟时,成群结队觅食,庄稼遭受损害。有二猎人擅射,匿于林中,见一小象经过,发矢中其耳。小象大吼,象群赶来,有一二象以土止小象伤处之血,数象扶翼而去。群象欲觅猎者报仇,见林中树上有人,有的象抱树身摇动树根,有的象以鼻吸水喷入根部,使土松动。猎人大骇,解衣挂于枝头如人状,裸身跃上邻树逃脱。不久树被象拔倒,衣服抛于地面,众象或以足践踏,或以牙撕成碎片,以消其恨。研究野象习性的学者认为，象群深爱小象，若遇伤害，必尽力救护且愤怒报复，至今仍如此。

黎裕评论说："夫人生于世，不知合群，则势孤，势力孤则不能自保守，而为他人之所欺；欲他人之不我欺，必当联络其情，团结其力，以为一大群，斯可矣。""合群主义大矣哉！人不可以无群，群不可以不合，合则大，离则小，小则危，吾人当有鉴于此焉。"

《象合群》一文紧接《鹅结党》，二题形成对偶，意旨相同，都是呼吁结党以形成合力。

《鸡保种》

越南凤翔村有人养一雄鸡，每于母鸡孵小鸡时，必环立巢旁守卵，小鸡出壳后，供其饮食，保其起居，寸步不离，胜似母鸡。一夜，一小鸡为狐捉捕，主人迁怒雄鸡，雄鸡抑郁不安。兹后每至黄昏，雄鸡必立巢前，见大小鸡悉数入巢，仍以身立门前守更，如闻见狐狸气味动静，当即扬颈长鸣，然后奋力振翼与狐相拒，此后狐不敢为鸡之害。

作者评曰：强迫弱，大欺小，天理使然，小而一身，大而国家社会，可不当思以自强自大，防内作之忧，拒外来之变也。狐类之强，鸡类之弱，人所共知也，"雄鸡不自认其为弱，奋力自强，算筹方略，设立机关，以保其种类，不使为其他种类之所欺，雄鸡其知保种也矣！"

18—19世纪以后，不少弱小国家和民族为殖民主义帝国主义所吞并，从而亡国灭种，所以在近代中国及东南亚，革命家纷纷呼吁保国家保种族。黎裕此文以雄鸡护小鸡为喻，号召弱者要自强自大，奋志谋划，以保其种族，正是针对当时越南遭受法国侵略而言。

《赤鼻猴》

广东林某善于驯养动物做各种表演，其中一赤鼻猴，动作酷似人，跳舞献艺，举止中节。又有一犬一羊，亦能循规蹈矩，与猴配合。逢场作戏时，林某敲击小铜锣发令，猴即自取面具，自穿衣裳，手持道具，做游戏，以犬当马骑，以羊当牛耕（中国三四十年代也有此类"猴戏"），猴、犬、羊相处亲密。一日，演出结束回寓所，猴犬入房舍歇息，羊散步野外，见青草遍地，贪食忘返，为诸牧童捕捉，缚遣回田间林中。猴犬不见羊归，即四处寻找。犬快步奔走，发现羊被捉，乃张牙舞爪嗷嗷狂吠。牧童见犬凶猛，弃羊而逃。猴以爪解脱羊之缚，以口咬开其绳结，与犬、羊同归寓所。

作者评曰："黄、白、黑、红，种族虽有异，而同为一人类也。美、非、欧、亚，疆域虽有异，而同一地球也。古人云，四海之内皆兄弟也。欲世之人皆以博爱为心，平等为宜，不恃富轻贫，不恃强凌弱，爱吾之身家以及人之身家，贵吾之邦国以及人之邦国，团结其势，连络其情，知面知心，相亲相爱，五洲兄弟兰芝佩，四海车船水陆通，如此则世界何为不和平哉？"这是由动物互助而联想到，人类应该种类平等、博爱如兄弟，团结互助，则可实现世界和平的理想。

上述救国保种思想是《伦理教科书》全书主流，是积极的进步的，在以后所述各篇中还处处可以看到。但作者只是民族主义者，而不是民主主义者，其基本理论来源于儒家。在《游金鱼》篇末作者说："世间有阶级之分，阶级者次序之谓也。""家有家之秩序，则父慈子孝，兄友弟恭，夫唱妇随，而纲常立。国有国之秩序，则君敬臣忠，上行下效，尊老敬长，而政教施。此秩序之为贵者大矣。"至于"自由""民主"观念，作者是没有的，甚至还有保守偏颇的倾向。对于这种时代的局限性，笔者会适当指出，帮助读者更全面地理解和评价该故事的思想观点。

二 表扬忠主、救主、报恩、酬德

《昭宗猴》

唐昭宗有一猴，行动似人，礼拜中节，日侍于侧。朱温废昭宗，自立为帝，坐大殿，受百官朝拜。猴仰视，不见昭宗，知非其主，怒气激昂，踊身一跃，至朱温座前，双手击温，不中，夺其龙袍裂之而去。

作者评曰："猴之忠勇，慨可想见。视今之衣架饭囊诸小人，朝唐暮晋，惟名利是求，不顾信义，其不及于猴者远矣。"

1885 年，中法战争以后，法国将越南南部划为殖民地，中部北部视为藩属国。越南有一批无耻之徒背叛祖国，助纣为虐，拜倒在外国侵略者膝下，人斥为越奸。此文借唐昭宗猴不拜朱温，讽刺奸人不如猴。

《赤兔马》

蜀汉有赤兔马，日行千里，为关羽坐骑三十年，纵横荆楚，马到成功。及麦城失败，关羽马为吴军所得，进送吴主孙权，马不乐为用，三日不食而死。

作者评论曰："古云，士为知己者死。赤兔马真大有眼力，视关羽真可事之为主，故以终生许之。现今诸关圣庙，皆有赤兔马纪念像，同配飨人世之香灯血食，宜哉！"这番话也是赞扬忠于旧主。

《义牛村》

越南某村李姓人家，有祖传墓田一顷，夹在沈姓恶霸之田亩中。沈某一向横行乡里，欲强买李某之地以连己田为片，李以墓田不卖相拒。沈设计陷害，诬李为盗，买通官府追捕。李氏不能安身，去乡远遁，其产业皆落入沈之手中。李有一水牛，平时性温纯，亦为沈之所有。一日沈某赶牛入棚，牛怒相视，知为旧主仇人，用角触死之，村人称为义牛。

作者评论说：牛犹知重义轻身，除恶去暴，为村民行侠，为家主报仇。"噫！今世之人，惟知贪名务利，就炎趋势，忘恩负义，事强凌弱，既无良心，又无义气，其有愧于牛者多矣。"

《赛风驹》

唐代大将薛仁贵有千里马，东征西讨，最为得力，后仁贵为奸臣陷害，闲居幽谷，每日愁闷，恨不能为国建功立业。一日忽闻马嘶，以两前足锄地，踢开尘土。仁贵觉其有异，加以鞍荐，纵身上骑，马放步如飞，顷刻到海滨。望见唐太宗陷于沙滩，高句丽首领盖苏文立岸上，逼之让中国天下于高句丽。薛仁贵跃马护主，打败盖苏文，救唐太宗于险地，皆赖赛风驹之力也。

这是一个神话故事，情节、语言皆有民间特点。作者评论添油加醋曰："四面火烧，陷身幽谷，白虎将仁贵已甘于束手无用，不复预东征战事。使无赛风驹之先见，则李唐天下以为青龙星所夺，何有乎梦见贤臣跨海东征之佳兆也。"事实纯属无稽之谈，主旨则为神马与忠臣救驾卫国。

《先锋鸟》

这个故事属民间传说。公元 1127 年靖康之变，金兵灭北宋，金大将兀术俘虏九皇子赵构，见其颖悟，认作养子，甚为钟爱。一日赵构闲坐营房，忽有异鸟飞至，鸣曰：赵构！赵构！此时不走，更待何时。赵构取弓射之，鸟以口含矢，飞出军营。赵构纵身上马追赶，鸟飞疾速，马亦快如雷电，一二刻间，已脱金兵网罗，至黄河江口，潜渡归宋，而兀术在军营犹不知赵构已逃走。

作者评论说："中原境内，已为夷狄戎马所糟蹋无遗，天下事几不可为矣。念中原之无主，鸟犹能先声以引导，宜乎思宋之臣民，闻风而起，鹏举（岳飞）鹰扬，尽忠报国，所图复中原，皆以返回天意为念，此非鸟之助力而谁哉？"

历史上赵构并不曾成为金兀术义子，飞鸟引导逃出金营，不可思议。民间还有赵构为金兵所追，乘泥马渡夹江的传说，皆小说家言，不可信从。但黎裕此文，虽源自中国小说，亦暗喻越南与南宋处境相似，全国上下应闻风而起，恢复故土，是其爱国思想的借机表达。

《救帝鱼》

越南阮朝开国皇帝阮映福，曾在海口水面，与西山王朝交战，阮映福失败船散，只剩御舟一艘，漂流大海中，狂风猛浪，随时有覆舟之祸。这时有一条仁鱼浮出水面，以身扶翼御舟而行，不久靠岸，遂脱险。

作者评论认为，这是天之所使，天心有意扶阮氏龙兴，故西山必败。这种假造天命的神话，中国各朝都有。《吕氏春秋·知分》记："禹南省，方济乎江，黄龙负舟，舟中之人五色无主。禹仰天而叹曰：吾受命于天，竭力以事人。生，性也；死，命也，余何忧焉？龙附首低尾而退。"与《救帝鱼》情节相近似，但都宣扬天命。

《孝猿墓》

杭州张公养一黑猿，待之甚厚，饮食、衣服、行为，与人无异，凡有役使，多得其力。张公病，此猿日夜侍奉汤药，不离膝下，有如亲子。张公病故，猿守孝行礼，送葬后，筑庐墓旁，运土培坟，采花祭奠，饮食皆忘，形容憔悴。张家人命猿归家，不从，最终伏墓而死。张家怜之，乃葬猿于张公墓侧，题曰"孝猿墓"。

作者评论说：猿，山兽也，受张公教养之恩，视之如子，犹知以生死图报。况为人子者，父母之恩同天地，岂可忘养生送死之道也哉！"夫孝为百行之先，为人子而不孝于父母，何以立身于天地间？视此孝猿，可无愧乎。"

《青毛鹦鹉》

越南清水张氏，远嫁他乡，养一鹦鹉，善晓人意。某日张氏奉公婆之命归乡看望父母，同行有女婢及鹦鹉。途经山中寺庙，天热饥渴，入寺避暑。寺僧甚恶，见主婢年轻，先花言巧语勾引，不从，乃幽禁后房。幸而鹦鹉得脱，飞回张氏公婆家，落于二老座案之前，连连叩头，展翅欲向外。张家见儿媳及婢未归，知有变故，乃集合家人，鸟飞在前，众人随后。至寺庙前，鹦鹉飞上大树侦视情况，然后下树引张家人入僧房，以刀斧器械破门而入，救出张家妇及女婢，并缚系恶僧，送官治罪。

作者对佛门不良之徒大张挞伐，说："佛道为博爱之宗，禅门乃慈悲之所。"然而"鱼目混珠，碔砆乱玉"，"口佛心蛇者有之，逃役出家者有之，衣袈裟以惑世，敲木铎以欺人，声色酒肉之徒，混杂于庵寺间，往往借佛为名，以谋生计，逞私欲，不顾其名义者多矣"。

这类故事常见于传奇小说，恶僧拐骗良家妇女，遇侠客或神仙得以脱险。鹦鹉是能言之鸟，如果作者再加上一笔，让鹦鹉向张家公婆口头报告"少奶有难"，故事情节的完整性和可信程度就更强了。

《兔报恩》

扬州张某，豪侠仗义，扶危救困，众人得其资助，号称小孟尝。一日外出，见猎人倒提白兔，鸣声凄楚，泪流满面。张公不忍其就刀俎，乃倾囊购之放归山野。多日之后，张公因事经过某山岭，一白兔从草丛中跃出，以口衔公衣，牵之以行，公心觉有异，随行至深山曲隅，见一洞口，兔导公入，见洞中黄金满地，兔频频叩头，似表谢意。张公想起当年曾释放白兔，知其意为报救命之恩，乃取金而归，日益多行善事。

作者评论说，"张孟尝之为善者多矣，非施于一兔也"。"兔之报恩者，天使之也。且代众人而报之，非己之所私也。""以恩报恩，始可以为知恩也矣。"

多行善事，多助人救人，必得善报，并非救一兔子就发大财。这就是故事的宗旨。

《试场蚁》

北宋宋郊、宋祁兄弟，少时出游江边，见一群蚁为流水所卷，几乎尽溺，心中不忍，乃编竹片为桥，放入水中为渡，众蚁得以不死。后来兄弟二人参加科举考试皆中。考官事后告之曰：初阅君卷，并不中意。忽有群蚁飞来，密集文稿之上，挥之不去。余心中暗祝：天意如取二卷，请群蚁避，以便书批。果然蚁去而二卷皆中，岂君家祖先有积德乎？二宋惊喜，逊谢不知其缘故。

"宋郊渡蚁"是一个有名的典故。宋郊即宋庠，北宋状元，官至宰相，宋祁官至工部尚书，兄弟都是著名文学家，其救蚁故事，最早见宋人李元纲《蓄德录》，明冯梦龙扩编为短篇白话小说，收入《警世通言》。黎裕的评语说："有心于为善，其善不来；无心于为善，其善必至。郊、祁少时筑桥渡蚁，本出于良心之固有，非有所求而为也。故天所以使蚁报之。名标龙虎榜，身到凤凰池，亦当矣。"他的意见是施恩不望报，必有善报。

《乌解围》

莱州刺史张公，爱民如子，崇信佛教，好生戒杀，常买鱼鸟放生。一日游江畔，见村民提二乌鸦，将宰杀食之。张公出高价买下放归山林。后一年，有强盗崛起，占据山寨，残害居民。张公率兵清剿，不料中贼埋伏，陷入重围，甚为危急。忽闻鸟声大振，群鸟结队而来，冲入贼阵，或以嘴啄，或以翼击，或以爪抓，如狂风骤雨，贼无法抵御，四散逃走，张公率兵趁机突围，击败强寇。

作者评论说："刺史廉政持心，修行笃志，多年积德造福，故能遇险而平，履危而安，破贼拯民，特受天赐，所由来厚矣。救乌之事徒一小节，何足道哉！"作者把事情提到新的高度，认为张公长期积德行善，故获天神庇佑。救乌鸦小事，不过其善行之一耳。这样发挥，其教诲意义更重要了。

三　赞赏动物智慧，机巧，有心智

《羊杀蛇》

登州一富家，养数十头羊，小童牧之，早出晚归。夏日炎热，牧童坐树枝上乘凉，沉沉睡去。群羊在草场分散吃草，忽然一大蟒蛇从草丛窜出，捉一小羊欲吞食之。小羊哀鸣，为领头大羊所闻见，忙到树旁，以头角触牧童足，牧童惊怒，拾树旁竹竿逐之。头羊咬牧童衣而走，状如求助。牧童乃随之而去，见小羊已为蟒蛇吞咽过半，头羊怒气冲冲，以角抵住蛇之颈部，使不能下咽而吐出小羊。牧童随后以竹竿连击蟒蛇致死。

作者评论说，夫种族之为义大哉！种强则盛，盛则为他种之所尊，尊则荣。种弱则衰，衰则为他种之所卑，卑则辱。欲种族之强盛，可不以保存种族为心哉！小羊为蛇所浸迫，大羊寻计以解救，脱强暴之毒手，又能用技截杀蛇，不为他种之所欺，大羊义气深重，当为世鉴。此文重点不仅在赞美大羊有智慧，而且强调保种之意义。

《犬识盗》

韩某家有犬，智且勇，守夜防盗，最为得力。一夜，盗入韩家，窃取财物，韩夫人迁怒于犬，鞭之。犬离家而去，不知所之，家人寻访不得。某日，犬自归，摇头摆尾，做欢喜状。家人报告夫人，犬见面即放足急奔，家人追赶，至一村庄，见该犬咬一妇女衣服不放，吠声嗷嗷，怒气冲冲。家人知有异，乃入该妇女家察看，发现韩家财务俱在，遂解官处置。

作者评论说，家中失窃，犬不能辞其咎，夫人责之。当矣，犬因责而奋志，不辞劳苦以寻找，追回失物，非侦探之术精，何能为力？古人云："不忿不发"，信哉！

这篇文章比较简短，犬能找到盗窃之人，固然难能可贵，但它为何能认出该妇女即盗，似欠具体交代。

《猫执盗》

越南善明夫人，金枝玉叶，豪华好客，家中常设宴席，座上客满，贵贱不分，有女孟尝之称。养一白猫，毛色洁丽，性情温驯，善解人意，夫人爱之，常抱怀中，抚玩不离。一日大宴，夫人摆出四件白玉盏，让客人观看，并以之酌酒，宾客遍尝。散席撤食具之时，一客乘间将一玉盏匿于袖中，纷忙中无人发现，夫人只顾送客，来不及检视酒器。忽然白猫跃出，跳上某客之肩，以前爪扑其衣袖，鸣声紧急，客人以手击猫，猫挣扎不去，这时家人来报，玉盏缺一。夫人盘查客人，盗者只好承认顺手牵羊盗窃玉盏。

作者评论，先责夫人不慎，好客而不察，示宝而不防护。再责盗者亦不知谨慎，有盗玉盏之心，只知防面前之人，而不知防身后之猫。二人之败事，"皆不知慎之故耳"。这样裁判有失公道。夫人是失窃者，无罪；客人是盗窃者，有罪，说其罪仅在"不知慎之故"，对小偷判轻了。猫是侦破此案有功者，竟然一字不提，太忽视"白猫警长"了。

《能言鸟》

越南河州人许某养一鹦鹉，教之语言，无所不知，通常问答，一切如人。徐某珍爱，一刻不离，相与会话不倦。许某行商大亏，产业变卖，无立锥地，所存者唯一鹦鹉。一日，鸟谓许君曰：我愿卖身以救君急。许曰：宁死不肯离汝。鸟曰：是计耳，君无忧。君带我至热闹商埠，如有人出高价买我，君可许之，我自有妙计出牢笼，与君团聚。许从之，至某大市，鸟在许肩上，互相对答，言语如珠，观者如堵，赞赏不止。镇上豪富出银百两购鸟，许得银成交。富翁与鹦鹉对话，如四五岁小儿言语，甚欢喜，家人争喂以食物。鹦鹉请清水沐浴，洗刷羽毛干净，即飞上屋顶晒毛，低头对富翁高唱曰：多谢明公厚赏！言讫振翅高飞，风驰电掣，穿云入雾，不见去向。鹦鹉寻到旧主许家，为避免富翁纠缠，徐某携鸟及家人迅速远走他乡，另谋生计，以百两白银作本银，重整商贸旧业。同样的故事见蒲松龄《聊斋志异·鸲鹆》。

这实际上是一个骗局，20世纪还在东南亚频频出现。中国有些光棍汉到某国寻觅伴侣，容貌美丽，性格温存，唯索要聘金颇多。光棍爱美人而不惜金银，娶之回国，不久新娘即不辞而别，无处寻觅。

黎裕评论说："用诡计以骗人，谋私利而夺财，非光明正大之所为，因无足取。其可取者，事主丹心，始终如一，不以贫而移其志，能以智解其危，则鹦鹉之忠义，概可想见。"我看此鸟对旧主是忠，对新主是不义。黎裕又说，办事情可以执经行权，鹦鹉设计卖身，谋财救主，知行权也。我看不是"行权"，是耍弄权谋行骗。

《黄头犬》

越南秋水杨某，田连千亩，家值万金。有子名杨合，游荡放肆，酒色烟赌，将父亲产业，挥霍无度，而且债台高筑，债主屡催，杨合逃债他乡。杨某不得已变卖财产，得五百银，置布袋中，缚于马上，中途钱袋坠落路边，而杨某不知。杨家有黄犬，有智慧，喜跟随主人。杨某匆匆骑马赶路，黄犬稍远隐随，至半途，见布袋，知为主人所遗，乃口衔藏草丛中，身卧其上谨守。杨某至债主家门，下马取银还债，而不见矣，立即仓皇奔回，过草丛，黄犬见杨，嗷嗷大叫。杨某下马，犬扒开草丛，见银袋存焉，大喜携犬还债而归。

黎裕的评论并未夸赞黄犬，也不谴责挥霍之子，而着重批评杨家父母。"杨合之为破家子者，杨夫妻纵子为非之咎也。至于代子还债，既非为父教子之义，中途失金，又无临事而慎之心。如杨夫妻者，何足道哉！"黎裕之评判有些偏颇。

《斗画眉》

绥远人张某喜爱画眉争斗游戏，买得一画眉，色美，声雄，力大，善鸣又善斗，张爱如宝。绥远民俗，正月十五元宵节，多陈杂戏，其中有斗眉会。张某携其鸟入局争斗，每战必胜，常得花红礼品，人们称此鸟为"张独攻"。画眉之性，胜则永进，败则退缩，不复再斗，故养画眉者，不常出战，一败则涂地矣。一日"张独攻"为他鸟所败，张某甚愧怒，将鸟笼掷出斗场之外，坐在一旁长叹息。回头见鸟在笼中，毛羽脱落，遍体受伤，两翼下垂，低头呆立。人皆谓此鸟不会复出了。过若干时日，画眉忽振作张目，饮食倍增，元气恢复，飞跃上下，练习战术，见主人必连声大鸣，意求再战。张乃再次参战，斗无不胜，"独攻"之声名又振兴于会场内外。

作者评论说，为将之道，胜不骄，败不馁。画眉之斗，只能胜不能败，此通病也。今张氏之鸟无此病，"一败之后，犹知坚忍固守，奋志自强。图复兴于再战，决必胜于后来，其雄心纠纠，壮志扬扬，足以为世鉴矣"。

这番话，不仅是赞扬此鸟，也是鼓励越南革命者，在抗法救国斗争，不怕失败，坚忍固守，奋志图强，必能取得最后胜利。

《雁衔书》

昭君出塞和番的故事成为历史典故和文学题材，引发后世无数诗情画意，乃至成为音乐、舞蹈，戏剧小说和民间传说用之不竭的题目。黎裕此文主要根据中国传说添枝加叶成文，与正史多有不符。黎文说，昭君是汉成帝西宫，受宠爱，其实她是汉元帝宫女，根本没有见过帝面。黎文说，汉成帝送昭君出雁门关，告诉她，在关口停驻一二日，"诸侯援兵到，朕当统兵往救，接贤妃归宫"。历史上根本没有此事。黎文又说，昭君留在关上，绝无音信，欲寄书而无人可托，面前落下飞雁，昭君作书缠于其足，飞回汉宫，直至帝前。帝观书，甚怜惜，欲救妃，迫于国家大事，甘做薄情郎，置之不问。雁等待不见回复书，含恨飞回雁门关，其声呦呦，闻之甚哀，昭君招之不下，知为无望矣。这段描写完全是黎氏杜撰，未见中国古籍记载。

黎氏评曰："汉帝其少恩也哉"！但下面又说："盖夫妇之交情，小节也。国家之重责，大事也。废一昭君而能脱夷狄之牢笼，救生灵于水火，孰轻孰重，君子思量察焉"，"帝之少恩，亦何足责"。这话自相矛盾。古代中国文人多视为悲剧，当代中国学界对昭君和番，改善民族关系的贡献多持肯定态度。

《鹊为媒》

湘江冯海晏，貌似潘安，才如宋玉，寄寓永庆寺读书。适逢中元节，知府夫人与小姐慧珠到寺中烧香，小姐美貌无双，谙晓琴诗，四德兼备。海晏久已闻名，永庆寺殿堂偶遇，目送眉传，神为色夺，暗自销魂，相思成病，侯门似海，无路可入，唯有梦中，这一段描写酷似《西厢记》张生初逢莺莺。

冯生养一鹊，性甚温顺，鹊见冯生皱眉，心中愁闷，低头不食。冯怒曰：余愁死矣，汝是喜鸟，何不报喜来！鹊飞上书案，以嘴画纸作书写状。冯生会意，即修情书，令鹊含在嘴中，飞至慧珠小姐闺中，小姐读后，回函交鹊带去，劝冯生先立功名，登科之后，双喜相庆。冯生感动，立志于学，连中三元，归来求亲，遂成伉俪。

此段仿效越南阮屿《传奇漫录》中的《翠绡传》。翠绡是阮老元帅府中歌女，余生是著名诗人。元帅宴客，余生之诗得头筹，乃以翠绡赠之。余生赴京科举，留翠绡于外地家中，权贵申某强夺为己有。余生考试落第，得知翠绡已属他人，郁郁凄怆。余家养一鹦鹉，乃修书系足，送达娘子。翠绡得书，修书令鹦鹉带回，以后互相以鸟为信使，倾吐相思之苦。余家有老奴多勇力，选择元宵节翠绡随申府男女外出观灯之机，击败陪护者，劫出翠绡走他乡。不久申某获罪败亡，余生再试中进士，与翠绡白头偕老。《翠绡传》是传奇小说，《西厢记》是言情杂剧。黎裕此文，当属小说，不是真实的笔记，其宗旨是讲有情人终成眷属，乃天赐福缘。

四　动物神怪故事和杂技表演

《难产虎》

越南上游（地名）山中有一申妪，是职业接生婆。乡人多受其福，远近闻名。申妪突然失踪数日，归来时对人言：某日行至近山旁，一虎叼之而去，至山洞中，见雌虎长卧呻吟，腹大如鼓，似有孕。我知其产期将至，而难于出生，乃以两手按摩虎腹，轻柔宽松，虎甚安静，顷刻，产下虎子，母子平安。雄虎甚喜，连连叩头。俯伏在地，命其骑其背上，纵步下山，送至家门口。自此后，长置麋鹿雉兔于门前，似充谢礼。

这个故事难以置信，雌虎难产有可能，雄虎怎么知道申妪是接生婆？接生婆能为人接生，怎么会为虎接生？此事由申妪一人口述，无旁证，可能是她自编，故神其技。黎裕添枝添加叶，写成有头有尾的文章，耸人听闻。《聊斋志异》有雄虎请男医为雌虎接生传说，极简略。文末端谈国会选举，有人发传单自夸其美，有人出钱财收买选票。结论是，但患无才，不患无用，莫愁前路无知己，天下谁人不识君。竞选议员与申妪救虎太离题了。

《鹦鹉夫》

刘刺史有一白鹦鹉，晓人语，公甚爱之。公有幼女名瑞云，年少无知，问父曰："养鹦鹉有何好处？"刘公戏之曰："将来是汝未婚夫也，当善待之。"此后，瑞云对此鸟饮食起居格外用心。教之语言，行动，皆能熟记，问对一如常人。瑞云偶染小病，鹦鹉日夜侍于床前，口不停言，问冷暖，奉汤药。数年后，瑞云已成年，媒人接踵而至，皆辞不应。父母问何故，答曰：您已许儿为鹦鹉妇矣。父母曰：前言戏耳，岂有人嫁鸟乎！瑞云曰：一言既出，驷马难追，从一而终，妇人之节也，儿愿终生履诺。鹦鹉闻媒人来论嫁娶，则闷闷不乐，得知瑞云坚守素志，则欣欣然，飞鸣如旧。后自该鸟老死，瑞云守节不嫁，以终其身。

此女是个傻姑娘，人鸟不同类，岂能成夫妻，这是起码常识。从一而终者，人伦也，非动物伦理也。一言既出，驷马难追，正义之承诺也；若知出言错误，朝令夕改可也。刘家父母教女之道，智不及此，可谓未尽父母职责。黎裕评论说："此女其愚可怜，其志可重。""瑞云之志之节之孝，可以为人箴。"其愚实不可及，其志在何处呢？黎裕把人间伦理与动物伦理混为一谈了。

《猩猩妇》

汉代苏武出使匈奴，坚持民族气节十九年，至今仍是忠于祖国的楷模。黎裕此文说，苏武冻饿将死，一女猩见而怜之，驮归洞谷，以身暖之，取水饮之，采果食之，苏武被救活。女猩又帮他牧羊，同住一洞，感情亲密，遂为夫妇。十九年中生一男一女。后来苏武归汉，恐为情牵，不告猩猩，留书辞别，密下官船归汉。猩猩见书，追至海边，只见天水间一黑影而已，不得已带儿女归山。

完全是无稽之谈。猩猩与人不同类，不可能成夫妻。所谓"留书"，猩猩识汉字吗？所谓"坐船归汉"，从西伯利亚到长安有官船吗？完全胡编乱造。黎裕评论，大夸猩猩，深责苏武。"苏之于猩，既有生死之恩，又有夫妻之义，膝下两子，深情所钟，而于归汉之日，引身自去，无言提及，其无情少恩，与诸恶少何异？"

唐传奇中有《补江总白猿传》，写一白猿掠人之妻入山中，生一子，后被发现，妇人与故夫杀死白猿，回归社会正常生活。后人有怀疑编造故事者是骂唐初书法家欧阳询的，因为欧阳询的相貌颇猿猴。以此类推，越南这个故事，可能是三家村某好事者曲意编造侮辱苏武，而黎裕照抄来的。

《鸡知人》

黄巢有才，参加进士考试，因貌丑而落第，从此痛恨唐朝，激成异志，密谋雪耻。一日入后园，见一雄鸡，率尔问曰：鸡哥！鸡哥！我若能灭唐，请先唱三声。鸡闻其言，瞠目视之良久，忽然高举红冠，摇两翼，矫双足，喔喔连叫三大声。黄巢曰："知我者，鸡哥也！"后来果然起义造反，终于导致唐灭亡。

这类帝王起事预言，都是成事之后编造的，暗示天意，神圣化成功者。刘邦斩蛇或许可能，赤帝子杀白帝子则是事后编造的。

据民间传说，朱元璋少时放牛睡大觉，竹棍横于头顶，双手双脚伸开，像个"天"字，侧卧时双脚相并而微曲，像个"子"字，刘伯温路见，知此人是真龙天子。此类故事颇多，都是趣谈笑料而已。

黎裕书中还有一些动物故事是经人工训练而成，无关动物智慧。

《学界蟾》

江北人徐某，日日挟一小木棍，往各市镇做戏法谋生。开演时，徐布竹席，置大小木案及文房四宝，叩柜角三声曰：请先生教小儿读书。一黄蛙从柜中跃出，坐首席，如老师。徐大声呼曰：诸弟子听讲。许多青蛙出柜，环席而坐。徐又曰：请先生开讲。黄蛙鼓腹而鸣，众蛙同声附和，高低缓急，如在夏夜池边听众蛙齐鸣。观者见状，莫不称异。

这是一场动物戏法表演，黄蛙之始鸣，众蛙之和鸣，皆徐某平时长期训练而成，非动物之本能。笔者曾在泰国见类似表演，名曰"狗算术"，艺人牵出几条狗，排排坐，先以棍指第一狗：$3+4=$？狗汪汪叫 7 次，戏者给奖赏一块食物。又指第二狗：$5-2=$？狗汪汪汪叫三次，又奖食物一件。问第三狗：$9-7=$？狗汪汪吼乱叫，戏者说，错了，罚站三分钟。观者皆说动物聪明，实际是戏者早有暗示，观者不能发现耳。

《游金鱼》

清虚观有一消遣游戏，供香客观赏。院中有小池清水，养金鱼数十条，颜色各异。游客围观时，道人以黄粱粉洒水面，金鱼争食，再横置水面一长竹竿，分池为两半。道人以小竹片划水为令，众鱼遂分为两队，黄色者在竿左半池，青色鱼在右半池，杂色鱼潜水底。道人又以小竹片拨池水，黄色鱼与青色鱼自动互换位置，将杂鱼围在盆中间。各色鱼之游动皆成行列，不曾混乱，有如阅兵。游动几圈之后，道人以竹竿击水三声，大群鱼队伍解散，潜入水底。游客看完，一齐鼓掌称赞，纷纷投掷鱼饵费，香火钱。

这也是杂技表演，道人手指及所持之竹片有异味，金色鱼闻气味则左，青色鱼闻另一气味则右，指挥杂色鱼则有第三种气味。其中奥妙，游人不知，赞叹鱼聪明，其实是人指挥。

《鹊善卜》

张道士善卜，名闻遐迩，人称神仙。其卜卦具唯有二鹊，人来问卜，即从笼中放出二鸟，任其自由从案上签桶中抽出竹签，交张道士。张道士根据签辞推算解卦，吉凶祸福、嫁娶考试、购置屋宅，乃至事业成败，皆能预知，往往灵验，人称神卜。

这是用鸟叼卦签代替人摇卦筒。关键不在鸟叼何签，而在解卦人如何解读卦辞。笔者在新加坡、马来西亚许多佛道庙观中常见不少人专替他人解卦，收费谋生。善察言观色，摸揣客人心事，投其所好，避其所忌。这种迷信活动在 1949 年前旧中国常见，名曰："鸟抽花书"，即叼出一张有图画的纸牌以测吉凶福祸，1949年后消失了。

《猴采茶》

福建武夷山，出高山名茶，山路险，石崖如壁，野生茶树往往长在最高最险处，故极珍贵。山民采茶，近处用人力，高处驯猴为役。每家养若干猴，驯之登山采摘，腰系竹筐，晨从家出，引至山中，即听任自由。猴子能爬高山绝顶，能攀上树，能辨别老嫩茶叶。日暮主人至山下击锣，群猴陆续回家，倾筐取茶，再赏以食物。

猴上树爬山，乃其天性，但欲采嫩茶，识佳茶，则需要茶农训练教导。笔者在马来西亚农村参观游览，亲见马来老人趋赶猴采椰子，椰子树高约普通木电线杆之二倍，树干圆而无枝，椰子结在树顶十余颗，若以人力上树，则需特殊工具（如电工爬电杆之脚钉鞋），缓慢费力。猴子上树极快，至树顶能辨别椰子生熟

（生者青，老者黄），两手一摇，椰果随即坠落树下。此树采毕，又从树顶飞跃至相近之树顶，而无须每棵树都先上后下再到邻树，两小时许猴子下树休息，必馈以食物鲜果清水，然后再继续上树。我们参观时间不长，只见树下老人已拾得地面椰子装满半拖拉机了。

专记动物故事或动物寓言的总集，中国古已有之。如明末清初董德镛所著《可如》，取禽兽鱼虫合于忠孝节义者，分类摘录，为63门，每又各有标题，皆冠以"可如"二字，如"可如鸭"，"可如鹅"等。其自序云："诸书所载，散见而不聚，隐义而不显，故特表以出之。其事则人也。其曰'可如'者，盖存心乎劝诚也，逐条之下，附以评语，大抵愤世嫉俗之词，有所激而言也。盖明之末造，人心世道无不极敝，故士大夫著书，往往如是云。"［引自陈蒲清《中国古代寓言史》（增订本），湖南教育出版社1996年版，第332页］今存3卷，卷1卷2"羽类"，包括25种鸟，卷3为"毛宗"，收9种兽类。有的故事拟人化，如《可如秦吉了·崇节》，秦吉了即八哥，能作人言。主人告之，我贫，将以三十万钱卖汝于夷人。吉了曰：我汉虫也，不欲入夷，遂绝食死。篇末作者评曰："彼臣胡逆子，甘心事夷狄不为耻，而以免死为幸，视吉了之大义烈性，不蒙面无地乎？"谴责汉奸贪生怕死而事异族，表扬坚持民族气节，宁死不屈抗清的烈士。又如《可如燕·扶危》：陈氏宅中，有燕将产雏，巢忽泥裂欲破，双燕彷徨无计。顷刻，邻燕成群衔泥而来，少刻补巢完好如初。这是赞扬同类近邻，扶危济困的义举。没有对话，只写鸟类集体行动，其书体制与黎裕之《伦理教科书》相近。《可如》只有抄本，今存浙江图书馆。黎裕虽久居中国，不太可能见到此书，二书的写法和某些思想倾向有不谋而合者，盖因越南黎裕所处时代与明末清初相似故也。

中国有一本动物寓言集《物感》，明末清初李世熊（1602—

1686）编，共20篇，每篇写一则动物寓言，皆拟人化，通过动物对话，讽刺批评人类丑恶现象。李氏有气节，专心著述，虽受威胁决不仕清。该书材料多摘抄其他书，而又有补充修改。有1918年重印本（参见前列陈蒲清书）。

第 四 章

新加坡马来西亚古文作家创作研究

一 新加坡黎伯概的古文创作

黎伯概（1872—1943），出生于广东嘉应州，18 岁中秀才，三年后补廪，25 岁弃举业而学医，勤学苦练，获前辈赏识，劝其悬壶济世。1900 年，携眷南来新加坡，任同济医院医师，经验益富，声誉日隆。联络同业，创立新加坡中医中药联合会，曾任会长多年。其医学著作有《医海文澜》四集，出版于 1951 年。先生亦长于诗文，存诗稿近千首。辞世之后，许云樵教授选编其古诗数百首，古文数十篇，额为《名医黎伯概先生诗文集》，新加坡中华书局 1977 年刊行。其中古文包括记叙文、滑稽文、论说文、祭悼文、训诫、遗嘱、诗序等。

一 记叙文：《太平洋大战避难杂记》

作于 1942 年日寇入侵马来亚时期，全文共五则，跨度十余日。记述日寇侵略时民众情状，下面节选数段。

一月三日

"余此来以叨友谊而兼儿媳瓜葛，利赖极多，既假以屋，以便栖止，又筑有防空壕，遇警号响时得栖身其间，多一重保障。何等欣幸？感激无似！余对于居停主人，惟有千万叩谢而已。而私衷犹有抱愧万分者，以七十衰迈之身，遭逢末疾，不便行走，遇警号响时，奔入壕中，蹙蹙异常，屯邅无状。在自己固无可如何，怨尤不得，然阻碍他人入壕，因之濡滞。当炮弹杂响之中，一病夫而阻碍群众，其问心难过，惭愧何如？"

一月五日

"日机于三日午后九点零分轰炸，警号未久，即高射炮与炸弹杂作，火光映入房内。余命仆即在房内躲避，同伏床下，片刻炮弹声止后，乃赴壕中。事后出壕，望见左边不远，火光冲天，知有遭难处。越晨起，闻九条半石（地名）焚民房亚答（草棚）数间，毙十余人，伤鸡豕无数。人有拾弹屑传观者，一块最坚钢铁，如三指大，约有一斤。细阅有颈，颈端有螺丝，当必是炸弹之壳。又闻高射炮之弹，亦系钢铁所造，射出时，高空中望见通红一点如火星；坠落地，如被击中头脑，必立即破裂。故闻炮声作时，切不可出行，危机险迫，不如房内静坐，以待可出时，则速赴防空壕也。是晚有怪警号不早吹者，余思敌机之来，必在万尺以上之高空飞行，实望不见，无从警告。及至目的地始发见，所以吹号未久，即闻高射炮声也。"

四日，"余精神极倦，因连夜不寐，晚饭后，即就寝于防空壕内，但因壕中湿气侵人，又回到房中，蒙衣履横陈而卧，以备闻警立走。上半夜平靖，因得略睡。至下半夜三点半，不见有异，余方庆幸，此晚或可无事，乃脱履登床。乃至四点十分，忽又警号大吹，惊醒大众，起而相率赴壕。所幸高射炮声作后，片刻平靖。凡每晚高射炮声最密时，只约五分钟，可知设备周全，严厉对付，敌机亦不能久留也。"

一月十三、十四两日

"余来自己园林，一切皆便，无依人之苦。连夜安睡，梦寐不惊，惟关心近日战局，混沌不明。吉隆坡消息不佳，将为北马之续……近阅各社团机关号召侨众，亦浑言协助当地政府，工作后方，虽颇热烈，大抵忙于开会组织章程宣传演说等事，未有驰赴疆场效命者。而政府亦无入队伍之明文，并无枪枝之发给，其迂缓殊可叹惜。或者军事进行秘密，未便宣布欤？余老不能执戈，卧病六年，仓皇避难，兴怀身世，感愧良多；在居间无可效命中，爰有讨论方书（医书）之举，亦济人之素志也。惟太平洋大战，旷古一逢，不可不述，于是将身所历者备言之，虽半月间事，亦稍有可观感，作生平之纪念。"

一月十九日

"日来日军攻势日亟，前线已抵芙蓉（地名），星洲（新加坡）受机轰炸，日必三四次。军港高射炮之烈，每次不过五分钟，日机即退。本日竟至一小时，敌机退时，英机必追，在云层相搏，漳宜海峡间为双方飞机所必经之线，北降（地名，即今泽光岛，在新加坡东北隅）处于樟宜对面，军港在樟宜内不过五英里，凡高射炮炸弹等声响，无不闻之，亦可望见之，北降一岛，虽未遭受，亦觉不安。"

这篇日记，虽然仅十余日，却是一份难得的实录，控诉侵略者的狂轰滥炸，反映当地民众的困苦处境，惊恐心理，相当具体。作者年已七十，身体中风，行动不便，仍然十分关心战局，牵挂民众。日记没有继续写下去，盖因体力不支，心情不宁，右手不能握管，只能以左手用力书写，故无法续笔了。二十多天后，新加坡沦陷，成为人间地狱，人们不应该遗忘这段历史。

《补尖笔峰诗序》（摘要）

此文属于回忆录性质，作于1942年3月，先回顾数十年前在家乡附近尖笔峰山神庙多次求签，继述后来妻子在新加坡附近岛上建造别墅的情况，极富情趣。择要录其下半段。

"山在惠阳县西一百二十里，挺拔出群，称为天笔……（某年到山）求签问余终身作何事业，签语为'树暗桥稀水没篙，溪中泛泛几渔舟，行人欲向前途去，一路平平上九霄。'不知何谓，遂亦置之……（若干年后）内人节衣缩食，思买山为久住计。余乃入山察视，择定现所居地，凭价购得，不过爱其山水之灵，赏其风光之美而已。当时全山半荒，庐舍全无，忙于建筑，童童矮树，补种未惶。五年而后开荒，十年而后有成。往来日久，区别路径，分为三条：左路、中路、右路。我山在右，应循右路，靠海岸而行，约二三里，一路平坦。中路一桥，横跨小溪，其中树木幽密，有几家渔夫，乘潮归来，渔艇即在桥头停泊，或拖起岸晒底。远望溪头是为港口，外联大海，渔栅无数，用木杆插成，半漫海中。再行半里平路，即抵山麓，直上山路，愈上愈高，而抵吾庐，以至山顶。据全岛之胜，风景绝美，云山罗列，恍然与签语四句丝毫无异，何其奇也？始知凤缘已定，不待安排，假之神灵默示，不到时不知也。今者老妻久逝，无福同游，余亦一病多年，不履斯地，乃以避乱故，姗姗来迟。往复流连，倍觉境地如新，山容未改，颇有久居之想，其殆凤缘尚深耶？"

这篇文章，前半段详记二十几岁时多次求签皆应验，作者认为有凤缘神示，当时不解，到时乃知。后半段回忆在新加坡之北降岛建造别墅，该岛经过五年开发，十年有成，十七年时游山，所见树桥渔舟，山光水色，十分优美，竟然与早年在广东尖笔峰山神庙所得签语相似，倍感惊奇。黎氏到新加坡后，发展顺利，事业有成，亦与签语所谓"一路平平上九霄"相符。文章条理清晰，视野开阔，心情愉悦。突然乐极生悲，联想起别墅建造者老妻已逝，不能同游，自己又因病多年未曾登岛，此次为了躲避战难，才重返旧地，故特赋七律四章，以申永怀。感情深笃，自然，而且紧密切合实际，非一般泛泛记游之文。

二 滑稽文：《与世界第一伟人孔方兄书》

这是一篇拟人化的书信，"孔方"代指钱币，"第一伟人"是戏称。

"某顿首孔方老兄足下：某闻环球亿兆人，喁喁向风，愿得足下握手为欢，何令人倾慕若是？天至大也，人犹憾焉，尧圣人也，桀犬吠之。兄之周洽人情，帝天不及，何大德之隆也？天下物才多矣，宜于古者不合于今，类于雅者不谐于俗，行于近者不适于远，任其大者不及其细。兄则动中协宜，无用不效，何大才之备也？老兄不出，如苍生何？犹忆甲午构衅东邻，师徒挠败，敌势汹涌，兄一出立化干戈为玉帛。洎乎庚子，北京肇祸，列强兴师，两宫奔命，危若累卵，卒之藉兄排解，保全大局。或惜兄不出于战而出于和，不知和与战惟当事者是听，兄无成见也。而能使虬髯碧眼者流，不识吾君，不识吾相，独识吾兄。其魄力为何如哉？方今全球争竞，通国张皇，新政多端，皆无从措手，惟兄是赖。兄在天下事尚可为，兄去恐从此糜烂矣。"

"若乃一人之私，又有可言者。往阅报抄，某某等蒙兄为擢，金风一动，天阍大开，宝光再腾，日华蕴彩，卜式、桑弘羊辈，不能专美于前矣。藉非荷兄裁成，安得至此？弟素愚拙，少年意气，妄欲一空倚傍，直上云霄。岂知天下事不如意者，十常八九。今更时局日非，不足发虚名之梦，未能免俗，食饱居安，聊以解嘲，仰事俯蓄，尚冀源源而来，匡我不逮。世人往往凭兄颠倒是非，混乱黑白，贻兄以臭名，累兄以黑号。此不肖者所为，弟誓不至此，兄可无虑。顾或谓兄好与面团团、腹累累、目不识丁者游，如弟清癯鹤立，又差解文义，恐兄不太赏识。然弟昔治经史及百家诸子之书，古今名人之诗，嗜好成癖，不敢自讳。今则已悟前非，一概拴束，日驰骤于商场中，固非不达时务者也。虽则腰围不满五尺，然只恐胆未甚练，量未甚大，识未甚高，从无皮毛之见在其目中，而历览彼面团而腹累者，其初亦未遽如是，大抵得兄光宠后，忽然变化。嘻！吾又以是叹兄之神也。然耶？否耶？还以质诸老兄。书不尽意，肃此只请园安，伏希关照不既。"

自从西晋鲁褒著《钱神论》以来，历代描述金钱之文，为孔方作传者，不绝如缕。对于金钱正负面的作用皆曾论及，尤其着力剖析批判社会上流行的拜金主义，钱能通神现象。黎先生此文阐发钱币对于国家、社会、自己的作用和影响，似褒而实贬，寓庄重于谐趣，读来耐人寻味。清末以来，中国与外敌屡战屡败，连连割地赔款以求苟安。清廷及其代言人自称"输币""抚洋"，以"保全大局"，作者暗引以讽刺政府腐败无能。文章描述官场得意者靠金钱行贿而迁升，商界大腹便便者靠金钱运作而致富，社会上人们喜欢与金钱交朋友等现象，都包含委婉的嘲讽。据作者自注："《致孔方兄书》虽滑稽，亦感慨。间闻檀香山某报曾转载之。"

《冇（读卯）先生传》

滑稽文，对不学无术的假医生进行辛辣的讽刺。"冇先生"意为乌有先生。摘录如下：

"冇先生者，不知何许人也……授徒卅年，饔飧自给。科举既废，先生之学问经济不得展，太息者久之。先是葫芦市有某老医，以内科擅名，所入甚丰。先生闻之垂涎，思效其术，乃踵门求谒，拜老医为师父……师父曰：人情好补而恶攻，对症不对症可不比论。子宜往乌目之乡，吾更有秘诀数言以告子。脉论不可不作，赠医不可不先，人面不可不阔，吹嘘不可不力，常去人处座谈，借以交欢。并尔师父之大名，无妨逢人便说，子其切记。先生乃闻而跃然曰：有是哉！有是哉！……于是挂帆而行，不数日而抵该乡，一一遵师父教，不数月果然医名大噪……乡人惊以为神，莫不小病化为大病，大病化为无病（死亡）。有某某闻声见色，嗜好甚多，服先生药，即如老僧入定，不闻不见。有某某每日言笑动作，活泼异常，先生恐其太劳，略施刀圭，即声息渐微，筋骨不动。某大腹贾，拥资百万，娇姬美妾，备极人世之乐。近以病体多艰，思游天国一拓心胸，献巨金乞先生金丹。先生笑而颔之，谓药力缓缓而发，即可超度。服药三月，即渐觉去肤存液，遗貌取神，去飞升期不远矣。其绝技类如此，余尚不可胜纪……太史公曰：冇先生者，当天演剧烈时代，能舍蒙馆而入医林，更能拜一师为标榜，作脉论以惊人，虽亥豕鲁鱼（错别字），处处不免，然在乌目乡中，谁其辨之？宜冇先生可以横行一乡，动辄挥笔，不怕人也。呜呼！如冇先生者，亦人杰也。"

此文以虚拟夸张的手法，痛斥不学无术，吹牛拍马，混迹医林的骗子，把小病医成大病，大病医成无药可治，正常的人医成废人、死人。许多语词反话正说，诙谐多趣，令读者忍俊不禁。例如，"如老僧入定，不闻不见"，即成为植物人；"去飞升期不远矣"，即距死期不远了。

三　议论文：《社会改良琐言》（节选）

黎氏偶阅报纸，得知广东省仅广州、佛山两地中元节（农历七月十五，俗称鬼节），焚烧香烛纸帛之费，靡费达一百万元。如果合全国而计之，其数难以估计，于是撰文斥其荒谬，大声疾呼，主张废止。

"我国人民轻财以事鬼神，可谓盛矣，至矣，蔑以加矣。第人鬼交涉之理，其必须纸帛与否，我国民亦尝一研究之耶？如其必须此也，譬如纳饷投税，不能逃欠，则是应尽义务，虽大费财，亦何可言。如其不然也，妄费无益之财，付之一炬，不大可惜乎？人民之愚，一至于此。风俗之不良，社会之难于进化，于此而见一端矣。是又乌可以不言也。请略陈之：夫谓鬼神必须纸帛，从何而知？谁闻谁见？僧尼巫觋，或有是说，究竟何所取信？……佛出自西方，印度人奉佛，未尝焚纸帛也。欧美人奉上帝，亦未尝焚纸帛也。我国拜神，独须纸帛，其理何在？古之祀神，黄琮苍璧，簠簋笾豆，用以昭格，亦无纸帛之事。墨子大贤，颇敬鬼神，《明鬼》三篇，亦无论及纸帛。盖纸乃汉时蔡伦所造，以便民用，未尝曰可奉鬼神也。不知何人想出，虽蔡伦亦无此聪明。若然，则汉以前无纸，鬼神用何物耶？"

"就中修斋一事，似人子厚亲之道，未可轻议。然葬之以礼，祭之以礼，圣有明训。准是以谈，则世俗所为，其无礼甚矣。同一纸也，而为物百数十：为灵屋，则成墙壁；为金童玉女，则成肌肉体骨；为衣服，则成布帛；为衣箱，则成皮革。凡作一物，即各成其原质，虽西国之化学，亦无此灵异。火之功力，所以制造万物者，用之烹饪食品，锻炼金石，运动机器。然亦参之金木水土，五行相须，然后可以变化物质，而成其用。并不如此，虽举天下至灵至异之物，投诸火，有悉化灰烬而已。纸帛之化灰烬，人所共见也……或谓，阴阳异用，阴间视之，自然成物……此大学问，不知何处得来，亲见之耶？可试验耶？毋乃自欺耶！"

这篇文字可分为两段。前段言焚烧纸帛以祭鬼神，求赐福消灾之不可信，无益而费财，十分可惜。反观印度之信佛，西人之信上帝，墨子之明鬼，皆不曾主张焚烧纸帛，可见此种风俗乃无稽之谈。下段言祭祖先以纸屋、纸人、纸车马，以备先人在阴间使用，此举极荒谬。纸糊竹扎之物，焚烧后悉成灰烬，岂能复成原物呢。作者撰写文章发表，意在开导民众，改良陋习，用心良苦。然而此种风俗，久历年所，积重难返。近数十年来，花样翻新。纸帛变成冥间银行发行的钞票，纸竹车马换上瓦楞纸加彩色纸糊制成的小汽车、电冰箱，以便先人在阴间享受现代生活……如何破除迷信，改革风俗，看来还需做大量宣传教育工作，黎先生此文至今仍具有现实意义。

《医药月刊发刊词》

黎伯概先生为提倡中医，反驳废止中医，撰写了好几篇文章。此文比较全面概括，全文引述：

"自炎农尝药，轩岐论医以来，世变浩大，无逾于今日。术业厄塞，无逾于今日。学术荒废，无逾于今日。存闭关自守之见，则弗合潮流；抱舍己芸人之心，则惧忘国故。盖处中西医药相值竞争之世，能适应环境，知彼我各有所长，弃短取长，互相辅助，以求有济于人者兴，否则废。能集合医药同人，淬志努力，以求精进，知时不可失，责不可贷者兴，否则废。兴废之间，间不容发。吉凶成败，唯人自召。忧其废而图其兴，此本刊所以毅然出版。虽远在海外，而瞻望宗邦，匡扶医药，亦认为与有责焉者也。"

"今夫医药改革，自对方言之，畏滥用威权；自本邦言之，惧放弃责任。何则？学非其人，业非所习，纵极议论，亦半皮毛。乃操之于意气，压之于势力，谓中医中药须废止焉；绝不自知其武断，亦终不改其拗执，此滥用威权之过也。不耕而获，无此菽粟；不劳而获，无此侥幸。在昔学海宽容，风潮不作，犹当讲论修明，方能济世。矧欧风东渐，科学震人，比之昔人，倍当振奋。我不自爱，何有于他人？道不自谋，何有于呼吁？诚以人之知我，曷若我之自知。人之察我，曷若我之自察。乃因驰懈，晦我德业，招彼怨尤，此放弃责任者之过也。夫惟君子，议道自己，不忧变故之多，而忧学力之少；不畏外伤，而防内腐。若能高识广见，于本国医药有所发挥，有所整理；复于世界医药有所吸收，有所熔化。则道之光明，不难与天下于共见；则谰言自消，压力自退。"

"我新加坡医药两界同人深知其然也，故责任之心，不敢后人。既组织团体，亟求工作，以其纯旨，发为正言。斯刊流布，不间遐迩，固将以发扬学风，通达声气，为侨友之观察，作神州之贡献，宏道爱国，情在于斯。月出一刊，亦庶几《中庸》所谓月试，卜子所谓'月无忘其所能'，董子所谓'月计有余'也夫！"

此文立意高远，见解卓越。从中学与西学、中医与西医互相竞争来观察，提出互相吸收，取长补短，自信自强的主张，是很开明，很先进，难能可贵的。层次分明，条贯清晰，多用对句，有单句对，双句对，多句对，各种句型，工整妥帖，似骈而非骈。

最后用《中庸》、子夏、董仲舒的名言，解释"月刊"二字之来历，使文章显得典雅，更具有说服力。

黎先生还有《评（卫生部）余委员废止旧医案》《读余委员论废旧医文二篇》、驳《总汇新报》黄某废中医之谬论等文（均见《医海文澜》），逐条驳斥其所谓理由，可以与此文参看。

四　祭悼文：《代兰族祭兰秋山文》

兰秋山是新加坡著名的商人，此文应兰氏后人请求而作。

"呜呼！瀛天暗淡，怅南极之星沉；琴剑荒寒，怆西风之叶落。维我老伯，姿秉英明，创垂宏大。弱龄渡海，慕宗悫之乘风破浪；饷当承商，胜庄周之监河贷粟。事已便以利人，业亦堪以成己。廿年顺适，遂成富翁；半世经营，克贻令嗣。想莼羹之乡味，由重洋满载荣归；效输粟之热忱，膺三代殊书显达。田肥屋润，辉煌之庄舍连云；水绿山青，快乐之钓游适志。琴弦更续，迭成和悦之音（与原配及继室两次婚姻皆和谐）；兰玉森兴，尽是贻谋之选（诸子成材）。乡党亲而无间，猿鹤狎而不惊。而且侠气豪肠，仁心厚谊，郑侨之惠泽济人，贾傅之时艰流涕，顶可十摩，毛非一拔。故乡海外，间接直接，皆有牺牲以助人；大捐小捐，终无吝啬以害事。盖论公之才，已足兴家而立业；而论公之德，又能益世而济群也。乃者，世变苍桑，途丛荆棘。四乡无鸡犬之安，一国有红羊之劫。管宁浮海，复见于今；徐福求仙，安能获已？七潴洋远道而来，三州府旧游如昨。正是桃源可隐，杖履安闲，萍迹许留，壶觞潇洒。看诸郎锐意经商，货泉四溢；幸侨寓平安纳福，华祝三多。"

"何期星陨重霄，云归大岳。红尘敝屣，一朝来证空王；净土皈心，九品往生极乐。盖去百龄只十二年，而享上寿乃八八载。求之世人，诚百不得一；拟之地仙，亦罕有其匹也。某等谊属宗亲，系同源本。素叨庇荫，依大树以障骄阳；久慕仪型，奉老成以为圭臬。一日感哲人之萎谢，痛梁木之坏摧。后生何赖，登堂空忆音容；硕德难忘，入梦犹萦几杖。在华侨中失一福人，在同族中少一老辈。似览长天远海，尽属苍凉；残月落潮，同增惆怅。自流清泪，曷罄哀思。"

文章前半段概述兰氏成就和品德。年轻时过海南来，心怀汉代少年宗悫"乘长风破万里浪"的大志，卖掉家产从事商业，不像庄周穷得向监河侯借米。二十年顺遂，成为富翁，经过半生经营，把产业交给儿子。如同晋人张翰想起故乡的莼羹美味，满载而归。遵循汉代输粟买官办法，得到朝廷对三代人（祖、父、己身）的封赠（即清末所谓捐班）。对待乡亲亲密无间，侠气仁心，牺牲助人，益群济世。效法郑国子产修桥补路，如同西汉贾谊关切国事。超越墨子摩顶放踵，不像杨朱一毛不拔。资助海外及故乡，学校或社团，大捐小捐，从不吝啬。然而国家连遭重大劫难，甲午战败，八国入侵，时世巨变，四乡不安。只好学三国管宁之避难辽东，又回到南洋。经过南海的七潃洋（指海南岛东北面海中的七洲洋），来到马来亚的三州府（指新加坡、马六甲、槟城）。旧地重游，桃源可隐，萍迹暂留，安闲纳福。诸子经营有道，财货四溢，实现了《庄子》所记华封人对圣人的祝愿：多福、多寿、多男子。

下半段讲兰翁生荣死哀，族人无限思念。高寿八十八，世人罕见，地仙罕匹。族众素叨荫庇，久慕仪型，痛感哲人其萎，梁木其摧。用《礼记》中《檀弓》篇形容孔子去世时弟子伤感之词，属于最高评价了。文末是诔辞，有云："一邦之杰，一族之良，一乡之望，一邑之光"，"五福全归，四代承休"，"惟名不朽，传之千秋"。

此祭文属于骈体，几乎全是对句，整齐精当。用事皆熟典，随手拈来，恰到好处。文字考究，评价得体，当时文坛不多见。

许云樵教授在文末按语中说："此文作于民国十九年（1930）

九月二十五日。先是有某君代作，而丧家不惬意，特求先生，并以骈文请，限一天付用。仓猝成篇，颇获众赏。"

《悼亡诗序》

黎伯概先生与夫人张柔荪伉俪情深，夫人 63 岁去世，黎氏两次作悼亡诗，其中一首见《黎伯概先生诗文集》第 112 页。前面有短序如下：

"亡室柔荪张孺人，五月廿二日病殁于星洲侨寓，年六十有三。孺人系出名门，祖父讳炳坤，前贵州知府……父讳骧，贵州同知……年十八归余，随余出洋三十余年。余置有树胶园，孺人一手管理，臂助实多。而能精于算学，其心算速率，有时虽商贾不及。又记忆特强，虽二三十年往事，而能历历不忘，记其日月，大小、曲直，一概不遗。治家大义独明，懔然不苟。生有子女十余人，除夭殇二人外，全俱成长。诗曰：竟无一语别，添作后来思。勤朴平生著，庄严戚旧知。卅年甘苦共，百事长短窥。闲生悲君去，同舟舵谁持？"

亡室，丈夫称已故之妻。孺人，古代称诸侯之妻为夫人，大夫之妻为孺人。宋代以后多为贵妇人之通称，明清多用于七品官员之妻，近代广东客家不分士庶凡已故妇女之墓碑皆称孺人。现代已很少使用，一律称夫人。同知，知府之副职，明清多为五品，俗称二府，而称通判为三府。

黎氏此序文字不多，语言朴素，描述简要，感情真切，如道家常，给人印象深刻。前引《补尖笔峰诗序》也提到内人经营别墅，若干年后重返该岛，叹息老妻已逝，不能同游，二文可以合看。

五　训诫文：《处世箴言》与《遗嘱》

黎氏《处世箴言》1942 年作于北降岛，共两万多字，包括 79 篇。每篇题目取自《集韵增广昔时贤文》，每题为独立的四言对句，或七言对句，或七言四句，而且有韵。该书辑录者不知姓名，性质为人处世格言俗语，在民间流传甚广。黎氏将书中两句或四句为题发挥成一篇篇短文，律己励世，诚勉家人及后学，"将唤后生之率教者而讲明之"。下面选录两篇：

《但将方寸地，留与子孙耕》

"世人但重遗产，不知遗言、遗行、遗德、遗泽、遗书、遗著、遗稿，俱可传子孙。盖言行、德泽、著述、草稿，俱吾心血所造成。诸遗书则吾习前贤之物，与遗产无异也。而精采倍多，精神所在，岁月长久。若遗产徒然物质，可以破产，未必长属子孙。且身后子孙争产兴讼，数见不鲜，反为不美。何若言行德泽，著述之善，将作人之法传之子孙，更无流弊。子孙之贤否不可知，其能效法前人否不可知，其能胜过前人否亦不可知。但我之作人，可告来世，区区方寸，所留子孙者如此。唯不道德之恶事，决不可做。道德五千年仍然传统，由前推后，决仍可行。此所谓地，所谓耕，系属心田，有类佛家因果报应之说。余之说实异，乃吾国自有之学理，而余融会而出之者也。"

《昔时贤文》原有的两句话，强调"方寸地"，即心田，德性，乃佛家观念。黎氏所论扩而大之，包括遗言至遗稿等方面，有精神的，也有物质的。黎氏既是道德楷模，也是著作家，诗文名家，他希望这些方面都能为子孙所继承，是理所当然的心愿。

《从俭入奢易，从奢返俭难》

"论世俗奢俭，古今不同。今之制造多于古千百倍。其始由市场流行，其后渐入农村。无论何物，皆有新式物竞争。见之用器者，一切铁器、一切瓷器、一切木器、一切布织机织，豆油灯改用汽油灯、电灯，火石改用火柴，尽数不了。唯五谷作粮食，尚是四五千年之习惯，独此仍旧。其日用起居之物，遂难说矣。从前吾国人建筑屋宇，多循旧制。自三十年前，即有士敏土（水泥）由外洋输入，以后即设厂自造，今则建筑多用洋式，市间大商店有六七层者。农村有欧美式者，皆习见不奇。将来全国改观，不难立俟。此等事贵以从俭入奢，然天下大势如此，律以进化之理，人固振振有词。诚以生活改变，一切收入均大异于昔，支出之费，不难于收入抵消。唯收入微薄者，则仍用俭，乃能合理……从俭入奢不足虑，从奢返俭确难为。解决在出入相消，合乎情理，其出入不能相消者，仍有问题，除俭以外，实无法也。若乃入多于出，固为最好，国必有储蓄，人亦必有储蓄，乃能用戒不虞，愿处世者留意。"

人们的生活消费，是崇俭还是求奢，数千年来一直有不同意见。墨子主张节用，把生活水准降到最低程度；《管子》提倡"侈靡"，认为可以扩大就业，刺激生产；孔子赞成卫武子的适度消费，根据消费者的地位和收入的变化来确定其不同的消费水准。但是，去奢从俭仍然是古代社会主流观念。黎氏此文与众不同，他从世界大局来观察，发现随着生产的不断发展，人们的日常的生活用品，不断更新，已呈不可遏止之势。"将来全国改观，不难立俟"。他认为，生产发展了，人们的收入提高了，消费的支出，"不难于收入抵消"，收支平衡，乃"合乎情理"。对于收入微薄者，则应从俭。收入多者，个人及国家还必有储蓄，以备不虞之需。这样论析，是符合现代经济学原理的。以消费促进生产，以生产带动消费，人们的生活质量不断提高，国家、社会才能不断进化。片面强调从俭，过分抑制消费是不可取的。黎医生长期工作在经济比较发达，讯息比较灵通的新加坡，了解世界生产和生活趋势，故其见解比一般人尤其是当时中国内地民众更先进些，时至今日，仍然是正确的。

《遗嘱》（节选）

作于1943年，前面述及家事、遗产，颇为琐细，末尾一段，可视为家训。

"所望于儿孙者，则积善以安身保家昌后，治产以正德利用厚生。惟学可以淑身，凡日用事物，皆学之实习，而不尽在书本文字。惟理可以去惑，凡一切动作，皆理所隐寓，而当察本末是非。处家当孝友和乐，伦常不易，处世之道：言忠信，行笃敬，交友待人以礼，处事接物以诚，能改过迁善，不瞒昧自欺。五经四书，必熟览以进德，科哲两学，可兼通以成才，则于做人之道，大端已立，愆谬少矣。尔兄弟三人，其各按余所言，分段细察，毋忽毋怠，贻谋所系，有余庆焉！"

这些都是至理名言，至今仍具现实意义。据许云樵教授的序言说，至 20 世纪 70 年代末期，黎氏后人执业行医者有九人，均能克绍祖志，蜚声当时，堪称杏林世家，从事其他专业者亦各有所长，实现了黎氏《遗嘱》的意愿。

六　诗集自序二则

其一《几康集自序》，作于 1939 年中风以后：

"诗之为用，至今日收效甚微，然而不能即废。盖发乎情，动乎感，除情感外，固无所谓诗也。声韵趣味，实情感之低回激昂耳。尼山（指孔子）诗教，温柔敦厚，何莫非深于感情使然？环堵穷而六舍弃，片言起而古今通。诗境之大，渊乎莫测。故自其浅者言之，按拍循腔，眼前事实，人人可吟。至其怀抱风度，则固有别。余养疴三年，情感犹在，坐卧斗室，无以自迁，至取眼前事实而为诗歌，聊以长吟送日。间亦妙想天开，别有蹊径，暇日特褒而存之，都百余首，名曰《几康集》。志病体之近健康，可静而俟也。机处巢痕，皆留爪迹。吾之诗境，簇簇日新，绝不使流光虚度，漫无趣味也。"

强调诗之为用在乎言情，抒发怀抱，并且日日创新，不能漫无趣味。这些见解都是积极的。

其二《嘉遁集自序》作于 1942 年避难之时：

"诗三百篇，孔子括之曰：思无邪。无邪者，心之专诚也。有是事而后有是情，有是情而后发是言，则心自专矣。心专则感深，感深则情足理达，其言未有不动人者也。故曰温柔敦厚，诗教也。余去年本拟不作诗，不欲浪费笔墨于假哭狂歌之地。乃因避难山栖，呻吟无地，不得已仍借诗抒写。感发五中，仍靠事实，一愁一笑，发乎正情，其与往年之诗，大有别矣。又何必不作也？事过即已，无用呻吟，作如不作，不作而作，行云流水，付之化工。"

嘉遁，意即隐居。1942 年 2 月，日寇侵占新加坡，以各种借口，杀戮华人，压榨民众，人们失去生存权，遑论言论自由，所以黎先生不拟作诗了。然而眼前事实，感发五内，不可不作。虽云不作，而又有作。可见其诗情是不可遏止的。《嘉遁集》收诗五十五首，有不少记事、感时、怀人之作，不难窥见作者当时的压抑心情。

黎氏《医海文澜》中还有一些关于养生和哲理的短论、长文，如谈散步，饮食，养气，论阴阳五行与中医理论，中医发展历史、论杨墨学说（推重墨子兼爱）等，限于篇幅，恕不一一介绍。

综观黎氏的古文创作，除一篇骈体文外，都是散体古文。风格浅近，明白晓畅，不加雕琢。或记述经历，感受深切；或说明事理，普及知识；或揭露弊端，批评谬误，论战性强。这些文章从不同角度反映近代新加坡社会文化的许多现象和问题，具有一定的历史文献价值和文学价值。撰写新加坡近代文学史，黎伯概的诗歌和古文都是不应忽视的。

（原载新加坡《南洋学报》第 72 期，2018 年 12 月出版）

二　新加坡黎伯概的墨子观

黎伯概（1872—1943），生平介绍已见前文。黎伯概既是一代名医，同时又是渊博的学者，著有《杨墨学说》，《处世箴言》，人生哲学杂谈，及社会改良言论多篇。皆用古文写作，发表于中国及南洋报刊，在当地文化学术界有一定影响。其《杨墨学说》作于辛亥革命之后，第一次世界大战之前。联系当时世界局势、南洋及中国社会现实，肯定杨朱为我、墨翟兼爱的现实意义。现在摘录其中有关墨子兼爱的见解，作简单的介绍。

作者对墨子学说有极高的评价，他的文章在全面讲述墨子说之后，重点阐发其"兼爱"思想。他写道：

"墨子者，张大慈悲，欲造极乐世界者也。举凡利天下之事，无不言之，而尤以兼爱为宗旨，其立教也如此。吾读其遗书，其中《兼爱》三篇，反覆叮咛，明白痛快。……综其篇中所言，于古圣王仁民爱物之意，罔不洞悉。而于大国之攻小国。大家之乱小家，强之劫弱，众之暴寡，诈之谋愚，贵之傲贱，君之不惠，臣之不忠，父之不慈，子之不孝，尤三致意焉。则墨子者，伦理中人也。"

他对孟子"非墨"，提出反驳意见。"孟子非之，不一而足，至谓其无父，比之禽兽，殊不可解。得毋谓其视人之父，亦如其父，无所分别，是所以为无父乎？则墨子有言矣：为其友之身，若为其身，为其友之亲，若为其亲，是乃所以贻口实也。虽然，墨子又有言矣：视人室若其室，谁窃？视人身若其身，谁贼？视人家若其家，谁乱？视人国若其国，谁攻？所谓若为其亲，即此意也。意在交相利，不可交相害，而非人尽父也，视父如人也之谓也。岂可取单词双义而绳之？信如所言，则混同无别，岂惟无父，亦无母也，无昆弟也，无妻女也，无家也，无国也，并无其身也。不此之绳，独绳其无父，何也？盖其书出于其徒，属词不善，容有可咎。若其自著，恐无此也。"他认为兼爱不等于无父。孟子的书出于其门人之手，用词不当，才有"非墨"之说。如果是孟子自著，恐怕不会这样讲。

他又说："今夫墨子何如人者，吾读其书，屡诵法尧舜禹汤文武，夷考纲常秩序，经数圣人肇修以来，炳如天日。舜之号泣旻天，文王之寝门视膳，岂不闻此？今也不闻以此事父之道，并事他人；亦不闻令他人以此道并事其亲，乃仅仅言及交相利，不可交相害，是亦古圣王锡类推仁之意。此其意，宜可谅于天下后世矣。"

黎伯概认为墨子之道与孔子相通。"子不云乎？已欲立而立人，已欲达而达人；大道之行也，天下为公，不独亲其亲，不独子其子，是谓大同等语。其怀抱将毋同？若孟子二本之言，安可以诬墨道？夷之不能辩白，而甘受其言，此墨子不肖徒也。"他批评墨者夷之在与孟子辩论时，没有讲清楚，可见他是"墨子不肖之徒"。

黎伯概认为，墨子的目的是造就一个极乐世界，即使是佛祖释迦牟尼的学说，也不能超越墨子。

"故吾谓墨子不可毁也，可敬也。吾敬其发大慈悲，张大愿力，由个人而推及家国，劫夺无庸，篡弑无庸，战争亦无庸，以造成一极乐世界。虽释迦牟尼之说法，何以加诸？"

下面他又联系当时世界大势，加以发挥。

"今日者，天下愈大矣，世变亦益甚矣，欧亚非美，全球相见，铁舰炸弹，军器愈利，墨子复生，当不知若何感慨也！彼此安康，共受福祉，如此则何有乎较强弱竞优劣哉？爱日仁风，慈云和气，如此则亦何有乎甲兵铳炮之用哉？西国近时，大省刑罚，然犹未能全戢干戈。岂其教化有未洽者耶？抑宇宙泰运之期未至耶？斯言谅矣。世运无往而不复，由淳朴时代而趋于创制时代，由创制时代而趋于战争时代，由战争时代而趋于仁爱时代，此无疑之理也。今之战争，将达极点矣。吾闻西士有倡万国弭兵会之说者。吾耳鼓为之一新，吾眼帘为之一快，泱泱太平洋，潭潭大西洋，风波不兴，其至此将不远也。光乎哉墨道也，大乎哉兼爱！事有发言于一时，而收效于数千年后者。吾敢断曰：墨子者，万国弭兵之发起人也，英雄造时势，有志事竟成，胥天下人而崇拜之。谁曰不宜？"

他把墨子说成是万国弭兵之发起人，全天下之人都要崇拜他。

下面他又提出人心不齐，有文明，有野蛮，兼爱之道一时难以实现，应该先做到"均势"，即势力平衡。

"虽然，吾窃有评议焉。人心至不齐也，文者半，野者半，兼爱之说，易以命令文者，难以驯服野者。陈之理想，激之天良，野者未尽服从也，则兼爱之道，终古将穷。吾谓莫如先使均势。何为均势？即人人能为我，能自强，推而至于国；国能自立，能自强，则势均力敌，残暴之事，彼此两不能加，野心或随之而辑。相敌则相惧，相惧则相和，相和庶相爱，即吾所谓由战争时代而趋于仁爱时代之导线也。试观欧洲各国，自千八百七十八年以来，无大骚乱，状态和平。何者？势均故也。今则浸浸乎伸权力于东亚矣。凡侵凌也，欺迫也，皆施于不同等之国，列强行之，而视为固然也；于此而说兼爱，谁其听之？有欧洲群雄，而俄兵不敢越黑海；有东洋乳虎（日本），而俄兵亦不能出东海；天下事亦皎然矣。西人有恒言曰：以战争求和平，不其信欤？吾恨不能起墨子而商榷之。而窃怪吾国之媚外者，何其愚且暗也。谓我兼爱欤？谁重尔爱？欲彼兼爱欤？谁爱尔？而犹腼然曰：某国政尚宽大，不似某国残酷；某国信义，不似某国欺诈。噫！自吾视之，则牛羊何择焉？"

在清末民初，有些政治家主张外交上要"以夷制夷"，拉拢巴结某大国，以之制衡对我有敌意之另一大国。宜利用英美制衡日本，取悦俄国制衡日本向中国东北地区扩张，等等。1931 年"九一八"事变之后，中国相信"国联调查团"能主持公道，即此种外交理论之实现。其结果是不起作用的。黎氏早在二十年前就看出中国外交家的愚而暗，痛加驳斥。

接着他又指出："即今之外交家，犹不胜其愚弄也。愚弄之而不效，排外力生焉。然排外而未臻程度，如以卵击石，其不遭破裂也寡矣。庚子之义和团，连年之教案，痛有济乎？"黎氏认为应以实力对抗侵略。"富强世界，以富强应之；实业世界，以实业对之；宪法世界，以宪法将之；铁血世界，以铁血薄之；程度既臻，待时而动，彼列强其知之矣，其行之矣。而我国民素未知也。是道也，何道也？即吾向者所言为我之道也。今日我国民，亦颇有知之者，而实行之效，尚不知何日。宁可保东亚之和平，升普天之爱日乎？果其为矣，则天下兼爱，庶可得而言之。"

他认为杨朱"为我"，就是人人自食其力，自保自立，不拔他人一毛以利己，也不需要他人拔一毛以助我，则天下无争斗矣。他主张世界各国要做到自立自强，势均力敌，与他国力量相抗衡，则相畏惧；相惧则相和，相和则相爱。彼为富强之国，我以富强应对之；彼为实业之国，我以实业对应之；彼为立宪之国，我以立宪对应之；彼为铁血之国，我以铁血应对之。这样普天下可以讲兼爱了。这是黎氏对当时世界外交格局的分析。

他又说，这样的设想并不可能立即实现。要一步一步地来。从我国而论，先要克服我国长期不兼爱现象。

"然而不能骤也，盖必先吾一国兼爱，合小团体成一大团体，以对于世界各大团体。吾言及此，吾慨墨道之不行于吾国也久矣。满汉必分，此政治上之不兼爱也。甲午之役，以直隶一省，当日本全国之锐。庚子之役，又以直隶一省，敌八国之师。各督抚自保疆土，绝不相顾，此军事上之不兼爱也。甲省人遇乙省人，乙省人必欺慢之。乡人入城，城人必轻薄之，此疆界上不兼爱也。甲党攻乙，乙党攻甲，新学仇旧，旧学仇新，以意气相伤，不以事理相服，此士君子之不兼爱也。金银之外无主义，妻子之外无余乐，田宅之外无希望，车马衣服之外无排场，酒肉茶烟之外无好尚，丝竹管弦之外无欢娱；不知公益，不知人群，不知国家，不知时务，此富人之不兼爱也。得高官厚爵而素愿偿，循例办公而所事毕。定一谳，必先自保纱帽。有奸不敢锄，有冤不能伸，所媚者上司，所图者保举，所爱者私囊。非舆不出宅门之外，远如万里，民之疾痛，漠不相关。即衙署亦视如传舍，污秽听其自然，五年任满，与我无干？一年署满，与我更无干？其下焉尚不止此，此贵者之不能兼爱也。连村械斗，白日抢劫，此下流社会之不兼爱，暴而虐者也。其余如父之不慈，子之不孝，兄之不友，弟之不恭，朋友之不义，忌人成功，恶人得美，幸灾乐祸，落井下石，虽罄南山之竹，不得而书之。"

他列举满汉民族不平等，此政治上不兼爱；甲午战争、八国联军进攻天津、北京，南方各省自保，互不相顾，此军事上不兼爱；新党旧党，新学旧学，互相攻击，此士君子不兼爱；富人追求自我享乐，贵人不关心人民疾苦，皆为不兼爱；连村械斗，白日抢劫，此下流社会不相爱，其他各种不相爱之现象极多，罄竹难书，于是他大发感慨：

"夫吾国人尚不自相爱，而望与之人相爱我，有是理乎？西人当诮我民无爱国心，如一群散沙，其敢以鄙贱者在此，耻莫耻于此矣。我国民其知返乎？呜呼！四万万人各有心肝，二十一省自为风气，不能联络，不能扶持，不知平日奉行何教，乃至涣散如此，岂中国之福哉？"

这些言论，反映出他对祖国前途的担忧，对国人落后的关切，痛心疾首。最后一段他力主发扬墨学，普救同胞。

"此吾所以更加发明墨学，普救同胞也。吾敢告曰：既能为我（提倡杨朱为我），即当兼爱。为我为体，兼爱为用。农工路矿商学政治海陆军人，皆为我之标准（即各尽其职之榜样），合群团体公益爱国，为兼爱之楷模。立宪乃为我兼爱之弹线，一以贯之，非执一之谓也，又非子莫执中（子莫是战国时人，主张中间路线）之谓也。能为我，而一国富强；能兼爱，而一国团圆。内乱不作，斯可以御外患。疾风暴雨，不能伤强壮之肌肤。列虎群狼，不能当大狮之吼啸。我仪其时，尚须三十年，世界方可几于和平，而此时吾国，尚为我之不暇，兼爱之不暇，无三十年，恐实力未充，精神未结，不足与各国言兼爱也。东亚缺点，亟待补平，前途快乐，汲汲勉旃！国民乎！国民乎！盍听诸！"

这是全文的结束语，对中国前途充满信心。而其全文的中心思想在于唤起民众觉悟。题目虽是宣扬墨子兼爱学说，实质上号召人民群众团结互爱共同奋斗。

在黎氏写作《杨墨学说》之前十来年，即 1900 年，梁启超发表著名的《少年中国说》，批驳中国老朽论，鼓励中国少年（即青年）自立自信，奋起直追，赶上世界潮流。梁文影响极大。黎伯概此文的基调与梁启超是一致的。虽然其影响不及梁文，但也是值得注意和肯定的。

（原载《职大学报》2019 年 4 期）

三　马来西亚管震民的骈文和其他文章

管震民（1880—1962），出生于浙江黄岩，1900 年中秀才，1905 年考入京师大学堂（后改称北京大学）博物科，1908 年毕业，赐同举人出身，分发到法部任七品京官，旋辞职，任山西大学教授、开封师范校长、浙江第二师范校长、缅甸仰光华侨中学校长、浙江博物馆长，1934 年任马来亚钟灵中学国文科主任，从 1908 年到 1950 年，从事教育长达 42 年，平生酷爱诗文写作。1955 年，集合诗文作品为《绿天庐诗文集》，槟城康华商务印刷公司印行。全书分上下卷，上卷为诗集、收古近体诗数百首，（1956—1962 年的诗不在其内），下卷为文钞，收各体古文七十余篇。包括散体文、骈体文和四言韵文（赞、颂、祭文），全书无白话文。

本文不论诗，专论文。依内容大致分三类：

第一类　谴责日寇侵略，支持抗战救国，悼念罹难同胞之文

上述主题贯穿全书，略述其代表作。

《槟城华侨协助佛教救护团募捐启》

此文作于 1938 年 3 月。中国佛教会理事长圆瑛法师，"目击敌人之残暴，轰炸兼施；众伤兵燹之炭黎，饥寒交迫。祸生不测，变起非常。谁无恻隐之心，应有救援之谊。……设立灾区救护团，当今编成僧侣救护队三组，掩埋队三组，共赴战区……又复创立佛教医院一所，及难民收容所多处，担任善后工作。藉药石以祛疾疫，得免呻吟；俾起居稍觉安全，不虞风露。……惟实行各种工作，费用既感夫浩繁，开支亦觉其巨大。欲解衣以推食，难点铁以成金。苟不先筹，岂能持久？是以国府林主席专函介绍法师南来，募集经费，业在星马各地，成立募捐委员会。……惟祈侨界群贤，以及空门佛子，当仁不让，见义勇为。大沛甘霖，苏垂危之涸鲋；惠分义粟，慰待哺之哀鸿。……敢希解囊输金，大发悲慈之愿；行见善缘胜果，定邀仁寿之祥"。

文章以四六对句为主，兼用散句。陈义恳切，感人至深。文中提到的"国府林主席"，指当时国民政府主席林森。

《"七七"二周年纪念鬻字助赈小启》

在 1937 年 7 月 7 日卢沟桥事变，日寇全面发动侵华战争两周年之际，管震民先生为了赈济难民，鬻文卖字，所得收入全部捐出。为此，他写下"小启"，基本上是骈文，要点如下：

"……远望中原，每倾老泪。痛虾夷之肆虐，惨见疮痍；幸虎口之余生，得免冻馁。徒切如伤之念，术乏点金；欲求济急之方，事惟解囊。鬻文卖字，原为寒士生涯；杯水车薪，聊尽匹夫天职。拟乘暑假之暇，学书小品之文，所得为灾民请命，何辞东抹西涂？……奉呈片纸，敢联翰墨因缘；不吝兼金，定卜解推踊跃。

飞来白镪，洗清重七奇羞；痛饮黄龙，恢复万千失地。……"

文中"虾夷"指日本。"润资"，润笔之资费，代指文章稿费或售卖字画之报酬。"白镪"，白银，代指钱币。"重七"，指"七七"事变，其后中国痛失华北，故称"奇羞"。"黄龙"指金代重镇"黄龙府"，在今吉林省长春市境内。南宋岳飞曾说过："直捣黄龙，与诸君痛饮耳。"此指收复失地，庆祝抗日胜利。管震民先生作此文时，已经年届六旬，无力执干戈以卫社稷，只好卖字以救济灾民。这种爱国精神，可钦可敬。

《管彦邦、槟玉弟姊祭祖母暨父亲文》

1941 年 12 月，日寇入侵马来亚，残酷对待华侨，无故抓捕、残害。管震民先生的儿子管宪工，莫知所由被逮捕，死不见尸。管夫人年六十有余，伤心至极，与长孙相继病故。家中所剩幼孙彦邦、孙女槟玉及儿媳，悲痛欲裂。祖父管震民代孙辈作祭文，祭奠亲人。其后段写道：

"突遭惨劫，泣鬼惊神。公冶何罪，缧绁伤身。病不知日，逝不知辰，形骸湮寂，壮志莫伸，举家闻耗，疑假疑真。肝肠寸裂，血泪满唇，茫茫大道，果属何因？呜呼！返魂乏术，谨奉遗物，冠履衣裳。一抔净土，大招楚些，来傍祖堂。重闻謦咳，共穴同方。长留浩气，环绕槟榔。当承遗志，念念不忘。灵其不昧，鉴我衷肠，呜呼哀哉！伏惟尚飨。"

此文大部分句子是四言韵语，学楚辞《大招》《招魂》之体，其中"公冶"指孔子弟子公冶长，曾无辜入狱，孔子哀叹之。管文作于 1943 年 1 月 24 日，正是日寇凶狂之际，很多话不敢畅所欲言，只能含蓄表达。

《槟榔屿华侨抗战机工罹难同胞纪念碑文》

抗日战争期间，南洋华侨有成千上万人，或奔赴前线直接参战，或到后方担任机工，牺牲罹难者不计其数。抗日战争胜利后，马来半岛的华侨在槟城（槟榔屿）升旗山下建立了一座高达数丈的雄伟纪念碑，碑面刻的碑文，由管震民撰写。全文如下：

> 慨自滔天祸水，起于卢沟；刮地腥风，播及槟屿。凡是侨居华族，莫不恨切倭奴，出力出钱，各尽救亡之天职；无老无少，咸怀抗战之决心。是以募招机工，大收骊驾辇车之利；技参军运，竟树辇刍挽粟之功。矢石临头，都无畏惧。而疆场殉职，宜慰忠魂也。迨日寇偷渡重洋，首沦孤岛。先布肃清之令，更颁炮烙之刑。公冶被诬，同羁缧绁；嬴秦肆虐，重演焚炕。暴骨露尸，神号鬼哭。虽扬州十日，无此奇冤；嘉定三屠，逊兹浩劫也。所幸两声原子，三岛为夷；八载深仇，一朝暂雪。第飞扬白旆，虽远竖于东瀛；而闪烁青磷，尚游离于南郭。屺过岘首，空怀坠泪之碑；鹤化辽东，未见表忠之碣。言念及此，情何以堪？槟屿赈会，早经议决，亟思掩盖，借安英灵。奈经处处搜寻，始得一丘之萃。兹者卜地旗山之麓，建立丰阡招魂。槟海之滨，来归华表。漫说泽枯有主，定教埋玉无忧。庶几取义成仁，亘千秋而不朽；英灵浩气，历万古而常昭。

这篇碑文，在《绿天庐诗文集》中注明作于 1946 年 7 月 7 日。义正词严，慷慨激昂，感情充沛，气势沉雄。自始至终皆用对偶，偶杂散句，用典很少，明白爽利。其中"首沦孤岛""布肃清之令"，指日寇侵占马来亚和新加坡后对华人实施"检证"，"肃清"抗日分子，许多人被拘捕处死。文章将公冶长无辜入狱，秦始皇焚书坑儒，清兵入关后在扬州、嘉定的大屠杀与日寇在南洋的罪行做类比，是以骈体文记现代史的成功之作。笔者曾于 1999 年游历槟城，瞻仰该碑，并抄下这篇碑文，后来在别人书中也见到引用，可见已产生广泛的影响。

《钟灵中学死难师生纪念碑序》

钟灵中学是北马著名中学，在抗日战争期间，是支援祖国的大本营。日寇侵占马来亚后，钟灵中学成为重点镇压对象，被日寇迫害致死者，全校教师中有八人，学生有六十余人。抗日战争胜利后之 1946 年春，学校建殉难师生纪念碑，管震民作序，其要点如下："自虾夷肆虐，衅起卢沟。"我校师生"出力出钱，各尽救亡之天职；同仁同学，共抒爱国之热忱。自始至终，誓为后盾；前呼后应，敢作先声。由学校而言，以我校为最；而自敌视之，则恨之入骨，欲得甘心。亡华之迷梦未成，南进之机缘又阻。不惜广罗鹰犬，伺隙相窥；预伏豺狼，待时出噬。……迨偷渡重洋，首沦孤屿。先毁最高之学府，大捕无辜之师生。……为一网打尽之计，用百般残酷之刑。……鬼哭神号，人天共愤，暴尸露骨，魂梦何安？……噫！几声原子，三岛为墟。国耻家仇，共洪流而满东海；成仁取义，泐贞石而树中庭。何殊血食千秋，永葆馨香于勿替；且慰游魂万里，长留姓名以同芳"。通篇序文，几乎全是对偶句。碑文是刻在碑上的。另有追悼会之祭文，亦由管先生撰写，在纪念碑揭幕时诵读。祭文除前面散体小序外，共 128 句，每句皆四言，数句换韵。最后列出八位殉难教师姓名。

《谢松山〈血海〉序》

《血海》是谢松山编写的一本书，记录日本强盗在新马所犯下的种种罪行。管震民为之作序，时为 1950 年。此文与前述各文不同的是，它比较全面地概述了自"九一八"以来的历史，揭露其种种罪恶，包括元凶与余孽，皆予以记录，载入史册，以示不忘。摘要如下：

"慨夫虾夷肆虐，祸水滔天；狮岛罹殃，腥风遍地。……吾侨身虽远处重溟，心则常怀祖国。同是轩黄遗裔，谁甘奴隶他人？九一八之奇耻未湔，一二八之深仇又起。观衅而动，先发制人。辽沈既易其版图，沪宁又遭其蹂躏。……所幸霹一声，弹飞原子。广崎两岛，魂夺倭奴。辄为无条件之投降，远扬白旃；因而获抗战之胜利，重见青天。然后会设鸣冤，刑彰约法。……空前惨案，不世奇冤，稍蒙昭雪，得慰英灵也。兹阅浩劫余生（即谢松山笔名）手辑是编。不为无病之呻吟，而作有凭之实据。凡铁蹄之所践，悉开网之是罗。义正词严，直秉董狐之笔；穷形尽相，如燃温峤之犀。血泪盈盈，历千秋而不灭；海天森森，亘万古其犹腥。……惟祈血化苌弘，尽洗昭南之污迹；更望填海精卫，永平星岛之回潮。是为序。"

这篇序文，情辞壮阔，气势磅礴，可视为管老同类文章的总结。只是用典较多，而且有些语句与他篇重复。

第二类　有关文学艺术文化教育之文

槟城 1776 年开埠，较新加坡早四十余年。华侨到此，逐渐增多，带来了中华文化，也聚集了一批又一批文化人士，各种文化艺术活动日益繁盛，至今犹称雄于北马。管震民多才多艺，能诗能文，善于书法、绘画，对金石文字亦饶有兴趣。他和当地同好组织了一系列活动，撰写了有关的启事、小集和诗画集序。这些文字多用骈体，典雅精粹，是其文集中的佳品。

1. 关于诗歌者

《组织槟榔吟社缘启》

此文作于 1940 年春节，吟社即诗社，文章第一段说明缘由："东海扬波，腥凛遍地；南溟逆旅，悲愤填膺。怅国粹之将沦，谁能遣此？欲元音之不坠，责岂旁贷。……不为无病之呻吟，而作救亡之论谳。……唾壶击碎，直教小丑惊心；拔剑高歌，足壮前方胆略。与其登楼作赋，徒萦故国之思；不若诗社联吟，好会他乡之友，此同人等不揣固陋，发起槟榔吟社之由来也。"第二段讲槟榔屿具备成立诗社的条件和时机："夫槟榔胜具鹤山，地分狮岛，人文会萃，风景清幽。每遇良辰，闻橡雨蕉风之逸响；常成佳句，写江花谢草之新声。发于报端，传诸众口。……兹者远瞻烽火之横飞，神伤祖国；忍使版图之突变，色染倭尘。虽不能躬执干戈，较侵犯之浴血；然亦应手挥毛颖，寒奸贼之熏心。……藉慷慨之悲吟，挽颓靡之末俗。谁谓骚人墨客，不思敌忾同仇乎？"第三段讲入社的活动原则："爰本此心，欲求同调。不论新交旧雨，愿订知音；即如过客远宾，乐为结契。……或师元白之酬唱，或同韩贾之推敲。满腹牢骚，罄情陶写。书驰铁马，檄可愈风；笔胜金戈，锋能逐日。且以醒国魂为主旨，不拘短句长言；专为联文字之因缘。奚计卢前王后。……他时梨枣流传，定看洛阳之纸；此日槟榔味隽，好扶大雅之轮。"

这时距日寇入侵马来半岛还有一年左右。吟社提出以抗日救国为主旨，以诗歌作刀枪，鼓舞士气。1941 年 12 月至 1945 年 8 月，星马沦陷，所有诗歌、戏剧、书画团体皆被迫停止。光复以后，又继续活动，一直延续下来，并扩大至怡保、麻坡，皆有诗社及其他文化团体。2001 年，我曾到怡保会见几位文化界人士，他们以新刊诗集相赠。新马的古典诗词写作团体，至今仍在定期开展活动。

《拟组织槟社集诗钟小启》

诗钟是在酒令和联句基础上发展起来的一种诗歌游戏。多人合作，每人先吟一联，限题、限韵、限时间，要求一炷香工夫完成。一炷香灭，钟声响，未成者失败，已成者再补缀一联或一首律诗。其对偶要工整，其内涵含而不露，有的近乎谜语，以巧为优。管先生描状说："文宴招邀，特燃线香以记刻；吟俦角逐，每凭竹片以招题。藻思遥飞，当依时而立就；辞华隽茂，随分咏以争妍。各怀斗角钩心，庄谐并重；共扫浮词佻词，雅俗兼收。"目前在中国内地已经罕见"诗钟"活动了，不知台湾、香港文坛如何？

《乙亥征求槟屿词人中秋赏月小启》

乙亥年为 1935 年，邀词人赏月，实际上是集体作诗："惟望思抽艺圃，大扬兔管之辉光；还希把袂词场，共领麈谈之韵事。"

现在中秋赏月的习俗仍然照常举行，但吟诗共韵不知还有多少人参与？

《曼沙吟草序》

此序作于1946年。《曼沙吟草》的作者周曼沙，湖南人，曾就读岳麓书院，理想是当教师。因抗战军兴，投笔从戎，参加远征军，胜利后留在南洋，于是与管震民有文字之交。"堪成同调，遂订忘年。怅归燕以无巢，诉离鸿于异地。既经年而涉岁，或卜昼以连霄。刻烛敲诗，金石之声交作；开樽对酒，湖海之气自高。"可见二人友谊深厚。周先生的诗作甚多，"积有篇章，都归格律。发其幽愤，寄彼幽思。抚景则闻啸傲之声，揽胜则起苍凉之感。而且心存故国，念切高堂。望古怀人，江山助其悽忧；哀时洒涕，风雨壮其愁思"。管先生对周诗评价甚高。"将见星轺珥笔，永留青史之辉；定教岭表铭功，合作黄金之铸。"此后，周、管二位往来密切，后来管先生的追悼会就是由周先生致悼词的。

《觉园续集序》（散文）

《觉园续集》作者李君俊，祖籍福建永春，天资敏悟，束发受书，师惊其才，誉为大器。其父在马来亚森美兰州经商，事业日新，召君前往助理。李君乃投笔从商，持筹握算，什不失一，臆则屡中，积数十年之经验，成为星洲商界巨子，南岛侨团领袖。轻财礼士，有口皆碑。性沉静寡言，惟两种嗜好，一学禅，一作诗。业务之余，诵经不绝。兴之所至，发而为诗。有"诗通于禅，禅寄于诗"之语。且广结骚人墨客，互相酬唱。管震民先与李君俊久订神交，弥深契合。虽然分居星槟两地，然而一水遥通。前几年，李君以《觉园集》相赠，管先生爱不释手。后又有《觉园续集》问世。再受而读之，觉诗人之真性情愈见，而诗更与年俱进。序文感慨说："夫以南岛一商人，对于风雅之道，求其能为附庸者，亦寥若晨星矣。作诗之难，固或知之；作诗能工之难，又或知之。但商人中能工于作诗者，则难之尤难矣。君今能之，非更难能可贵欤！"

此序作于 1956 年，当时新马商人能作古诗者确实不多，但是，随着马来西亚、新加坡先后独立，文化教育水平普遍得到提升。近五六十年来，工商界能作诗者越来越多了。

2. 关于书画者

最早的应是《壬戌重九日设座嘉兴县署约园宴请嘉秀九老并摄影及绘约园主人敬老图小启》（代汪作）。壬戌年为 1922 年，此时，管震民在浙江省内任职。重九为敬老之节日。嘉兴县长汪某，特约请嘉兴县九位老人，在约园聚会，并摄影及绘制《约园主人敬老图》。管震民这篇小启，等于会议通知，文末还开列九老的姓名，最年长者 84 岁，最年轻者 70 岁。全文用四六对句，语词古雅，用典繁密，恕不引录。

《吕氏天盖楼匾额题跋》（为吕子录作）

吕氏指明末清初思想家吕留良，他坚持反清复明立场，拒绝应征康熙为笼络汉族文人而特设的博学鸿词科，削发为僧，入山隐居，所作诗文及评选八股文，多处暗含讽刺，谴责清廷的民族压迫。吕留良死后，其弟子曾静企图策动清朝湖广总督岳钟琪反清复明，被捕后从其家中搜出大量反清诗文，包括吕留良的著作在内。于是朝廷大兴文字狱，把曾静及吕氏门人拘捕处死，把吕氏家人男女六十余口发配塞外为奴，还把吕留良坟墓掘开，破棺戮尸。天盖楼是吕留良所创办的刻书局，相当于现代的出版社。由于吕氏反清著作出自该楼，清廷下令平毁所有刻版，连参加刻书的工匠、职员也受到严刑处罚，这是清初第一大文字狱。辛亥革命后，清廷被推翻，中华民国政府为吕氏冤案平反昭雪，在杭州建立祠堂纪念吕留良，并恢复天盖楼。吕子录是吕氏后代，因为吕氏宗亲全都远徙为奴，后来散在四方，不敢公开身份，吕子录奔走各地，查稽谱牒，考证各房宗枝，决心光复祖先盛德。因为他在民国后服务军界，此事推迟下来。暂先拟悬挂天盖楼三字匾额，向书法家征求墨宝。管震民此文就是替吕子录代作的启事。前面一段颂扬吕留良的事迹，后面一段说明树匾题字的用意。全文用骈。后来，为天盖楼题词者甚多，包括蔡元培等名人，内容也不限于"天盖楼"三字而已。

《钟灵中学图书馆谢徐悲鸿大师赠画小简》

1939 年，徐悲鸿应印度艺术界邀请，到印度各地举办画展，并考察、观摩，1941 年回国，途经槟城、怡保、吉隆坡，分别举办画展。槟城的钟灵中学获赠徐氏名画多幅，管震民代表校方作短简答谢，全文如下：

"昨承惠赐法绘，烟岚满纸，墨汁淋漓，老马嘶风，声咽卢沟祸水；雄鸡唱晓，惊醒华族国魂。壮义士之声威，田横百岛；得方皋之赏识。看群杰之扬鞭，澄清可待；拜多珍之墨宝；什袭勿忘。不仅增黉序之光辉，且可作艺林之模范。谨当悬诸四壁，长为学子之观摩；爱特报以百朋，聊备程途之补助。明知不腆，希乞莞存。"

此文短小精练，暗含几幅名作。"老马"句指《奔马图》，"田横"句指《田横五百士》，"方皋"指《九方皋》，"雄鸡"即是画名。"百朋"，百钱。古代以贝壳为货币，五贝为一串，两串为一朋。此指一定数量的钱币作为赠画的报酬，不是确数。"莞存"，笑纳。可见徐悲鸿的作品受到华侨的珍重。

《嘤嘤艺展宣言》

"嘤嘤"二字出自《诗经》之《小雅·伐木》篇首章："伐木丁丁，鸟鸣嘤嘤，出于幽谷，迁于乔木，嘤其鸣矣，求其友声。""嘤嘤"一词在后世常被用作朋友间同气相求的比喻。此处用于画展，意即同好者可以通过展览互相交流。管氏在"宣言"中写道："槟城号称东方乐园，素为南岛名区。欧亚文明，吸收较早；中西艺术，切磋无碍。矧际此举行艺展之年，不可无发扬美术之事。不辞冒昧，敢结因缘，萍水相逢，苔岑感应。诗社与吟坛并筑，画禅与书圣同参。……极专家特技之长，尽得心应手之妙。微论新潮旧派，不分红袖缁袍。如为创作之高标，即成展览之奇品。一炉共冶，千腋成裘。流水知音，高山仰止。岂仅蜚声艺苑，翔誉槟江已哉！"下面欢迎各界踊跃投稿参展。此文没有交代写作时间，估计在50年代。

《竺摩画集弁言》（散文）

此文作于 1958 年。竺摩上人是一位居住在香港的高僧兼画家。文章介绍他的生平，原籍浙江乐清雁岩山，幼年出家，修持佛法，造诣颇深。又耽爱翰墨，入广东春睡画院，师从岭南派大师高剑父，得名家指授，能沉浸六法，挥毫展纸，得心应手，驰誉画坛。对于书法、诗词，亦感兴趣。上人此次到泰国龙华佛学院，主持太虚大师舍利入塔典礼后，又应槟城菩提学院聘请讲经。借此机会，将历年所绘画作和书法向公众展示，管氏认为是"佛教徒破天荒之盛举"。展览后将出版书画集问世。管氏特作弁言（即前言），以表示景仰和支持。

3. 关于其他艺术和文化教育活动者

管震民先生对于"新剧"（指话剧）颇有兴趣，曾应约作《戏拟新剧〈战地情鸳〉未婚夫李葭村祭江秀苹文》和《戏拟新剧〈湘灵怨〉周叔雁祭杜湘灵文》。在此二文之末，作者附有说明："民十八（1929）后，余自缅返浙，主任西湖博物馆。邑中青年鉴于日敌之惨无人道，如九一八之蹂躏辽沈，一二八之轰炸沪杭，义愤填膺。因组织话剧，表演时事，欲借此宣传，以唤起国人同起抵抗。由黄岩函嘱代撰祭文二则，明知是戏，虚构事实，然国家兴亡，匹夫有责，况英雄儿女，自古多情，乃为绮丽之辞，以表缠绵之意云尔。"

话剧全用白话，不可能在表演当中加入一段骈体祭文。管先生明知凿枘难合，仍欣然戏作，以供读剧本者阅览。其宗旨乃在宣传抗日，如李葭村祭江秀苹文中写道，"变起倭奴，随处惟闻鹤唳；心伤军阀，按兵未见鹰扬。九一八之抵抗无期，三千万之生灵孰拯？身为女子，明知卵石之难投；我是丈夫，未获燕堂之是庇。遂使天边惨月，照破金闺；竟教林下狂风，吹残玉佩。"管先生的用意并非"戏作"。

《赠毫芒雕刻家黄老奋氏序》（散文）

此文作于 1954 年，在槟城参观微雕作品展览后，赠雕刻艺术家黄奋先生。黄氏能在四寸高一寸半方之象牙章之四周，刻《中国之命运》全书 11.7 万字，实在大出人们之想象。此序又列举所知前代和当代之微雕艺术成果。《江南野史》载，某人在一铜钱上写《心经》全部。请注意，是"写"，而不是"刻"。《稗史》载祝培之能于牙牌上书《康熙字典》全部字。常熟翁同龢（光绪之师）能在芝麻上写"万寿无疆"及"天下太平"四字。广西某女于铁筷上刻《赤壁赋》。1935 年，上海某展览会，陈列一象牙米粒，两面刻总理遗嘱 150 字。管氏所述皆有根据。非道听途说夸张臆造，在中国雕刻史上可供参考。

《拟辟嘉禾瓶山为公园启》（代汪作）

嘉禾即浙江嘉兴，瓶山在县署附近。县长汪某，1922 年从浙南永嘉调来，曾于重九宴请九老摄影并绘九老图。这次又提倡辟瓶山为公园，定某月某日于县署开谈话会，恭请各界共襄善举。管先生代汪县长撰写启事，号召全县各界支持公益事业，加强文化建设。

《拟振中亭记》（散文）

此文为马来亚柔佛地区之新文龙三区中学而作。柔佛与新加坡隔海相望，有华校多所，但各自为政，互不相连。庚寅年（1950），华侨各界开会商议，统筹统办，联合各董事会，创办中学部，众皆赞成，很快实现。为了感谢董事长振中先生的贡献，建一亭而命名曰振中，以作永久纪念，此文即记录此事。

《槟屿明德学校六周年纪念特刊序》（散文）

此文作于 1952 年，明德学校校址在槟城过港，该地区劳工家庭较多，在日寇统治的三年八个月中，失学儿童，流浪街头。铁蹄之下，不敢办学。胜利之后，各界侨贤，解囊集资，于1945年11月开办学校。经过六年努力，首届学生已经高小毕业，管先生在学校六周年纪念特刊序中，感谢董事会的贡献，呼吁热心教育之贤达，再捐款项，扩建校舍，容纳更多儿童，使当地劳工子弟皆有就学机会。其思想观念与前述《拟振中亭记》是一致的。

第三类　赠序、祝寿、哀祭之文

《送钟灵高中第四届毕业生序》，提出四点赠言，一定力，二恒心，三忠实，四达观。

《送钟灵高中第五届毕业同学序》，中心是提倡科学救国，学好声光化电，建设国家，造福民众。

《送钟灵高中第七届毕业诸子序》，要求学生以上海的叶澄衷、杨斯盛为榜样。叶初为船夫，杨初为木工，由劳工而成为巨富，各独资创办"澄衷""浦东"两所中学，雄峙申江，厥功甚伟。

《赠一百十五龄杨草仙翁寿序》。管先生稽考古籍，列举多位老寿翁：明淮安王明103岁，明侯官林春泽寿104岁，明钜庸张子明105岁，后魏罗统一107岁，荆州张元怡116岁，昆山周寿谊116岁。杨草仙先生不但高寿，而且是书法家，赠管先生龙字大中轴，用六尺宣纸，一笔钩成。这篇文章所记皆实录，不是传说。考之当代各地之长寿老人，一百一十多岁是完全可能的。以上四篇皆散文。

有些寿序属于应酬之作，如《林秋霖先生偕德配龙太夫人八秩双庆寿序》。此文颂扬林先生及其夫人并公子，他们都是海南人，商界巨子，事业有成，家庭幸福，全文用骈，典故极多，是富丽堂皇之文。

《李根殿先生八秩荣寿序》

李君，闽南人，以货殖称雄南洋，以狮城为中心，是侨界领袖。早年入同盟会，后参加倒袁护法，支持孙中山和《同侨民报》，后又保护晚晴园旧址，捐助居士林和同济医院，参加商会活动，推动华文教育，“从容措置，次第经营，一一皆无滥无苛，有条有理”。虽是骈四六文，但典故较少。

哀诔之文中首先值得注意的是《槟华各界联合追悼胡文虎先生文》。胡文虎（1882—1954）原籍福建，生于缅甸，父亲在曼谷行医，胡文虎和弟弟胡文豹继承父亲，总结和开发中医药宝库，制成万金油、八卦丹、清凉水、头痛粉等简便中成药，对于南方天热、容易中暑、头疼、腹泻等症有奇效，可以外敷，也可以内服，老少咸宜，携带方便。于是风行南洋乃至全中国，几乎无人不知，无人不用，尤其是旅行必备良药。胡氏堂号永安，商标为虎标，以新加坡为中心，各地广设分行。胡文虎也是报业大王，在国外办报十余种，皆以“星”字开头。又是慈善家，捐资国内外大学、中学数十所。管氏此文代表南洋华侨对他作高度评价。胡文虎之弟胡文豹，兄弟共同创业，一向虎豹并称。新加坡有虎豹别墅，原为胡氏私家花园，现为公园，著名游览景点。

《泰国华侨蚁光炎先生诔词》（1939）

蚁光炎先生是泰国中华总商会主席，侨界领袖，全面抗战开始，他不断向祖国提供各种捐助，赠送几辆汽车包括几名司机，向驻香港的八路军办事处廖承志捐款和物资。他的行为，引起日本特务的痛恨，曾经试图收买，被他严词拒绝，于是乃定暗杀之计。1939年11月21日夜，蚁先生回家途中，被刺客暗杀。此事震惊全泰。曼谷华社举行祭悼大会，诔词由管震民先生撰写。蚁光炎先生的爱国爱侨精神，为其侄蚁美厚所继承，在新中国成立后受到政府和侨界的尊重。

《槟城三江公所致杨惺华先生诔词》（1952）

杨惺华先生是江苏无锡人，南洋大学建筑系1918年毕业，获工学学士学位，后来到泰国斯旺生公司工作，次年到新加坡总公司。1921 年任职爪哇分公司，负责中华银行大厦工程，1928 年返新加坡，成立大南洋建筑公司，并兼任政府公共建筑部要职。从此以后，星马之各大型建筑工程，如海陆空军公署、工部局、海港局、改良信托部以及众多私人建筑，或委其承办，或兼任顾问，从而名声大噪，声誉日高。杨先生对于侨社公益，如教育事业，祖国赈灾等，无不慷慨解囊，对创办会馆，扩充义园，全力支持，其资望为侨界推重，其成就为政府褒奖。不料突发疾病去世。享年六十三。侨界为之举行哀悼会，管先生之诔词即代表槟城三江公所所作。管先生另有《建筑家杨惺华先生传》，二文可以合看。

文中之南洋大学非 1955 年成立于新加坡之南洋大学。它的前身是 1896 年成立于上海的南洋公学，1911 年改为南洋大学堂，1912 年设土木工程科（即建筑系），1921 年更名为交通大学，1922 年又改为南洋大学。1927 年称第一交通大学，1956 年分为上海交通大学和西安交通大学，一直并存至今。

《公祭钟中校长陈充恩先生文》（韵文）

此文作于 1952 年。陈校长毕业于中国金陵大学，曾任职空军航校，到南洋后出任钟灵中学校长二十年。"尽心谋画，夙夜不惶。热爱祖国，慷慨激昂。学生日众，又辟附中，屹立南洋。一心一德，有德有纲。"不料突遭歹徒阻击，顿时阴阳两隔，"全校师生，无不心伤。各界共祭，同掬心香"。

属于应酬作品还有人物画像赞八篇。中国古代文体中早有人物像赞，四言较多，也有五言、六言、杂言，其价值在于写出人物性格。而不只是外形。管先生有三篇像赞颇具特色。

《叶祖意先生像赞》

叶氏是一位成功的商人。"初莅槟屿，甘苦备尝，秉天独厚，耿耿目光，振兴实业，曰工与商。握经济纽，手创银行。臆则屡中，千仑万箱。商场领袖，勤俭不忘。既富且寿，四代一堂，馨兰馥桂，流泽孔长。"全文仅 24 句，把这位华商的代表人物主要成就都讲到了。

《钟森先生玉照题词》

这位南洋巨商，所营事业广泛，百发百中，实属罕见。先是开发水电，值"方兴未艾"之际，"擘划周详，适逢良会"，故能"得心应手"。接着又在彭亨设矿，发掘锡沙。"已入宝山，扬眉称庆"，忽然遇上逆境，锡矿一律国营。他马上班师改业，遂转败为胜。日寇侵略时期，他蛰伏不动，杳若冥鸿。抗日战争胜利后，积极开发地产，利溢金盈，称雄新马。此文把钟氏善于抓住商机，随时应变的特点，凸显出来了。

《九老山人像赞》

采用楚辞体，六言一句，隔句用"兮"字结尾。九老山人是管先生十年旧交，日夕相聚上海，结翰墨之因缘。山人曾任台州公所秘书。处事公道，无偏无党，"悯水旱之频仍兮，常以慈善为心田"。晚年，他竟然相信扶乩降神这种迷信活动，设坛问卜解卦，真是个奇人。扶乩在今天的中国已经没有了，在新马仍然可以看到。装神弄鬼，莫名其妙。

综观管震民的文章，骈文较多，散文次之，韵文又次之。骈文之中，有的较为古雅，用典精密，选词考究；有的显得平易，常用现代语词，典故较少，且以熟典为主。不论哪种文体，控诉日寇，支持抗战，歌颂胜利的语句随处可见，一位热爱祖国，心系中华的华侨教育家、文学家的性格和形象，在文集中有充分的表现。这本《绿天庐诗文集》是值得珍视的一份海外中国近代文学遗产，应该认真研究，在新马文学史上给予应有的评价。

（原载马来西亚《学文》2020 年 2 期）

四　新加坡许云樵的古文创作

许云樵（1905—1981），新加坡著名史地学者，出生于中国江苏无锡，就读于家乡的小学、中学、上海东吴大学，从小打下了坚实的国学基础，同时兼学英文。1931 年到南洋，先后在马来亚和泰国任华文中学教师。1939 年以后在新加坡任报刊编辑，曾主编《南洋商报》和《星洲日报》几个副刊。1957 年任南洋大学史地系副教授，1964 年任义安学院史地系教授。许云樵以毕生精力从事东南亚史地研究和有关历史文献的整理，译介，也进行语言研究和诗文创作。其遗著《许云樵全集》共 15 卷，由郑良树教授主编，马来西亚创价学会 2016 年至 2018 年先后出版。他有少量古诗古文，辑集为《希夷室诗文集》，新加坡东南亚研究所 1979 年印刷。共 6 卷，第 1 卷至第 4 卷为古体诗词，共 186 首；第 5 卷为《明日黄花集》，收书序、杂记、赠序等 46 篇，约一半为古文，一半为白话文。第 6 卷题为《怪文观止》，收滑稽性古文五篇。

本文着重介绍许氏古文创作之代表作品，分为三类。短的文章全文引录，长的文章摘录段落，有的文章概述大要，皆略加分析评论。

第一类　《怪文观止》

大题目仿《古文观止》，五篇之小题目分别仿中国古代散文名篇，皆附原文对照。几乎逐段逐句模仿古文口吻、语气，以讥讽南洋社会不良现象。

（一）《侨袖解》，自注："仿韩愈《杂说·龙》。"

"衣，一领双袖，此所以为领袖也。虽领袖相提，地位实不相侔。拥胶园，称头家，开土库，号店东，当主席，任总理，此侨领之谓也。袖，非若领之能显见也，然袖之用，则非领之所能屈尊替也。盖涕泪交流，非袖无以拭也。且揩抹椅桌，不亦便欤！侨袖，吹拍帮闲，侨领之所需也。语曰：虫蛇龙，既非龙，蛇虫而已。"

侨领乃常见名称，指侨领导人物。许先生别出心裁，新造

"侨袖"一词，讽刺某些为侨领吹嘘拍马的帮闲小人。"帮闲"一词乃鲁迅新造，相对于"帮忙"，讽刺那些巴结奉承权势者的无聊文人。古代叫"清客"。吴敬梓《儒林外史》描写自愿为异姓权贵之家当哭丧者；宗臣《报刘一丈书》中伺候于权贵之门，厚礼以求一句褒扬客套话的无耻之徒，就是许氏描写的"侨袖"之先辈。韩愈把龙与云的关系暗喻为圣君与贤臣的相互衬托的关系，"龙弗得云，无以神其灵"；云无龙，亦不得灵怪，而许文的"侨领"指富商大贾，"侨袖"指帮闲小人，是借古语以反讽。

（二）《与先生传》，自注："仿陶渊明《五柳先生传》。"

"先生不知何许人也，亦不详其姓字，虽非富非贵，而侧身富贵之间。《孟子》有'富与贵'，因此为号焉。岸然道貌，能言善辩。少读书，不求甚解，每有宴会，便欣然忘形。性嗜酒，撮合每能常得。头家好其吹拍，或置酒以招之。出入公馆，大得其所。帮闲奉承，手段高人一等。胸无点墨，冒充斯文，排斥贤能，鹊巢鸠占，恬如也。常以风雅自命，欺弱侮远，书画并吞，以此孳终"。赞曰："剪绺有言：'既帮闲于头家，复窃位为侨领。'其人殆社会之蛇乎？违心抹理，助强抑弱，厚脸皮之人欤？无心肝之人欤？"

"与先生"之名称来自《论语·里仁》："富与贵，是人之所欲也。不以其道得之，不处也。"许氏截其前半句而略后半句，暗寓其乃"欲富与贵"者，行事处处与《五柳先生传》"不慕荣利"相反。"五柳先生""好读书，不求甚解，每有会意，便欣然忘食"。"与先生"则"少读书，不求甚解，每有会宴，便欣然忘形"。五柳先生"性嗜酒，家贫不能自得"；"与先生"也"性嗜酒，撮合每能常得"。以下一大段，将五柳之高尚跟"与先生"之卑鄙暗相对照。八句"赞曰"，许文与陶文句句字数相同，对仗相等，感叹词一模一样，而意趣相隔天壤。读陶文令人仰慕，读许文引人发笑，镂其心而刻其骨，力透抵背，许氏堪称借古比今塑造丑角的高手。"剪绺：闽南方言，扒手。"

（三）《丑室铭》，自注："仿刘禹锡《陋室铭》。"

"男不在才，有钱则名。女不在德，肉感则灵。斯是丑室，铜臭是馨。龟公头巾绿，鸨母铁脸青。谈笑有阔人，往来无白丁。可以荐枕席，谈赌经。装煮火之肉感，使淫荡之骚动。南洋打炮间，西欧玻璃亭。浪子云，何丑之有？"

刘禹锡《陋室铭》问世以来，自古至今不知有多少人仿作，大部分是以讲究道德为高雅，以追求享受为低俗。许氏仿刘氏之辞而反其意，批判男人贪财，女人贪色。陋室非真陋，丑室是真丑。所谓"南洋打炮间"，就是南洋妓院的俗称。"西欧玻璃亭"指荷兰的红灯区妓女裸体在玻璃亭里搔首弄姿，勾引嫖客挑选。

（四）《乡愿赞》，自注："仿《史记·项羽本纪》赞。"

"叹史公曰：吾闻之叶生曰：乡人盖窭人子，又闻巨头亦窭人子，愿岂其流亚耶？何类之甚也。夫一纸报告，三公上道，乡愿出狱，土博识拔，一步登天。然胸非有点墨，乘机起学店之中。二年尽斥各正直贤能，买鹰犬而操刀俎，牵线学潮，活动参政，计虽不售，有史以来未尝有也。乡愿状貌木讷，实工心计而阴毒，刻薄寡情已至矣。性贪而吝，银钱过手，只进不出，虽应付未付，诿为手续，一概不付。四年，卒亡其位，贻误青年，而不自责，过矣。诚孔子所谓：'乡愿，德之贼也'。岂不然哉！"

《史记》的"项羽本纪赞"对项羽的成功与失败进行评价，有所肯定，又有所批评。许氏的《乡愿赞》，则是彻底揭露和批判。太史公文 36 句，许文亦 36 句，每句的语法结构相同，感叹词亦相同，少数句子只换一两个字，如《史记》"近古以来未尝有也"。许文"有史以来未尝有也"。《史记》"五年，卒亡其国"。许文"四年，卒亡其位"。《史记》"岂不谬哉！"许文"岂不然哉！"《史记》"身死东城，尚不觉悟而不自责，过矣！"许文"不自责，过矣！"模仿太史公笔法惟妙惟肖。

"乡愿"语出《论语·阳货》，孔子讲："乡愿，德之贼也。"一般理解指伪善欺世，言行不一，是非不分，同流合污之辈。许文所谓"乡愿"，指教育界的败类。没有学问，靠在上位者提拔，办学校为学店，斥贤能，买鹰犬，貌木讷而实阴毒，刻薄寡情，性贪而吝。许公在泰国和马来西亚中学任教若干年，一定见过此类人物，否则刻画不出这种令人恶心的丑陋形象。

（五）《怪论语》，自注："仿《学而》篇。"

"子曰：坑而时登之，不亦悦乎？有人送手纸来，不亦乐乎？有手纸而不揩，不亦屎人乎？又子曰：其为病也腹泻，而带手纸者鲜矣。不揩手纸而洗以水者，未之有也。肚子绞痛，里急而后重，腹泻云者，其为痢之疾欤？"

这篇短文模仿《论语·学而》首章。每个句子结构都可以对应《学而》之文，而内容雅俗大异。《论语》讲的是学习与道德修养，而许文则依原句式偷换为描写上厕所与手纸的事，纯系嬉戏笔墨，没有任何社会意义。若在古人眼中，属于"侮圣"之言。

古人也有仿《论语》句法作游戏文字的，如《论语》之"小子何莫学乎诗"章讲学诗之用。有人依其句法改写为"小子何莫吃乎粥"，大讲吃粥的好处。虽然也是戏谑之言，但是不像许文这么粗俗。

《怪文观止》编入文集前没有公开发表过，许氏自编《希夷室诗文集》时，把这五篇短文合为第6卷，冠以《怪文观止》其名，可见他颇为重视。在中国古代散文中，这种模拟名篇以嘲讽之文不多见，唯清代尤侗之滑稽文庶几近之，如其仿《北山移文》作《西山移文》等是。

第二类　赠序

（一）《寿杨惠平长老古稀华诞序》

"壬子仲夏朔旦，值惠平杨长老古稀华诞。门设桑弧，蕉窗映榴火以齐庆；筵开蒲酒，海筹随桑田而并添。弘农巨族，越公家风。群钦高风，传真道于厦屿；家有遗经，比宜春于左里，沪滨负笈，披王氏之青箱；归里试铎，展朱公之遗策。惟值神州有□□（原文字迹不清）之祸，乃效宗悫作乘风之行。创新新于新岛，德业日新；抱节节之节操，高风亮节。花前投辖，时集佳英；松下设琴，常招胜友。辉生璧水，誉起圜桥。闻□鼓以怡颜，舞斑衣而爱日。不靠玉树之青葱，抑亦荪枝之秀峙。云樵等技等雕虫，才非绣虎。咏杜甫之句，识老人之有星；诵鲁僖之章，知眉寿之有偶。爰不揣谫陋，藉楮墨摛辞；敢格微诚，捧盘匜而祝嘏。"

此文作于 1972 年 5 月，全文用骈句，用典古雅繁密。寿序的主人杨惠平七十大寿，长许云樵三岁，故称"长老"，意谓老先生，不是指佛教高僧之称"长老"。杨老先生生日恰在五月端午节前后，故文中有"门设桑弧""筵开（菖）蒲酒"之句，祝他海屋添筹即贺其长寿。杨先生出身名门巨族，曾在上海读书，披阅类似南朝宋王淮之家族祖传的典籍。然后回到家乡，学习陶朱公范蠡，开展商业活动。到了 40 年代末大陆巨变，杨先生怀着汉人宗悫乘长风破万里浪的气概来到南洋，创立新新公司于新加坡，德业日新，高风亮节。经常召集嘉宾，乐舞聚会，孝敬父母，像老莱子那样演戏娱亲。子孙皆优秀，有如谢安家族玉树满堂。鄙人许云樵只有雕虫小技，才能比不上号称绣虎的曹植。吟诵杜甫的诗句，识认天上的老人星；阅读《诗经·七月》，知道"以介眉寿"的祝词。现在杨先生可与之相匹配，无独有偶了。通篇对仗工整，无一散语，引经据典都是贴切得体的祝寿之词，可见许先生国学功底深厚。

（二）《为谱兄顾伯亮先生六秩华诞感恩证道书》

"盖闻美德延年，荀卿传其隽语；修道养寿，史迁著为良箴。恭维甲辰杏月苑宴赏花之晨，值伯亮顾先生六秩华诞。先生吴郡望族，余侯昆礽。钟毓江南之灵秀，秉承家学之渊源。垂髫入学，含英咀华；弱冠卒业，玉振金声。初涉淮海，盖投笔而从戎；继盘桓白下，尝挟策以宦游。无如雄心贯斗，切慕宗悫之长风；而乃梯航炎徼，大展端木之盘才。荏苒卅载，搏健翮于云天；经纶万端，操奇赢于掌握。交重信义，历久弥坚。器使量材，日新骏业。举案齐眉，楷模是式；爱日承欢，天伦堪羡。乃者悬弧令旦，竟却称觞；欣悉别调吉日，共庆添筹。盖先生前以违和彻悟，悔幼年蒙昧之受洗；而后感激圣恩，因重领神召之浸礼。乃止斑衣献舞于华堂，而恳亲友参预其证道。同仁等均属同家，不尚虚仪。惟介寿情殷，念恭敬不如从命；爰号召知交，藉祝嘏以襄盛举。捐北海之樽，晋南山之颂。移贺仪为奉献，庶灵俗其无间。行见为道日进，神人同其欢欣；恭祝盛德弥彰，君子直其遐福。是为启。"

根据许氏自注，顾伯亮与许云樵年幼时同在苏州基督教救世堂受洗礼入教，来南洋后与教会联系渐疏。1963 年顾先生久病，顿悟幼时许愿传道而未践约，乃受其夫人之劝说，重新受洗礼，并举行感恩证道（请牧师讲道）活动，朋辈乃集资以祝寿为奉献之金。此文名为启事，实即与赠序之文同类。文章先追述顾氏出身吴郡望族，秉承家学渊源，少年入振声中学，在英华学堂与许氏同学英文。后入北伐军，任少校参谋，曾收编孙传芳余部。转业后入东吴大学深造，又到南京（白下），任陆军第一监狱教诲所所长。但其雄心壮志在于经商，乃下南洋，大展端木子贡之商业才干，三十余年，经纶万端，掌握奇赢，交重信义，量才使器，骏业日新，成就巨大，夫妇和谐，孝敬父母，享天伦之乐。当其六十华诞之时，却改庆寿为重受洗礼，恳亲友参预其证道。许氏等朋友知交，恭敬不如从命，捐北海之樽，晋南山之颂，移贺仪为奉献，庶灵俗其无间。行见为道日进，神人同欢。这篇证道启同时也是祝寿词，采用古典的对偶骈体，表达华洋结合的内容，多用常见典故，达雅俗共赏的效果。较前述杨惠平寿序更便于理解。

（三）《中医学术研究院第二届毕业生特刊献词》

实为给毕业班同学的赠言，下面录其前半段：

"语曰：'不为良相，则为良医。'良相乃一国治乱兴衰所系，万民景仰。良医则全民身心健康所赖，功辅造化。盖有健全之体魄与精神，始能谈国家之强盛。故古人以良相良医相提并论，其见重之甚，于此可见。盖宰执不论良否极被人臣，其显达为世所尊。若失其责，致纲纪废弛，社稷沦亡，致为史家笔伐，万世唾弃，遗臭千古。而医者亦万民福利之所仰赖，若为良医，其功绩与良相等同。业医者必当以良医自许，以造福人类社会，以副父母师长之栽培期望，绝不能以一时环境之不利而自甘暴弃，畏怯自卑。盖人皆可以为尧舜，人皆可以为桀纣，要在其立志之坚定正确与否而已。"

许云樵从小体弱多病，故比较注意研读医术，吸收医药知识，晚年患舌癌，尤其留心治癌药方。著作有《传统中药展览目录》（中英对照）1979 年由中医学术研究院展览并出版。单篇的文章则有《马来本草研究》《癌方药物简释》《治癌单方集志》，译介则有《佛典本草解》《马来验方汇编》等，校注有吴端甫《四时感证篇》。因为他对中医药有研究，故被新加坡中医学术研究院聘为永久名誉顾问。许氏之《中医学术研究院第二届毕业特刊献词》，把良医的重要性与良相相提并论，这是对同学的极大鼓励。文章后半段还介绍第二届毕业班经过四年苦修和严格考试，学业已告完成，将为新加坡中医界增多一批生力军，为病家造福。学无止境，希望同学以毕业为发端，更加努力，准备肩负更大的责任。

第三类　书序

许氏为朋友的著作撰写了多篇书序，相当数量收录在《希夷室诗文集》卷5《明日黄花集》中，下面举若干篇为代表。

（一）《华侨与文化序》

该书是许氏老友张礼千的著作，序文前半段"溯吾国吾侨与南洋之关系，久且远矣。稽诸载籍，上达周秦，隋唐而还，交通益频，奉贡簿属，无虑数十。降自有明，吾侨先贤之称雄海外者，比比是焉。乃时过境迁，晚近之南洋，已非往日之世界，甚或不容托身糊口者有之。是岂先人贻谋之不周，抑后人守成之不肖乎？窃思之有重感焉。夫发明指南针者为吾祖先，而利用以首创环航世界者，麦哲伦也。发明火药者为吾祖先，而今以军火称霸争为长雄者，中国不与焉。梯山航海，履险冒瘴，殖炎徼，播文化者，亦吾祖先也。乃今日不特治之者为外人，即发扬吾侨祖先之丰功劳绩者亦为外人。而吾侨但逐蝇头微利，袖手若吾人素所鄙视之雕题黑齿，任人越俎代庖，将长此供人作研究对象乎？是固有识之士皆曰不可也。然胡为乎不研究也？曰人才缺乏也"。

此序作于1940年，面对现实状况，感情沉痛。我国古代科学发明领先于世界，而继续发展利用者则为西欧人。首先开发南洋者是中国人，现代南洋则为欧人所统治，华侨欲求托身糊口且不易得。所以许氏认为必须加强南洋华侨与文化的研究。中间一段批评目前的南洋史研究水平不高，缺乏人才和有力支持者。末段介绍张礼千先生，研究马来亚史地植物，有独到心得，其鼓吹研究南洋文化之谠论，散见报章不绝。现在槟城的刘士木先生又集而刊行之，以为宣传提倡之借箸。对张刘二君，许先生表示钦佩。

张礼千（1900—1955），江苏南汇人，著名南洋史地专家，20世纪30年代初到南洋，任新加坡、马六甲等地中学教师，因支持学生运动被英国殖民当局驱逐出境。1939年返新加坡，任报纸编辑，后又回国至重庆，任南洋研究所研究员，出版《马来亚历史概要》（1940）、《马六甲史》（1941）、《槟榔屿志略》（1946）、《南洋华侨与经济之现势》（1946）、《中南半岛》（1947），1949

年后任北京大学东方语文系教授，与许云樵交往密切，为"切磋之同志"。

（二）《叶德来传序》

此传作者王植原，其先人曾任叶德来幕僚，参预机要。是书另出单行本时，请许云樵先生为之作序，序文首段简介叶氏生平：

"叶德来，嵚奇人也，幼本贫窭，既失诗礼之教；年未弱冠，即违庭训南渡。初适古城，役佣以自给，粒积有储，走贩于芦骨，屡仆屡起，未尝自馁；再接再厉，终得枝栖。比长矿工，即显身手，折冲樽俎，崭露头角。既参戎机，复预政局。风云际会，俨然魁杰。集流散而采矿，辟泽浦以成市。是以港主位虽卑，乃显赫若王侯；吉隆本僻鄙，竟成熙攘都会。百战之后，因联合邦独立建国而成首治之区，饮水思源，叶公之功不可没也。"

这段文字多用骈句，比较精练概括，介绍叶氏之生平经历极富英杰色彩。叶氏是广东惠阳人，又名亚来，只读过两年书，即放牛、耕田，为生活所迫，1854 年 18 岁时与同乡下南洋，到马六甲、吉山、芦骨等地做杂工，1859 年开始作小本生意，次年，结识芙蓉甲必丹之卫队长刘壬光，因叶工作精明能干，行侠仗义，获甲必丹盛明利赏识而升任副卫队长。不久，芙蓉土酋内战，盛明利被害，刘壬光受伤，叶德来逃芦骨。内战结束，华商叶石被推为甲必丹，叶石无意任事，推叶德来代理。德来迅速稳定社会秩序，恢复经济。两年后，受吉隆坡甲必丹刘壬光之请协助刘氏管理锡矿。叶氏又创设惠州公司，接待南来同乡，被推为雪兰莪劳工领袖。1869 年接任吉隆坡甲必丹。1870 年，王室内战，土酋攻击吉隆坡，被叶亚来击退，因功被王室委任为吉隆坡行政长官，荣获巴生、吉隆坡两地甲必丹封号。此后大力开发矿业、农业、码头，建设城市，支持文教事业，使吉隆坡迅速成为大都会，后人称他为"开辟吉隆之巨人"。1880 年，英国接管吉隆坡行政权，叶氏仍任华人甲必丹和政府顾问，1885 年病逝。市民为纪念他，命名"叶德来街"并立塑像。因为中国的读者也许不太熟悉叶氏事迹，故作如上补充，以为许序的注释。

许氏序文的中段介绍关于南洋华侨及叶德来的资料，末段介绍作者王植原，与叶氏子侄为世交，史料易得，又爱博访各地，尽力搜罗，积稿盈尺，曾专访许府，共道治史甘苦，故乐观其成，赞数语以应所请。王氏之传出版于1957年，此后关于叶氏的研究越来越多了。

（三）《南洋椰干业序》

作者蔡建英，是从事椰干业的商家，积累其经验撰成专著。许氏之序先考察椰子为热带特产，中国二千年前已知之，《史记·司马相如传》、东方朔《神异经》以及许慎《说文》、郦道元《水经注》、陆法言《广韵》均有记录。序文介绍椰子的用途甚广："质可食，汁可饮，核壳可为器用，焚之可成为活性炭，果皮纤维及树干树枝，即可打索，亦得为帚；叶可盖屋，亦得织席。割贮乳以酿酒，榨仁取油而制皂。一树所生，毫无废材，而尤以榨油一项最具经济价值。是以种椰者，皆爆干其仁以为榨油之原料，即所谓椰干是也。"下面接着说："南洋到处海水，无地无椰，而尤以菲律宾及印尼二地为最，所产椰干占全世界产量三分之二，马来亚椰产虽居第四位，但仅得自给而已。以故椰干价格之起落，影响人民生计较大。而经营斯业者，颇多我侨，故对华侨经济之关系，尤为密切，吾人谈胶锡舍椰干，实未窥南洋经济之全貌。"这些见解，对椰干的用途和经营状况作了精辟的概括。

下面一大段介绍该书作者，蔡先生对南洋经济研究有素，曾著《南洋华侨民信业》，稿已就，惜毁于火灾。现在这本《南洋椰干业》，是他积多年经营椰干业之经验，搜集各地同业资料纂述成书，有补于我侨经济研究。希望侨胞从事各种行业者，也把他们的经验系统地总结，以供侨界借鉴。可见许先生此书，是从促进华侨经济发展出发的，拳拳之心，溢于言表。

（四）《许氏宗谱序》

《许氏宗谱》是新加坡许氏宗族会馆集体编纂之作。许序第一段概述中国谱牒之学的渊源，从《周礼》一直讲到五代。后半段列举许氏历代贤达。

"溯吾许氏，尧四岳伯夷之后，与齐同宗，周武王封齐叔于许，遂以为氏。四千年来，繁衍天下，先世闻达，史不绝书。渌池洗耳，首著高洁之名；五经无双，始创《说文》之学。隋唐擅诗赋之芳称，父子极科名之鼎盛。山水盟心，风月辄思其韵；花茵列座，宾朋咸集其芳。旌邑云霄，虽非信传，汝南月旦，终属名流。迄于晚近，不胜列举焉。"

传说尧以天下让许由，许由听了觉得污耳，洗耳于颍水。东汉许慎撰《说文》，时人誉为"五经无双。"隋代许喜心，幼称神童，其子许敬宗，父子均高中科举。唐许浑以诗赋著名。许谨好客，以花茵为席，列座宴客。晋许洵好山水而极爱登临。晋许逊，学道于吴猛，传道于洪州，年130岁，世称许真君。后汉许劭好品评乡党朋辈，每月更其品题，时称汝南月旦评。评青年曹操为"清平之奸贼，乱世之英雄"，操大悦。此段一连八句，都是整齐的对偶，可见许氏颇为得意。

末段讲许氏修宗谱，以晋许洵为发端，但久已亡佚。后世之谱，多冥索盲行，诬托妄度。海外有宗谱，可以使羁旅之人互通声气，得所荫庇。如今人们有此大志，值得赞扬，所以乐观其成，并屈命为序。整篇文章，骈散结合，雅俗互见，洋溢着对宗族的深厚感情。

（五）《南洋华语俚俗辞典自序》

许云樵在南洋多年，接触并逐渐学会多种方言和多国语言，因此对音韵学词汇学留心钻研，写作不少文章，如《华语声韵学》《十五音研究》《戚林八音研究》《客家音韵研究》《暹罗语言与韵律》《民家语和汉泰语的比较研究》，多发表于《南洋学报》。他的《南洋华语俚俗辞典》，是一本很有实用价值的专著，尤其对粤、闽两地以外的华侨来说，有助于解决经常碰到的难题。俚俗辞典是为大众服务的工具书，至今犹然。序言全文如下：

"语云：'少所见，多所怪。'又云：'见怪不怪，其怪自灭'。习俗如斯，语言亦然。初莅南洋之人，见南洋一切，无所不怪。语言之光怪陆离，尤以为异。但南洋气候单调，于是混混噩噩，不知不觉矣。虽往日所目为怪者犹然，然已不觉其怪。笔者旅南洋卅载，俨然南洋伯矣，欲以未泯之天真，钩稽南洋日常用语中所怪不怪，岌岌乎其难哉！姑以一点童真，持之以恒，日有所得，随手录存，积之经年，为数有限，未敢傹以问世。惟朋辈知者，争相索阅，怂恿问世。因念大辂始于椎轮，江河不废涓滴，抛砖引玉，非无意识。采录付手民，以俟后效。望博达多加补充，并赐予指正，则幸甚！"

许先生出生江苏，属于吴语区。南洋流行粤语和闽语，其中又分许多支系，要了解其中俚俗之语释，殊非易事。

许先生另有《文心雕虫》，专门解读古汉语中的名物、典故、成语，也包括书面语中的俗俚语。该书不是辞典体，而是每题一篇短文，先发表在报纸副刊，带有补白性质。后来积腋成制，编为《文心雕虫》正续两书，主要供书面阅读参考，可与《南洋华语俚俗辞典》互相补充，都是有益于社会的好书。"雕虫"语出扬雄，许氏引为书名以自谦，且表示与刘勰《文心雕龙》异趣。

（六）《瘦石遗墨序》

此文为书法家张瘦石教授的书法遗墨所作的序，能使读者感动并注重的是结尾和开头两段结构异乎寻常。

结尾为张教授小传：

"张瘦石教授乃著名学者兼书法家，江苏嘉定人，毕业于中央大学，曾在苏州、梅县、广州等地执教多年，南来后出任中正、华中、麻坡中化等中学教席，其间在中正任教最久，贡献很大。

1961年应南洋大学之聘，为中文系副教授，1964年升任教授，翌年退休，乃设华文进修社于寓所，直至1969年中秋病逝为止。张教授著作颇丰，如《瘦石论书》《中国文学流变史纲》《中国语法教程》《文学概论讲话》等。"这段文字本应放在开头，而许序却以注方式放在最后，打破常规。

许序的开头即对瘦石书法作总评价：

"世之作书者众矣，或以百体为夸，或以造作自炫，均非力家所取。真善书者，以临池功深，魄力是尚，观张教授瘦石之作书可知矣。瘦石兄之作书也，执笔悬腕，以通身之力奔赴腕指间，劲力凝炼于毫端，气魄显于点划内，直透纸背，洞达雄强，若鹰隼搜挐，若狮狻扑地，直为方家所称赏，士林所推重。"

这几行字，点出张教授书法精髓所在。中间大段叙述张氏之书法著作和朋友、家人辑纂遗墨之经过，饱含着对朋友的深情，文长不具引。

综观《希夷室诗文集》的古文，《怪文观止》和骈文两篇是具备相当水平的文学作品，在20世纪50—70年代，中国大陆罕有其匹。其书序古文，内容是积极的，文字是畅达的，属于学术性为主文学性为辅的古文。同时期中国大陆的书序都是白话文，而且多有套话、溢美不实。许氏序文更多些学术性，常有大量考证和引证，借以表达许氏的学术见解。

许云樵还有不少单篇的人物传记，散见所著各专书之中，可称之为传记古文，但其性质属于"史"，其立意不在"文"，只求如实记叙，不求形象生动，本文不拟介绍。

《希夷室诗文集》中有一篇《悼爱篇》，悼念许夫人逝世，是发自肺腑非常动人的抒情文，用的是标准白话文。本文只介绍古文，只好割爱。

（原载新加坡《南洋学报》第74期，2020年12月出版）

附　　录

附录一　近代广东吴子光的特殊
传记及"记"体散文

吴子光（1819—1883），籍贯广东嘉应州，同治元年（1862）在家乡应试中举。按清代规矩，科举考生之籍贯，不能更改，故本文将吴子光归属为广东人。1837 年、1839 年、1842 年他三次游台湾，以后寄籍寓居台湾铜锣湾之双峰山，在彰化设帐授徒，诗文自适。中举之后回台，得与当地名公缙绅交游，文名日噪。1978 年应聘主讲文英书院。彰化望族吕氏建藏书楼，聘子光设教吕氏宅中，吴氏得以博览群书。有机会游历台湾南北各地，随时作诗文纪所闻见，并杂考经史、辩证、议论。61 岁时，辑录所作为《一肚皮集》刊行，盖取苏东坡"一肚皮不合时宜"之意。

《一肚皮集》共 18 卷，卷 1 总论，卷 2、3 为书，卷 4、5 为传，卷 6、7 为记，记山川、景观、建筑、人事等，卷 8、9 为说，或说经论史，或评议台事。卷 10 至 12 为杂说，短篇札记，共 123 条，杂考文献、典礼、器物等，卷 16、17，记台湾怪异、形胜、物产、风俗，最具台湾地方史价值，故为台人所重视，卷 18 杂序。《一肚皮集》之外，吴氏另有史论《长赘笔》（16 卷）、《经余杂录》（12 卷）附《小草拾遗》（1 卷），后者是吴氏的诗集。

吴氏享年 64 岁，前二十多年在广东，后四十余年在台湾。他的成就不在诗而在文，而文中最有价值和特色的是传、记、纪事，文史兼具。其说、杂说、杂考，是议论文和考证文，往往发人之所未发。

粗检当代台湾学者泛论吴子光的文章得 8 篇，直接与拙文相关者两篇。一篇是杨淑华教授《吴子光传类古文探析》（《台湾古典散文学术论文集》，里仁书局 2011 年版），分吴集 21 篇传类文为五：儒学类、先祖类、乡贤类、专艺类、寓言人物类。前三类每类 4000 字左右，分析详细；后两类各 1000 字左右，颇简略。拙文与之大异，不讲前三类，专论其后两类。故彼我两文，重复者很少，不同者甚多。

第一组　特殊传记，包括拟人化谐传和传奇性专记

《铁将军传》

实际上是写铁炮。以物拟人，惟妙惟肖。开始就说："将军姓铁，名大器，其先世居长白山"，意谓铁矿石产于大山中。"生时火光竟夜烛天，远近疑为灾也。"铁矿石烧炼成铁会产生强烈火光。"其颜目，自腰以下纯黑，其魁伟异常，固为大器。"意谓铁炮粗大而黑。长大后，"性落拓，不事产业，遇不平事，辄怒，警鸣作洪钟响，无长少尽闭目掩耳，走数十里外避之"。这是形容开炮时声音洪大震耳，人们不敢接近。同邑有金姓者号称知人，曰："吾观铁氏子，体魄魁伟，慷慨多大志，藉令陶铸得当，他日安国家戡祸乱才也。"遂引为金石交。劝学书，三年无所成，人或讥笑之，他说，"大丈夫有志经济（经国济世），只须学万人敌，奚事毛锥子为？"家贫，无立锥地，母令从戎，上官因其性烈，压抑之，不得志多年。至元朝初年，大器已 50 岁，正值元世祖围襄阳，久攻不下。大器自荐求见，世祖惊为奇才，问所需，大器曰，臣白战，不持寸铁，但携数子足矣。两军会合，双方苦战之际，大器怒马而骋，"势如巨霆击物，金铁皆鸣。敌兵亡失，相率为鸟

兽散，路无一卒一簇存者，遂拔其城"。这是显示火炮的巨大威力。战后诸将争功，"独大器口不言劳绩，遥避大树下，以自韬晦，朝士比之东汉冯异。天子特诏嘉奖，册封金吾大将军、上柱国食邑五千户，赐丹书铁券，图其形于武库中。海内安定，遂乞休，优游林下，以寿终，其子孙散居中国"。

此传处处双关，表面写人实际写炮。作者在文末缀语中引用历史点破："按《八编类纂》，元西域人亦思马因善造炮，世祖时从攻襄阳，置炮于城东南隅，重一百五十斤，机发声震天地，入地七尺。宋吕文焕遂以城降。后每战用之，皆有功。按元人始造此炮破襄阳，世因目曰襄阳炮云。"

此文仿韩愈《毛颖传》史传体例，概括描述铁炮生平，酷似有功不居的大将军。故事完整，虽小有曲折但影响不大，结尾功成名就得善终。而不像《毛颖传》老而秃被弃，多少有些牢骚。属以文为戏之作。

《汤婆子小传》

汤婆子就是今之暖水袋。古代多以铜制成壶，至夜，灌入热水，置被褥中，全身皆暖，足部得益尤多。现代用橡胶制成水袋，可以置于身体各部分，以增加热量。

明代吴宽有《汤媪传》，把汤婆子拟人化，全面美化。说她"有器量，能容物，其胸中无钩钜，而缄默不泄（装水不漏），非世俗长舌妇人也。性更恬淡，独善孤寒士，有召即往，相与抵足寝，和气蔼然可掬"。宋司马温公尽瘁国事，体貌日瘠。汤媪进言曰：《老子》倡言知足（足脚双关），愿助君足。温公足常得温暖。媪后亦高寿，子息绵延数千年。

吴子光的《汤婆子小传》，是缺德的宫女，性狡猾，工谄媚，专门讨好帝王。文章写道：

"汤婆子，安乐窝人，自幼没入宫廷，因其貌不扬也，名以汤婆子。""终身不见华饰，而性殊狡狯，凡物情冷暖，世故炎凉，千态万状，罔不了悉胸中。"其言曰："我辈巾帼者流，只合视风气为转移，无宠无惊，了此一生足矣，虽因人而热，何害？"故"甚得诸妃嫔心"。"有竹夫人者，国色也，以夏选入宫，雅合时宜，肌肤若冰雪，娇殊妒甚，入冬，上不胜愤怒，失宠。左右有荐婆子者，立召见，大加爱幸，置诸温室，旦夕不相离"，"赐五日一洗沐，如杨玉环华清宫事例"。"是时，汤婆子宠冠六宫，同列颇妒之，然无他技能，以媚术，因人成事，虽贵，犹举止羞涩，人皆得役使焉，未几，以疾卒。"

作者在文末评论说："汤婆子一宫婢，乃以趋炎附势之智固结主。知非破觚为圆也，实寓巧于拙耳。"

吴子光此文很短，情节并不复杂，描状无过多夸饰，写作水平不能与吴宽比，但是他与吴宽故作逆反之笔。吴宽笔下是人人欢迎的好人形象。在吴光子笔下，成为趋炎附势的鄙陋之徒，算是独出心裁了。

《竹夫人小传》

把竹子拟人化的谐传，唐宋元明清历代皆有，或比成美女，或拟作隐士，或分别拟为竹枕、竹席、竹几等。南宋区仕衡的《竹夫人传》写竹夫人侍汉武帝，避暑甘泉宫，备受宠爱，到了冬天，帝归未央宫，坐温室，竹夫人就失宠了。清人张澍的《潇湘侯传》主角是男性，高风亮节，刚直不阿，与嵇康、阮籍等七人游竹林，肆意酣畅，讲求自然，不拘礼法，曾仕朝为官，赐爵潇湘侯，后又外贬，皆怡然自得，能屈能伸，清绝洒脱。

吴子光此传，比拟女性。孤竹君之后，母林氏，性端谨，寡言语，珠玉翠羽等珍物无所留心，而姿态莹然，有林下风骨。邑中有管大夫者，慕而议婚，母以管氏富，许之，女不惬意焉。婚后，宠擅专房。管氏巨室，亲友应接不暇，夫人性不喜趋炎热，厌苦之，偃蹇不为礼，风节过厉，久之宠衰。当风清月白，翠袖天寒，诣湘妃处，诉夫婿轻薄状，宛转娇啼。湘妃身沾其泪痕，谕之曰：愿永矢劲节，毋令汤婆子辈笑吾家骨俗也。夫人雅心虚受，遂闲退，自号清凉女史，长斋奉佛，终其身。吴子光赞曰："女无美恶，居室见妒，人情大抵然也。"讽世意味明显。

东邻高丽，也有人撰写《竹夫人传》，作者是高丽文臣李縠（1298—1351），把竹子拟一介平民，有淑姿，识音律，高风节，择偶极严。有松大夫，君子人也，具雅操，求婚，成室。夫人持家坚厚，处事迅疾，虽有纠节，皆迎刃而解，家人皆依仗之。夫妇皆好诗文，尤慕苏子瞻、文与可，常临风吟啸。松大夫好道，晚年游仙山，石化不返。夫人独居，晚节益坚，以疾终，乡里称节妇（见朝鲜徐居正编选《东文选》）。高丽僧人释慧湛，有《竹尊者传》，把竹子拟为佛教高僧，具备十种品德：初生即秀、渐老益坚、其理调直、其性清凉、其声可爱、其言可观、虚心应物、守节忍寒、滋味养人、多材利世。用双关语词逐一进行刻画。古今中外赞美竹子的诗词文赋，甚多，不胜枚举。

《公冶子小传》

赞美一位铁匠，技艺超群，颇类小说。

"台彰有吕亚锦者，巧人也，貌古而口讷，性无他嗜，惟善锻，其日需冶炉锤凿大小锉刀之类，手制，皆工，无一物借材他族者，遂以良冶鸣。""锦之制器也，兀兀踞炉，坐形如木雕泥塑，耳无他闻，目无他瞬，自出手眼，与器物争利钝。""其术精而心苦也，平日于器不苟作，作必竭才而后止。尝为余作小错刀。虽焦桐毒铁，大冶斥为不祥之金者，一经其手，以锻以炼，曲曲惟其意所为。"

文末吴氏比之"嵇康锻于柳下，今子锻于竹间，得心应手，几与古人争雁鹜行矣"。

此文没有诙谐调笑成分，像是纪实，有评论者认为是小说，颇类《虞初新志》中的《武风子传》，见明张潮辑《虞初新志》卷2。武氏能用烙铁在筷子上作画，精美绝伦。不慕富，不随流

俗，不牟私利，即使贼人以死威胁，不为所动。行迹似狂人，实
为身怀绝技的高士，与吕亚锦事迹略近。

吴氏热情赞美铁匠，颇类柳宗元之《种树郭橐驼传》。柳于记
事之后又大发议论，建议为政者不可以扰民，耕作应顺从劳动对
象的自然规律。吴文没有议论，单纯记事而已，表现对劳动者的
尊重，属难能可贵之作。

《觉觉子小传》

此文传主有名有姓有籍贯，似真人，但其行为具有传奇性，
不少评论者认为是小说。

"觉觉子，姓陈氏，名尹，古梅州人也。少孤贫，喜读书，甫
弱冠，经渡海数万里外，至琉球国，为夷王司训蒙事。"

据今传琉球王史籍，琉球国从明太祖时开始，受明朝册封，
从中国福建延聘四位先生教琉球子弟习汉文学典籍，继后经常派
留学生到福建和北京学习汉文典籍，他们回国之后，多数担任琉
球国学教师，其姓名，职务，在史籍中均有翔实记载，其中并没
有陈尹，可见这是作者编造的。

吴文又说，陈尹后来到台湾，出其诗文，台人大惊，于是资
助他回广东参加科举考试，成为秀才。陈尹返台后更着力于诗，
多杰句，传播于台湾士大夫间。清朝满洲大臣武隆阿至福州任东
南总督，得陈氏诗，大喜。武公雅好文士，携诗造庐投名刺访陈
尹。陈氏正大醉大嚼，连声呼叱叱，挥手示来客散，瞪目视人而
不语，顷刻鼾声如雷。总督大怒，以为怪物，遂不理焉。陈氏狂
名因而大噪，名震全台。

这段文字很精彩，但缺乏可信性。满洲边镇大臣多系武人，
秉性骄贵，不大可能折节造访贫士，属地平民不可能如此狂傲对
待长官，这一情节显然是民间传说，夸大其词。

下面大段文字写陈氏与世不合，在淡水设帐授徒，不与人交
往、寒暄。双目炯炯有光射人，小儿见之皆恐怖。唯与一书生友

善，二人各执书册作校雠，相对无言。邑人称双奇士。

陈氏作诗达两千篇。封土为坟，埋其诗稿，置石碣，自书"陈尹先生骚坛"。

吴子光称赞陈氏有奇气，可比明代徐文长。但又说陈氏任教琉球王事，"予久闻其说而疑之"。又说："其事与《虞初新志》中《李一足》相类。"《虞初新志》卷8记一位孝子，为报父仇，浪迹天下。既是文人也是孝子、侠客、隐者，甚至有几分仙气，显然是作者有意塑造的传奇小说中人物。吴子光笔下的陈氏与之只有部分相似，主要情节不同。

《夫已氏传》

此文可视为漫画式讽刺小说。"夫已氏"语出《左传·文公四年》，乃虚拟无名氏，如某甲、某乙之类。门阀之后代，托父祖之荫庇，任某郡长官，表面上以清明自期，暗地指使豪奴悍吏，助纣为虐，朋比为奸，贪赃枉法。郡民上书控其贪墨，因而去职。新官不理旧官事，未依律追究旧尹罪责，仅囚逐其属吏而已。夫已氏出行，与受冤屈之家狭路相逢，群起报复，殴之几死，逃脱后仍不知悔改，逍遥法外。吴子光文末说，夫已氏"轶事（缺德事）颇多，然文不雅驯，荐绅先生难言之，仅书此以缀于酷吏传之末云"。

此文无真实姓名和具体地址，亦无故事细节，用大笔写意法描述丑恶人情世态而已。官场谴责文章，历代不胜枚举，比它更精彩的甚多。吴氏并未亲历官场宦海，写这种文章不过发泄其感叹而已，算不上寓言，与《铁将军传》等类。

吴子光的《漆雕氏小传》，不是写某个人或拟人化传记，而是考证、罗列漆画艺术和雕刻工艺历代发展资料，涉及古代有关艺术家多人，牵合成文，属于学术文章，仅在最前面假托郭某之名借以作为人物传记之题目。杨秀华教授评论此文说，广征历代典籍图画沿革，详于漆字与器物考辨，以文史夸述漆艺后，竟以漆雕氏"崇实意而黜虚文"为可贵，笔锋突转，以虚衬实之讽寓效果便相对鲜明许多。此种借助学养以丰实古文的效果，素为吴子光所标立之理想。（吴氏）曰："考据与词章是两事。亦是一事，非才识卓绝又能尽读古人之书而得其要领者，未足语此。"杨教授接着说："但由本类古文写作上初步获得之印证，此种陶铸学识之笔法，似应适可而止，倘若如《漆雕氏小传》的博衍失焦，实为过犹不及的表现。"（出处见文后注8）杨氏之见，乃委婉而中肯的批评。

第二组　吴氏"记"体之文

粗检台湾与拙文直接相关者，得王幼华一篇：题为《吴子光〈双峰草堂记〉连作创作技巧论析》（《兴大人文学报》第39期）。吴氏之《双峰草堂记》共9篇，有写园林山水，有记人记事，有杂感小品，9篇互不关联，文体不一，窃以为不能算"连作"，而是混编。与明代袁中道《西山十记》之各记一景，分别着笔，井然成为"连作"先例，不可同日而语。

拙文所论吴氏"记"体散文，粗计为27篇，内容博杂繁富、笔法肆意随心，水平高低不等，就中择其可圈可点之作，再分为三类，分别简介。

（一）山水园林之文

《双峰草堂记》（一）

双峰草堂是吴子光在台湾住处，他以草堂记为题写了9篇文章，有记事，有写景，有杂感，这第一篇是其得意之作。

开头从大处着眼，介绍台湾的山，以北路山最高大，最出名的是玉山，亦名雪山，其次吉隆山，又次五指峰，由五指峰南分一支，为酒桶山。双峰在酒桶山偏南，距铜锣湾不到五里，峰势如剑，是南面诸山的俊秀者。

接着写他的草堂："山腰则吴氏草堂在焉。广不踰田二亩半，堂中高敞处，专设栗主以供祖先，不与弥勒同龛也。两旁房屋十数间，东为坦坦荡斋，西为心休休轩，稍进为古风今雨楼，最后为一分屋。凡沐浴厨馔之属，皆取给其中，所谓绳枢草舍，仅足蔽风雨而已。"这一段是介绍整个草堂的建筑布局。

下面写室外环境："草堂外辟小池塘，水深浅，为群鱼极乐世界，置钓竿其侧。以供馈，非以放生云。堤上有杨柳数十株，随风摇曳，如见张绪当年。此为山人（吴氏自称）所手植者。可与金城柳步厥后尘矣。"

张绪，南齐文臣，品性清淡，不慕荣利，为世所重。金城柳，典出《晋书·桓温传》，桓温见早年所植柳已长大，叹曰："树犹如此，人何以堪？"后世用为感慨世事兴废的典故"金城泣柳"。

接下去描绘更宽广的环境：

"距柳塘不数武，溪流有声如沸，其源出双连潭草湖，经几曲以达于草堂外。涧中支以板桥，即出入道。所经处水味淡，微寒，犹是在山本色，可煮茶，其次瀚濯，又次灌溉，脉络贯输。论性理，则与月印万川相类。此山人容膝寄傲之所，即一幅倪云林水墨图也。"

最后一小段是发感慨：

"噫！士君子志存利济，已无力置万间广厦，庇寒士以欢颜，乃仅为一身一家之谋。即水榭风亭，比之玉山佳处，亦不过自了汉耳，而况草堂蜗牛庐与？"

他本有利民济世之心，而身不在官场，无力解决天下寒士住房问题（用杜甫诗意"安得广厦千万间，大庇天下寒士俱欢颜"）。现在经营小小草堂，有如蜗牛之壳，自我满足罢了。这番话说得深沉而又无奈，值得寻味。

整篇文章，颇似元代大画家倪云林的水墨图。由大山到小屋，到流水，由外而内，又由内而外，层次分明，处处有情趣，寓哲理，坦坦荡斋，心休休轩，古今风雨楼，月印万川，选词造句，使典用事，描绘极细，涵蕴极深。是不可多得的园林散文佳作。

《肖岩草堂记》

此文为朋友之园林而作，并非介绍园林之优美，而是刻画朋友生活于园林之闲适心态，文章角度别具一格。

开头一段，简单罗列古籍中五处提到"草堂"，指出"草堂"二字平平无奇，奇莫奇于居斯堂者，远俗而不趋时，自成高隐面目。这三句话，提前点明文章的主旨。

接着说，他的朋友傅生是"好古之士，于余为文章知己"，"有予之贫，无予之拙，自构草堂以居，颜曰肖岩焉"。这几句进一步承题。

下面中心段写傅生在草堂中如何生活，如何欣赏自然环境：

"东势峰形如席帽，如佛头，日与傅生点首相拱揖，若可得与告语者，朴仔篱之山也。"把山峰拟人化，成为谈话的对象，句意学李白诗《独坐敬亭山》。

"洪流潺潺，势如飘风急雨之骤至，时闻水声，与傅生吟哦声相答者，大甲溪之水也。"把溪水流声想象成与傅生吟哦相应答，是诗家兼音乐家的情怀。

这两句，一写山，一写水，构成一副自然对偶。

"此堂之前，有溪潭，天微雨，有鱼儿出焉，所谓'通竿白水'也，则于把钓宜。"

"堂左右皆绿畴，傅生躬率子弟，从事烟蓑雨笠中不以为废，所谓带经而锄也，则于深耕宜。"

"傅生佳偶（夫人）能治家，善酿，客至，欣欣具鸡黍，出缸面酒，以供主客共醉于烟云竹树之间，无不得其意以去。所谓我有斗酒，以待不时之需（苏轼《赤壁赋》语）者也，则于觞客一宜。有此三宜，故脱离俗障。"（佛家观念）"三宜"学宋王禹偁《黄岗竹楼记》之"六宜"。

最后说："山水乐得为主人，恐南面王无以易此境耳。晋名教中自有乐地，容日当携汝玉、汝修二子（邻居吕氏二少年），造君之草堂而领略之。"

此数句收束得完满具足。后面又加了一段关于古代抄书家，其中有傅家祖先傅迪，希望傅生今后多抄书。这些与前面的山水扯不上关系，难免画蛇添足之嫌。

（二）古建筑和古器物之文

《沪尾红毛楼记》

红毛，近代中国民间泛指洋人或西洋物。吴氏指出，台湾地方有三座红毛楼。分别在郡城、安平、淡水。前两处他没有去过，淡水之楼在沪尾山巅，面向大海，从山脚登楼数百步，楼正面无门，中开一洞以出入。楼之宽广五尺余，石墙高厚约五尺许，其顶平铺，有上宇而无下栋，辟一小洞以透天光。下层有一窟，空洞约数尺。洞中有径路，狭而湿，有阴风，秽气，人对之辄寒噤，皮肤起栗，皆走避之。土人称此洞为荷兰地道，洞中设机关，尽头可达安平镇。昔日荷兰人躲避郑成功攻打，特意修筑。显然，这座红毛楼，实际就是后世所谓碉堡。土人不识，通谓之"楼"。

楼前有古榕树一棵，"根倒生，枝叶一条条相纠结，覆楼前后，似为此楼作护符然"。土人说，此树是二百多年旧物。

吴氏描写登楼眺望之景色："于时宿雨新霁，水天一色。远望涛头一线而至，声隆隆如雷，令人作云梦八九之想。顷之，夕阳西下，金光闪灿，气象万千，所有两崖之烟云竹树，风帆沙鸟，一齐收入楼台中，层见叠出，使人一览可尽，洋洋乎奇观哉！"

这段写景文字之后，作者大发感想，说此地被日本人、荷兰人及郑氏家族，先后据有过，时间都不长，最后成为大清王朝的疆域。作者颂扬说："大一统之君出，乃取五帝三王以来，禹迹所未经，竖亥所未步，万古神圣所未开辟之疆域授之，不遗余力。今海平如镜，举瀛埃一千八百里而遥，晏然如金瓯之无缺，世界升平，山水之福，而人民可知也，此岂特恃地险哉！"

作者充分肯定清朝统一全中国的功绩，认为依靠碉堡而抗拒是徒劳的。这种政治历史见解是比较开明的。

《双峰草堂记》(七)(记土楼与竹围)

所谓土楼,就是今所谓客家围屋,多分布在闽南、赣南、粤东北各地。吴子光写道:

"余曩过闽汀(福建汀州)之郊,见其俗多土楼。土楼者,先筑土为外郭,墙厚五尺许,渐上渐减削,高可四五层,牖孔(窗户)罗列其中。房室、池塘、井灶、械器罔不整,外唯辟一户出入,舍此别无径窦处。四阿约半里有奇,内可容数百人。以防守戒不虞,比于土堡,有过之而无不及。"

近几十年来,福建客家土楼已成为吸引旅游者的重要景点,大体上就是吴氏所述那样。土楼之内,客家人聚族而居,楼型呈圆形或方形,分两三层或四五层,每户得数间或数层,土楼中间有庭院和公共厅堂,祭祖,聚会,办红白喜事等。吴氏所记,距今至少一百多年前,是有历史价值的建筑史料。

同篇又记竹围:

"台、凤、嘉、彰之交,凡聚落皆倚大竹围如环,名某大庄。亦有在田二亩半自成一家者,植小竹万个为屏蔽。四周炮台坚固,可作军垒,贼惮之,无敢过而问津焉,名曰某小庄。"

"今村氓更有以竹为屋者,凡楹、桶、墙、壁、户、牖、几、榻之属,无一非取材于潇湘侯(竹),是二分竹,一分屋,合二为一矣。"

中国南方竹屋很普遍,但此处所记竹围如军垒者,我没有听说过,不知今天是否存在,待考。

吴子光有两篇谈古砚的散文,是学术性小品。其一为《古砚记》,描述名砚产地和质地特点:

"砚品惟端溪为第一,歙州龙尾次之,铜雀台瓦又次之,若永嘉吴郡斧柯山、绛州澄泥之类,直燕石尔,恶乎贵?"

"砚有以人传者,张华青铁,徐闻之小金城和鲁公雪方池,东坡之月石风林是也。大约砚色忌暗，脉理忌歪斜，声忌哑与作瓦缶音，尤忌滑，与涩，与硬，与燥，与凹。盖滑则聚沫，涩则损毫，硬则拒墨，燥则伤涸，凹则陂不中用，皆非佳品。惟色如猪肝，音如古方响，浮津润墨，一种绸缊摩荡之致，令人爱玩，不忍释手，则砚良材矣。"

这段文字十分精彩，显示出作者品评鉴别砚台的精明眼光。

下面一段结合自家所藏砚大发感慨：

"予素有砚癖，突兀时，先君子手一砚，诏之曰：斯宝吾斋砚山三十六峰之一，儿珍之，毋废弃焉，可乎？光拜而受之，对曰：唯，不敢忘。遂订为金石交，苦心研摩不辍，而文笔益奇。岁壬子，课徒二湖，为胠箧者（盗贼）所篡，踪迹竟无觅处。嗟乎！此吾家续命田也，先人手泽，实式凭之，今一旦弃我而去，其命也乎！从古笔砚至交，比之妻孥骨肉为尤亲。盖妻孥庸有别时，独砚无长少穷达欲求，须臾离间不可得，岂妻孥可与为伍哉！"

钟爱砚台胜过妻孥，不只是"古砚癖"，而是文人学者的写作癖。因为笔砚是他们常用写作工具，所以说"不可须臾离"（语出《孟子》）。这种感情是高雅的，不可以一般文物收藏家视之。

《端溪正西洞砚石记》，不仅介绍一方古砚，还介绍一支古笔。

"莘田黄明府，八闽名士也。一生有砚癖，故以十砚名其斋，所与游尽东南之美。余读其诗，为流连神往者数十年矣。岁戊寅，假馆筱云山庄，吕子汝修出藏砚相示，云，曩昔闱试出重赀以购得者。余谛视之，体正方，色似鲜羊肝微紫，中凹一池，受墨处有苍赤痕，一缕栩栩欲活，即砚谱所谓金线纹者也。砚阴则金星璀璨，嘘气呵之，津液润下如珠，足征佳品。其旁镌字卅余，曰：岁己巳，予与傅编修玉笥张太史南坪，至莘田十砚斋观西洞水岩石，抚磨久之，欣然订金石交焉。"

这一段介绍黄明府所藏的名砚之特色，以及后来为吕汝修所购得经过。

下面一段文章另起，讲吴氏有一支老笔。

"虽然，予犹有一支笔存焉。此笔非金、非班、非沈、非宋，昔从郭氏怀中强探力索出来，濡染淋漓，未尝一日释手。今中书君（指笔）虽老耄，其锋犹若新发于硎（磨刀石，此指砚）。"吴氏把这支笔送给吕汝修，说："敬以授子，子诚健于文者，更奋然恢廓规模，以衍河汾一派于勿坠，则此笔为不朽矣。"

文章属于随笔性质，前段讲一方古砚，后一段讲一支老笔，充分显示吴氏作为文人学士与众不同的兴趣和嗜好。这种精致的鉴赏力和浓厚的文人相亲相重的情谊，后世尤其是当代恐怕不可多得了。

第三组　神话及梦游之文

《双峰草堂灶神记》，写吴子光与灶神对话。

双峰草堂是吴子光在台湾住处的堂名。中国古代习俗，每家都有灶，而且都有神座，通常供奉灶君，或称灶王爷。

丙子年，吴先生的小孙子不幸夭折，他很悲痛。听说村里有通晓神仙之术者，可能是乡村神汉，即男巫。吴先生请此人到家里，给他穿戴衣冠，让他坐在灶神的座位上。不久，一阵灵风，飒飒有声，灶神之灵驾到，附在男巫的身上，开始代灶神发言了。称主人贤德，赞语、联语不绝于口。在吴氏草堂初成之时，于灶君神座两侧集古语作对联曰："媚于奥，宁媚于灶；有其诚，则有其神。"灶神对此联大为赏识，且评论吴氏著作，颇具一家风骨。山居无奉，努力著书，以传之天下后世，留名而已，复连声勉励者久之。

灶神与吴氏的谈话，全都是赞美之语，读者可以猜测这位男巫是本村人，对吴氏著作早就有所了解，所以说到吴先生心坎里，他十分高兴。最后吴氏说："惟主人不俗，故吾家司命者（灶神别称）亦不俗。非所谓以类聚，以神交者与！神哉！神哉！真知己哉！故记之，记之又长言之，嗟叹之也。意者尔室中爱才若命之灵，默为相之。"

读完通篇不难看出，所谓灶神之言，当是假托之辞，吴氏夫子自道，自我夸奖，自我表白而已。游戏笔墨，并不是真的有灶神与之对话。类似的文章，中国古代不乏先例。韩愈的名作《送穷文》，假托穷鬼发言，名为自讼而实为自夸。后世文人多变换角度和方法学习韩愈。

《梦游罗浮山记》

罗浮山在广东增城，是岭东重镇，与吴子光家乡嘉应州相距不远，可是他竟不曾入山游览。同治十三年，夜卧梦游其地，见识奇丽：

"路逢五色蝶，迎风飞舞，传为葛仙翁遗衣所化者，争为余作向导师。遍布山景，举罗浮二山四百余峰，峰峰皆以谢客（谢灵运）履齿证之（意谓峰峰皆登临）。意兴虽快，而神魂则困疲不可堪。入梅花村，是赵师雄与淡妆美姝相遇处。空山无人，水流花开，叹古迹荒唐多类此，因低回久之。至五龙潭，潭水清澈无微翳，潜鳞游水，见人颇狎习，如可拾而取者复为养。空游如列子御风而行，直到罗浮绝顶。坐于日亭，少顷，鸡初号，遥见海日如轮，光熊熊不可逼视。……下山坡似见绀殿琳宫，大小不一处，山阴应接未暇也，俄钟声而寤。"

这段描写，亦真亦幻，真幻相糅。葛仙翁即东晋道家大师葛洪，曾隐居罗浮山，传说羽化成仙。赵师雄，隋唐时人，在罗浮山遇一美女，对饮而醉，醒后发现卧倒在梅花树下，事见柳宗元《龙城录》。文中提到葛仙翁化蝶导游，当然是幻想，但刻画的鱼可拾可养，日出如轮不可逼视，则十分逼真。游山醒来的感叹是：

"嗟乎！各乡山水到海益奇，然喜僻处于蛮烟瘴雨中以自韬晦。而齐鲁燕赵之嗜奇者多，以不得见罗浮为憾。若予家距罗浮数百里耳，一宿舂粮（准备一天的干粮即可至），亦其终身，无半面之缘，何哉？盖予雅有山水癖，少壮时屡思翛然弃妻子，散发入为道士，以避嚣尘，顾以学未成而不暇出。可以出矣，复以贫故，惟糊口之谋是急，天涯地角，踪迹遂疏。客之负山耶，抑山之负客耶？"

对罗浮山未曾谋面的遗憾之情从内心深处流出，自然而真挚，文章到此可以结束了。下面又增加三段大谈文章与山水的关系，作文要与山水争奇斗胜，还考证罗浮为衡山之佐命。拉扯得太远了，反而削弱了读者对梦游景色的好感。

另一篇《梦游阴那山记》，写法与《梦游罗浮山记》不同。前半段用纯然游记笔法，先介绍此山在嘉应州南，排列如螺纹，中峰尤绝，其山麓更奇，有一宏敞佛寺。接着介绍该寺传说，奇花，古木，洞穴，着重刻画山花馆，颇清幽，宜避暑。

后半段写梦游，有一禅师招吴子光游山，饮茶，甘如饴，夜半禅师作长啸，引起山中鸾凤猿鹤齐响应，大地境界一片光明。禅师告吴氏，前身有香火缘，孽障将满，二十年后当与子相候于大觉王处，于是遂醒。最后一段大谈人生若梦，并想起梦中禅师即阴那山寺创始人惭愧禅师，于是就惭愧二字发挥。此文道佛儒思想杂糅，主次不分，不及梦游罗浮之集中力量刻画梦境。

吴子光有相当多的记事之文，一个共同的特点，就是爱考证，有时放在文章开头，接着述事，结尾发议论，谈感想。这种三段式组合，有许多是废话，旁征博引，东拉西扯，并不能使人产生阅读的兴味。这种好考据的风气，可能与清代乾隆、嘉庆时期考据之学大盛有关。乾嘉学派写考据文章也常常堆砌文字不太考虑艺术性，但较少大发议论。

总观吴氏全部著作，内容以记中国内地及考证传统文化占多数，其记台湾史事之文，台湾人颇重视，而在广东文坛知名度不高。鄙人窃以为，吴子光"记"体文，给人留下颇为新鲜活泼的印象的，当首推其拟人化传奇化传记，园林景物之文，亦具相当水平。

参考文献：

1. 张永堂：《一肚皮不合时宜的吴子光先生》,《台北文献》第 63 卷第 64 期，1983 年 6 月。

2. 林敏胜：《吴子光与〈一肚皮集〉》,《中兴史学》1997 年 5 月第 3 期。

3. 陈运栋：《山城文献初祖——芸阁山人吴子光举人》,《苗栗文献》第 1 卷第 15 期，2001 年 3 月。

4. 田启文：《吴子光古文理论介析》,《台湾古典散文研究》第五章，台北：五南出版公司 2006 年版。

5. 王幼华：《吴子光〈双峰草堂记〉连作创作技巧论析》,《兴大人文学报》第 39 期。

6. 王幼华：《从流动到地著——吴子光的移民历程与原住民记述》，联合大学"第五届台湾客家文学学术研讨会"，2005 年 11 月。

7. 顾敏耀：《铁梅道人吴子光古典散文探析——以〈台湾记事〉为例》，苗栗县文化局编《第四届客家文学研讨会论文集》，2005 年。

8. 杨淑华：《吴子光传类古文探析》,《台湾古典散文学术论文集》，台北：里仁书局 2011 年版。

附录二　近代湖南傅熊湘的人物传记

傅熊湘（1883—1930）是近代桐城派古文的代表之一，湖南醴陵人，号钝安，曾就读于岳麓书院、湖南普通师范学校，毕业后创办醴陵王仙（地名）小学，继而任教萍乡中学、长沙明德高等学堂。1905 年与同乡宁调元在上海创办《洞庭波》，倡言革命。1906 年，经宁调元介绍加入同盟会，结识秋瑾及柳亚子、陈去病等南社同志，诗文唱和。1906 年末，组织竞业学会，鼓吹反满，改良社会。辛亥革命爆发，傅氏与朋友编《大汉报》，及时报道革命风云。不久，任《长沙日报》总编辑，反对袁世凯复辟帝制，遭通缉。袁死后，傅熊湘经常撰文批评北洋军阀和反动政客。1924 年，与"湘中五子"编辑《南社湘集》，提倡用桐城派古文写作，因而与柳亚子发生分歧。1929 年后，历任湖南参议员、湖南中山图书馆长、沅江县长等职务。

在清末民初社会急剧变动中，傅熊湘在政治上具有强烈的进步色彩和民主意识，积极参加革命宣传活动；在文化变革中，被认为是保守派，提出"国学护法"；在文学创作上，他是著名诗人，结交诗友甚多，不赞成废古文，反对一味使用白话写作文学作品。现存诗一千多首，古文百余篇。其古文中最有价值者为先进节烈人物传记，其次是山水游记，明显学姚鼐，观景与访古、抒情随意结合。还有相当数量的编辑报纸副刊时所作诗话性札记。其古文体制和风格大致继承桐城派，年龄属于曾国藩等湖湘派的再传弟子一辈。今人颜建华编校其作品为《傅熊湘集》，湖南人民出版社 2010 年出版。

傅氏人物传记有数十篇，包括以"传"为题和墓铭以及少数未标明为"传"的文章，我把它们分为数组。

第一组 革命英烈

不可能全引，约略原文概述大要。

《杨烈士卓林传》

杨卓林，醴陵人，以贩卖为生，性豪侠，喜读兵书，乃投军。庚子之役，随张春发防御京津，抗击八国联军，手刃日本兵卒数人，连发数十弹，使张军虽败而不覆，统帅不知，杨亦不自言。是役后，杨氏认识到清廷无能，民气不振，乃遍走各省，联络江湖豪侠和会党。继而发现此辈不足有为，乃投新军将弁学校。时德国人要求以南京狮子山为租界，两江总督周馥将许之，南京人士集会抗议，卓林准备刺杀周馥，暗带手枪。周督闻之，将捕杀之。将弁学校教官陶森甲密告卓林，并资助东渡日本，入铁道学校。孙文、黄兴创同盟会，杨氏极力襄助，介绍入会者千百人。日本当局取缔中国留学生，中国上下激昂，卓林旋内渡。萍乡醴陵革命党密谋举行反清起义，卓林在上海筹运军械，到扬州集合会党响应萍醴。拟先刺杀两江总督端方，挟炸弹与二友同行，有人密告端方，三人同时被捕。卓林承认主事者唯我一人，另二人无关，于是二同志得免死。卓林于光绪三十三年（1907）就义。民国元年（1912），临时大总统孙文在南京建烈士祠祀卓林及陈天华、吴樾等五位革命烈士，陆军部长黄兴派部员护其遗榇回湘，改葬岳麓山。傅文最后说，烈士天性纯笃，其赴义之前四十日，与傅氏诀别于上海，托案作书其母，嘱傅氏抚慰。"又曾为余演战术，于西史（西方历史）战事，历述不遗。""以是益知种族大义，轻生死。至今思之，犹仿佛其雄姿英发，道'吾得死所'时也。"

在清末最后若干年，革命队伍中流行暗杀主义，不少志士多次以性命杀敌酋，打击反动势力，以唤起广大民众。傅文把杨卓林烈士刻画得英气勃勃，至今读来，犹令人肃然起敬。

《亡友宁太一事略》

宁太一，即宁调元（1984—1913），著名民主革命家，是傅熊湘的同乡、同学、同志，这篇"事略"是他在宁调元就义12周年纪念会的演说辞。

调元博学多能，有口辩。肄业于长沙明德中学，旋留学日本，从黄克强等倡导革命，1905年与傅熊湘、陈家鼎等创《洞庭波》杂志于上海租界，以排满为旗帜，两江总督端方发现后，拟逮捕之。调元逃至日本，与章炳麟等创《民报》，为同盟会机关报。不久，萍醴浏三地哥弟会准备起事，称革命军。调元急从日本归来响应，到醴陵而哥弟会已散，清廷四方缉拿党人，调元拟复往日本，结果在岳阳被捕，解长沙。系狱中三年，发愤读书，著述甚富，经友人营救出狱后，入北京《帝国日报》，言论激进，风靡一时。辛亥革命后，任湖南都督谭延闿秘书，后调广东三（水）佛（山）铁路总办。袁世凯密谋恢复帝制，调元与革命党人决定发起二次革命，联合苏赣皖湘及西南各省，大举讨袁，而推黄克强居金陵策应之。方发动，调元欲先控制武汉、以巨金运动鄂军，为鄂军都督黎元洪所闻，逮捕入狱。黎元洪早年与宁调元有交情，政界要人迭电营救，而此时革命军败于湖口，二次革命夭折，袁世凯下令处决宁调元，黎元洪不敢违抗袁氏旨意，乃于民国二年（1913）九月执行。袁氏失败后，调元声誉日隆，各界哀悼。柳弃疾（亚子）为之辑刊《太一遗书》若干卷。傅文最说，调元"盖为醴陵近数百年来未有之豪杰士，而民国革命之首功云"。

《宋飏裘传》

宋飏裘是清末萍醴浏起义的领导人，失败后宁死不屈，傅氏记其事迹感人至深。

宋氏醴陵人，幼有大志，读书渌江书院及长沙师范学校，归里，宣传革命，购《猛回头》《中国魂》《警世钟》等革命书籍多部送朋友，受其影响者甚众。1906 年宋氏联络萍浏诸志士，密谋反清起义，任司法官，规定无惊乡闾，无启外衅，惟以恢汉覆满为事。一时文告皆出其手，军纪严明，士卒奉命，闾里市易如常。不久，敌师云集，我师溃散，飏裘被俘。敌帅惜其才，欲活之。醴陵汪县令收得其所撰文告，拟为之开脱。谓宋氏曰：文告非汝作，乃道士所为，汝可具道误陷贼中事。然宋氏不从。同里人廖汉瀛劝他，这么快就承认，何不加隐避呢？宋氏说，士可杀，不可辱，不愿受审判。廖先生又向醴陵县令解释，汪县令答应不杀。可是，上司派员来覆审，宋氏仍然承认文告是他所作，而且当庭历数清廷罪恶，遂遇害。这篇传记不长，着重写他被捕后多人为之设计解脱罪名，他不愿说假话，坚持承认文告皆出其手。这样耿直的血性男儿，实在少见。今天读来，仍然觉得他视死如归，形象高大。

《胡志伊传》

胡志伊，萍乡人，弱冠中秀才，为文有名于时，与朋辈创书报社，兴学校，欲东渡日本，至上海，适逢日本取缔中国留学生，乃入上海之中国公学。时革命党人集中于上海，胡入党籍，遇事肯尽力。1906年，萍乡成立中学，主事者不称职，学生大哗，主事者指学生为革命党，报告县令发兵治捕，全城紧张。胡氏从上海急归，说服学校与学生及县令，狱讼得解。第二年，上司下征兵令，胡氏介绍其党人多名入伍，成为新军骨干分子。辛亥革命成功，颇赖其力。湖南光复，而近邻江西萍乡有清兵屯驻，难于鼓动。而安源矿工万人，谋划发动事变。胡氏与其他革命党人，以利害说服驻防清兵。又向湖南起义军方乞师八百人下萍乡，循安源，定上栗，逼走清廷委派之兵备道杨某、标统齐某及上栗同知、管带等清兵将佐。湖南都督府派使者宣抚江西，胡氏随行，所至多所开谕，未几江西全省皆光复。回南昌，被选为省议员，受命视察萍乡煤矿。适父病，因留视疾，父命之回南昌复委。至省城而父凶讯至，急归奔丧，致哀，积劳成疾，不数日而卒于家。劳于国事，以致父子相继辞世。傅氏文章指出，在辛亥革命前后，有许多革命志士，有断头流血，彰彰在人耳目，载入史册者；即或伺便蹶起，因推挽之会而得富贵者；有不曾参与革命而沽名钓誉者。而像古代介之推匿其功，鲁仲连不受赏，胡志伊先生盖其伦矣。功成不居，赍志以殁，惜哉！胡氏生前为诗文多伤感，于侈功攘利者尤痛加责难，其志高远矣。

《亡友文湘芷行略》

文湘芷，醴陵人，中秀才后，入湖南师范学馆及京师大学堂，毕业后分发邮传部任职。继而任湖南第一师范学校校长、长郡公学校长、湖南高等师范学校教育长、湖南省公署教育科长、安仁县知事。民国七年，护法之役，醴陵惨遭兵祸，邑里为墟。文君与傅熊湘搜集报刊所载《湘灾纪略》《醴陵兵燹纪略》等文，由湖南善后会出版专书，作为控诉证据。南北议和时，文君在会上痛斥湖南督军张敬尧之暴行与醴陵兵灾之惨。文君游居上海，张敬尧痛恨之，电请江苏督军缉拿，不获应。张又以巨金购买湖南善后协会之专书出版权，又不应。又造谣言，告君父病危，逼令还湘。文君知张敬尧处处设陷阱，乃变姓名，易服色，经小道归家，见父无恙，于是远游奉天、云南，最后回到湘南永兴。因为感染云南瘴气，得咯血疾，归长沙诊治，已经晚期，归故里二十日而卒，年仅四十有八。显然，文湘芷是一位反对军阀张敬尧的英雄，是遭张多次迫害得病致死的。傅氏另有《祭文湘芷文》，可以合看。

《文学刘君墓志铭》

刘君泽湘，醴陵人，秀才，资禀卓异，以述作自任。后肄业于岳麓书院、渌江书院。应乡试，房师拟推荐为解元，而主考官别有所属，乃谓刘君文体奇僻，不合程式，黜之。废科举后，游学日本，学师范、警政。回国后历任诸校教授、县警察局长。辛亥革命中，刘君以革命党人身份起草文檄，事成不言功，赏亦不及。民国二年随友人宁调元入粤，宁卒，刘继任三佛铁路总办。袁世凯复辟，友人文斐因故陷狱，刘君百计营救，得以出狱。护法军起，任秘书及县议会议员。醴陵迭经兵祸，继以岁凶，刘君为募捐赈饥，奔走粤、沪、燕、齐，县民赖以保全，其急公重义率如此。民国十三年（1934）卒于家，享年58岁。傅文之末有长篇四言诔辞，极力赞颂其人其文。辛亥革命及护法之役中，刘君帮助革命友人作许多好事，为本乡作许多善事，有功而不言功，有似春秋时晋国介之推，是值得纪念的进步人士。

第二类、杰出女性

《周福贞传》

周福贞是长沙伍德润之妻，贤惠，节俭，好客，知诗书，明礼义。光绪二十六年（1900），唐才常、林圭密谋在武昌发动起义，德润参与其事，周氏多所襄助。德润被选为湖南自立会会长，联络各地豪杰，但经费穷绌，周氏脱其簪珥尽其积蓄以助之。起义计划泄露，官方拘捕，德润夫妇奔避上海，被叛徒告发，解送南京—湖北，监禁于黄州狱中，周氏与夫同囚。判永远监禁，残酷拷掠，体无完肤，苦不可支，遂决心夫妻饮毒自尽，德润被发现救活，而周氏未能复苏，赍志以殁。辛亥起义之前数日，德润出狱，由鄂返湘，旋即爆发武昌起义，而东南各省迅即光复。民国元年，报告其被拘囚原委于湖南都督谭延闿。谭公乃决定将周氏入烈士祠祭祀云。这是一位为革命而被迫害致死的杰出女性。

《毛芷香传》

毛芷香，湖南湘乡人，知书明大义，嫁桐城汪楷。1900 年，唐才常、林圭、汪尧臣、汪楷等倡言革命，秘密组织自立军，准备在武昌发动起义，毛芷香为之典当簪环以助。不久败露，唐才常、林圭被捕杀，汪尧臣被逮于长沙，饮药自杀。汪楷下狱。清廷官吏为邀功，株连甚多。毛氏不忍见夫死，乃饮药自尽。临死前三日生一女，幸而存活。后二年，汪楷被释放出狱。民国元年，湘人具报毛氏殉国事迹于湖南都督谭延闿，遂得与长沙周福贞共祀于女烈士祠。是一位与周福贞事迹相同的女英烈。

《张汉英传》

张汉英，醴陵人，幼受父教，读书甚勤，深明大义，嫁同县李发群。是时，国人颇学西方，鼓励男女共勤国事，选派知书通文者留学日本，汉英与发群同时送东渡求学。光绪三十二年（1906），萍乡醴陵革命起义，发群归至上海，遇同县人杨卓林合谋刺杀两江总督端方，以声援萍醴，发群与卓林挟炸弹同行，有人告发，同时被端方逮捕。卓林承认他一人所为，与同行发群等无关，乃判死刑，而拘发群于狱中。汉英得知，从日本回国，入狱探视。并禀告端方，说发群身患重病，愿以己身坐监为夫求医。端方曾任湖南巡抚，遴选汉英留学，乃经端方批准资送，汉英以门生身份求见恩师。端方为具馔食，悲泣不能举箸，左右为之掩涕。乃放松发群之桎梏，移系另监，俾养其积疴，命汉英返日本完成学业。自是数年间汉英往返海上多次，既留学兼省夫，备历艰辛。1908 年，光绪死，宣统即位，大赦天下，汉英努力申诉并多方求助，第二年八月，发群终于出狱，耗尽心力矣。民国二年（1913），死于南京。1915 年，汉英亦病故，年 44 岁。傅氏的传记还说，汉英性豪爽，好谈辩，议国是，倡创女学，并著有诗歌。傅氏选其若干篇传世云。

张汉英革命事迹还不止传记所说这些。1911 年秋，她在上海筹建女子北伐队。10 月 10 日，武昌起义爆发，张汉英又与唐群英组织女子后援队，募集物资支援武汉前线。是湖南著名的革命女杰。

《里之娄》

同里有寡妇，不知其姓氏。常负其孤子而拾穗，刻苦自励。植松柏竹茶麻栗之属于屋舍之外，夜则纺绩葛麻为布，以货于市。所居里以葛麻布知名于远近，每年有大批商贾收购，转售于通都大邑，人称浏阳布，其布多出自醴陵。有购寡妇之布而获厚利者，询中介曰：其布疏而丽，泽而华，何人所织？愿一见。至，则一蓬首垢面农妇也，衣敝裙而拾栗焉。同族有豪悍者，知其略有积蓄，乃伐所树木，毁其屋瓦，逼其迁居，以其地建华屋，寡妇知其出于嫉妒，不与争讼。不数年，豪悍者家财败落，售其华屋。是时，寡妇幼子长成，又将添孙，乃收购豪悍者之华屋，所留旧屋不毁，教育子孙，处世宜谦让，容忍可得福云云。这是一位自奉甚俭，勤劳刻苦的模范女性。

《记元因尼》

元因是一位尼姑的法号，湘潭人，夫早死，入傅氏乡居之大千庵为尼。熊湘四岁，从其祖父在庵中私塾读书，别的学生自家带饭食，而傅氏寄食于元因尼。每具食，皆新鲜，不吃剩饭。湖南夏季酷热，熊湘年幼，尼为之每日一浴，无间断。熊湘患疖疮，尼为之敷药，先用破瓷片刺破脓血，熊湘辄大呼痛楚，尼闻之辄下涕。熊湘幼年丧母，祖母疼爱，闻尼待孙如慈母，甚为安慰。熊湘在庵读书仅一年，即移至他校。十余年后，闻尼死，参与其葬仪。二十多年后，熊湘在王仙天济寺，遇老尼朱氏，谈及往事，犹感念难忘，故略记之。

这篇短文，篇幅不长，感情很深。女尼待幼小的熊湘如慈母，通过几个细节加以显现，给读者以难忘的印象，说明人间有无私的慈悲与大爱。虽不属于全面的传记文，可称作珍贵的小品。

《李烈妇诗》

这篇文章，并不是一首诗，而是一篇传记文。傅氏摘自周寿昌《思益堂集》，概述大略如下：

李烈妇颜如美女，夫贫，儿幼，生计无着，及投某使君（古代太守，清之知府）为趋使之仆，从随使君赴云南。使君见李妇而惊艳，欲奸娶之，调戏被拒。舟行至长沙，妇告其夫，使君居心不良，与其受辱，不如脱离。夫乃向使君请辞，不获准。乃携妻儿上岸，但行李尚在舟中。夫嘱妇与儿，在路边等待，长时间未返。使君之姚姓恶奴，拟拐走李妇，告之曰：尔夫系逃奴，使君已告官捉拿，汝可随我往解救。李妇不信，姚姓奴回头遇见李妇之夫，谎说尔妇迷途，不相信我，尔可解身上佩物，我为汝招妇来。夫乃与姚佩物，妇见夫物而释疑，随姚上船，行至河中，姚奴浪语调戏，欲行奸污。妇悲号无应，乃携幼儿投水死。其夫觅妇，见江上浮尸，痛不欲生，亦投水自尽。里长见状，报官，官府装聋作哑，不予追究。《思益堂集》的作者周寿昌痛骂凶手猪狗不如，乃为死者建墓，立碑，刻诗，并记其事始末而公之于众。文末交代，烈妇姓张，夫姓李，名青照，子李双喜。周寿昌接着说："其诗作于嘉庆戊午年（1798）。"周寿昌生于 1814 年，卒于 1884 年，与曾国藩、郭嵩焘都是朋友。此诗显然非周氏所作，乃辑自他人。

《赛渌江传》

赛渌江是醴陵一名妓女，不知姓氏，幼年沦落为娼，色倾一县。有才艺，通书记。同县某生新中举，见女，互相爱悦，约期白头。久之，某生有桂林之行，谓女曰：吾有妻在室，行程急，不能偕汝，请俟之，必来迎汝。女诺，乃闭门，赁居一室，避匿不见客，售其奁饰衣服自给。念生远行，不常有书信，自伤哭泣，一病数月不起。女自分生已弃之，不复再事他人，唯饮酒自我麻醉，而病益剧。适有生之旧仆，将之生所，告于女，许为通音问。女乃以绿色染姜，盐渍暴晒为干姜，使仆馈送于生。生得之，悟其意，晒绿姜者，赛渌江也。乃驰书信，书信未至而女已病故，贫无余物，邻人殓葬之。遗一女，乃与某生所孕，旋亦夭折。傅文赞曰：此女虽失身卑贱，能以一死酬知己，甘自绝而不变心，节义足取矣。这类故事，在明清小说中常有，而在实际生活中罕见。某生并非无情而弃之，乃因性情拓落不重男女私情，忙于公务而未暇顾及，竟成悲剧，惜哉！

第三组　各界先进

《匡文光传》

清末醴陵发生一桩因各级地方官吏贪污、民众抗拒漕米加征而酿成数十条人命的连环惨剧，称为"漕案"。原文颇长，尽量约述。

清代田赋，纳米以备漕运，称为漕粮。各级官吏层层加收。

有"收尾""漕规""漕馆""漕余""漕口"等繁多名目。嘉庆二十五年，醴陵县令王某贪酷，规定每米一石，派外费银三两六钱；每银一两，实值一千三百，折钱至四千四百。当时谷贱，纳米一石，合各类加收，实交纳三石。民不堪命，县人程亮、匡文光等联名上书，控之京师，有旨切责王令。而湘中大吏，竟坐程亮诬告，判拟充军。次年，新任知县金某，浮收如旧。开仓征漕，民众大哗，与官役互哄。金令以聚众拒漕且伪造诏书上报，列匡文光为首领，闹事者派兵围捕。匡氏为大族，族众拒兵于门，伤毙兵丁一名，光文逃脱。二子及孙被捕，行至树林，为乡民匡某、简某所救，并执县令金某痛殴之。金令因此事革职，张某署县事，捕光文不得，乃火烧其居，并及匡氏、简氏宅居。光文逃至京师，叩阍递状，诏令湘抚臣及藩臬两司讯问具奏，藩司钱某素贪酷，为金令开脱，遣吏锻炼罗织成狱，判光文斩监候。光文之孙年十三，控告于都察院及刑部，诏令新任湖广总督李鸿宾复审。此时，因漕案被拘捕刑逼狱死者已达二十七人。李督悯光文年老，召见，谕可多开列参与者人数，分责于已死者，可减光文罪。光文不可，愿一人独当，不罪及他人，并手书"天理良心"四字为证。李督为之动容，乃判光文早已纳粮，并未参与拒漕，伪造诏书实为揭帖，且非光文所为。但聚众拒捕，伤毙营兵，难辞其咎，仍拟斩监候。金令发配新疆，张令革职，钱藩开缺，交部议处。乡民匡、简等人充军或杖责。此后醴陵漕米实收银为一千七百文，全省各州县，漕粮各有减低。道光六年，醴陵知县陈心炳，以光文为民众亡其身家，敢于担当。可为悯念，以二千两银恤其家。一百年后，已是民国，光文六世孙从藩司旧档觅得全案始末资料，撮其要略请熊湘为其高祖作传。傅传最后说："漕案在吾醴为重要史实，而同治间修县志，乃无一字提之，岂以不足纪与？抑处专制之世而有所惮与？然观光文之义愤激发，历艰阻而不易其志，临难不苟，视死如归，何其仁且勇也。"傅传立场站在抗漕民众一边，对各级官吏互相勾结狼狈为奸痛加揭露、谴责，是一篇极其珍贵的史料。

《书陈孝子事》

陈孝子，名本衷，湘阴人，父好赌博，不治先业。家道日落，衷年十五，无以读书，乃昼耕作，夜就村馆学焉。越二年，母死，衷悲痛废寝食，弗任事。父怒挞之，强忍而后起。数月后，父续娶王氏，薄待衷，衷事后母逾谨。明年，王氏生子，思谋害衷。伺其父出，煮毒药为茶陈父前，父视茶中有草屑，问何故？王氏佯审察曰：此毒药也，衷奈何欲杀尔父也？父痛挞衷，王氏授以梃，几毙，赖邻人救助，得不死。衷奉父母如故，亦不怨也。未几父死，产仅足葬。衷乃为人佣耕，以供养后母及弟。又十余年，母殁，蓄其佣资，自己及弟先后娶妻成家。衷享年六十七，有子克继其家业，人有过其墓者，赋诗以赞云。

傅氏此文，盛赞陈孝子，认为其孝行可比之于舜。愚以为这个故事，颇似春秋时晋献公太子申生，王氏颇似骊姬，为立己子，投毒以诬害申生。又略似孔子弟子闵子骞，后母爱其所生子，冬衣中纳以棉絮，而于子骞衣中纳以芦花。被父发现，欲休弃后母，子骞劝父：母在一子单，母去三子寒。被后世列入"二十四孝"。

《许君墓志铭》

许君名昌振，号菊垣，醴陵人，事亲孝，居丧尽礼。清咸、同间，湘人多因军功显贵，家资巨万，而君独事货殖，凡数十年，自米盐、布缕、浆饼、药剂之业靡不营，水毁、火旱、禾饥之变靡不应。能以贱易贵，以少致多。既富而有仁心，捐育婴，恤孤苦，赈灾，修道，筑桥，靡不慷慨解囊。岁出谷七十石，钱数千万。豆田河之购船义渡，君实首倡焉。喜习骑，身魁梧，性爽直，遇事敢言，乡党敬畏，然待人有礼，睦姻任恤，多赖保全。治家俭朴，以敦本为教（本者，耕读也）。兄弟儿孙十余人，能继其业。许公于民国四年（1915）卒，享寿七十有六。傅氏为之作墓志及铭文，盛赞颂之。

这是一位因擅长商业活动致富的慈善家。傅氏认为比那些湘军将领因军功敛财，要强得多。

《海盐朱葆庭先生六十寿言》

此文颂扬一位老人多次冒险支持其二子反对北洋军阀的正义之举，文章写法很特别，完全不像传记，而以其子朱凤蔚与作者的谈话娓娓叙述。

1918 年，北洋军阀张敬尧任湖南督军，剥夺商贾，屠戮善良，贿赂公行，以充其私，道路以目，莫敢出言。湘人在上海设湖南善后协会，首揭张敬尧十大罪，作《湘民血泪》书，遍登各报，以为呼吁。傅熊湘读之，见署名曰"凤兮"，猜测必为南社朱凤蔚所作，询之老友叶楚沧，果然，乃驰书凤蔚，称为"天下之士"。民国十年（1921），南社长沙雅集，旧知毕至。熊湘乃举酒为凤蔚祝颂，称扬其驱张之功于众。会后，凤蔚私谓熊湘曰：谦良（凤蔚字）非能自为也，吾父母教之尔。当皖系军阀傅良佐督湘时，谦良于《民国日报》抗言抨击之，故乡亲友以危险告吾父，劝召儿归免祸，吾父一笑，谓治沉疴必用猛药。及张敬尧督湘，《湘民血泪》见报，劝父召儿归者益众，吾父以为国忘家相训勉。癸丑赣宁之役，江西湖南附从，浙江督军持异议，吾弟于上海《民主报》著文批评。浙督闻之，欲收买吾弟于其幕府，吾父诫以毋为军阀所用。林特生任湖南省长，赵恒惕为其后台，聘谦良为秘书，吾父贻书相诫，勿就。吾父少孤，弃读从商，勤劳俭素，尚友任侠，常诫谦良兄弟勿应科举，勿为议员。父母今年六十，谦良拟归里祝寿，恭请傅君撰言。这篇六十"寿言"，即应朱凤蔚兄弟之请而作，对其父大无畏气魄推崇备至。朱老先生以一商贾而能有此高尚品德，在乱世之中不畏强暴、不附权贵，卓然特立，贤于士大夫远矣。

《翼廷先生墓志铭》

此文主要记述傅翼廷先生在傅熊湘危难时刻，出援手相助一事。1913—1914 年，傅熊湘因反对袁世凯复辟阴谋而被通缉，避难于穷山之中，故旧隔绝。县中有侦探，构陷若干革命党人上报，首名者被捕，将波及熊湘。中夜得密报，谓捕快将出发。傅仓皇出走，岁末极寒，霜月满地，叩翼廷先生之门，告以将及于难。先生笑曰：山中稀人迹，且安卧，无足惧也。明日托人出门打听，还报曰：乃侦探诬告，仅追捕为首者，君必无事。邻人皆股栗，而翼廷先生独镇定。后来，查无事实，侦探坐诬告罪，为首被捕后亦获释。可见傅翼廷先生有胆有识，以及对革命党人保护之忱，故傅熊湘为之作墓志铭特别提到此事。此亦"望门投止思张俭"之遗风流韵也。

《黎君道惺家传》

这是一篇华侨小传。

黎君道惺，醴陵人，毕业于湖南高等师范，历任长沙师范、醴陵中学教师，后至福建，任龙溪县科长。好学勤诲，深厚简默，敬业自守。见福建文士多从事海外华侨教育，兼营垦殖，乃致富足。于民国八年欣然渡海而南，至爪哇之巴达维亚，任八帝贯中华学校教师。君之出洋也，访余于上海，为余说南洋风物之胜，娓娓不倦。不意不期年而病殁于爪哇某医院。余壮而悲之。傅文又说，华侨人士在南洋"建新村，普教化，利劳农，新造崭然，南天秀出，大有功于当世，导来者以先路矣"。这是一篇支持华侨教育的文章。据笔者所知，百多年来，到东南亚献身于华侨教育事业的人士越来越多。新加坡、马来亚已出版专书多种，高度评价他们的功绩。

附《瓶君墓铭》

以上所介绍的二十余篇都是人物传记，而这篇《瓶君墓铭》却是器物拟人传，仿韩愈《毛颖传》，有些学者称为"假传"，属于滑稽之文。尽量录其全文，以括号夹注，以便欣赏。

"瓶公，陶氏，其先出于神农氏（制陶始于农民），结舜有功，封于陶（舜善制陶），故姓陶氏，或曰陶唐之后。……或曰瓶氏……盖其同姓云。……瓶公之祖曰缶，嶓腹而敛口，饮酒不乱（缶可以盛酒）。入秦，甚见宠任，每秦王有宴会，辄使击缶节和歌（缶成为秦国乐器）。后秦王与赵王饮酒，赵臣相如，强击缶自进秦王（事见《史记·廉颇蔺相如列传》，相如迫使秦王击缶）会逐客令下，遂见弃于秦。……当汉之世，鸱夷（酒囊）用事，而瓶公独与蜀人扬子云草《太玄》。子云叹曰：鸱夷饱欲死，瓶公饥欲死。尝取以自况云（扬雄作《酒赋》，主要写酒瓶）。癸丑春，余在长沙，适瓶至自江西，主余，礼以为上客，每有文事，瓶公未尝不偕。瓶公寡言语，美丰姿，善如其祖，然自至余家，酒醪未尝入口也。又明年，余来王仙，瓶公与俱。门人采杂花进之，迁于室中庭。且夜，风雨大作，有声铿然若出金石，意瓶公解体逝矣。越明日，命瘗之后园，为之铭且系云。……"

前面大部分写酒瓶的历史，后面小部分写傅氏喜酒，酒瓶常随身。回家后，酒瓶被当作花瓶，一夜风雨，酒瓶落地碎了。看不出作者什么寄托和嘲讽，属于以文为戏。不像韩愈的《毛颖传》最后一句"秦真少恩哉"，引起后世不同解释。

余论：关于傅熊湘对白话文的态度问题

当代一些学者认为，傅熊湘曾提出"国学护法"，坚持使用文言文，反对白话文，认为白话文可用于普及，但写不出高雅的文学作品。属于新文化运动的顽固保守派。我阅读《傅熊湘集》，发现其文集有《中学国文教科书之商榷》，有云："本篇于白话之主张如下：1. 白话为文体之一，而施各有宜，不必以代一切之文，而谓文（文言文）当废。今于第一第二年读本间选白话，使备一体，以备施于通俗之用，并附语法于文法中，使知作白话之要。2. 所选白话，以有当于文学之价值者为主，既不排斥任何一主义，亦不因其谈主义而入选。"可见，他并不主张中学课本排斥白话，而认为可备一体。

对于中学课文之文体，他主张："体裁云者，不尽如《文选》及姚（鼐）、曾（国藩）所分门类已也。如有韵无韵之骈文，对于散文为一体；诗词对于文为一体，白话对于文言文为一体，戏曲小说为自来选家所不录，于选家之外，自为一体。凡此必求其备，以资博识。"可见他主张骈文与散文、戏曲与小说都可以入选中学课本。"以资博识"，这个意见是正确的，熊君长期担任湖南多所中学教师，这条中学国文课本的意见，是其经验的结晶。

《傅熊湘集》中有《与胡适书》，全文如下：

> 适之先生：我两个见面的时候相约把我的《诗之建设》寄给你批评，奈何自回湘以后忙个不了，现在扛起笔杆子跟随他们的枪杆子去拼命，哪里能说到诗？好在我的《诗的说话》虽没出来，试验的作品《两周》却已即出，且仗着十八年前的老交情要劳你看一回批一下，更不敢出丑了。至于前约的话且待后况如何，另件乞题数句以慰老父之意。你的身体可比以前好吗？修养为望。即祝健康。弟熊湘顿首。八月十五日

傅熊湘与胡适最早相识相交在 1906 年，曾合编《竞业旬刊》，此信作于十八年后，即 1924 年。信中提到的《诗之建设》《诗的说话》《两周》均未见于《傅熊湘集》。从题目看，《诗的说话》肯定是白话文，《两周》是"试验"作品，该是"试验"作白话诗。《诗之建设》内容不详，寄请胡适批评，很可能包括白话诗与文言诗。这封信纯然口语，且有湖南方言。

据李澄宇《傅钝安墓志铭》称，五四前后，蔡元培倡废经非孝，而傅氏尚经，在图书目录中专设"经部"。李澄宇称赞傅"不妄新，不苟旧，用心至苦"。另，《钝安先生行状》认为，"晚

近士人，偏于旧者，难于语新思；局于新者，亦鄙夷旧学。顾如先生之能以科学方法整旧籍，而两美具存者，有几人哉？""其冶合新旧，维系国学之苦心如此。"这段话乃针对傅氏所作《湖南省立中山图书馆图书分类目录》及其序而言。

以上这些资料，可供研究现代文学史"文白"之争参考。

附录三　台湾近代郭朝成《传道行程》撷华

郭朝成（1884—1962）是台湾基督教长老会享有盛名的牧师，《传道行程》是其自传性著作，记录一生经历，从出世一直到去世前三年为止，辍笔时他75岁。全书用浅近文言文书写，内容丰富，真实、朴素，很有阅读和研究价值。台湾东海大学中国文学系吴福助教授有长篇文章介绍，题为《实录直书的自传范作——郭朝成〈传道行程〉评析》①，论介相当全面、细目较多，并附有年谱，贯穿全文的重点在赞扬郭氏终身不懈的传道活动和高尚品德。拙文参考吴教授宏文，择《传道行程》之精华，分为四点，首先是揭露日寇侵台暴行和他不与日本侵略者合作的坚定的民族立场。吴与我两篇文章题目相近，皆根据郭书，但选材有详略之别，评析有粗细之分，资料亦有采他书补充者。拙文虽不到吴文的三分之一，仍然吸收了吴文之长，而不敢掠人之美，谨此申明。

郭朝成1884年出生于台湾彰化八卦山农家，数月后生父病逝，不久生母改嫁，一周岁时祖父卖稚孙于同宗郭添为养子。养父待之甚厚，9岁入私塾读书，10岁养父破产，11岁养父卧病，朝成能悉心照料。12岁时清朝政府割台湾与日本，民众反抗，小小年纪的朝成亦"心存不服"，日军镇压台民反抗，曾与家人入山避难。15岁开始接触基督教，17岁读《圣经》，做礼拜，19岁入

① 吴文收入《台湾古典散文学术论文集》，台北：里仁书局2011年出版。

台中公学读三年级，20 岁入基督教小学，21 岁入台南长荣中学，23 岁入神学院，26 岁毕业，27 岁任传道师，44 岁任牧师，辗转各地，先后十处教会，供职五十年，以草屯为最长，达 25 年。76 岁退休后，仍然义务传道，直至去世。他的长子和三子亦入神学院，任传道师、牧师，全家都是虔诚的基督教徒。郭朝成写这本自传，目的是以自己毕生的经历教育子孙后代。

《传道行程》约 11 万字，分为 11 卷，按年岁排列。各卷跨年不一，文字有长有短。写作经过六年完成。郭氏的著作除自传外，还有《林学恭传记》《节妇林廖氏传》《草屯台湾基督长老教会——教会沿革》《论文集》《诗集》《书信》《杂记》等。由其子女合编为上下两卷。

《传道行程》的精彩内容有以下几方面。

一 记录民众抗日义举和日寇罪行

1895 年，郭朝成 11 岁，年纪虽小，但爱国爱台之心甚为深切。自传写道："当年（1894）乃是清日开战之时，清朝政府召兵遣将，北至基隆，南到恒春，西至澎湖，设防固守，风声鹤唳，民心惶惶，情势紧张。……余虽年幼，但智识早开，爱国爱台心切，万一战败而陷落异族之手，奈何？亦与诸父老同入恐惧之乡也。"（第 19—20 页）

第二年，又记述割台，赔款后民众心理和抗日情绪："马关议和，赔战费银元二亿八千万两，至割台、割诸岛，隶归日本版图。呜呼！岛民何辜，而被满清出卖为奴婢乎？故当时爱国爱民族志士，群起与日军战，前仆后继，毫不畏惧。但大势已去，何济于事乎？是可表岛民一点忠心耳。余虽年幼，亦不愿为日本之奴才，常存不服之心。"这种爱国抗日情绪，也是全台湾广大民众的共同情绪。这段文字写作于郭朝成 70 多岁时，证明他从少年到老年毕生都有"不服"之心。他毕生为教会工作，不曾为日本政府服务。

在 1897 年的"行程"中，详细记录了草屯人民反抗日寇虐待和镇压的种种暴行。

"是年（1897）南投地方日本官员虐待人民，爱民族志士不满，蜂起抵抗……合流云聚，声势浩大，而将日文武官员团团围住，铁桶一般，日军虽突围，皆不得出。台中本部常派兵救援，于途中俱被民军杀尽。"

这段文字，写得痛快淋漓，大长台民志气。接着，郭氏又记：

"当年六月，日本官到草屯出告示：'明日有大队皇军欲经此地，人民安居乐业，不可惊惶。'民心稍安。翌日清晨，果有日本军兵由北而进入草屯街心，守隘门封锁，立即入店，见人而缚之，或以铳刀突击，或开铳射杀，死者四十余名，一时街民哭声大震，惨不可言状。街民或逃于山中，或匿土空①，大声失色，大为混乱。日本兵即拔队向南投而去。"

这简直是一场诱杀，先出告示要求"安居乐业，不可惊惶"，日兵到时却见人就捆，就杀，这是故意欺骗民众供鬼子兵任意宰割，可恨之极！

下面作者又写道：

"余与父亲于梦中惊醒……余即心茫意乱，脚浮手颤。而后亦鼓勇气入街观察，目见尸体横陈街路，或在门前，或在床上，或在屋顶，体碎血溅。而后到一埤圳（地名），数十尸体相叠一处，令人不敢正视。日军之残忍，此可概见也。"

这时作者才 13 岁，真实回忆情状，惨不忍睹，确切可信。面又记："同日地方首领具禀派人到台中司令部陈情也。而午后日军四骑如飞而至，进入街心观察，而不接近街民。但是街民安静如

---

①　原文"土空"，吴福助以括号注为"防空洞"。笔者按：1897 年世界上尚无飞机，百姓不可能知道挖"防空洞"。此"土空"应是"土窟"之意。土空为"土窟"的方言发音，宋代魏泰《东轩笔录》卷 15 有记，"土空"条见《中国古代名物大典》（上），济南出版社 1993 年版，第 201 页。

故，毫不露出险恶状态。四骑即飞回台中，未知其报告上官如何信息。至深夜，往台中献稟之人回来，带司令部之函，内云：'当此乱世之时，军兵错误实所难免。迨至平静之际，详细调查，如果有错误，自当损失赔偿'云云。但是司令部虽然回示如此，人民不敢信以为真，故将所隐藏武器彻夜而修整，以防不测。"

不难看出，日军台中司令部对草屯民众的控诉采取推脱、搪塞态度，既未认真调查，反以"乱世之时军兵错误实所难免"，开脱罪责。而所谓"如果有错误，自当损失赔偿"，显然是一句骗人的空话，所以民众不敢信以为真。

果然，翌日日军再次至草屯屠杀，在田间捕获四农民，在草屯街入口处杀死，这是恫吓性示威了。民众于是掀起武装反抗。

"至此民情大怒，鸣锣击鼓，大叫'杀死日本蕃！'四方勇士尽出应战包围。日军虽勇猛如虎，不敌猴群，曳戈而走。民兵直追，勇敢百倍，杀死日军数十名，而民军全无死伤，诚奇迹也。余好奇心，跑到战场观战，铳弹飞过头上，咻咻有声。眼见民军追杀日兵，即鸣掌称赞。正是初生牛不畏虎①，危险临头尚不惊。民军乘胜数千北上，围攻台中城，彻夜战鼓咚咚，壮士战志凌云。武器即是铳、刀、枪、槌、牌，五花十色，淋漓尽致。"

这段文字，大涨我方志气，尽灭敌人威风，读后特感痛快。

"当时日本精锐之兵调往斗六方面，与柯铁虎死战，台中日兵单薄，全台中（日）军民大惊失色，日本官民集中于考棚。……当夜欲决战，大雨淋漓。民军无防雨之衣，而且日本援军已至，以大炮直射。民军原无训练，不敌，各自星散。正是惊惶万状，草木皆兵，各街庄人民走入山中逃命。余与父亲见大势如此，亦与群众共逃入山，以避日军之锋。但余父身已带疾，行五十步即一停。入山或露宿竹林，或露宿树林，或露宿荒山旷野，任蚊虫

---

① 原文作"生牛不畏虎"，显然脱一"初"字。谚曰：初生牛犊不怕虎。

自由吸血。饥不得食，渴不得饮，又惊日军入山搜索，有生命之危。日军即将草屯家屋放火烧毁，无论何物皆付之一炬。谚云：'欲为平世犬，不为乱世民'，诚哉不谬也。"

关于草屯抗日事件，吴福助说，只有洪弃生《瀛海偕亡记》提到而已。《台湾抗日运动史》则缺载，郭朝成此文，可补史料之不足。笔者读过《瀛海偕亡记》，对日军暴行只有"乱杀乱掠，农商死者四五十"几字，对于民军的英勇杀敌和百姓逃难之痛苦均未提到，这不怪洪弃生，因为他并未亲历其事，他那本书只是大事记而已。郭氏之书还记述了云林抗日事件后，日本殖民政府诈用招降手段滥杀村民（第286页），凤山教会女教徒被诬告入狱，遭受酷刑（第422页）等，都有一定史料价值。

《传道行程》还记录了日本投降时状况："日本官厅传出于十二日正午昭和皇帝欲用无线电放送（诏书），群众大为紧张，伫立于无线电机之前。时间已到，昭和皇帝即以沉痛之语调愿无条件降伏联合国。……日本官民一闻之下，肝胆欲裂，意气消沉，无异丧家之犬。海陆空军将兵立即舍下武器，以待联军之处分。其得意也猛若虎豹，其失志也驯若绵羊。"（第423—430页）台湾人民终于重见天日扬眉吐气了。

二　洁身自爱，勤俭治家

郭朝成养父一生经商，获利丰厚，交游广阔，生活不检点，眠花宿柳、赌博、吸毒，把身体搞坏了，经常生病，长期卧床，不到四十，即弱不禁风，英年早逝。郭朝成在这种家庭环境中，却能出淤泥而不染。父与朋辈谈论偷花窃玉、伤风败俗之事，巧取豪夺之术，吃喝玩乐之方，他耳有所闻，能辨其是非，不敢接近。他自称是"不幸中之大幸也"（第22—23页）。

养父经商受挫，经济窘困，全家只好过穷日子。养父病重期间，朝成21岁，不得不辍学，协助处理工商业务，清理账目，同年年底，养父病故，朝成负起全责，迅速还清上游工厂及代理商之负债，又将下游他人的负债款一笔勾销。可见他有经济才干，但决心投身传道，此后不再涉足工商活动。

23 岁就读台南神学院，生活十分节俭。"自传"第 119—120 页写道：

"余于年首入学之际，母亲以七元为路费并一切零用费。教会每月给四元五角，伙食费用三元左右，所剩一元五角为零用。余必保留六元不敢消费，克勤克俭，坚决立志不向人借贷，同学若缺用，一元以内，向余借用，必慨然付之。……团体捐款亦不落人后，与朋友交谈言笑自如，而每日三餐外，糖饼果子一切点心不落余之口，观山玩水不前，电影戏院不入。"他对同学是慷慨的，对己是刻苦的。但仍能做到冬夏衣服不缺，可见善于计算生活开支。

同学中也有品性相反的恶少年，室友张某，"家有良田数十甲，现银数万元放利，且为独生子，其父母亲视若掌上明珠，过于溺爱，任其放纵形骸，每月花费三百元。昼即卧床，全日不出席读书；夜即猎艳（嫖妓），经宵不在宿舍，嫖妓一掷千金不惜。……朋友责骂，一笑置之，故绰号为'厚面皮'者，彼都置若罔闻。数年落第而不知耻。其父死未两载，即宣告破产，死如乞丐。'自作孽，不可活'，此之谓也"。

郭氏记下此人劣迹，显然是充当反面教材。

郭氏在台中农事讲习班学习时，同学中某富家子弟自愿出钱，邀约他同游花柳巷。他回答说："凡虔诚之基督教徒，必遵守教规，伏从上帝之诚命，分毫不敢有违，守身如玉，高洁自持，妻以外不敢亲近他妇。虽富有四海，贵为帝王，亦是一妻主义。未结婚之男女，须严守贞操，保持其圣洁之躯。"（第 87—89 页）他态度鲜明，以后那位朋友再不引诱他了。

一次，郭氏和某友共乘一辆人力车往某处传道，郭手持书本在车中阅读，朋友左顾右盼，不料车子转弯遇小石头波震颤动，朋友竟从车中跌落路旁水沟，郭氏虽受晃动并未离车，郭问朋友受伤否，朋友回答，是自己心情恍惚所致，是望见路边有水井，有二妓女裸体冲凉，朋友邪念顿起，两目凝视，精神错乱，所以车子震动时竟跌落水沟。郭笑曰，同在一车中，余读书而不坠，君观妓而被抛出，奇哉！朋友亦笑曰：吾兄乘车读书，正也；吾乘车观妓，邪也。邪不胜正，故吾兄安坐而吾坠沟中也。彼此大笑，可见郭氏是目不斜视的正人君子，因此，郭氏身体一向健康，无重病，轻病经治即愈，享年 78 岁。

郭氏从 27 岁起，出任教会传道师，将父亲所遗留全部家产赠予其弟郭朝枝。而自食其力，终身以传道为业，不治工商业，台湾光复后不参与政治活动。

郭朝成任专职传道师五十年，只有一份微薄的谢金，居然能够培养五男六女进入基督教主办的高等学府神学院，个个成才，全靠省吃俭用过日子。《传道行程》第 529—530 页记述颇详细、具体。

"余五十年传道，保持不向人借钱。余于将入神学院之时，预先迫切祈祷，求上帝使余免负债，即万事解决矣。当时神学院毕业任传道师独身，每月八元，置妻，每月十元，生子一个加五角。余在埔里传道，两个孩子一家共四人。日本警察唤清扫街路，问：'你是教会苦力？'答：'是。'问：'何者讲道？'答：'余。'问：'你为苦力兼传道，月给若干？'答：'十一元。'笑曰：'支厅苦力每月十二元，为何你薄给乃尔，生活如何乎？'当时传道者之谢金不及苦力劳动者，亦可知传道师之生活刻苦也。"

《传道行程》第 301—302 页写道：

"教会中等学校，传教者子女就读，伙食并学费教士会补助半数。但是传教者所得之谢金甚微，虽极力节俭，只可糊口耳。余素不经营副业，亦无恒产，立志不求诸他人，只得加倍刻苦节俭，余无办法也。"

自传清楚地表明,郭朝成深知图谋财利会严重影响传道心志的专一,因此传道五十年,从未有过图谋财利的行为,"二战"胜利后有部分传教者因不堪饥寒之苦,纷纷去职转为中等学校教员。草屯中学校长李祯祥几次拟聘郭朝成为专任或兼任教员,皆被婉拒。他说:"余不敢违背昔日入神学院当初之誓言,自愿全家饿死,亦不变传教之志。"这种人若在佛门中,可称为"苦行僧"了。

然而,并不是每个传道师都能像郭朝成这样一生坚持初志不改。自传第 222—224 页记载,埔里马牛栏爱兰教会有曾姓牧师,外交手腕高明,善于理财,就在数年间,即购买良田近二十甲,金钱数万放利,为埔里区域二十名富豪之一。可惜后来为其长男轻浮奢侈所拖垮,以致名利两败俱伤。郭朝成批评说:"余观曾牧师之品性,是金钱第一、上帝第二、教会第三,其失败盖在于此"。又说:"余所认知传道者,凡欲图谋财利而齐取者,十之九失败,可不戒之哉!"可见他是从当时教会众多正反面教训中总结出来的人生真谛,难能可贵。

三　描写地方风情、山水树木

郭朝成并不喜欢观山游水,不曾作游记,但《传道行程》中亦有几篇关于地方风土山水树木的文字,比较生动,具备一定文学色彩。

例如彰化八卦山猪母宁庄的风貌:

"土质赤色,焦瘦殊甚,所种者番薯、早稻、落花生、甘蔗、桃李,其收获之成绩皆决定于雨量之多少。岭上无水源,庄民饮水洗涤更为困难。即集庄民共同开凿水池,迨至夏季大雨而将地面之雨水引入池中,储而蓄之,为终岁之用,其污秽如何,想之可知。但是山农终岁劳劳,披星戴月,努力工作,都是户户贫寒,人人饥饿，诚然可悯也。但是风景绝佳，气候宜人，疾病极少。向东眺望，青山叠叠，美色绝伦，火焰山九十九峰纵立若栉，庄严可观。只有两溪宛如玉带，包围良田万甲。眼西北良田四十余万甲，稻苗青翠无殊沧海，而至成熟，无异黄金满地。"（第5—6页）

这段文字前半段写农民在无水之处凿池蓄水，生活艰难，后半段写山岚秀丽、庄严，和丰收时之景象，次序井然，令人留恋。"甲"是测量田地面积的单位，有如"亩"，"顷"，台湾常用。

又如关于冈山的一段：

"冈山原名阿公店，属热带地，气候不佳，民多疾病，故贫寒者居多。产物以甘蔗、番薯、落花生为大宗。离山远，海亦不近。秋霖雨降，立成泽国，街路竹筏撑来撑去，宛如港口，当地人迷信以冈山为龙船地，水愈淹而人可得平安，土地愈肥沃，故未闻街民叫苦之声。但是旅居于斯土者，感觉十分严重，叫苦连天。"

前面所述八卦山属山地，本段所述冈山为低地。下雨易积水，水退土质肥沃，故农作物易生长，本地人已适应，外地人初居于此者尚不适应，故叫苦连天。

再如"埔里"。郭氏在此地工作过一段时间，很有感情。

"埔里，原名埔里社，位居台湾最中心。在埔里街东北方约二台里，虎头山下一块巨石，日本测量师鉴定是全台最中心点之处，而将此石刻字留为永久之纪念。""埔里风景绝佳，四周有高山峻岭之环绕，树木林林，青翠森森，南北两溪，源出深山，而环抱数千甲之良田，正是四时有不谢之花，八节有不枯之草，山明水秀，气候宜人，能使游人而忘返也。"（第212—213页）

再如"林圯埔"：

"乃古者林圯由福建省之漳州府移居于此，开垦土地，不幸被蕃人杀毙，而后人将其名而名之。其后政府因彼处竹林甚多，故改之为竹山，地势三面环山，北有浊水溪，南有清水溪，向西合流，良田数千甲。山麓龙眼树森森数百万株，面积数百甲，山岭深谷，竹苞林林，西则数千甲。而山明水秀，气候宜人，风景绝佳。其出产之物品，麻竹、箖竹、孟宗。竹笋可供食用，竹可制器具。其冻顶之乌龙茶香之如花，圣瓜山之番薯质甘如蜜。以上三种为全岛特色，驰名远近，得利甚多，人民生活富裕。"（第165—166 页）

以上各段虽然有些文句颇嫌重复，但朴素平实，突出了各地区的山川特色和土特产。

关于树木，郭氏有一篇《大榕树记》，写一棵大榕树根死而复苏，繁殖更盛，颇具深意，全文如下：

"吾宅庭园之中，大榕树一丛，家人视为珍宝。原来此榕生在草屯镇顶柳老之道旁，其树龄不得而知也。彼一块土地被草屯教会执事购买，雇工开垦，变为耕田，而将此榕树伐其枝挖其头，砍倒而弃之于溪之边，经炎日暴之。其后见其树头宛如提椅，余于 1932 年 5 月 10 日运回草屯，而置于拜堂构内，但是拜堂庭园过小，无处可植，余不得已种于宿舍之下，时常灌溉，经数日即发新枝数株，余喜甚。至翌年，全部枯萎而死也。欲移出而弃之，无处可弃。余则将树身涂土，而将小榕树十株栽于其上。而小榕树发育甚速，枝茂根旺，经六年而将死榕树之身及头依其原形全部包密，枝干长大如斗，成荫可爱。家人喜坐树下纳凉，余群儿在树上玩耍、读书、取乐也，此榕树可谓是余使之重生复活也。"

"余于 1950 年 11 月 24 日，全家族移住雾峰教会，与长男同居。经六年，自无建宅，与次男同居。草屯教会于 1960 年拜堂新筑，而将旧拜堂卖与会友。次男耀东念及大榕树是父亲亲手所植，因草屯教会任职者无意移此榕于新建拜堂之庭园，故欲购买此榕树，而任职教会通过，欲将此榕树无料（免费）赠予也。则拜堂托周章雇工伐枝挖头，于 1960 年 3 月 23 日以一台牛车运到吾宅，而植于庭园，甚为壮观。只经一年，枝叶茂盛，成荫可人。而坐于树下纳凉，令人心情一爽。余之榕园大、中、小之榕树百余丛，此大榕树堪称为吾'太原榕园'之榕树王也。"

榕树是亚热带地区常见的树，分布于我国台湾、广东、广西、云南南部和海南岛，生命力极强，大树有许多须状根下垂，一旦接触土地，迅即生根发芽，长成大树，榕树枝条折断后插入泥土中，也会迅速成长为大树，有如柳枝，"无心插柳柳成荫"。

郭氏此文所写的榕树，被砍伐后树根（郭文称树头）弃于溪边，郭氏见其状如椅子，便拾回家中，加水灌溉，数月即发新枝，但次年枯死。郭氏又将泥土埋住树根，以小榕枝栽其土中，经六年小枝变成大树，将原来的死树根全部包住，枝干粗大如斗，树下可乘凉、读书。十年后，郭氏建新宅，将大榕树移于新宅庭园内，此后越长越大越多，竟有大中小之榕树百余丛，而移来之主干树已成为"榕树王"。

郭氏很喜爱此树，故为之作记。称读此记，除了惊喜榕树生长繁殖之快，还联想人生命运的经历和人的生命力。以郭氏而论，出生数月而父死母嫁，如同弃树，送给养父，如同移栽，10 岁时养父破产，又是一厄。郭氏经过数年努力，子女长大，成家立业，如同小枝发育成大树，到郭氏晚年，十个子女聚成大家族，有如近百丛之榕树园。

据吴福助文章的注释，郭朝成散居海内外子女及孙辈、曾孙辈，于 2007 年 3 月 8 日在台南聚会，举行一场"十全十美"亲睦感恩礼拜，其中子女最年长者 95 岁，最年轻者 75 岁，家族子孙共计 180 余人，全部信仰基督教。吴福助认为，郭朝成是"积善之家，必有余庆"（《易经·坤卦辞》），类似郭氏这样的家族，各地不在少数。这棵大榕树显示树的生命力，更重要的是包含人的生命力，家族的集合生命力，繁殖力。

此榕树受到郭氏后人珍重。吴福助在郭文之末有"跋"文说：

"《大榕树记》所记郭牧师于 1932 手栽'榕树王',已由郭氏昆仲赠送东海大学,移植于工学院中庭。此棵榕树可谓郭牧师一生坚苦卓绝传道奉献精神的表征。数十年来,'榕树王'与我们相依相偎,持续茁壮成长,迄今已 80 载,为东海校园众树中之最高者,枝叶繁茂,蔚为奇观。"

吴福助先生是东海大学教授,故对此树特别有感情,不但作注作"跋",还附上照片。

四　优秀道友之传记文

《传道行程》是自传体,但在许多地方增加"附传",记录道友事迹。据吴福助教授统计和分类,共有 60 人,略分为:一为谆谆善诱,二为献身奉献,三为悬壶济世,四为浪子回头,五为贤妻良母。其中第四类颇为曲折,原来或为强盗头领,或为画符念咒法师,或为嫖赌狂饮健将,自从接受基督教教育之后,幡然醒悟,改变态度,成为温纯慈祥、信心坚定的教会栋梁。附传记述其人生道路的变化,生动具体,富于教育意义,吴教授认为,不仅有宗教心理学价值,也可以为传记文学素材。

下面先举一篇梅监务牧师作为"献身奉献"的代表作:

"梅监务牧师,英国苏格兰人,经苏格兰最优秀之大学,以最优秀之成绩毕业,志愿献身远东传道,与兰大卫医生同时来台湾,先在台南学习台语,后同到彰化,亦同居,称为'双璧',一是热心传道,一而仁爱医疗。当时台湾割让日本之际,梅牧师克己待人,爱人胜己,谦卑自牧,尽忠牺牲。常到农村布道,无论远近,风雨寒暑,毫不惧怕。其慈爱学耶稣,其工作学保罗,献金、献身、献心,无由出其右者。其著作甚丰富,乃英国屈指有数之人物,乃是谦恭待人,毫不露出其学问骄人。三十六年前,常与余共同布道数次,向余曰:台湾文化进步之速,令人堪惊,若此时,我即不敢来台湾传道,大智若愚,良有以也。……梅牧师亦是英国神学博士，若呼之为博士，彼即满面通红，其谦卑之德，何其大乎！因勤劳过度，营养不足，身感衰弱，回国后不得再来。其身在美国，心在台湾，年近八秋含笑归天，其灵德永留台湾也。"（第104—106页）

梅牧师的特点是热心传道，尽力奉献，谦卑待人，爱人胜己，实在难能可贵。下面一篇是介绍中国老秀才老牧师，最后成为神学教授。

"兰大卫医学博士，其医术之精，医德之高，信仰之坚，世所难得。梅监务神学博士，其道学之深，性质之仁，传道之勤，世所难逢。两人决心远东传道行医，自英国渡海，由安平登陆，在台南学习台语。教师乃前清秀才林燕臣先生，素轻视英国人，不与为伍，今为月给，不得已而为之。教台语之教师，每日相接触，观其品德纯洁，举止大方，谦卑自牧，待人甚厚，耳濡目染，默化于无形矣。先而崇拜其人格，后即信仰基督。为长荣中学数十年，为长老多年，为牧师，为神学教授，毕生传道不遗余力。"（第230—231页）

林燕臣先生最初瞧不起英国人（当时称为夷人），后来成为梅牧师、兰医生两位的台语教师，潜移默化，对学生的品德修养逐渐有所了解，甚至崇拜其人格，终于改变态度，信仰基督教，成为牧师和神学教授。此文题为写林燕臣先生，实际上还是赞美梅、兰二人的感化力。

郭朝成最佩服的道友是林学恭牧师。别的"附传"只有几百字，他特别为林学恭写了一篇长达万字的专传，郭氏在该传序言中说："初代传道者屡遭迫害，信徒多受惨苦。而台民信道最苦而迫害最惨者，尤莫甚于林学恭也。余与之同居八载，共作主工，或同往乡村，或探访会友，或谈其悟道经历，概其家谱并其略历，知之最稔。其传道之坚，祈祷之切，布道之勤，事主之虔，待人之诚，情之温柔，性之忍耐，堪为后辈之模范也。鄙人恐其事功埋没，故笔之留为记念也。"这样的一段评价，精练地概括了林学恭的品德和性情。

《林学恭传记》共 24 节，详述其家世、求道和传道的完整历程。最精彩处包括：因信教而被母亲和大哥驱逐出门，在神学院就读期间被派往各地贩卖福音书，神学院毕业后在战乱中赴澎湖马祖作教会牧师，日本占台后被迫从澎湖回台，日本要求他在军中服务，他坚拒不从。这最后一点尤其高尚，郭氏写道：

"日本司令官向林学恭曰：'你免得再往澎湖传道，而在军中服务，将来必得大富贵矣。'学恭答曰：'我一生献身于耶稣，不敢负耶稣之恩而求富贵。正是富贵非我愿，传道我所期，绝不敢违上帝之命。'力辞军部履职。军官大怒，责之'马鹿'！（日本骂人粗话），以十元与之为船费而别也。"（第 59 页）

郭朝成还将林学恭不为日军服与辜显荣的媚敌求荣作对比，认为二人有云泥之别。

郭朝成为这许多人作传记，就是为他家后代也为社会上广大读者树立正正堂堂作人的榜样。

《传道行程》也有瑕疵，作者不是文学家，不太讲究词句修饰，书中常有漏字和多余的字，如句尾的"也"，句中的"而"，读起来不顺口。有些地方前后词句重复，不够精练。当然，对于一位毕生以传道为业者来说，这些不足之处，是可以谅解的。

缀　　录

域外古文选读

一　朝鲜安震《涵碧楼记》

余自志学[(1)]之岁，读书草庐中，不识四方者十有年矣。越丁巳秋，将应举中朝[(2)]，道过平壤，初见永明寺浮碧楼。其后五年，乃出倅[(3)]晋阳，又登笼头等状元楼，自以谓平生所见南北绝景，无以过此二楼者也。昨因王事[(4)]将赴江阳，道中望见一楼，檐楹飞舞，丹艧眩曜，若凤翥[(5)]于半空。余顾谓客曰：彼楼创自何时？相地者谁？客乃答言：惟今太守之所新创也。余闻之欣然，即泛舟渡江，登栏四望，其江山面势，殆不减向之二楼，而丹妆奇巧，则过之也。于戏！自有是州，便有此山，古之英雄豪杰来治此州者多矣，未有一人凿翠壁临清流而起楼者也，唯君始得之，此岂天作地藏以遗其人乎？于是举觞而歌之，歌曰：白云飞兮山苍苍，明月出兮水泱泱，楼上四时看不足，渺渺余怀天一方。山其崩兮水亦竭，使君之德不可忘。客谓予言：审此歌以为此楼之记，予即援笔而书之，其经营增损，观览巨细，以待能诗者之发挥，亦未晚也。楼称涵碧者谁？太守自名也。太守是谁？累世功臣上洛公之令胤[(6)]金君也。

注释：

（1）志学：十五岁。《论语·为政》曰："吾十有五而志于学。"

（2）中朝：指中国元朝京城北京。

（3）倅：郡太守的副手。此晋阳非指中国山西的太原。

（4）王事：朝廷委派的公事。

（5）凤翥：凤凰高飞。

（6）令胤：德行美好的后嗣。令，用如同"令郎""令弟"之令。

评析：

作者安震（？—1360），高丽末期文臣，曾到北京应元代制科及第，回国后历任艺文应教、书筵官、政堂文学，与李齐贤等共修忠烈、忠宣、忠肃三朝实录。此文选自《东文选》卷68。先说涵碧楼之风光罕见，再以问答交代楼建于今之太守，然后以诗歌颂太守之善举，行文层次井然，语言雅洁，婉转。"白云飞兮山苍苍，明月出兮水泱泱"脱胎于范仲淹《严先生祠堂记》之"云山苍苍，江水泱泱。"最末交代太守为谁，似乎学习欧阳修《醉翁亭记》之结尾。中国的涵碧楼有多处，其一在台湾日月潭边，现在是高级宾馆。

二　日本都良香《富士山记》

富士山者，在骏河国[1]。峰如削成，直耸属天，其高不可测。历览史籍所记，未有高于此山者也。其耸峰郁时起，见在天际。临瞰海中，观其云基所盘连，亘数千里间。行旅之人，经历数日，乃过其下，去之顾望，犹在山下，盖神仙之所游萃也。承和年中[2]，从山峰落来珠玉，玉有小孔，盖是仙帘之贯珠也。又贞观[3]十七年十一月五日，吏民仍旧致祭。日加午[4]，天甚美晴，仰观山峰，有白衣美女二人，双舞山顶上，去巅一尺余，土人共见。古老传云，山名富士，取郡名也。山有神，名浅间大神。此山高极云表，不知几丈。顶上有平地，广一许里。其顶中央洼下，体如炊甑⁽⁵⁾。甑底有神池，池中有大石，石体惊奇，宛如蹲虎，亦其甑中常有气蒸出，其色纯青。观其甑底如汤沸腾⁽⁶⁾。其在远瞭望者，常见烟火。亦其顶上匝池生竹，青丝柔濡，宿雪春夏不消。山腰以下生小松。腹以上无复生木。白沙成山，其攀登者，止于腹下，不得达上，以白沙流下也。相传昔有役居士⁽⁷⁾，得登其顶。后攀登者皆点额于腹下。有大泉出于腹下，遂成大河。其流寒暑水旱无有盈缩。山东脚下有小山，土俗谓之新山。本平地也，延历二十一年⁽⁸⁾三月，云雾晦冥，十日而后成山，盖神造也。

注释：

（1）骏和国：今富士郡之古地名。

（2）承和：日本仁明天皇年号，相当公元 834—848 年。

（3）贞观：日本清和天皇年号，贞观十七年相当于公元 875 年。

（4）日加午：太阳正当午。

（5）炊甑：蒸饭的木桶型器具。富士山是活火山，所以山口常有烟火及岩浆沸腾。

（7）役居士：姓役的佛教居士。

（8）延历二十一年，相当于公元 802 年，延历是日本桓武天皇的年号。

说明：

本文选自《本朝文粹》卷 12。作者都良香（834—879），父亲和伯父都很有学问，都良香早有文名，贞观二年（872）成为文章生，十七年为文章博士，十八年任侍从，传世有《都氏文集》5卷，散骈皆擅。《富士山记》是日本文学史上的名作，译成和文后，成为中学生必读的课文。文章以朴实的语言，纪实与传说兼用的手法，把富士山描写得既优美又神奇，引人入胜。此文一出，富士山更加闻名于世，如今此山已是全世界著名的风景名胜地。

三　越南阮飞卿《清虚洞记》

贤达者之出处，其动也以天，其乐也以天。天者何？一至清至虚至大而已。四时成岁而不显其功，万物蒙恩而不显其迹，非至清至虚至大者畴若是乎？

我冰壶相公⁽¹⁾以天钟岳降之才，菁蔡皇谟⁽²⁾，栋梁宗社。顷遭大定之变，有清内难之功。静倒悬于国脉线发之际，任独力于邦基颙脆之日，是乃乾坤缔造之一功也，非动以天者能若是乎？及其错乱之迹息，仁义之效白，王业金瓯，国家磐石，然后留侯、晋公⁽³⁾之志，始浩然而不可遏，是又明哲保身之一机也，非乐以天者又能若是乎？于是乃奏乞昆山⁽⁴⁾荒闲之地一区，规为退休之舍。二帝⁽⁵⁾嘉其功，而志勿之夺，俯以徇之。爰相厥宜，审度形势，一鼓牛饮，万夫蚁集，斫幽刈艺，铲巉斧巇⁽⁶⁾。于是玉渫者洒，榛薄者辟。役徒具材，登墺络绎，不阅月而椓筑镘饰之工毕济。高者窿如，卑者皓如，睎遥睇青，圈奇围秀，凡憩息观游之名称不一，而总则曰清虚洞焉。既成，睿宗皇帝亲勒碑，额之洞颜。太上皇帝亲制碑铭，勒于岩阴，皆所以旌勋旧示劝奖也。公朝之退，匹马嘉林，扁舟平滩，携谢傅游山之朋⁽⁷⁾，歌陶潜归去之辞⁽⁸⁾。幅巾缟绤以登乎岩之上，岫烟岛霞，锦蟠绮舒；林黄涧葩，绿翻红骇。凉可漪，浏（流）可掬，芳可咽，秀可餐。凡所谓清冷之状，营营之声，悠悠然而虚，渊然而静，与耳目心神谋者，盖已与溟滓太虚接，而游乎万物之表。噫！宇宙中间，造物者设如此之境以待夫人者亦多矣。然而成功之会，若发踪指示之萧何，且械系焉⁽⁹⁾；椒房至亲之马援，犹谤毁焉⁽¹⁰⁾，岂成功而不能退休者欤？至若十上乞章之永叔，而思颍之志未偿⁽¹¹⁾；一年半病之温公，而思洛之心莫遂⁽¹²⁾，岂退休亦有待而难必者欤？今我相公，其始也天既以功名之会付之；其终也，天又以泉石之趣委之。无成功不退之嫌，无退休难必之叹。是其出与处，动与乐，皆以天也。顾歉于造物有以待之之意耶？若夫大臣一身进退系国轻重，则君子固有终身之忧，非若鄙夫之事君者，既患得又患失。其得也，售谀献佞，无所不为；其失也，觖然远去，心怀怏怏。此乌足置齿于贤达出处之论耶？呜呼！乾坤之光霁难常；豪杰之经纶有会；安得遡紫清，冲碧虚，以从游于造物之所遇耶？

昌符八年⁽¹³⁾甲子腊月蕊溪阮飞卿记

注释

（1）冰壶相公：陈元旦，号冰壶，陈朝宗室。陈裕宗末年，杨日礼作乱，元旦与恭定王、恭宣王、天宁公主起兵讨平之，因功拜司徒。《越史通鉴纲目》说：胡季犛专朝政，"元旦以宗室大臣，见国柄下移，无经济之致，遂请老归昆山，以竹石自娱，号冰壶"。下文称"大定之变""清内难之功"等，即指平杨日礼事。

（2）蓍：读思，古时用来占卜。蔡：大龟，古时灼其壳以占吉凶。皇谟：朝廷大事。此句把陈元旦比为朝廷决定大事的顾问和参谋，作用好比蓍草和龟甲。下句"栋梁宗社"意为宗社之栋梁，与前句皆为主语谓语倒装句。

（3）留侯：西汉张良，辅佐汉高祖打天下，功成身退。晋公：唐代名相裴度，平定淮西藩镇之后主动退休。

（4）昆山：亦名昆仑山，在越南海阳省南策府，山下有清虚洞，风景优美。

（5）二帝：指太上皇艺宗和肃宗。

（6）句意谓用铁铲和斧头削去危险的石头及山崖。

（7）句意谓像东晋名臣谢安那样带着朋友游山玩水。

（8）句意谓像辞官归隐的陶渊明那样吟诵着《归去来兮辞》的诗篇。

（9）此句中"发踪指示"是汉高祖对萧何的评价。汉定天下，以萧何为功臣第一，军将不服。高祖以围猎为喻，军将猎狗耳，发现猎物踪迹指示者萧何，追捕者众猎狗也。其实萧何最大功劳是为刘邦与项羽争天下提供源源不断的后勤保障。后来有人检举萧何把皇家园林的土地贱卖给商人，并从中受贿。高祖大怒，把萧何关进牢狱，经人劝谏得释。

（10）此句是说，东汉伏波将军马援平定交趾，六十多岁又弭平武陵蛮，有大功，女儿是皇后。当年从南方归来，带回一车薏苡，以养身体胜瘴气。有人传言那是一车南土珍宝。马援死后，仇家告发此事。马氏妻儿子孙用绳索捆绑家人请罪。经查，薏苡不过是普通食品，也就是今天南方常见的薏米。

（11）此句中"永叔"是北宋名臣欧阳修之字，说他曾经十次（实为七次）上书朝廷要求退休回到颍上（今淮南市）。此句说"未偿"，实际上最后还是如愿了。

（12）温公指北宋名相司马光。思洛，代指挂念朝廷大事。他不赞成王安石新法，称病外放。神宗死，哲宗立，太后罢王安石，任命司马光为宰相，他回朝后，尽废新法。此句说"思洛之心莫遂"并不符合实际。有人认为，阮氏并非不懂历史，而是故意含糊其辞。

（13）昌符八年：公元 1384 年，昌符是陈废帝年号。

评析：

阮飞卿（1355？—1428？），著名诗人，19 岁考中太学生，以平民出身而娶陈朝宗室陈元旦之女为妻。长子阮荐，是著名文学家。阮飞卿早年不受重用，仕途失意，胡朝初，得以入朝。明军击败胡朝后，阮飞卿与其他胡朝官员被带到中国金陵，后来在中国去世，他的作品后人收集为《阮飞卿诗文集》。《清虚洞记》是他早年的代表作，本文引自《越南文学总集》第 3 册。昌符是陈朝末期睿宗的年号。此文以颂扬司徒陈元旦的功德为主旨，称赞他是"菁蔡皇谟，栋梁宗社"。接着叙述清虚洞的来历，最后举萧何、马援为例，借以说明，功成而能全身而退很不容易。陈末胡季犛实际掌控政权，诛杀陈氏宗室，唯陈元旦依违陈、胡之间得以保全。下面提到司马光，说"岂退休亦有待而难必者欤"，前面还举到谢安。这里面是否暗含陈氏或许有东山再起的意思呢。越南学者对陈元旦有不同评价，其女婿阮飞卿所写此文是越南文学史上受人注意的散文作品之一，值得咀嚼玩味。

四　马来亚韦宝慈《极乐寺游记》（节选）

槟榔屿极乐寺[1]者，福建鼓山[2]之自出也。其山曰白鹤，则名之以其形也。山去市五英里。余尝养疴是间，下车而步，扶筇拾级[3]，登其别殿。礼大士[4]后，循左而升，则栏回径曲，水石清幽，仰望崇坊金碧，耀入云际，此山隈[5]之花坞也。前殿而后，洪台[6]崛起，层累而上出者，大雄宝殿与藏经楼[7]也。苍翠霭如，屏其左右者，青龙白象两岗也。郁郁葱葱，一峰巍然，耸于其后者，白鹤峰也。其间如小孙辟咡[8]，如老人倚杖者，弥陀佛塔与斋堂僧室[9]也。山下椰林十里，一碧芄芄若氂[10]，恍与海澜相接；隔水马来半岛诸山，则如螺如髻，隐于朝烟暮岚[11]之中，若与溟渤[12]烟波相偕而趋于座下，此其俯收远近之景况也。时而晨凉载挹[13]，纵步花间，径似绝而仍通，境入幽而思远。撷芳拂露，倚槛观鱼，水活鱼驯，天机方畅[14]，忽尔泼剌[15]一声，幻波起而群鱼逃。噫！斯亦犹人因幻心成幻象，市中有虎[16]，良宵为厉之类也。虽然，世间一幻境也，人生一幻梦也，顾自篝火狐鸣[17]，黄巾[18]白莲[19]洪杨[20]义和团之伦，何一而非一二人之造幻？而全国亦随扰焉。夫何有于鱼哉？……

注释

（1）槟榔屿：是马六甲海峡中部一个岛屿，临近马来西亚北部霹雳州，现在该岛是马来西亚十三州之一，华人为主，又称槟城，旅游业发达。极乐寺：在槟城市郊，为马来亚最宏伟的佛寺，寺庙依山而建，综合中国、泰国和马来西亚建筑各种风格。崇楼叠阁，极为壮观。寺前有万佛宝塔，耸峙半空，巍峨富丽。

（2）鼓山：指福州有名的鼓山涌泉寺，由于极乐寺最初的主持僧人妙莲和尚来自鼓山寺，故文中认为"鼓山之自出"。

（3）扶筇拾级：扶着手杖，踏着石级。筇音琼，竹杖。

（4）大士：指观音大士殿。

（5）山隈：山的曲折处。

（6）洪台：高台。

（7）大雄宝殿：为佛殿中心建筑，供奉如来佛。藏经楼：寺庙的图书馆，通常位于佛寺最后。

（8）小孙辟咡：小孙，即小孩子。辟咡，是侧着头交谈的意思。咡音二。

（9）斋堂：僧人的食堂。僧室：僧人的寝室，通常在佛寺两侧。

（10）芄芄若旄：芄音丸，蔓生的草。芄芄作形容词用，形容椰林的繁茂。旄音毛，竿上有装饰品的旗。

（11）岚：音兰，山地中像雾似的水蒸气。

（12）溟渤：原是海面迷蒙的样子，借指大海。

（13）晨凉载挹：晨风吹拂。

（14）天机方畅：自然界的情景正在蓬勃畅发。

（15）泼剌：鱼跃水面的声音。剌读là。

（16）市中有虎：《战国策》："夫市中无虎明矣，然而三人言之，则成虎。"指由于虚传而产生错觉。下句"良宵为厉"，指新婚之夜中因幻觉而见鬼，参见唐传奇《霍小玉传》《聊斋志异·窦氏》。

（17）篝火狐鸣：比喻造谣惑众。陈涉欲起事，夜置火于笼中，隐约像磷火，更为狐鸣，以惑众人之耳。

（18）黄巾：东汉灵帝时，张角等领导农民起义，士卒裹黄色头巾，称"黄巾军"。

（19）白莲：中国古代的秘密教派，起于元代，明清二代频频起事。

（20）洪杨：即洪秀全和杨秀清，清末太平天国领袖。清道光末年，领导农民由广西金田起兵，下湖南、湖北，直达江苏，定都南京，建国号太平天国，时间持续十五年（1850—1864）。

评析：

本文作于 1880 年，原载《极乐寺志》，转引自陈育崧编《星华文选》，1956 年新加坡出版。本文作者韦宝慈，原籍广东番禺，曾为槟榔屿极乐寺的书记僧，故对寺庙各个方面十分熟悉，信手拈来，都成绝好的资料，足以增进人们对马来西亚宗教建筑景物的认识，是一篇马来西亚华人古文写景类中的代表作。文章名为"游记"，但后半段多议论，集中反映了作者对人生的看法。作者先概括极乐寺的地理位置，佛寺建筑和周围环境，叙述层次清楚，刻画景物细致传神，感情细腻，意境深远。然后"倚槛观鱼"，发出"世间一梦境也，人生一幻梦也"的感想，并引用了许多历史人物，来证明自己的看法。这种思想是虚无缥缈的，故删而不录。